𐒈𐒝𐒕𐒛𐒐𐒏𐒖 𐒍𐒖𐒇 𐒈𐒝𐒑𐒛𐒐𐒘𐒌𐒖

SOOYAALKA FAR SOOMAALIGA

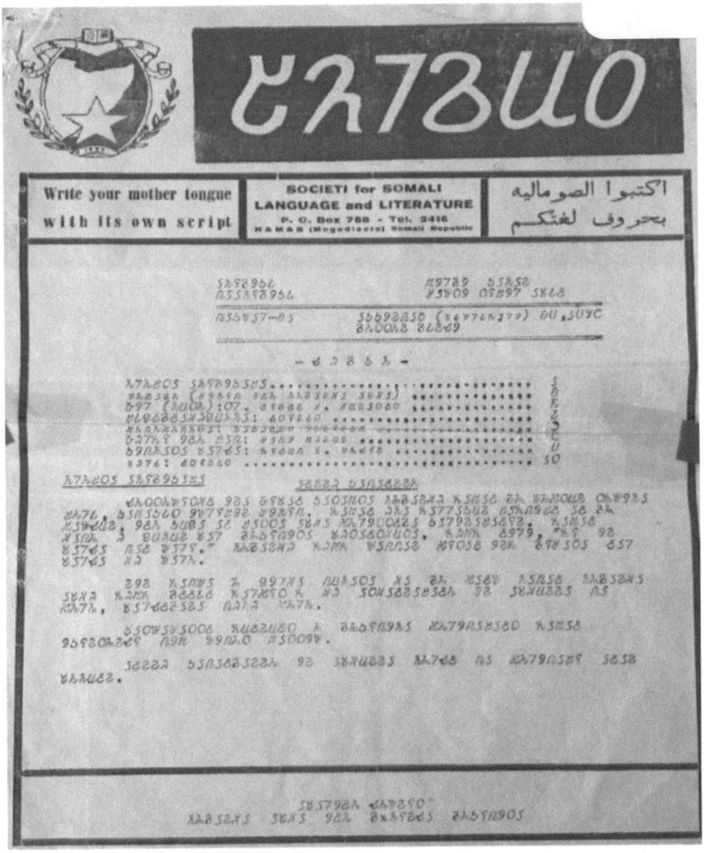
𐒔𐒙𐒇𐒈𐒜𐒆

Write your mother tongue with its own script

SOCIETI for SOMALI LANGUAGE and LITERATURE
P. O. Box 758 - Tel. 2416
HAMAR (Mogadiscio) Somali Republic

اكتبوا الصومالية بحروف لغتكم

𐒍𐒖𐒇 𐒈𐒝𐒑𐒛𐒐𐒘 𐒡𐒩𐒢𐒠-𐒢𐒠𐒢𐒣 Far Soomaali 1920-2023

𐒈𐒝𐒕𐒛𐒐𐒏𐒖 𐒍𐒖𐒇 𐒈𐒝𐒑𐒛𐒐𐒘𐒌𐒖 Sooyaalka Far Soomaaliga

𐒓𐒖𐒇𐒌𐒗𐒕𐒈𐒏𐒘𐒘 𐒔𐒙𐒇𐒈𐒜𐒆 Wargeyskii Horseed

𐒕𐒚𐒚𐒈𐒚𐒍 𐒒𐒚𐒚𐒇 𐒋𐒘𐒈𐒑𐒛𐒒 Yuusuf Nuur Cismaan

@Publisher Yuusuf Cosmann 2023 - 𐒢𐒠𐒢𐒣

Sooyaalka Far Soomaaliga

Yuusuf Nuur Cosmann ISBN 978-1-915787-95-8

London email: ajoob1@gmail.com

Telephone: + 44 74 385 11233

𐒂𐒚𐒈𐒑𐒙 Tusmo

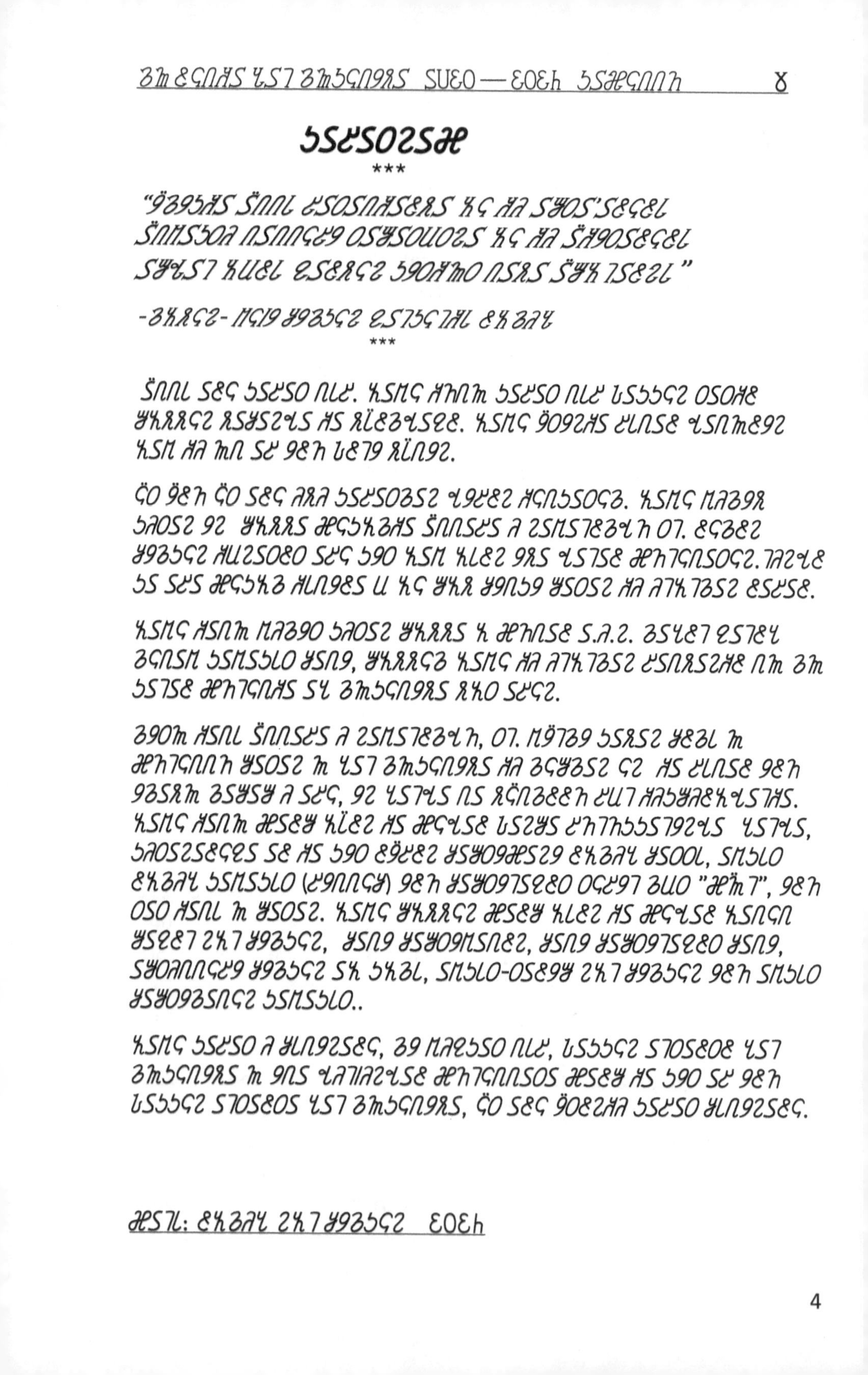

[illegible]

***

"[illegible]"

-[illegible]

***

[illegible]

[illegible]

[illegible]

[illegible]

[illegible]

[illegible]

Mahadnaq

***

"Isimka Alle hadalkayga waa ka abda'ayaaye
Alxamdu lillahi dabadeedna waa ku akidayaaye
Abtar weeye shaygaan midkood laga abuurayne"

-Suugaan- Xaaji Cismaan Sharmaarke Yuusuf

Alle ayaa mahad leh. Waxaa kaloo mahadnaq leh dhammaan dadkii buuggaan gacanta ka geystay. Waxaa idin ka heley talooyin wax ku ool ah iyo dhiiri gelin.

Aad iyo aad ayaa ugu mahadsan tihiin kaalmadaas. Waxaa xusid mudan in buugga qaamuuska AUN Dr. Yaasiin Cismaan Keenadiid ahaa mid wax weyn iga taray qoraaladaan. Runtii ma aha qaamuus keliya ee waa buug cilmi badan ku uruursan yahay.

Waxaa kaloo xusid mudan buugga uu qoray AUN safiir Shariif Saalax Maxamed Ali, buuggaas waxaa ku uruursan halgankii loo soo maray qoraalka af soomaaliga guud ahaan.

Sidoo kale AUN Dr. Xirsi Magan Ciise oo qoraallo badan oo far soomaaliga ku saabsan aan ka helay iyo isagoo sabab u ahaa, in far soomaaliga la gaarsiiyo heerka Computerka. Waxaa kaloo qayb weyn ka qaatay dhanka horummarinta farta, mudanayaasha ay ka mid yihiin Cabdiqani Yuusuf Cadde, Axmed Yuusuf Maxamed (Hillaac), Cabdirashiid Daahir Seed "Qoor" iyo dad kale oo badan.

Waxaa buuggaan qayb weyn ka qaatay Bashiir Nuur Cismaan, Cali Cabdirashiid Cali, Cali Cabdixaliin Cismaan, Cabdullaahi Cismaan Aw Muuse, Axmed Dayib Nuur Cismaan iyo Ahmed Cabdisalaan Maxamed. Waxaa mahad u celinayaa si xushmad leh dhammaan ardaydii Far Soomaaliga oo i la turjumay qoraallada qayb ka mid ah iyo dhammaantood ardayda Farta Soomaaliga, aad ayaa idiinku mahad celinayaa.

Qore Yuusuf Nuur Cismaan 2023

ᏜhᏆSᏣS 9Ɛh ᏕS7 ƷᲲ5ႺႶ9ᎲS

ᏕS7 ƷᲲ5ႺႶ9ᎲS ᏥSႶႺ ᎯᎯ ᏩS7ᏖSƐ ᎲᎯ79ᎲƐ Ⴚ2 ᎯᎯ ᏩS7ᏩႺႶSƐ Ცh ᎯS 5S ᏩS7S2 ᏕS7ᏖႺ2 OᎯᎲƷ9 S5S 5UႶ ᎯSႶᏓ. ᏥSႶႺ ᏓSᏳOSƐ, 92 SUᏫƐ SƐ OSᏥႶSOOS ƷᲲ5ႺႶ9ƐS 5S52ᏥᏳSƐ ᏕS7 ƷᲲ5ႺႶ9ᎲS (Ᏻ9Ʒ5Ⴚ29Ɛh), ᎯS O9Ꮹ Ꮳ97ᎲᏓႶ92ᏖƐ SᏕ ƷᲲ5ႺႶ9ᎲS Ცh ႶSᎲᎯ ᏜhᏆSƐ ႶᎯ7ᏥᏕᏖS ႶႺᏖƐ2ᎯS.

ᏩᎯႶᏋSᎲS Ⴚ2 ᎯᎯ ᏓᏓႶ Ꮖ97ᏓƐ 92 ᏩSOS2 Ცh ᎯS 59O SᏣ, ᏕS7 ƷᲲ5ႺႶ9ᎲS (ËႶᏓᏥᏋᏋᲲႶᎯᏋ) ᏣhᏆᏓƐ SƐSƐ Ꭿ ᏩS7ᏖU2, 92ᏖႺ2 ႶS ᏆᲲᏆ92. ᏜhᏆႺႶSOS 9Ɛh ᏥS7ᏜSOSᏣS ᏕS7ᏖႺƷ SƐႺ ႶSᎲᎯ ᏜhᏆS2 Ꮖ9ႶᏓƐ, Ʒ9 ᏜS7ƷᲲO9 SᏣ.

92Ⴚ Ʒ9 ႶUႶ ᏓU7 Ꭿ ƷƐ ᏩS7Ꮦh ᏕS7 ƷᲲ5ႺႶ9ᎲS, ᏥSႶႺ Ꮹ9ႶႺᏩSƐ 5S7ᎯƐ SƐ Ɛ ᏓS55ႺᏖSƐ ᏖSᏳႶƐ2ᏖƐ ᏜSƐᏩ ᎯS 59O SᏣ Ᏻ9Ⴖ59ᎲS ᎯᎯ5ᏩᎯƐᏥᏖS7ᎯS Ცh ƷS2SOᎯᎯ SᏣႺ SUUh. ᏥSႶႺ 9ᎲᎯ ᏓSႶ9ƷSƐ, 92Ⴚ ᎯS ᏕᏓᎯᏓ7h, Ʒ9OU ᏕS7ᏖႺ2 ᎯႶS Ꮖ႒2 ᏜႺO9 OᲲ2ᏖႺ ᏳSƷ79ᎲS ᎯᎯ5ᏩᎯƐᏥᏖS7ᎯS.

SUUh SƐႺ ႶS Ɛ Ⴖ9ႶƷႺ7SƐ 92Ⴚ ᏜhᏆႺႶႶh ႺO Ꭿ Ꮦ97h ᏩSOS2 Ცh ᏕS7 ƷᲲ5ႺႶ9 ႶႺᏖƐ2 ᎯᎯ ᏜhᏆS2 Ⴚ2 Ꭿ ᏩᏓOO9Ⴖh ႶᏥᏜSOOS OႺ29ᏋᎯS. ᏜhᏆႺႶSOᎯ ᏥSႶSƐ ᎯS ᎯᲲᏩ2ႺƐU2OSᏳᏥ ᲲƐ92ᎯS OSOᎯS ᏜhႶᲲᏖ9ᎲS 9Ɛh OSᎲᎲS2Ⴚ2ᏋSᏣS ƷᲲ ᏥᏓƐOOƐƷS2SƐS, ᎯᎯᏥh 5SႶᎯS5SOUO, ᎯᎯᏥh ᏩᲲႶ9Ʒ 9ƐS Ꮵ9ႶƐ ႶS 59O SᏣ.

ᏥSႶႺ Ꮣ92SᏩ ƷhᏳOSƐ ᏩᏥᎲ ƐS7ƐS7 Ცh OႺ29Ᏻ ᎯᎯ ᏜhᏆS2 Ცh ƷᲲ5ႺႶ9 ႶᲲ ᏩᏓOO9ႶSƐh. ᏥSႶႺ 92ᏖႺ ᏓU7Ⴚ, 92Ⴚ ᎯᎯ5ᏩᎯƐᏥᏖS7 SᏣႺ2 Ꭿ 2SᏜᏋSOUƐh 9ƐSOᲲ Ꮣ ᏆᏓƐh ᎯᲲᏩS2 Ცh 5SᎲSᏳᏩ9Ⴖ92 SᏣ ႶSᎲᎯ ᏜhᏆSƐh.

ᏜhᏆႺႶSOႺƷ Ꮦ97SOS ᏩSOS2 5S7ᎯƐ Ⴚ2 ᏖᎯ7ႶᎯ5SƐ, ᏥSႶႺ Ꮖ႒ᏣႶႶᎯႶᎯ5Ꭿ ᎯS ႶS OᎯᏥS2Ⴚ2 ᏩႺႶSO ᏥᏓƐ2 Ცh Ꭿ ᏓᏓႶUƐS ᏕS7 ƷᲲ5ႺႶ9 (Ᏻ9Ʒ5Ⴚ29ƐS) 9Ɛh ᏕS7 ƷᲲ5ႺႶ9 ႶႺᏖƐ2, Ცh ႶSᏩSOS ႶᎯ7ᏥᏕᏩS Ⴚ2 ᏥSႶ ᎯᎯ ᏜhᏆᏖh..

Qoraha iyo Far Soomaaliga

Far Soomaaliga waxaa ku bartay gurigii aan ku barbaaray oo ka ma baran fartaan dugsi ama meel kale. Waxaa dhacday in 1972 ay dowladdg Soomaaliya mamnuucday far soomaaliga (Cismaaniya), ka dib hirgelintii af Soomaaliga oo lagu qoro xuruufta latin.

Bulshada aan ku dhex jiray in badan oo ka mid ah, far soomaaliga (Cismaaniya) horey ayay u barteen, intaan la joojin. Qoraalada iyo warqadaha fartaas ayaa lagu qoran jirnay, si qarsoodi ah.

Inaan si xeel dheer u sii barto far soomaaliga, waxaa bilaabay markii ay ii dhammaatay tacliintii qayb ka mid ah cilmiga computer oo sanadku ahaa 1993. Waxaa igu dhalatay, inaa ka fekero, sidee fartaan (Cismaaniya) ula jaan qaadi doontaa casriga computerka.

1993 ayaa la ii xilsaaray inaa qoraallo aad u tiro badan oo soomaali latin ku qoran aan u beddelo luuqadda daanishka. Qoraalladu waxay ka koobnaayeen dacwooyinka dadka qoxootiga iyo deggananshaha soo weyddiisanaya, kuwo maxkamadeed kuwo boolis, warqado dowli ah iwm.

Waxaa dhinac socday buug yaryar oo daanish ku qoran oo soomaali loo beddelayo. Waxaa intaa dheeraa, inaa qaab computer ahaa u naqshadeeyo iyadoo ereyo kooban oo magacbixin ah lagu qorayo.

Qoraaladaas tirada badan markii aan turjumay, waxaa xaqiijiyey kala duwanaan baaxadda weyn oo u dhexeeysa far soomaaliga (Cismaaniya) iyo far soomaali latin, oo labada xuruuf aan wax ku qorto. Dhacdo gaaban: tijaabada iigu adkayd ee af soomaaliga, waxaa la kulmay dhacdadaan 1992. Xilligaas shaqo ayaa ka bilaabay shirkad kalluunka dullaasha ee Denmark. Shaqadaydu waxay ahayd, inaan kalluunka magaciisa iyo miisaankiisa aan computer ku qoro.

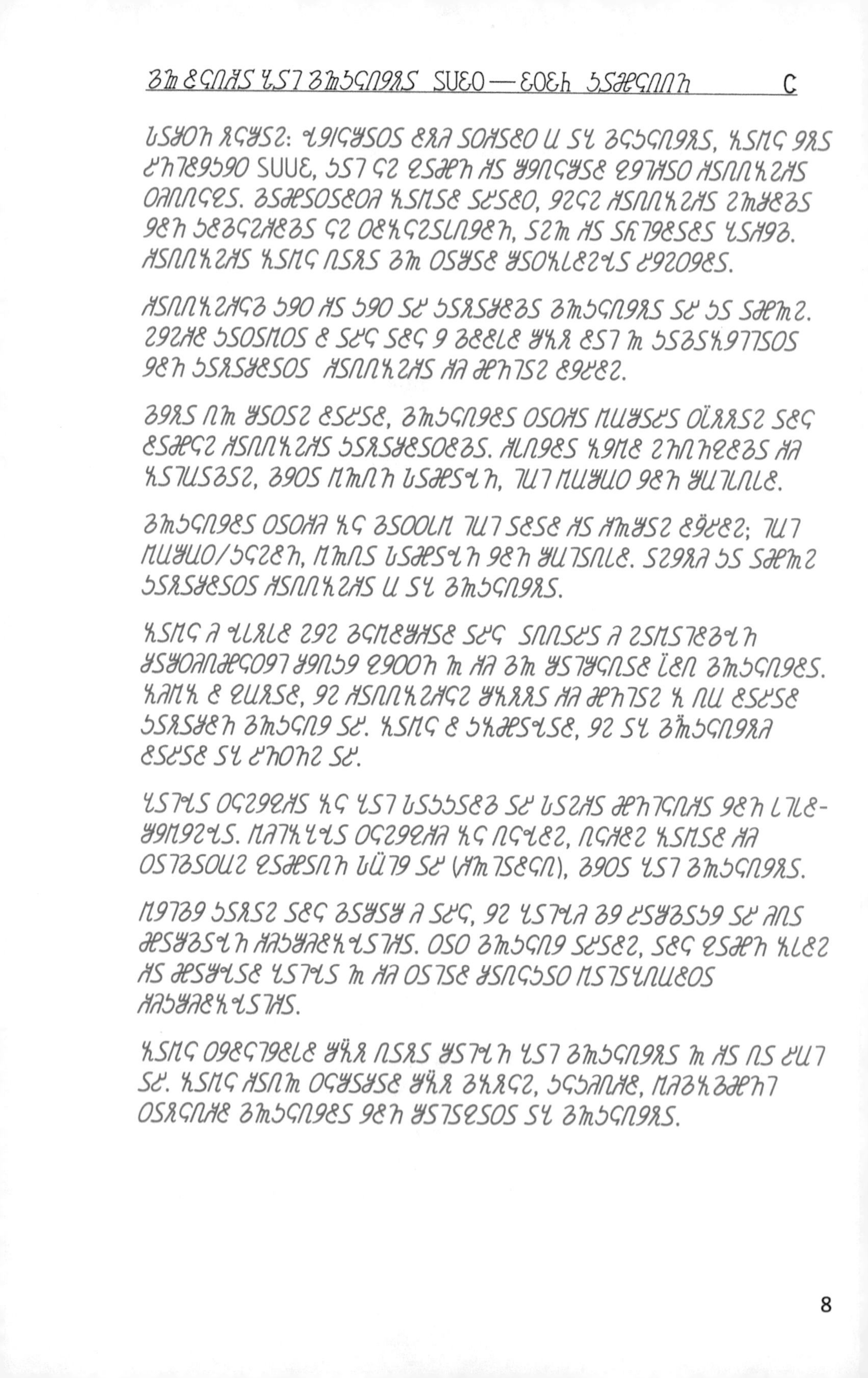

[illegible]

[illegible]

[illegible]

[illegible]

[illegible]

[illegible]

[illegible]

[illegible]

Kalluunka waxaa laga soo dabay oo yaal bad weynta Hindia.

Kalluunkaas mid ka mid ah magaciisa soomaaliga ah ma aqoon. Ninkii aan la shaqaynayey ayaa i siiyey buug yar oo masawirrada iyo magacyada kalluunka ku qoran yihiin.
Sida loo badan yahay, Soomaaliya dadka xeebaha deggan ayaa yaqaan kalluunka magacyadiisa. Soomaaliya dadku waa saddex: reer xeebeed/maanyo, xoolo dhaqato iyo beeraley. Anigu ma aqoon magacyada kalluunka ee af soomaaliga. Waxaa u tegey nin saaxiibkay ahaa AUN Cabdulqaadir Cilmi Shiddo oo ku soo koray Eyl Somalia. Wuxuu ii sheegay, in kalluunka Somaliaya ku nool dhaammaan uu lee yahay magacyo Soomaali ah, waa ii faa'ideeyey Cabdulqaadir (AUN).

Farta daanishka waa far dhammays ah dhanka qoraalka iyo ereyabixinta. Xuruufta daanishku waa latin, laakiin waxay ku darsadeen shaqallo dheeri ah (kooreyaal), sida far soomaaliga (Cismaaniya).

Xirsi Magan ayaa sabab u ahaa, in fartu si habsami ah ula qabsato computerka. Dad Soomaali ahayn, ayaa shaqo weyn ka qabtay farta oo ku daray calaamad xarafleeyda computerka (UNICODE).

Waxaa diyaariyey buug laga barto far soomaaliga (Cismaaniya) oo kala heer ah. Waxaa kaloo daabacay buug barashada far soomaaliga latin. Waxaa kaloo daabacay buug suugaan, maamulka, xusuusqor dagaalkii Soomaaliya iyo barashada af soomaaliga, kuwaas oo ay qoreen Yaasiin Cismaan, Cabdullaahi Cismaan iyo Siciid Cismaan.

Arar 1

Qore: mudane Aadan Cabdullaahi Aadan Dhegcas

Agaasimaha wargayska Horseed Xirsi Magan Ciise.

Wargeyskaan waxaa qori jirey oo isugu tegey aqoonyahanno ay aad u sarreyso xirfaddooda qoraalka. Waxay ku qori jireen wargeyska Horseed maqaallo aad u qiimo badan.

Raggaasu waxay hanaqaadeen xilligii gumaysiga, una kabo gashadeen sidii reeryada gumaysiga la isaga tuuri lahaa, waxay ka loo caan ku ahaayeen dareen difaac oo ay kaga difaaci jireen horarka gumaysiga, kuwaasoo duullaan ku ahaa dadka, dalka, diinta iyo dhaqanka.

Waxay ku dagaal geli jireen afkooda iyo qoraalladooda iyagoo ku ifitiiminaya hagardaamooyinka gumaysiga, iyagoo difaaci jirey wax kasta oo ilaahay ummaddeenna soomaaliyeed ku mannaystay.

Qoraallada wargeysku way badnaayeen oo waxaa ka soo qaatay wax yar oo ka mid ah qoraalladaas. Qoraalada Wargeysku waxay ahaayeen dhammaan ku si aqoon leh loo soo diyaariyey.

Wargayska horsed, waxaa xuddun u ahaa, sare u qaadidda wacyiga umadda Soomaaliyeed dhinac walba. Umadda inteeda badan reer miyi ayay u badnaayeen oo ogaalka magaalada iyo axwaasheeda aqoon badan u ma ay laheyn.
Wargaysku wuxuu ku howlanaa sare u qaadidda wacyiga qofka soomaaaliyeed. Wargaysku wuxuu aalaaba diiradda saari jiray arrimaha bulshada markaas ku xeeran.

Khayraadka dhex-ceegaaga iyo sida ugu habboon ee looga manaafacaadsan karo sida badaha, biyaha, ciidda, dhirta, xoolaha iyo cimilada guud ahaan.

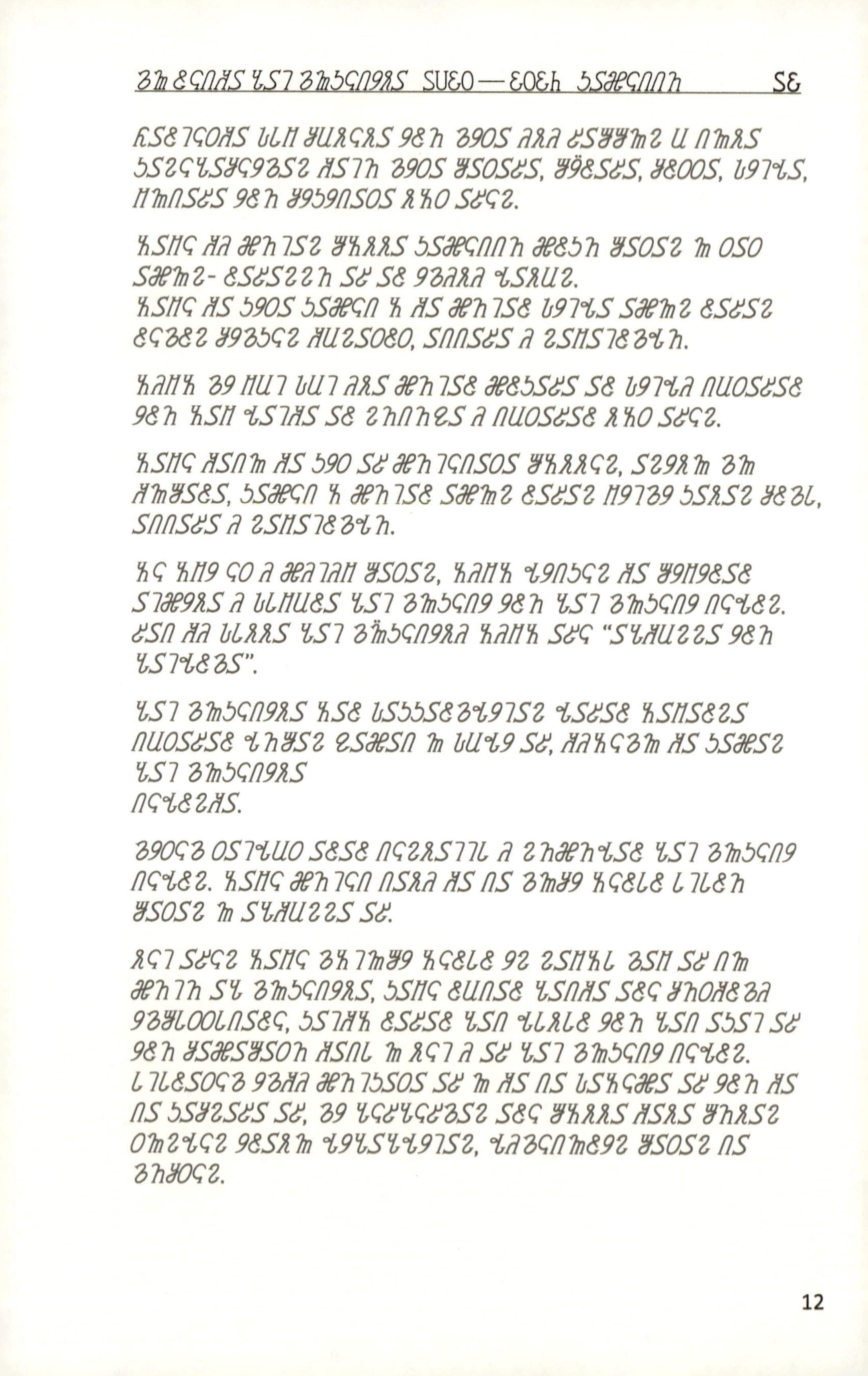

Waxaa ku qoran buugga maqaallo qiima badan oo dad aqoonyahanno ah ay isugu tageen.

Waxaa ka mida maqaal uu ka qoray dhirta, aqoon yahan Yaasiin Cismaan Yuusuf Keenadiid, Allaha u naxariisto. Wuxuu si xeer dheer uga qoray qiimaha ay dhirtu leedahay iyo wax tarka ay nolosha u leedahay guud ahaan.

Waxaa ka loo ka mid ah qoraalada buuggaan, anigoo soo koobaya, maqaal uu qoray aqoon yahan Xirsi Magan Ciise, Allaha u naxariisto. Waa mid aad u qurux badan, wuxuu tilmaan ka bixiyey farqiga u dhexeeya far soomaali iyo far soomaali latin. Hal ku dhegga far soomaaligu wuxuu ahaa “afkeenna iyo fartiisa”.

Farta soomaaliga way dhamaystiran tahay waxayna leedahay toban shaqal oo dheeri ah, kuwaasoo ka maqan far soomaaliga latinka. Sidaas darteed ayay laangarre u noqotay far soomaali latin. Waxaa qoraal lagu kala sooci waayey ereyo badan oo afkeenna ah.

Gaar ahaan waxaa suuroobi waayey in naxwe sax ah loo qoro af soomaaliga, maxaa yeelay falka ayaa codkiisu isbeddelayaa, markuu yahay fal tegey iyo markuu yahay fal amar ah, iyo caqabado kale oo gaar u ah far soomaali laatin.

Erayadaas isku qormada ah oo kala dhawaaqa iyo kala macnaha ah, si faahfaahsan ayaa buugga kaga bogan doontaan iyagoo tifaftiran, tusaalooyin badan la socdaan.

Arar 2

Qore: mudane Dr. Saadiq Eeno

Qowmiyad waliba afka ay ku hadasho wuxuu udub-dhexaad u yahay jiritaanka ummad ahaanteeda iyo iskuxirnaanta bulshadeeda.

Wuxuu xiriiriyaa xubnaha dadkeeda, iyada oo isla-markaas u keydinaysa sooyaalka iyo hiddaha ay is-dhaxalsiiso.

Wuxuu u sahlaa in ay facaha yar-yar wax ku baraan uguna gudbiyaan wixii khibrad ah oo nolosha ay ka dhaxleen.

Afku wuxuu raad muuqda ku leeyahay aqoonta fikradaha la curiyo, sidaa darteed aqoonta afafka waxaa xiiso gaar ah siiyay xikmad-yahannada, suugaan-yahannada, aqoon-yahannada iyo takhaatiirta cilmu-nafsiga.

Dhamaantood waxay isku raacsan yihiin, ilmaha afkooda sida wanaagsan ugu hadli kara in ay yihiin kuwo si wanaagsan ku gudbin kara fikradohooda, isla-markaas awood u leh in fikradahaas ay u gudbiyaan waaqica nololeed. Af-soomaaligu wuxuu kamid yahay afafka ugu hodansan dunida.

Wuxuu hodan ku yahay naxwihiisa oo wuxuu leeyahay qaababka ugu badan oo jumlad macna leh lagu dhisi karo.

Wuxuu hodan ku yahay suugaantiisa oo wuxuu leeyahay noocyo badan oo tixaha suugaanta ah loo tiriyo.

Wuxuu hodan ku yahay shaqalladiisa oo af-soomaaligu wuxuu leeyahay 20 shaqal. Wuxuu kaloo hodan ku yahay ereyada u keydsan.

[illegible]

[illegible]

[illegible]

[illegible]

[illegible] 400,000 [illegible] S£0,000 [illegible]

[illegible]

[illegible]

[illegible]

[illegible]

[illegible]

[illegible]

[illegible]

[illegible]

In-kasta oo aanan weli si quman leysugu deyin ururinta ereyada af-soomaaliga, misana waxaa hubaal ah tira-koobka ereyada in af-soomaaligu in ay ka badan yihiin wadar-ahaan ereyda af-ingiriiska (600,000 oo erey) iyo ereyada afka Fransiiska (150,000).

Bal wuxuu ku dhowaanayaa ereyada af-carabiga oo lagu qiyaaso 12 melyan oo erey.

Iyada oo tirada dadkiisu ay yar-yihiin, hodantooyadaas wejiyada badan ku imanaysa, af-soomaaligu wuxuu ka dhaxlay fursadda degaanka uu ka curtey iyo dadka u nasabad sheegta oo lagu cawryo in ay yihiin dad leh hal-abuur.

Degaanka uu af-soomaaligu ka unkamay wuxuu kulansadey dhaqan xoolo-dhaqato, dhaqan beeralay, dhaqan kalluumeysato, dhaqan ganacsato iyo dhaqan ugaarsato.

Sidaa darteed wuxuu la fal-galay wejiyadii kala duwanaa oo nolosha looga adeeganayay.

Isaga oo ah af faxan, ayuu misana wuxuu ku absaxan yahay afaf kale oo qowmiyadaha Kuushiitigga ay ku hadlaan. Waxaa la ogsoon yahay afka Kuushiitigga in uu ka mid yahay dhowrka af oo ugu da'-da wayn dunida.

Sidaas ayuu af-soomaaligu wuxuu kaga mid noqonayaa afafka ugu filka wayn dunida.

Absaxanka Af-soomaaliga waa haybta la isku yiraahdo Afro-Asiyaatik.

In-kasta oo awoowayaashii soomaaliyeed ay ku fara-adeygeen qurxinta iyo dhowrista hiddihii ay ka dhaxleen facihii ka horeeyey, misana af- soomaaliga waxaa nabar ku noqdey qoraal-la'aanta.

SƐς ҞSՈς Sꝉ ЗmƆςՈ9ᏒS ꝛSӜS7 ӜƋ ꝛhӁOSƐ ӁhꞀςՈ ՈS'ςꝛꝉƐ ꞒSƐЗSƐ ƆƋOOSOS ᏓU7.

ӁS7ꝛ9Ɛh ӜSOSꝛ m Ҟ Зm I97ᏓƐ, 9ꝛ ƐS7 SƐς ӜƋ ӜS7ςՈƋᏒSƐ, 9ƆҞ Sꝉ ЗmƆςՈ9ᏒƋ Ҟ ꞒᏓՈh ՈƋ7Ҟꝉ ՈSᏒƋ Ӂh7h.

ҞSՈς ꝛSᏒS ՈƋƆSƐ ꞒSꝛꝉ9 ӁƐƆh ӜSOSƆ m ՈSᏒS ᏓSՈՈ9 ՈSꞒς ꝉ9ӜƐ Ꞓh7Ꮭ З9OS ЗҞᏒςꝛ 9Ɛh ꝉς7ƐҞ m ςOSꝛƋꞒƋ ӜS ꝉς'9OSƐЗSꝛ ՈSꞒς.

OSOӜS ꝉ97SOS ƐS7 m 9ЗӜƋ OᏓƐᏓƐ, 9ꝛSƐ Sꝉ ЗmƆςՈ9ᏒS ՈƋ7Ҟꝉ Ƌ ꞒᏓՈςꝛ ᏓSƆƆςꝛꝉmO ҞSՈSƐ SꞒςƐUꝛ ӜƋꝉ9Ɔh, З9OςЗ OS7ꝉUO, ҞSӁSƐ SOUᏒЗSOUꝛ SӜISOӜS ӜS7SӜ9ᏒS.

9ƐSOm ՈSᏒƋ Зm ƆmOSƐ ƆƋOOh ӁS7ꝛ9Ɛh SꞒ, Ɔ9ЗSꝛS SӜISOӜƋ ƆS ꝛhӁSꝛ Ɔ9O ӜҞՈ9ƐS ꝒSӁSՈSOS/ꝉƋ7SƐςꝒS ӜSOSꝛ m Sꝉ ЗmƆςՈ9ᏒƋ Ƌ ӜςꞒSꝛ ƐSꞒSƐ. Sꝉ ƐS7SӜSᏒƋ ҞƋՈҞ ՈU ƐSꞒSƐ Ո9Ո ꝒSӁSՈ m ӜᏓՈ9ƐS.

SUEO SƐς Ӝ9ЗƆςꝛ ӜUꝛSOƐO ՈƋ7Ҟꝉ ӜƋ ꝉ9ՈSƐ SꝉӜS ЗmƆςՈ9ᏒS, 9ꝛ ՈSᏒƋ Ӂh7h. OSOςՈ Ҟ ӜᏓՈ9 ӜƋ ƐSꞒSƐ SƐҞ ƆҞI9ƐᏓƐ.

ƋᏒƋ OSꝛӜSƐꝛ ҞƋՈҞ Ƌ ӜSՈꝒSƐ ՈƋ7Ҟꝉꝉ Ɛ: ꝉS7 ЗmƆςՈ9.

ҞƋՈҞ Ƌ ӜS ՈS ӁςOSƐ SꝉS7 ӁSƐӜmO 9Ɛh ꞒS77UO'. Ꝓ9ӜӜSꝛᏓ ƐS, ꝒSӁSՈ/ꝉƋ7Ꮭ SO, ՈUOOh Ɛ, Ӝm7Ꮭ Ɛ 9Ɛh ꞒS77UO'.

ҞSՈSƐ SꞒSƐO Ո9ՈՈ9 ӜƋ SOSS 9ꝛҞ ӁᏒꝉ ӁᏓՈh ꝉSՈSOςЗ, m OSOςՈꝛS 7ςӜ9Ɛh З9 Ҟ ƋᏒS ЗSՈᏒς7h.

Ꮣ9ᏒςՈӜςЗ ҞƋՈҞ ꝛhӁOSƐ SӜҞ7ӜҞ ӜS ӜSՈSƐ ᏒÜOӜS ꝉς7ƐҞOS ЗmƆςՈ9ƐS SƐ ӜƋ ƐUՈSꝉᏓSƐ Ꮣ9ᏒςՈӜS, SOOҞꝛӜSꝛ SƐ ҞSՈ ӜƋՈS ӁSƐӜЗSꝉh.

ƆSꞒSO ꞒS ӜS Ꮢς7ꝉh Ӝ9ЗƆςꝛ ƐҞ ЗƋꝉ ӜUꝛSOƐO 9Ɛh ᏓSՈՈ9ꝛƐS7SOƐ ЗƐ ҞSOOSƐ ꞒSՈᏒSꝛӜƐ Ꮣ9ᏒςՈӜS, З9 ҞSOS I9Ո SꞒ ƋᏒS Ո9Ӝ ӜUꝛSƐ.

Qarniyo badan oo uu soo jiray, in-yar ayaa ku baraarugtey in af-soomaaliga uu helo dhigaal loo adeegsado.
Waxaa halkaas inooga lumey hanti qiimi badan oo taariikh iyo suugaan ah, kuwaas oo haddii ay jiri lahayd alif-ba' af-soomaali ah, kamid noqon lahaa hanti aadanaha dhamaantiis ka faa'iideysto.

Ragga tirada yar oo isku-deyey in ay af-soomaaliga qoraan, dhamaantood waxay ahaayeen wadaaddo.

Sidaa darteed dhigaalkooda waxay u adeegsan jireen abjadiyadda af-carabiga.

In-kasta oo lagu soo moodey oo muddo qarniyo ah la adeegsanayay, misana alif-ba'da abjadiyadda ma noqon mid buuxisa shaqallada badan oo af-soomaaligu u baahan yahay. Waayo af-carabigu waxaa u qoran lix shaqal oo keliya.
Sanadkii 1920-kii ayaa Cismaan Yuusuf Keenadiid uu markii ugu horeysey in uu hindiso alif-ba' loo adeegsado af-soomaaliga.

Dadaal qofeed ayuu muujiyay markii uu isku-deyey in uu af-soomaaliga u xardho shaqallo iyo shibanayaal ku munaasib ah af-soomaaliga.

Xilli waxay ahayd ay adag-tahay in nin dhallinyaro ah uu hindisahaas helo, isla-markaas uu la yimaado dadaal uu ku xaqiijiyo arinkaas.

Dhigaalkaasi wuxuu noqdey abuurkii uu ka baxay geedka taariikhda soomaali ay ku yeelatay dhigaal ay isku raacsan tahay noloshan casriga ah ay aadanaha wax kula qaybsato.

Mahad haka gaadho Cismaan Yuusuf iyo dhallinyaradii raacdey tubtiisa ee halganka dhigaalkan si wada-jir ah uga lib keeney.

ՎՏ7 ՑՊՏꞘՈ9

ՎՏ7 ՑՊՏꞘՈ9ՋՏ (Ճ9ՑՏꞘԶ9ƐՏ) Ա SUƐO

"ՀꞘ 9ՎՎƐԶՃƐ Ձ ԾՀ77ՄƐԼƐ Պ ՃՀ7ꞘՈՃՏ ՏՎ ՑՊՏꞘՈ9ՋՁ ԾԼՈՏƐ"

ՃՀՋՋꞘԶ ՏՏՋՏՃƐՑՁ ՀꞘ "ՑՊƐꞘՈՃՏ ՎՏ7 ՑՊՏꞘՈ9ՋՏ", ՀՁՈՀ ՃՁ ՑꞘՃՑՏԶ ƐՏԾՏƐ ՀꞘƐ9ԾƐ ՏƐ ՑՊ ՏՏ7ՎՏƐ ՎՏ7 ՑՊՏꞘՈ9ՋՁ.

OՏO ՏƐꞘ ՀՏՈՏƐ ՁՋՁ ƐԱ7ꞘԶ ՎՏ7 ՑՊՏꞘՈ9ՋՏ "Ճ9ՑՏꞘՏ9ƐՏ".

ՏՏՋՏՃՏ ՎՏ7ՎꞘԶ ՈՊՋՁ ՀՏՈՃՏՈՏƐ ՀꞘ ՎՏ7 ՑՊՏꞘՈ9. ՃՁ79ƐՏԾՏ ՎՏ7ՎꞘԶ Ճ9ՑՏꞘԶ ƐՀՑՁՎ ՃԱԶՏOƐO ՀՁՈՀ 9ՑՃՁ OՎƐԼƐ ՃՏ ԾՀ7, 9ԶՎՀՑՏԶ ՎՏ7ՎꞘԶ ՑՊ ՑꞘ79Զ, ՈՁ7ՀՎՏ ՃՏ7ՏՃ9ՋՏ 9ԶՀ ՃՁ ՃՏ7Հ ՏՎ ՑՊՏꞘՈ9ՋՏ.

ՀՏՈꞘ I97ՏƐ, OՏՋꞘՈ ՎՏ7ՎՏ ՃՁ ՑՀՃOՏƐ, ՀՏՈꞘ ՃՏ Տ9O ՏԾꞘ 9Զ ՈՏՋՁ ԶՏƐԶꞘՑՏƐ ՎՏ7ՎՏ "Ճ9ՑՏꞘԶ9ƐՏ", Պ ՀՏՈꞘ ՈՏƐՑՃՁ OԼƐՏƐ 9Զ ՈՏ OՏՃՊՈՀ ՏՏՋՏՃԱOƐ 7ՏՑՏ9ՋՏ ՏԾꞘ, Պ ՈՊՋՁ ƐԱ7Հ "ՎՏ7ՎՏ Ճ9ՑՏՊԶ9ƐՏ."

OՏOՃՁ ՀՏՈՏƐ 9Ց ՀՏƐOOƐƐԱԶ, ՏՏՈꞘ ՈՊՈՏ IԱOꞘ "Ճ9ՑՏꞘԶ9Ɛ?"

OՏOՃՏ ՃꞘ7 ՀՏՈՏƐ ՈՏ ԶՀՃՀՎՏƐ, 9Զ ՈՊՈՏ IԱOՀ ՏՏՋՏՃՏ Զ9ԶՃՏ ՎՏ7ՎՏ Ծ9ԶO9ՑՏƐ.

9Զ ՀՏՈՏƐ ՈՏ ԶՀՃՏՎՏƐ 9ԶՏƐ ՎՏ7ՎՁ ՃՏ ՑՊ IԱOOՀ OՀՀՈՏOOƐ "Ճ9ՑՏꞘԶ9ƐƐԶՎՏ Պ Ո9ՈՈ9ՋƐ ՎՏ7ՎՁ Ճ9ՈՀՀՋՏ ՏԾՏƐO ԼՏՃOՏƐ, SUƐƐ.

9Զ ՃՏՈԼԶՏ ՀՏՈՏƐ ՈՏ ԶՀՃՀՎՏƐ, 9Զ ՈՊՈՏ IԱOՀ ՃՀƐՑՃՏ Հ ՃՏ ԼՏԶՏƐ "Ճ9ՑՏꞘԶ."

Ճ9ՑՏꞘԶ ƐՀՑՁՎ ՎՏ7ՎꞘԶ ՏՏ7ՃՀ ԼՏՏՏՏƐՑ Վ97ՏƐ SUƐO-SUƐƐ, 9ƐՏOՊ ՃꞘԾ9 ՀԼƐԶ ՈՊ ՃՏՃՏƐ, ՏƐՀ OՏOՃՏ Ձ ԶԱՋՏƐ OՏԶՎՏ Հ ՃՏ ՈԱ ƐՏԾՏƐ ՎՏՎԼՈꞘԶ.

ՀՁՈՀ ՑՊ ՃՏԶԼ9ՋՏƐ Տ7ՏՋՎ9OՏ Հ ՃՏ ՈԱ ƐՏԾՏƐ ՎՏ7 ՑՊՏꞘՈ9ՋՏ.

ԼՏՀ7 ՃꞘԶ ՃՀOՀՃ ՏƐꞘ ՃՏ Տ9O ՏԾꞘ Տ7ՏՋՎ9OƐՑՏ:

Far Soomalia

Far Soomaaliga (Cismaaniya) ee 1920

“Waa iftiinkii u horreeyey oo qoraalka af soomaaligu helay”

Buuggaan magaciisu waa “Sooyaalka Far Soomaaliga” wuxuu ku saabsan yahay waayihii ay soo martay fartaan Somalida.

Dad ayaa waxay ugu yeeraan Far Soomaaliga “Cismaaniya.” Magaca fartaan loogu walqalay waa Far Soomaali. Curiyaha fartaan Cismaan Yuusuf, wuxuu isku deyey, ka hor intuusan fartaan soo saarin, xuruufta carabiga inuu ku qoro af soomaaliga.

Dagaalkii Far Soomaaliga soo wajahay, waxaa ka mid ahaa, in lagu naynaasay farta “Cismaaniya”, oo waxaa la isku deyey, in laga beddelo magaceedii rasmiga ahaa “Far Soomaali.”

Dadku waxay is weyddiiyeen, maxaa loola jeedaa “Cismaaniya?”

Dadka qaar waxay la noqotay in loola jeedo magaca ninka farta hindisay.

In kale waxay la noqotay inay fartu ka soo jeedo dowladdii Islaamka ”Cismaaniyiinta” oo xilligii fartu bilowoga ahayd dhacday, 1922.

In kale waxay la noqotay, in loo la jeedo qoyskii uu ka dhashay “Cismaan”.

Cismaan Yuusuf fartaan markuu dhammays tiray 1920—1922, iyadoo baahi weyn loo qabo, ayuu dadka u sheegay danta uu ka lee yahay fartaa.

Wuxuu soo bandhigay aragtida uu ka lee yahay Far Soomaaliga.

Dhawrkaan qodob ayaa ka mid ahaa aragtidiis:

- Sՙ Ʒൻ̈ᏑϚՈ9Ꮢᗅ 9ƨᏂ ƐUƐh ՈᗅᒣᏂՙ Ꮒ ՈU ƐSᏋSƐ, ൻ ᏍᗅՙᏂ9ՈSƨ ᏜᏂOᏍS Sՙ ƷൻᏑϚՈ9ᏒS, Ʒ9 ՈൻᏒS ᏜSՈh ᏜϚᏋ9OS SՙᏍS Ϛƨ Ᏹh ᒣƨSƐƨ.

- 9ƨ Ո9ᒣƐᒣᏍS ᏜᗅՈƐSOᗅ Ꮒ ᏋSᏒϚᏒh, Ᏽh ᏜᏜ9ƨՙS SᏜൻƨՙS OSOᏍS, ൻ SՙᏍൻOᗅ ƐUƐh Ᏹh ᒣϚՈ.

- Ʒ9 ՈS ᗅᒣᏂᒣ9Ɛh ՈൻƨS ᏍSƐOƐh ᏓSᏜOൻƐ9ƨᏍS ᏍS ᏓSᏜSƐS ᏂSOOSƨᏍUƨƨS, ՙϚᒣƐᏂOS ᏂSOSƨᏍS, ƷᏂᏒϚƨՙS ƷൻᏑϚՈ9ƐS 9Ɛh Ꮒ9ՈƐ ᏓSᏜOൻƐ9ƨ SᏋ ൻ ᏂSOOSƨᏍS OSƨ ᗅ SᏋ.

ՙSᒣՙS ൻ ᏑᗅOOh Ɛ-h ƷSƨh ՈS ᏒϚᒣƷƐƨSƐᏓƐ ᏋhᏜƐh 9Ɛh 9ƨՙS ᗅ ᏓSᏂ, SƐϚ ՙSՈƐϚƨ9Ꮢᗅ ᏜSᏜƷSOSƐ ᏑSᏒϚՈSOƐ ᏋhᏜƐh 9Ɛh ᏍൻՙᗅᒣՙS ƷൻᏑϚՈ9ƐS ൻ ᏓSƨ, ƐƐ.SS.SUƐƐ.

ՈSᏑSᒣ SƐϚ ՈSᏒᗅ Ʒൻ Ո9ᒣSƐ ᏓSᏑᏑϚƨ ᏑSƷ'ᏂՈ9ƐƐƨՙƐ 9Ɛh ᏜSᒣϚᏜSOƐ ƷᗅՈOϚƨᏍS.

ᏂSՈϚ ᏍS Ꮡ9O SᏋϚ OSOᏍS ՈS Ʒൻ Ո9ᒣSƐ ƷᗅՈOϚƨᏍƐ ƷSՈOSƨSOS ᏋhᏜƐh ƷᗅՈOϚƨ ᏜSՈ9 ƐᏂ Ʒᗅՙ ᏍUƨSOƐO.

Ꮬ9ƷᏑϚƨ ƐᏂ Ʒᗅՙ ᏂᗅՈᏂ ՈS ᏓSƐSƐ ƷᗅՈOϚƨ ᏜSՈ9 ƐᏂ Ʒᗅՙ ᏍUƨSOƐO, OSOᏍƐ ՈS Ʒൻ Ո9ᒣSƐ SƐᏂ ᏍS Ꮡ9O SᏋϚ.

ᏂSՈϚ ᏍS ᏜSՈƷSOSƐ ՙSՈƐϚƨ9ᏒS ᏑSƷ'ᏂՈ9ƐƐƨՙƐ ᏜƐOSƨᏍS ƷᗅՈOϚƨᏍS, ᏂSՈϚ ᏋhᏒᏒϚᏑ9ƨSƐᏓƐ ᏜᗅᏑSᒣ ƷSᏑSƨՈƐᒣ, ᏂSՈSƐ ᏒSՈUƨ ᏂSOOSƨᏍS 9ՙൻᏜ9ƐS. ᏓSᏜOSOϚƷ ൻ ᏋSOOS ՈSᏒᗅ ՙ9ՈᏑϚᏑh "ᏜSՈƐ ᏍhᏂϚO".

ՙSᒣՙS Ʒൻ ᏂSISᏋOS, ՙϚƷൻ SᏋSƐO, 9ƨ ՙSՈƐϚƨ9Ꮢᗅ Iൻl9ƐᏓƐ ՙSᒣ ƷൻᏑϚՈ9ᏒS, 9ƨ ՈS ᏜSᒣՙh SᏑS ՈS 9Ʒՙ9ᏜᏑϚՈh. ᏜhՙᏍƐ ՈSᏒᗅ SᒣᏍh ՙSᒣՙS OSƨᏜƐՈᏓ SƐᏂ ᗅ SᒣᏍSƐᏓƐ ՙSՈƐϚƨ9Ꮢᗅ. Ꮬ9ƷᏑϚƨ ᏑᗅOOh ՈSᏜh ƷSƨh SᏋ ՈSᏜƷ9 9Ɛh ՈSᏜƷ9 OḧᏂՈhᏜᏂ Ꮝᗅ I9ᒣSƐ.

ᏋSՈᏍϚƷ ᏂSՈϚ ᏍS Ꮬ9ՈhᏂOSƐ ᏜᗅՈSƐƷᏍƐ ᗅ ᏋhᒣᒣSƐƷSƐ ൻ

Ꮬ9ᒣƐᒣ9ᏒϚƷ ᏍS 9ᏑϚƨSƐᏓƐ ՈᗅᏍᗅƨᏍS ՙSՈƐϚƨ9ᏒS, SƐϚ ᏑᗅOOh ՈSᏒᗅ I9̈ᒣᏓƐ, ՙSᒣՙS ՈSᏑS hᏒᏒhՈSƐƨ, 9ƨ ՈS ᏜSᒣՙh.

Af soomaaligu inuu yeesho xuruuf uu lee yahay, oo ku filan codka af soomaaliga, si looga baxo baahida afka aan qornayn.

- In xiriirka bulshadu uu hagaago, kobcinta aqoonta dadka, oo afkoodu yeesho qoraal.
- Si loo uruuriyo loona kaydsho dhacdooyinka ka dhacaya waddankeenna, taariikhda waddanka, suugaanta soomaaliya iyo wixii dhacdooyin ah oo waddanka dan u ah.

Farta oo muddo 2-3 sano la gaarsiiyey Hobyo iyo inta u dhaw, ayaa Talyaanigu qabsaday magaaladii Hobyo iyo koofurta Soomaaliya oo dhan, 25.11.1925.

Xamar ayaa lagu soo xiray dhammaan mas'uuliyiintii iyo qaraabadii Suldaanka Cali Yuusuf Keeadiid. Waxaa ka mid ahaa dadka la soo xiray Suldaankii Saldana Hobyo Suldaan Cali Yuusuf Keenadiid.

Cismaan Yuusuf wuxuu la dhashay Suldaan Cali Keenadiid, dadka la soo xiray ayuu Cismaan ka mid ahaa. Waxaa ka baxsaday Talyaaniga mas'uuliyiintii ciidanka, waxaa hoggaaminayey Cumar Samatar, waxay galeen waddanka Itoobiya.

Dhacdadaas oo hadda loo yaqaan "Qixii kowaad."
Halkaas waxaa ka bilowday culayskii u horreeyey oo fartu soo wajahda, taasoo ahayd, in Talyaanigu joojiyey Farta Soomaaliga, in la barto ama la isticmaalo.

Qofkii lagu arko farta danbiile ayuu u arkayey Talyaanigu. Cismaan muddo labo sano ah xabsi iyo xabsi-dowlo ku jiray.Ciriirigaa ka imaanayey xukunka Talyaaniga, ayaa muddo lagu jiray, farta la ma oggolayn in la barto.

Nasiib wanaag ayay u ahayd Far Soomaaliga, markii lagu jabiyey Talyaaniga dagaalkii labaad ee adduunka. Dagaalkii labaad Talyaanigu waa ku jabay, Ingiriisku waddanka Soomaaliya oo dhan

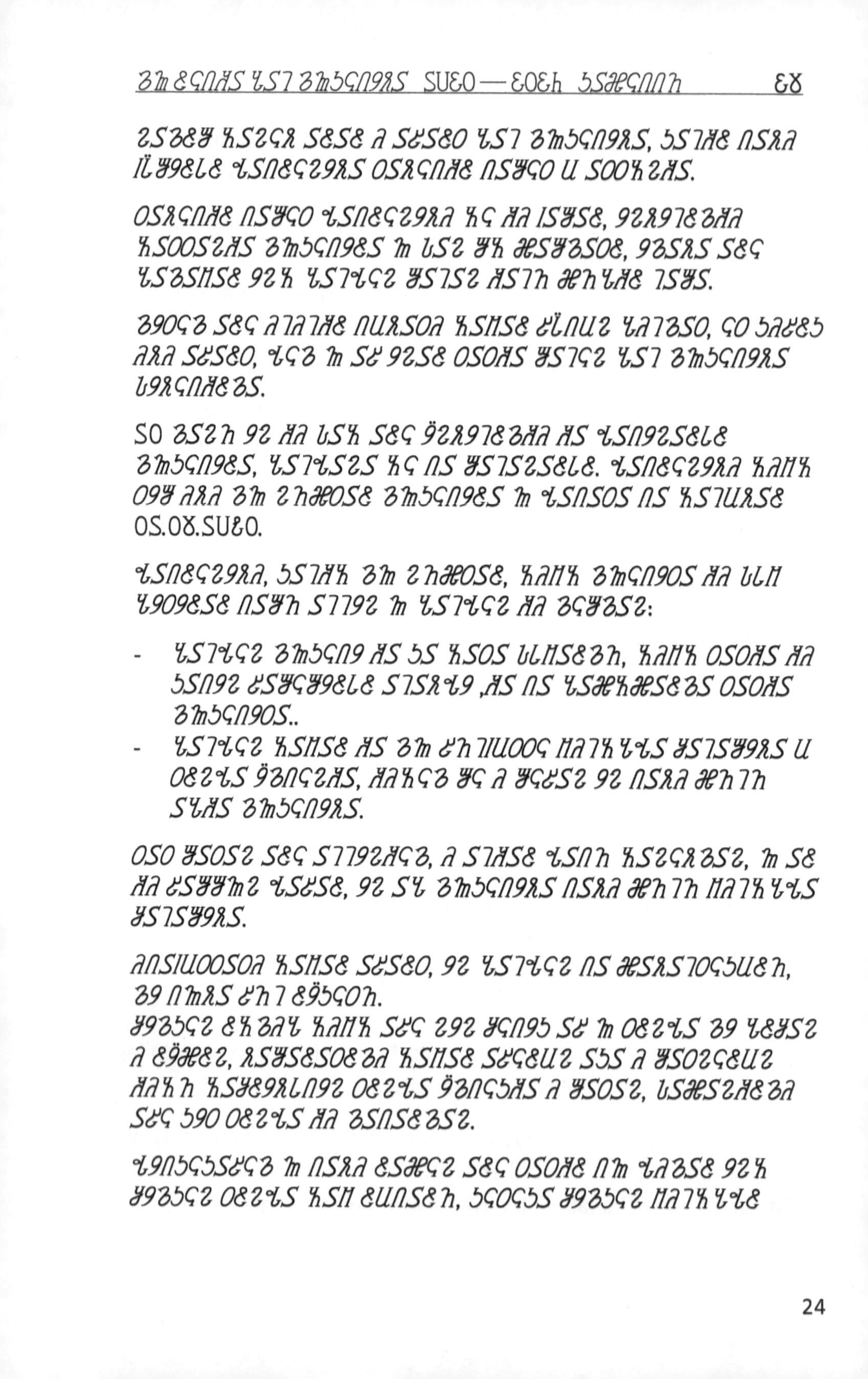

ƧSƷƐƔ ҔSƧϚՋ SƐSƐ Ⴄ SƸSƐO ԷSٳ ƷⅢϿϚՈ9ՋS, ϿSٳӼƐ ՈSՋႤ ÏԷƔ9ƐԼƐ ԸSՈƐϚƧ9ՋS OSՋϚՈӼƐ ՈSƔϚO Ա SOOҔƧӼS.

OSՋϚՈӼƐ ՈSƔϚO ԸSՈƐϚƧ9ՋႤ ҔϚ ӼႤ ISƔSƐ, 9ƧՋ9ٳƐƷӼႤ ҔSOOSƧӼS ƷⅢϿϚՈ9ƐS Ⅲ ԵSƧ ƔҔ ӾSƔƷSOƐ, 9ƷSՋS SƐϚ ԷSƷSՈSƐ 9ƧҔ ԷSٳԸϚƧ ƔSٳSƧ ӼSٳh ӾhԷӼƐ ٳSƔS.

Ʒ9OϚƷ SƐϚ ႤٳႤٳӼƐ ՈԱՋSOႤ ҔSՈSƐ ƸÏԼՈԱƧ ԷႤٳƷSO, ϚO ϿႤƸƐϿ ႤՋႤ SƸSƐO, ԸϚƷ Ⅲ SƸ 9ƧSƐ OSOӼS ƔSٳϚƧ ԷSٳ ƷⅢϿϚՈ9ՋS Ե9ՋϚՈӼƐƷS.

SO ƷSƧh 9Ƨ ӼႤ ԵSҔ SƐϚ Ö9ƧՋ9ٳƐƷӼႤ ӼS ԸSՈ9ƧSƐԼƐ ƷⅢϿϚՈ9ƐS, ԷSٳԸSƧS ҔϚ ՈS ƔSٳSƧSƐԼƐ. ԸSՈƐϚƧ9ՋႤ ҔႤՈҔ O9Ɣ ႤՋႤ ƷⅢ ƧhӾOSƐ ƷⅢϿϚՈ9ƐS Ⅲ ԸSՈSOS ՈS ҔSٳԱՋSƐ OS.OႸ.SUƐO.

ԸSՈƐϚƧ9ՋႤ, ϿSٳӼҔ ƷⅢ ƧhӾOSƐ, ҔႤՈҔ ƷⅢϚՈ9OS ӼႤ ԵԼՈ Է9O9ƐSƐ ՈSƔh Sٳٳ9Ƨ Ⅲ ԷSٳԸϚƧ ӼႤ ƷϚƔƷSƧ:

- ԷSٳԸϚƧ ƷⅢϿϚՈ9 ӼS ϿS ҔSOS ԵԼՈSƐƷh, ҔႤՈҔ OSOӼS ӼႤ ϿSՈ9Ƨ ƸSƔϚƔ9ƐԼƐ SٳSՋԸ9 ,ӼS ՈS ԷSӾҔӾSƐƷS OSOӼS ƷⅢϿϚՈ9OS..
- ԷSٳԸϚƧ ҔSՈSƐ ӼS ƷⅢ ƸhٳԱOOϚ ՈႤٳҔԷԸS ƔSٳSƔ9ՋS Ա OƐƧԸS Ö9ƷՈϚƧӼS, ӼႤҔϚƷ ƔϚ Ⴄ ƔϚƸSƧ 9Ƨ ՈSՋႤ ӾhٳԷ SԷӼS ƷⅢϿϚՈ9ՋS.

OSO ƔSOSƧ SƐϚ Sٳٳ9ƧӼϚƷ, Ⴄ SٳӼSƐ ԸSՈh ҔSƧϚՋƷSƧ, Ⅲ SƐ ӼႤ ƸSƔƔⅢƧ ԸSƸSƐ, 9Ƨ SԷ ƷⅢϿϚՈ9ՋS ՈSՋႤ ӾhٳԷ ՈႤٳҔԷԸS ƔSٳSƔ9ՋS.

ႤՈSIԱOOSOႤ ҔSՈSƐ SƸSƐO, 9Ƨ ԷSٳԸϚƧ ՈS ӾSՋSٳOϚϿԱƐh, Ʒ9 ՈⅢՋS ƸhٳƐÖϿϚOh.
Ɣ9ƷϿϚƧ ƐҔƷႤԷ ҔႤՈҔ SƸϚ Ƨ9Ƨ ƔϚՈ9Ͽ SƸ Ⅲ OƐƧԸS Ʒ9 ԷƐƔSƧ Ⴄ ƐÖӾƐƧ, ՋSƔSƐSOƐƷႤ ҔSՈSƐ SƸϚƐԱƧ SϿS Ⴄ ƔSOƧϚƐԱƧ ӼႤҔh ҔSƔƐ9ՋԼՈ9Ƨ OƐƧԸS Ö9ՈϚϿӼS Ⴄ ƔSOSƧ, ԵSӾSƧӼƐƷႤ SƸϚ Ͽ9O OƐƧԸS ӼႤ ƷSՈSƐƷSƧ.

Ը9ՈϿϚϿSƸϚƷ Ⅲ ՈSՋႤ ƐSӾϚƧ SƐϚ OSOӼƐ ՈⅢ ԸႤƷSƐ 9ƧҔ Ɣ9ƷϿϚƧ OƐƧԸS ҔSՈ ƐԱՈSƐh, ϿϚOϚϿS Ɣ9ƷϿϚƧ ՈႤٳҔԷԸƐ buu qabsaday, isaga ayaa fasaxay inuu fartaan baran karo qofkii raba.

Sidaas ayaa ururkii Leegadu helay fursad, aad muhiim ugu ahayd, taas oo ah inay dadka baraan Far Soomaaliga dhigaalkiisa.

10 sano in ku dhaw ayaa Ingiriisku ka talinayey Soomaaliya, fartana waa la baranayey. Talyaanigu wuxuu dib ugu soo noqday Soomaaliya oo talada la wareegay 01.04.1950.

Talyaanigu, markuu soo noqday, wuxuu soomaalida ku dhex fidiyey labo arrin oo fartaan ku saabsan:

- Fartaan, Soomaali ka ma wada dhexayso, wuxuu dadka ku marin habaabinayey aragti kala ka faquuqaysa dadka soomaalida.
- - Fartaan waxay ka soo horjeeddaa xuruufta farta carabiga ee diinta islaamka, kuwaas baa u baahan in lagu qoro afka soomaaliga.

Dad badan ayaa arrinkaas u arkay talo wanaagsan, oo ay ku habboon tahay, in af soomaaliga lagu qoro xuruufta carabiga. Ulajeedadu waxay ahayd, in fartaan la cilladeeyo, si looga hor yimaado. Cismaan Yuusuf wuxuu ahaa nin caalim ah, diinta si wanaagsan u yiqiin, gabayadiisu waxay ahaayeen ama u badnaayeen kuwo wacyigelinta diinta Islaamka u badan, dhaqankiisu ahaa mid diinta ku salaysan.
Tilmaamahaas oo lagu yaqaan ayaa dadkii loo tusay inuu Cismaan diinta wax yeelayo, maadaama Cismaan xuruuftii carabiga ka leexday.

ɟS7Sᵹᶑጵ S ắS nuɦOSɛ.
ɔƍɾʒSOƍɾ ʒm ʒħɟħϟS m nS ɛᶑ̈7ƍɛOħ "ᵹƍɾ Sɛ̃Sɛ" ℏSɦƍ ϟᶑ̈7ᶑɛʟɛ ɟᶑʒɔƍɾ ɛℏ ʒᶑϟ. ʟSӕSɾắɛʒS ᵹℏ ắS ℏS77SɔSɛƍ.

ℏƍ nSᵹƍϟSɾ ᵹʟɛO m lɛϟϟħ Sɛ̃:

S.. ɾᶑɾ ɛᶑắ7ᶑጵS ᶑnƍɛ̃ ᶑɛħ ɛSɛ̃ƍOSO ӕᶑ7ƍɾ Sɛ̃Sɛ

ɛ.. ɾᶑɾ ɛᶑ7ℏɟOS ϟħℏɦɛOắᶑ ắᶑ ɛᶑɛʟɛʒħ ᵹƍɾ Sɛ̃Sɛ

h.. ɾᶑɾɔƍɾ ɛS7Sɟᶑ ʒℏ ɛᶑ̈7ᶑ ắS ɛSắᶑɛSɛɾ ᵹƍɾ Sɛ̃Sɛ;

ɤ.. ɾᶑɾ ɛSϟuɟSOɛ ɾʟᵹᶑጵS ɛᶑɾʒSɾƍɛS ᵹƍɾ Sɛ̃Sɛ

ɛ.. ɾᶑɾ ɛSᵹƍᵹ Sɛ̃ƍɾϟɛɾS ɛS7uɟSOS ᵹS7ϟƍɾ Sɛ̃Sɛ

Կ.. ɾᶑɾ ɛℏ7Sᶑɛħ Sɾɟƍɔ ᶑɛħ ɛᶑɟS7Sᵹ S ʟᶑጵϟƍɾ ᵹƍɾ Sɛ̃Sɛ;

Ɔ.. ɾᶑɾ ɛᶑ7Sᵹɟ Sɛ ϟSϟƍʒɛ7ϟS ɛᶑ7ℏɦOSɾS ħጵ ᵹƍɾ Sɛ̃Sɛ

C.. ℏᶑɦɛ ɛᶑɛ̃ᶑᵹħ ᶑɛħ ɟuᵹ Sɛ̃ ɾᶑɾ ắS ɛuɦƍɛƍɾ Sɛ̃Sɛ

U.. ɾᶑɔƍɾ ɛħℏ7 SlɾSᵹᶑ ᶑɛħ ɛᶑ̈nᶑɾ lɛOSɾ ᵹƍɾ Sɛ̃Sɛ;

SO.. 7S'ɛᶑጵᶑ ɛ̃SOOℏ ɛunɔħ ɛᶑɛSɛ ᶑ ϟɛ7ɛƍɾ Sɛ̃Sɛ

SS.. ɾᶑɾ ɛSɛ̃ɔƍOắS ϟƍ7ɛƙOSắS ɛuắSɛɾ ắS7ƍɾ Sɛ̃Sɛ

Sɛ.. ɾᶑɾ ɛmϟƍ7ϟS ጵSᵹSɛጵSɾS ϟƍɟᶑ7ắuO Sɛ̃ ᵹƍɾ Sɛ̃Sɛ;

Sh.. ɾᶑɾ ɛᶑOOᶑɛħ ƙᶑnƍϟ ᶑɛħ ɛS7ắS OɛOSɾ ᵹƍɾ Sɛ̃Sɛ

Sɤ.. ɾᶑɾƍɾ ɛℏɛ ᶑnƍɛ̃ ጵᶅnᶑɾ ắSɾS ɛƍϟᶑɛƍɾ Sɛ̃Sɛ

Sɛ.. ɾᶑɔƍɾ SɾƍɾᶑɛSOOS ɛƍɟOSɛ ắS ɛᶑᵹӕƍϟSɛ ᵹƍɾ Sɛ̃Sɛ;
SԿ.. ɾᶑɔƍɾ ɛS7SϟϟS ʒmɔƍnᶑ ɛSɛɾS ʟƍϟʒSɾ ᵹƍɾ Sɛ̃Sɛ

SƆ.. ɾᶑɔƍɾ ắS nS ɛᶑ7ɛᶑ7ᶑɾϟuOS ắS ɛSӕSɛɾɾᶑɾ ᵹƍɾ Sɛ̃Sɛ

SC.. ɾᶑɔƍɾ ɛᶑӕᶑnắS ጵƍnƍO ɛSᵹᵹSɛ̃Sɛɾɾᶑɾ ᵹƍɾ Sɛ̃Sɛ;

SU.. ɾᶑɾ ɛS7ɔƍϟắʟ ᶑɛħ ɛℏʒᶑϟ nS ɛSnƍᵹSOƍɾ Sɛ̃Sɛ

ɛO.. ʒᶑɛƍnSɛ̃S ƍɾ ʒm ɛüጵSɛ ɾᶑɾ ɛɛƙħℏ Sɛ̃ ᵹƍɾ Sɛ̃S;

Maansadaan soo socota oo la yiraahdo "Baan ahay" waxaa tiriyey Cismaan. Dhaqankiisa ayuu ka waramayaa.

Waa labaatan beyd oo jiifto ah:

1. Nin shugriga Ilaah iyo shahaadada qiraan ahay

2. Nin shuruudda tawxiidku ku shiishayso baan ahay

3. Nimaan sharacu suu yiri shakiyaynnin baan ahay

4. Nin shafeecadii Nebiga shinsanaaya baan ahay

5. Nin shabaab ahaantiina shareecada bartaan ahay

6. Nin Shuuriyo Ancaam iyo Shucarada dhigtaan ahay

7. Nin shirrabay tafaasiirta shuruuxdana og baan ahay

8. Wixii shuhubo iyo ceeb ah nin ka sheexayaan ahay

9. Nimaan showr ajnebi iyo shilin jiidan baan ahay

10. Nin ra'yigu hadduu sheelmo shishuu fiiriyaan ahay

11. Nin shahmaadka taariikhda ka sheekayn karaan ahay

12. Nin shoofaarta gabaygana shaacirkeed ah baan ahay

13. Nin shiddiyo khilaaf iyo sharka diiddan baan ahay

14. Nimaan shuush Ilaah gelinnin kana shaafiyaan ahay

15. Nin anaaniyadda shaacday ka shibqaatay baan ahay

16. Nimaan sharafta Soomaali shayna dhaafsan baan ahay

17. Nimaan kala shirshiriddeeda ka shaqaynnin baan ahay

18. Nimaan shuqulka gaalaad shabbahaynnin baan ahay

19. Nin Sharmaarke iyo Yuusuf la shalaabadaan ahay

20. Siyaalaha an soo sheegay nin shiikhow ah baan ahay

ჀS7 Зɱ̈ϽϚΠ9ЯƐ ɱ ΠS 9Π OS7SƧ ȢSЯS7OϚϽSOƐ ჀSΠƐϚƧ9ЯƏ Ə ЯLƐЗSƧSƐLƐ, SƐϚ ҺSΠϚ Зɱ ӜSΠSƐ 7SЯ ӜSOSƧ ɱ 9ЗӐƏ OLƐLƐ, 9ƧSƐ ΠƏ7ҺჀ Зɱ ЗϚ7ϚƧ ΠƏ7ҺჀ SჀӐS ЗɱϽϚΠ9ЯS ΠSЯƏ ӜҺ7h.

ჀS7 Зɱ̈ϽϚΠ9ЯS Ӝ9ЗϽϚƧ OL̈ Ⴠ9ƐLƐ, ҺƏΠҺ SȢϚ ϽUƧƐ ΠSЯS Πɱ Π IƐ̈ჀLƐ. З9OS SƐ LSӜOɱƐ9Ƨ ӜSOSƧ 9ƧS ჀƏЗSƐϚƧ, ЯϚ7 SȢϚƧ LSƧӐS ჀϚ7ƐЯOS ӜҺ79OOS SჀӐS ЗɱϽϚΠ9ЯS.

ΠƏ7ҺჀ9ȢƐ ӐS OSƧӜUƐLƐ ҺSΠSƐ Ӝ9ΠhҺOUƧ Зɱ Ӝ9Π9OOɱOƏ SUhh, SUƐh, SUƐh, SUЧO, SUЧS.

ҺSΠϚ Зɱ ƧϚӜ ӜSΠSƐ ΠƏ7ҺჀ ӜSOSƧ, ϽƏOOh LU7 ӐS O9Ӝ ӜS7SƧSOƐ ჀS7 ЗɱϽϚΠ9ЯS.

ჀS7h ӜSOSƧ ɱ ӜϚӜSӜ ӐS ΠS OƏҺSƧ ΠLȢ, LSƧӐS ϽҺӜϚΠӐS 9Ɛh LSƧӐS Ȣ9ЯЯϚOOS. ჀS7 ЗɱϽϚΠ9ЯƏ ҺSΠSƐ Зɱ ӜSΠSƐ SUƐO.

ЯƏOO9ЯS Яɱ ЗSƧӐS 9Ɛh ჀS7 ЗɱϽϚΠ9ЯS ЯƏЯЯ9ЯS Яɱ ЗSƧӐƏ ҺƏΠҺ SȢϚ ЯƏOO9 ȢɱЗϚO ӐS Ͻ9O SȢ ΠUЯSOS.

ҺSΠϚ ΠS ϚЗϚƧSƐ SUƔU ɱ ҺSΠϚ ϚЗϚЗSƐ ƐϚЗƐƧ Ӝ9ЗϽϚƧ ӐUƧSOƐO. ҺƏΠҺ Ə Ӝ9Π9ƐLƐ "ӜƏΠƧSOS ЗɱϽϚΠ9OS SჀӐUOS 9Ɛh ЗҺЯϚƧჀUOS" 9ƧჀϚЗɱ SჀ 9ƧЯ97ƐЗ Πɱ ӜLOOLΠLƐ ӜҺ SȢϚ ϽSЯSӜƏ. Яɱ ЗSƧӐƏ ҺƏΠҺ SȢϚ ϽSЯSӜS Πɱ Ɛ9̈ӜƐƧ. ҺSΠSƐ SȢϚƐUƧ LSΠΠ9ƧƐS7h 9З Π9ΠӜϚƧჀSƐ, ɱ ӐS Ⴠ97ЗSƧ Ə7ƏΠӐƐ ΠUЯSOS. ჀS7SӜ ӐS Ͻ9O SȢ ΠUЯSOS ɱ Ə ӜϚӜ9ΠЗSƧ ЗҺЯϚƧჀS, LSӜSƧӐS 9Ɛh SჀӐS.

ҺSΠϚ I97S SჀS7 ӜLƐO ɱ ӐS Ͻ9O SȢ ЯSӜSƐЯƐ "ƐSҺ ЯS7ƧSӜ9 OɱƧS" ҺSΠϚ Ⴠ979ƐLƐ Ӝ9ЗϽϚƧ ƐҺЗƏჀ ӐUƧSOƐO. Яɱ ЗSƧӐS SƐҺ ӐSЯS ȢSOΠSƐϚ ȢSҺƧS SƐ ȢSƐϚƧ ӜϚΠSOOUOS, ӜLƐOSOӐS ƐƆ, ƐC, ƐU, ЧO.

ƐƆ: SჀӐϚ 9̈ƧS ӐƏ ЯϚ̈79Ɛh ӜҺOӐϚ ΠSƐЗӐƏ ЯS7SƧϚƐh
ƐC: Ƨ9ϽSƧ ӜϚ ЯL̈ƧЗSOLƐ ɱ ӐS ILӜLΠ Ͻ9O SƐSƧ ЯϚ7SƐƧL

ƐU: ƏЯƏϽSƧS ЯS7SҺЗSƧS 7SЯЯƐ Яɱ ЗSƧӐS SȢϚƐL ЧO: ΠSӜSOϚ ჀS'Ɛɱ ӐS ΠS ЯL̈OOɱƧ ƐSҺ ЯS7ƧSӜ9 OɱƧS?

Far Soomaaliga oo la il daran hagardaamadii Talyaanigu u gaystay, ayaa waxaa soo baxay rag badan oo isku deyey, inay soo saaraan xuruuf afka soomaaliga lagu qoro.

Far Soomaaliga Cismaan dejiiyey, wuxuu ahaa meeshii laga loox jiitay. Sida ay dhacdooyin badan ina tusayaan, gaar ahaan dhanka taariikhda qoridda afka soomaaliga.

Waxaa soo shaac baxay xuruuf badan, muddo dheer ka dib barashadii Far Soomaaliga. Faro badan oo qaabab kala duwan leh, dhanka muuqaalka iyo dhanka higgaadda.

Far Foomaaligu wuxuu soo baxay 1920. Xuruufihii ka danbeeyey waxay ka bilowdeen soo bixiddoodu 1933, 1953, 1953, 1960,1961.

Guddigii Goosanka iyo hawlihii Far Soomaaliga

Guddiga Goosanku wuxuu ahaa guddi hoosaad ka mid ah Leegada. Waxaa la aasaasay 1949, waxaa aasaasay Yaasiin Cismaan Keenadiid. Wuxuu u bixiyey "Bulshada Soomaalida afkeeda iyo Suugaanteeda" intaasoo Ingiriis loo beddelay buu ahaa magacu. Goosanku wuxuu ahaa magaca loo yiqiin.

Waxay ahaayeen dhallinyaro isxilqaantay, oo ka tirsan ururkii Leegada. Shaqada ay qabtaan waxay ahayd kobcinta suugaanta, dhaqanka iyo afka.

Waxaa jira afar beyd oo ka mid ah gabaygii "Yaw garnaqi doona" waxaa tiriyey Cismaan Yuusuf Keenadiid. Goosanka ayu kaga hadlayaa hawsha ay hayaan baaxaddeeda. Waa beydadka 57, 58, 59, 60.

57. Afkaa ina ku gaariyo codkaa la isku garanaayo

58. Niman baa gensaday oo ka jecel mid ayan gaarayne

59. ugumana gargaaraan raggii GOOSANKA ahaaye

60. labadaa ra'yoo kala geddoon yaw garnaqi doonaa?

OϚƵ197Ɛ7ɦᎩɦ

ꓘϚ ᎩꓘƦ ϚO Ꮧ ꓘᏓƐƵϚ Ო ƷꓘƦϚƵᏆS ΠSƦᏗ ᏗꓘꓘƐᏓƐ, Ʒ9 ΠᲓ ᏗSƐO9Ɛɦ..

Ꭹ9ƷƼϚƵ ƐꓘƷᏗՆ ᎩϚ ΠSƐϚ, ꓘᏗΠꓘ ᏗᏗ ᏗꓘꓘƵ 19ꓘᏓƐ ƷꓘƦϚƵᏆS ƵᲓᎩƐSOUOS Ო ᏓSƵ. ᎩꓘƦƦᏗ ꓘᏗΠꓘ ƐƐΠΠᏓƐ, Ო ΠᲓƦᏗ ᏆᏓƦ9 19ꓘᏓƐ, ᎩᏓ7ƷᏓOOS Ꭹ9ƷƼϚƵ ƐꓘƷᏗՆ.

ƏɦՆᏗƐ ƦSᎩSƐɦ SƼS ƷꓘƦϚƵ ᏗSΠᏓ Ꮧ ᎩϚƐOS, ꓘᏗΠꓘ ᏆᏓƦ9 19ꓘᏓƐ ᎩᏓ7ƷSOOS Ꭹ9ƷƼϚƵ, ᏗɦΠᏗϚƷ SƐꓘ ᏗS Ꮣ9ƦSƵ 19ꓘᏓƐ.

- ᎩꓘƦƦᏗ ꓘᏗΠꓘ ᏗᏗ Əɦ7ƵϚ ՆS7 ƷᲓƼϚΠ9, ꓘSΠϚ Əɦ7SƐ Ꭹ9ƷƼϚƵ 9Ɛɦ ƦᲓƷSƵᏗS 9Ƶ ᏗS Ƽ9O SƐ. ƦᲓƷSƵᏗᏗ S7OSOS SƐ ՆS7ᏆS ᎩS79 19ꓘUƵ ᎩSƐ ᏗᏗΠS ᏆSΠ9Ƶ 19ꓘUƵ, 9ƵSƐ OϚƵ197Ɛ7ɦᎩɦ ƷᲓ SƘᏆ9ƐϚƵ, ꓘSΠ ᏗS ƷᲓ Ʀꓘ79ƐϚƵ.
- ꓘS7ƦᏓƐƷ ΠS ɦ7S 19ꓘᏓƐ "ƷŠƐSƵ ƵIOƘƦᏆƼ", SƐϚ ՆS7 ƷᲓƼϚΠ9ƦS ᏗᏗ ƷᲓ Ꭹ9Π9 19ꓘᏓƐ. ƏSΠ9Ƶ 9Ɛɦ ꓘS7ƏSO SƐϚ ΠSƦᏗ Əɦ79 19ꓘᏓƐ, ꓘᏗΠꓘ ƷᲓ Ꭹ9Π9 Ꮧ9ꓘᏓƐ SUƐƆ, Ꭹ9ƔƐ ƼS7 SƐꓘ SƐϚ. ꓘϚƦƐ OSƵᎩᏓ, SUԿC, ƦᲓƷSƵᏗᏗ ꓘSΠSƐ ꓘSOOSƵᏗS ᏗÜƵUƵ ƼSᏗƐƵSOɦ ՆS7 ƷᲓƼϚΠ9ƦS ΠᲓƦᏗ ᏆSΠɦ ƦSΠSƐ. ꓘSΠSƐ ƷᲓ ƷϚ79 19ꓘUƵ ꓘS7ƦᏓƐƷ ꓘᏓƐƵ Ო Ꭹ9ƔƐ ƼS7 ƷᲓ ᎩSΠS, Ო SO Ꭹɦ Ʀ SƐ. ƼSƦSƐƐƷᏗ ꓘᏗΠꓘ SƐϚ "Ɛɦ7ƷUO". ΠSᎩSOS ꓘS7ƦᏓƐƷ ꓘSΠϚ ΠS7ᏗƵ Ꮧ SƐSƐO ƼSƦϚΠSOS ΠSƼS7. ƦɦᎩɦΠSOS ꓘSOOSƵᏗS ƼUƔƐ ΠᲓƦS ᎩϚƐOɦ ꓘϚ ΠᲓ O979 19ꓘᏓƐ.
- ƦᲓƷSƵᏗᏗ ꓘSΠSƐ ΠSƐϚƐUƵ ƦᲓᎩɦ ꓘSΠᎩS7SƔɦ, Ო ΠSƦS ՆᏗ7SƐ ƦɦᎩɦΠSOS, ƦϚ7 SƐϚƵ ΠS7ᏗƼSƐS ΠUƦSOS, ᏗᏗꓘϚƷᲓ ΠSƦᏗ ᎩS7Ꮖɦ ՆS7 ƷᲓƼϚΠ9ƦS 9Ɛɦ ᏆSᎩΠƐƵᏆS ᏗSΠᏓ, ꓘSΠSƐ ƦϚ7ƷƐƐUƵ ƦɦᎩɦΠSOS ƷᲓƼϚΠ9ƐS Ო SƐ ᏗᏗ 197ϚƵ 19Ʀ19ƦS 9Ɛɦ ƦϚ79ƷS, Ʒ9OS SƐ Ɛ ƔUƦUƵ ɦOSƐϚΠ ᏗS Ƽ9O SƐϚ ƦᲓƷSƵᏗS 9Ɛɦ Ɛɦ7ƷUOᏗƐ ΠUƦSOS.

  SᎩꓘᏗS7 ƼSΠSƼᏓO ᎩSΠ9 (Ƽ.Ꭹ) ꓘᏗΠꓘ Ɛ ƔUƦSƐ, 9Ƶꓘ ꓘSΠ9 9ΠϚΠ9Ɛɦ, Ო Ʒ9OƐƷƐ ƐSƐSƐ, ƏɦΠᏗƐ ƐᲓƐSO9 (SᏗƵ) SƐ OSOᏗS ᏗᏗ ᎩS79 19ᏆSƐ ՆS7 ƷᲓƼϚΠ9ƦS.

Daanjiriiroco

Waa buug aad u weyn oo suugaanta lagu uruuriyey, si loo kaydiyo. Cismaan Yuusuf baa lahaa, wuxuu ku uruurin jiray suugaanta noocyadeeda oo dhan. Buuggu wuxuu yiillay, oo loogu tegi jirey, bersadda Cismaan Yuusuf. Buuggu wuxuu ku qornaa Far Soomaali.

Qofkii gabayo ama suugaan kale u baahda, kolkaas bersadda intuu yimaado ayuu ka dhigan jiray.

- Buuggu wuxuu ku qornaa Far Soomaali, Cismaan iyo Goosanka qaar ka mid ah, ayaa qoray. Goosanku ardadooda ay farta soomaaliga baraan bay kula talin jireen, inay Daanjiriiroco soo akhriyaan, wax ka soo guuriyaan.
- Wargeys la oran jiray "Sahan – Explore" ayaa Far Soomaaliga ku soo bixi jirey. Qalin iyo warqad ayaa lagu qori jiray oo wuxuu soo bixijirey 1957, bishii mar ayuu soo bixi jirey, wargeys yar ayuu ahaa. Waagii danbe, 1968, Goosanku waxay waddanka keeneen makiinado Far Soomaaliga loogu talo galay. Waxay soo saari jireen wargeys weyn oo bishii mar soo baxa, 10 bog ah. Magaciisu wuxuu ahaa "Horseed". Laboda wargeys waxaa xarun u ahayd magaalada Xamar. Gobolada waddanka meeshii looga baahdo waa loo diri jirey.
- Goosanku waxay lahaayeen goobo waxbarasho, oo laga furay gobolada, gaar ahaan xarumaha Leegada, kuwaasoo lagu barto Far Soomaaliga iyo tacliinta kale. Waxay gaarsiiyeen Gobolada Somalia oo ay ku jiraan Jigjiga iyo Gaarisa, sida ay ii sheegeen odayaashii ka mid ahaa Goosanka iyo horseedka Leegada, intii aan la kulmay. Abuukar Mohamed Ali (MP) wuxuu ii sheegay, inuu wali ilaaliyo oo sidiisii yahay qolkii Hooyadi AUN ay dadka ku bari jirtay Far Soomaaliga.

ᏄᏍᏛᏍᏋᏋ ᎯᏍ ᎾᏍᏃᏰᎤᏋᏞᏋ ᏄᏍᏛ ᏳᏈᏌᏩᏁᏚᏒᏍ, Ꮘ ᏌᏜᎾᎾᏂ ᏓᎤᏛ ᎯᏍ ᎾᏚᏰ ᏁᏍ ᏳᏈ ᏰᏍᏃᏓᏚᏒᏍᏋ, ᏥᏍᏁᏩ ᎯᏍ ᏌᏚᎾ ᏍᏋᏩ:

ᏄᏍᏛᏈᏋ ᏈᏋᏲ ᏱᏍᏰᎾᏜᏁᏛᏍᏁᏌᏩᏃ ᏈᏋᏲ ᏳᏍᏃᏍᎾᎯᎤᎾᏜ ᏥᏜᏁᏥ ᏍᏋᏩ ᏚᏂᏂ.

ᏄᏍᏛᏈᏋ ᏁᏜᏳᎤᏃ ᏈᏋᏲ ᏍᏁᏌᏞᎾ ᏋᏚᏁᏂᏥᏁᏞ "ᎯᏍᎾᏍᏛᏞ" ᏳᏍᏃᎾᎯᏋ ᏄᏍᏛᏈᏍ ᏚᏋᎬ.

ᏄᏍᏛᏈᏋ ᏌᏥᏳᏞ ᏁᏩᏐ ᏁᏳᏌᏩᏱᏋᏁ "ᏒᏍᏁᏩᏁ" ᏳᏍᏃᏍᎾᎯᏋ ᏄᏍᏛᏈᏍ ᏚᏋᎬ-ᏚᏋᏂ.

ᏄᏍᏛᏈᏋ ᏚᏰᏛᏩᏋᏚᏌ ᏁᏩᏈᏚ ᏌᏍᏁᏍᏌᏥᎾ ᏓᏈᏘᏈᏚᏰᏁᏁ ᏄᏍᏛᏈᏍ ᏚᏄᎾ

ᏄᏍᏛᏈᏋ ᏈᏚᏛᏞ ᏐᏩᏌᏍᏰ ᏍᏁᏌᏞᎾ Ꮘ ᏍᏋᏍᏋᎾ ᏳᏍᏃᏍᎾᎯᏋ ᏚᏄᏍ.

ᏳᏩᏌᏩᏁᏚᎾᏍ ᏥᏍᏁᏩ ᏁᏜᏒᏒᏘᏋᏍᎾᏍ Ꮬ ᎯᎤᏃᏍ, ᏰᏜᏁᏈᏍᎾᏍᏃᏍ ᏋᏍᏒᏩᏳᏚᏋᏞᏋ Ꮘ Ꮬ ᏰᏩᏋᏍᏃ, ᏚᏃ ᏁᏍᏒᏍ ᏒᏜᎾᏰᏂ ᏥᏩ "ᏥᏚᏁᏋ ᏥᏍᏃᏩᏒᏳᏍᏃ Ꮘ ᏨᏂᏄ ᏰᏚᏁᏩᏰᏂ, ᏚᏃᏈᏍ ᏁᏍ ᏰᏍᏛᏈᏂ, ᎯᏍᎾᏚᏰ ᏁᏍᏒᏍ ᏍᏒ ᏄᏜᏛᏂ ᏌᏚᎾ ᏁᏍ ᏌᏚᎾ ᏍᏋ.

ᏥᏍᏁᏩ ᏃᏍᏒᏜ ᏋᏍᏛ ᏍᏌᏍ ᎯᏍᏛᏈᏚ ᏁᏘ ᏋᏍᏋᏃ, ᏚᏃ ᏥᏚᏁᏋ ᏰᏚᏁᏩᏰᏍᏋ Ꮘ ᏋᏂᏛᏜᏌᏌᏍᏛ ᏍᏋ ᏥᏍᏁᏍ ᎯᏍ ᏓᏚᏌᏌᏍᏃ ᏁᏍ ᏛᏩᎾᏚᏋᏂ, ᏌᏍᏛᎯᏋ ᏁᏍ ᏋᏞᏁᏂ, ᏁᏍᏒᏜ ᎯᏩᏰᏂ.

ᏚᏋᏚ-ᏚᏠᎬ ᏥᏍᏁᏩ ᏁᏍᏒᏜ ᏌᏍᏈᏨᏘᏁᏍᏋ, ᏁᏜᏛᏥᏄᏍᏋᏩᏃ ᏰᏍᎾᏍᏃ Ꮘ ᏩᎾ Ꮬ ᎯᏍ ᏁᏍ ᎾᏜᏥᏍᏃ ᏓᏍᏃ ᏥᏍᏁᏰᏍ. ᏌᏜᎾᎾᏂᎾᏩᏳ ᏓᎤᏛ ᏥᏍᏁᏩ ᏁᏍ ᏒᏩᏛᏚ ᏥᏩᏋᏞᏋ ᏚᏃ ᏨᏂᏛᏩᏁᎯᏍ ᏍᏄ ᏳᏈᏌᏩᏁᏚᏒᏍ Ꮵ ᏃᏂᏨᎾᏂ ᏌᏚᎾ ᏄᏍᏓᏚᏋᏍ.

ᏁᏍᏁᎯᏍ ᏥᏜᏁᏥ ᏃᏂᏨᏂᏃ ᎯᏍᏛᏩ, ᎾᏂᏥᏁᏍᎾᎾᏍ ᏚᏋᏂ ᏌᏩᏌᏜᏁᏍᎾᏜ ᏍᏋ ᏰᏚᏁᏩᏰᏩᏃ ᎯᏍ ᏈᏍᏨᏍᏋᏃᏈᏍ ᏍᏄᎯᏍ, ᏚᏋᏍᎾᏘ ᏁᏍᏋᏳ ᎯᏩᏈᏍᏃᏍᏋᏂ.

ᏒᏘᏍᏃᎯᏜ ᏥᏍᏁᏍᏋ ᏰᏚᏁᏩᏰᎤᏃ ᏚᏋᏚ, ᏚᏃᏍᏋ ᏜᏛᏥ ᏛᏚᏋᏩᏃ ᏍᏄ ᏳᏈᏌᏩᏁᏚᏒᏍ "ᏨᏩᏌᏥᏳ" ᎯᏍ ᏓᏚᏒᏩᏃ. ᏚᏠᏄ ᏍᏋᏩ ᏨᏍᏋᏰ ᎯᏍ ᏌᏚᎾ ᏍᏋ "ᏨᏩᏌᏥᏳᎯᏋ" ᏁᏘ ᏰᏞᎾᎾᏞᏁᏞᏋ ᏄᏍᏛ ᏳᏈᏌᏩᏁᏚ ᏁᏩᏈᏋᏃ.

ᏨᏂᏛᏩᏁᎯᏍ ᏍᏄ ᏳᏈᏌᏩᏁᏚᏒᏍ ᏥᏍᏁᏩ ᏋᏍᏒᏩᏳᏚᏋᏞᏋ ᏚᏳᎯᏩᏈᏚ ᏁᏍ'ᏩᏃ. ᎾᏍᎾᎯᏋ ᏥᏩ̈ᏒᏩᏳᏐᏘᏍᏋ, ᏍᏛᏛᏚᏌᏍᏋᏍ ᏳᏈᏌᏩᏁᏚᏋᏍ ᏩᎾ ᏜᏒᏜ ᎯᏥᏛ ᏒᏍᏁᏍᏋ, ᏥᏍᏁᏍᏋ ᏱᏍᎾᎾᎤᏋᎤᏃ ᏱᏜᏁᏍᏋᏳᎯᏍ ᎯᏜ ᏋᏚ̈ᏌᏚᎾ ᏄᏍᏛ ᏳᏈᏌᏩᏁᏚᏒᏍ ᏥᏍᏁᏩ ᏳᏍᏁᏓᏚᏒ Ꮬ ᏍᏋᏩ ᏳᏚᏋᏩᏳᏍᎾᎾᏋ ᏈᏍᏁᏋᏩᏃᏚᏒᏍ Ꮘ ᎾᏋᎾᏍᏃᏍᏋᎾ, ᏚᏃ ᏳᏈᏌᏩᏁᏚᎾᏜ ᏋᎤᏁᏍᏈᏂ ᏄᏍᏛ/ᏁᏜᏛᏥᏄ ᏍᏋ ᎯᏜ ᏌᏚᎾᏍᏋᏳᏍᏃ ᏋᏚ̈ᏋᏋᏃ.

Farihii ka danbeeyey Far Soomaaliga, oo muddo dheer ka dib la soo bandhigay, waxaa ka mid ahaa:

Fartii Shiikh Cabdiraxmaan Shiikh, sanadkeedu wuxuu ahaa 1933.

Fartii Xuseen Shiikh Axmed Hilowle "Kadare", Sanadkii 1952.

Fartii Muuse Xaaji Ismaaciil Galaal sanadkii farta 1952-1953

Fartii Ibraahim Xaashi Maxamuud oo ahayd sanadkii 1960.

Fartii Shire Jaamac Axmed oo ahayd sanadkii 1961.

Soomaalida waxaa luggooyada u keena, bulshadana hagaasiya oo u baahan, in laga gudbo waa: "is ka horimaadka bulshada dhexdeeda, inaan la isku qirin wanaagga bulshada dhexdeeda ka curta, in si degdeg ah iin loogu yeelo wixii wanaag ah oo bulshada ku soo kordhay.....".

Waxaa nagu yar ama karti loo hayn, in wixii la bilaabay oo horummar ah, waxa ka dhimman la raadiyo markii la helo lagu kaabo. 1949-1972 waxaa lagu mashquulay, xuruufahaan badan oo aad u kala duwan dhan walba. Muddodaas dheer waxaa la gaari waayey in qoraalka af soomaaliga uu noqdo mid fadhiya. Xalku wuxuu noqon karaa, dawladda iyo maamulladu ay bilaabaan ka shaqaynta afka, iyadoo lays kaashanayo.

Goosanku waxay bilaabeen 1949, inay uruuriyaan af soomaaliga ereyadiisa meelna ku wada qoraan. Waxay kaloo uruuriyeen suugaanta soomaalida, intii ay heli kareen. Qoraalka af soomaaliga waxaa hagaasiyey is kaashi la'aan bulshada dhexdeeda. Dadkii waagaas joogay, arrimaha gudaha Somalia aad ugu kuurgalay, waxay caddeeyeen culayska ku yimid Far Soomaaliga waxaa saldhig u ahaa siyaasaddii Talyaaniga, oo diidanayd, in soomaalidu yeelato far/xuruuf ay ku midaysan yihiin, sida uu ku caddeeyey buugga "Beginning Somali History", Paul S. Gilbert.

[illegible]

[illegible]

[illegible]

[illegible]

[illegible]

[illegible]

[illegible]

[illegible]

[illegible]

[illegible]

Waftigii ka kooban afar xubnood oo ka socday afarta dowladood, xilligaas ugu awoodda weynaa adduunka, ayaa yimid Xamar.

Wakiilkii Boqortooyada midowday UK oo ka mid ahaa wafdiga, mudane Frank Edmund Stafford, wuxuu weyddiiyey Cabdullahi Ciise madaxa Leegada, waa maxay sababta talyaanigu u diidan yahay Far Soomaaliga?

Cabdullaahi wuxuu ku jawaabay "Dowladda Talyaanigu waxay u arkaysay haddaan dhaqan gashanno far gaar noo ah, iyaguna shisheeye ka yihiin, inay noqon karto hub siyaasadeed oo dowladda Talyaaniga lagaga soo horjeedo. Sidaas darteed, siyaasad ahaan bay u joojiyeen Far Soomaaliga (Cismaaniya).

Isagoo ula jeeday af soomaaliga oo latin ku qornayn uu ku adag yahay, inay fahmaan ama bartaan.

Sida ku xusan buugga "Halgankii loo galay qoridda af Soomaaliga 1949-1972" uu qoray Shariif Saalax Maxamed Cali.

1972 ayaa si rasmi ah, loogu dhawaaqay, Far Soomaali latin ay tahay xuruufta waddanka Somalia oo af soomaaliga lagu qorayo.

Muddadaas dheer afku ku qoran yahay xuruufta latinka, ma yeelan hab loo raaco qoriddiisa, ma yeelan naxwe rasmi ah ama barashada afka oo xil weyn la saaray.

Kacaanka ayaa farta dhaqan geliyey, dadkana waa la gaarsiiyey oo qof kasta meeshiisa baa loogu tegey.

Wuxuu ahaa dadaal aad u weyn, oo kacaankii xoog saaray, sidii loo hirgalin lahaa, waana lagu guulaystay, dhaqan galinteeda.

Waxaa lagu dadaalay, in far soomaaliga qof kasta qori karo, akhriyi karo, taasoo caddaynaysa, in yoolkii u horreeyey miro dhalay.

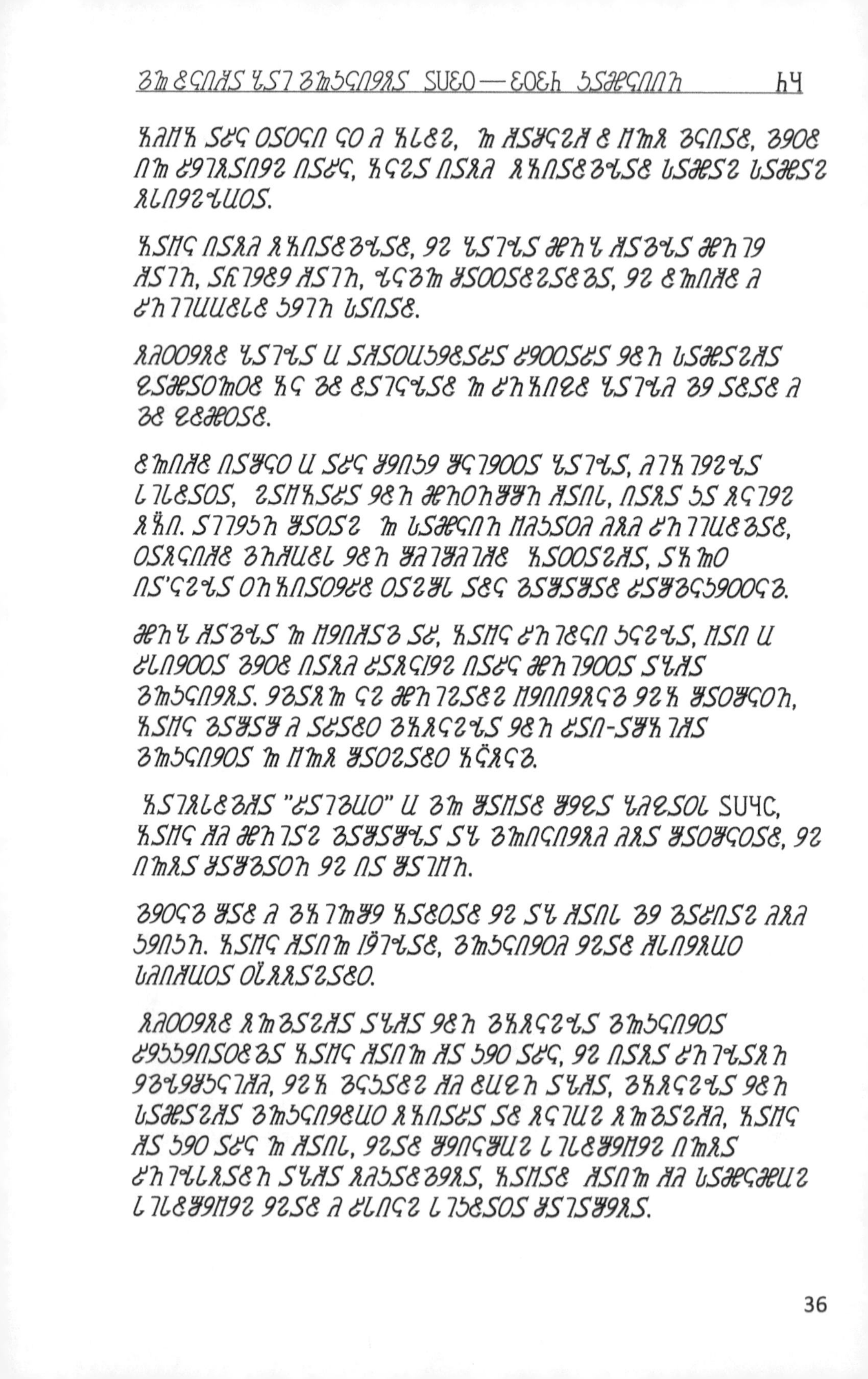

Guddigii farta ee Akademiyaha Hiddaha iyo Dhaqanka shaqadoodii waa sii yaraatay oo hawlshii fartu si ayay u sii shiiqday.

Yoolkii labaad ee ahaa cilmi baaridda farta, uruurin ereyada, naxwe iyo qodobbo kale, laga ma gaarin guul. Arrimo badan oo dhaqaalo xumo ugu horreeysay, dagaalkii sokeeye iyo burburkii waddanka, awood la'aanta dowladihii danbe ayaa sababay habsaamiddaas. Qof kasta oo xilkas ah, waxaa horyaal maanta, xal u helidda sidii lagu hagaajin lahaa qoridda afka soomaaliga.

Waxaa la tabeyaa, in cilmi ahaan loo barto afka iyo fartiisa. Waxaa kaloo la tebayaa, in ujeedada kowaad ee waxbarashada afka iyo dhigaalkiisa la tayeysiiyo.

Wargeyska "horseed" ee soo baxay bisha fushade 1968, waxaa ku qoran sababta af soomaaligu uga badbaaday, in looga cabsado, in la barxo. Af soomaaliga oo qornayn xilligaas inuu badbaado, waxaa sabab u ahayd suugaanta iyo hal-abuurka soomaaliyeed oo xoog badnayd waagaas.

Arintaas darteed bay ugu suurtoobi wayday, in si sahlan af kale ugu milmo. Waxaa kaloo jirtay soomaalidu inay keligeed dhulkeeda degganayd.

Guddigii Goosanka afka iyo suugaanta soomaalida himmiladiisa waxaa kaloo mid ahaa, laga hortago isticmaarku inuu saamayn ku yeesho afka, suugaanta iyo dhaqanka soomaaliyeed.

Guulaha ay gaareen Goosanku, waxaa ka mid ahaa oo kale, inay bilaabeen ereybixin looga hortegayo afka gumaysiga, waxay kaloo ku dhaqaaqeen ereybixin inay u helaan ereyada carabiga.

Guddiga Goosanku waxay bulshad ku boorin jireen wacyi gelin guud, sida ilaalinta dhulka, dhibaatada nabaadguurka iyo xaalufinta.

Waxay bulshada ku baraarujin jireen ka faa'idaysiga dhulka, wax soosaarka oo aan xoolaha keliya lagu koobnaan ee laga faa'idaysto badda iyo birriga. Qoraalloo arrimahaas ka hadlaya ayaa wargeyska Horseed ku soo bixi jirey, qodobo ka mid ah ayaa buuggaan ku qoran.

Waxaa kaloo qoraalada guddiga Goosanka ka mid ahaa, sidii looga bixi lahaa baahida loo qabo deeqaha dalka la keeno iyo taakulaynta waddamada nooga timaadda.

Wargeyska Horseed siyaasadda aad ayuu wax uga qori jiray, qodobo siyaasadeed ayaa ku jira qoraalada buuggaan.

Waxaa ka mid ah marti madax sare leh oo ka timid Talyaaniga iyo Maraykanka. Waxaa hoggaaminayey martida maraykanka madaxweyne xigeenka maraykanya iyo martida talyaaniga uu hoggaaminayey duubiga dibadda ee Talyaaniga.

Maqaalkaas wuxuu noqday mid aad looga sheekeeyo oo su'aashaan ayuu qoray "Yaa marti loo yahay oo marti-soorka leh?"

Waxaa buuggaan ku qoran oo milga leh, oo ku soo baxay Horseed 29 amminla' 1968. Wuxuu ka hadlayaa heshiiskii bilowga ahaa, ay isku xilsaareen waddamo afrikaan ah, ee dhexdhaxaadinta Soomaaliya iyo Itoobiya.

Saddex goor ayaa la kulmay, sidaan buu u dhacay; Khartuum 1964, Akra 1965, Addis Abbeba 1968. Wadahadaladu waxay ku saabsanaayeen dhulka Soomalida ay Itoobiya gumaysato.

Qaybaha kale oo buuggaan ku qoran waxaa ka mid ah, maqaallo asal ahaan ka soo jeeda buug ay qoreen dad soomaali ah iyo dad kale, kuwaas oo ka warbixinaya sooyaalka Far Soomaaliga, waxay soo qabatay iyo shaqadii la geliyey si loo dhammays tiro.

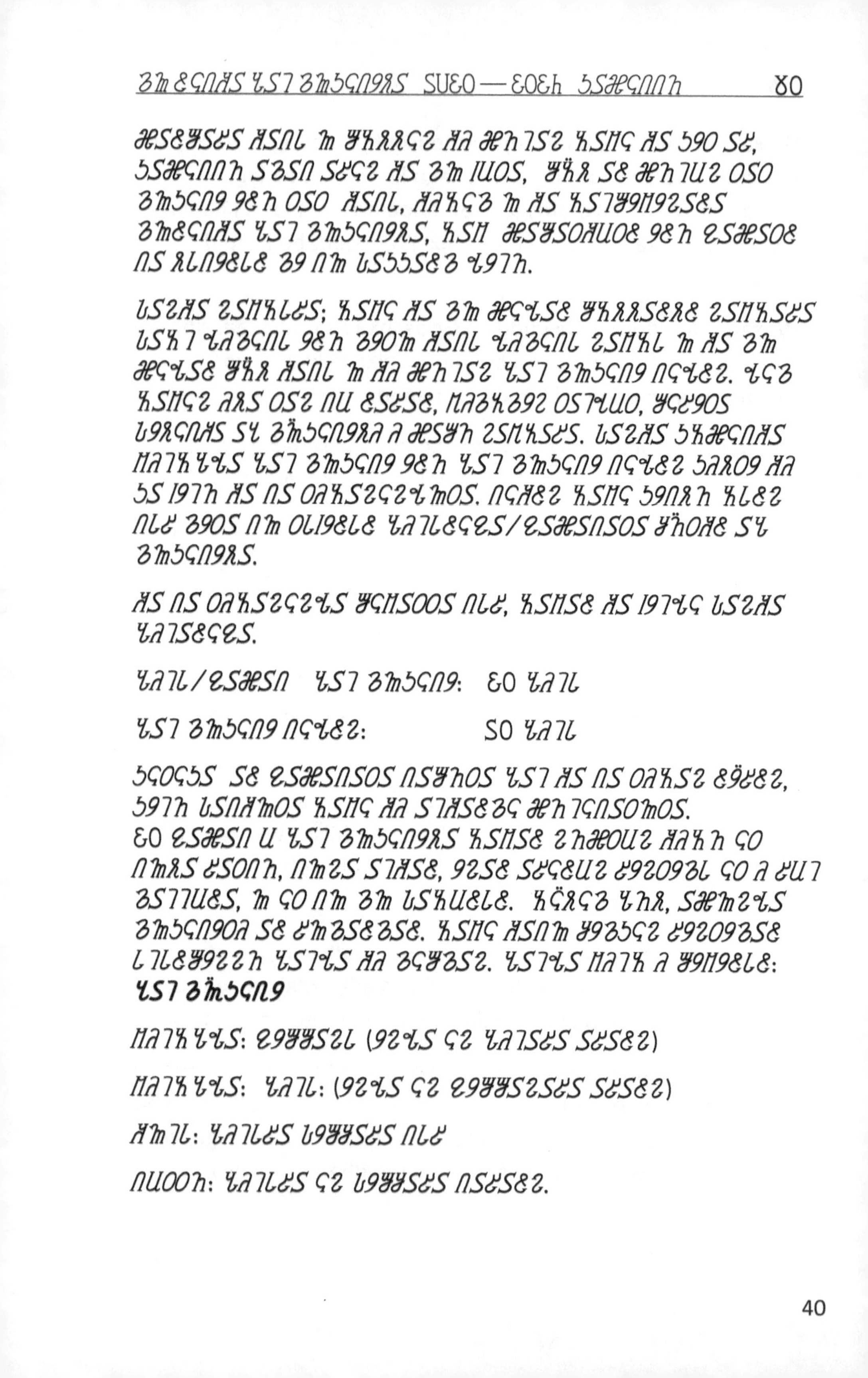

ɶSɛʉSɞS ʎS∩ʟ ɱ ʉƙʀʀςƨ ʎɑ ɶh7Sƨ ƙSɱς ʎS ɔ90 Sɞ, ɔSɶς∩∩h SʒS∩ Sɞςƨ ʎS ʒɱ IUOS, ʉƙʀ Sɛ ɶh7Uƨ OSO ʒɱɔς∩9 9ɛh OSO ʎS∩ʟ, ʎɑƙςʒ ɱ ʎS ƙS7ʉ9ɱ9ƨSɛS ʒɱɛς∩ʎS ʋS7 ʒɱɔς∩9ʀS, ƙSɱ ɶSʉSOʎUOɛ 9ɛh ɛSɶSOɛ ∩S ʀʟ∩9ɛʟɛ ʒ9 ∩ɱ ʟSɔɔSɛʒ ʋ97h.

ʟSƨʎS ƨSɱƙʟɞS; ƙSɱς ʎS ʒɱ ɶςʋSɛ ʉƙʀʀSɛʀɛ ƨSɱƙSɞS ʟSƙ7 ʋɑʒς∩ʟ 9ɛh ʒ9Oɱ ʎS∩ʟ ʋɑʒς∩ʟ ƨSɱƙʟ ɱ ʎS ʒɱ ɶςʋSɛ ʉƙʀ ʎS∩ʟ ɱ ʎɑ ɶh7Sƨ ʋS7 ʒɱɔς∩9 ∩ςʋɛƨ. ʋςʒ ƙSɱςƨ ɑʀS OSƨ ∩U ɛSɞSɛ, ɱɑʒƙʒ9ƨ OS7ʋUO, ʉςɞ9OS ʟ9ʀς∩ʎS Sʋ ʒɱɔς∩9ʀɑ ɑ ɶSʉh ƨSɱƙSɞS. ʟSƨʎS ɔƙɶς∩ʎS ɱɑ7ƙʋʋS ʋS7 ʒɱɔς∩9 9ɛh ʋS7 ʒɱɔς∩9 ∩ςʋɛƨ ɔɑʀO9 ʎɑ ɔS I97h ʎS ∩S Oɑƙ Sƨςƨʋ ɱOS. ∩ςʎɛƨ ƙSɱς ɔ9∩ʀh ƙʟɛƨ ∩ʟɞ ʒ9OS ∩ɱ OʟI9ɛʟɛ ʋɑ7ʟɛςɛS/ɛSɶS∩SOS ʉhOʎɛ Sʋ ʒɱɔς∩9ʀS.

ʎS ∩S Oɑƙ Sƨςƨʋ S ʉςɱSOOS ∩ʟɞ, ƙSɱSɛ ʎS I97ʋς ʟSƨʎS ʋɑ7Sɛςɛ S.

ʋɑ7ʟ/ɛSɶS∩ ʋS7 ʒɱɔς∩9: ɛO ʋɑ7ʟ

ʋS7 ʒɱɔς∩9 ∩ςʋɛƨ: SO ʋɑ7ʟ

ɔςOςɔS Sɛ ɛSɶS∩SOS ∩Sʉh OS ʋS7 ʎS ∩S Oɑƙ Sƨ ɛ9ɞɛƨ, ɔ97h ʟS∩ʎɱOS ƙSɱς ʎɑ S7ʎSɛʒς ɶh7ς∩SOɱOS.
ɛO ɛSɶS∩ U ʋS7 ʒɱɔς∩9ʀS ƙSɱSɛ ƨhɶOUƨ ʎɑƙh ςO ∩ɱʀS ɞSO∩h, ∩ɱƨS S7ʎSɛ, 9ƨSɛ SɞςɛUƨ ɞ9ƨO9ʒʟ ςO ɑ ɞU7 ʒS77UɛS, ɱ ςO ∩ɱ ʒɱ ʟSƙUɛʟɛ. ƙςʀςʒ ʋhʀ, Sɶɱƨʋ S ʒɱɔς∩9Oɑ Sɛ ɞɱʒSɛʒSɛ. ƙSɱς ʎS∩ɱ ʉ9ʒɔςƨ ɞ9ƨO9ʒSɛ ʟ7ʟɛʉ9ƨƨh ʋS7ʋS ʎɑ ʒςʉʒSƨ. ʋS7ʋS ɱɑ7ƙ ɑ ʉ9ɱ9ɛʟɛ:
ʋS7 ʒɱɔς∩9

ɱɑ7ƙʋʋS: ɛ9ʉʉSƨʟ (9ƨʋS ςƨ ʋɑ7SɞS SɞSɛƨ)

ɱɑ7ƙʋʋS: ʋɑ7ʟ: (9ƨʋS ςƨ ɛ9ʉʉSƨSɞS SɞSɛƨ)

ʎɱ7ʟ: ʋɑ7ʟɞS ʟ9ʉʉSɞS ∩ʟɞ

∩UOOh: ʋɑ7ʟɞS ςƨ ʟ9ʉʉSɞS ∩SɞSɛƨ.

Dhanka naxwaha: waxaa ka soo qaatay buuggaygii naxwaha dhawr tusaale iyo sidoo kale tusaale naxwe oo ka soo qaatay *buug kale oo ku qoran far soomaali latin. Sidaas waxaan uga dan lee yahay, xusuusin darteed, baahida dhigaalka af soomaaligu u qabo naxwaha.

*buug (wadar), buug (keli) 𐒁𐒚𐒌 (𐒓𐒖𐒆𐒖𐒇), 𐒁𐒚𐒌 (𐒏𐒗𐒐𐒘).

Dhanka muuqaalka xuruufta far soomaali iyo far soomaali latin mugdi ku ma jiro inay kala duwan yiniin.

Laakiin waxaa milgo weyn leh, sida loo dejiyey fureyaasha/shaqalada codkii af soomaaliga.

Fure/Shaqal

Far soomaali:	20 fure
Far soomaali latin:	10 fure

Maadaama ay shaqalada laboda far kala badan yihiin, miro dhalkoodana waxaa ku arkaysaa qoraaladooda.

20 shaqal ee far soomaaliga waxay noqdeen kuwo aad looga hadlo, loona arkay, inay ahaadeen hindise aad u heer sarreeya, oo aad loo soo dhaweeyey. Waagaas fog aqoonta soomaalidu ay hoosaysay.

Waxaa kaloo Cismaan hindisay ereybixin farta ku saabsan.

Farta wuxuu u bixiyey:	far soomaali
Xuruufta:	shibbane (inta aan fureha ahayn)
Xuruufta:	fure (inta aan shibbanaha ahayn)
Koore:	fureha dhibcaha leh
Leeddo:	fureha dhibco la'aanta

ƷՃՋՋS ÆSƐƷ9ƐƐƧS OSՇƷŁ ՃϚ Æh7ϚՈՈh SՂ 9ՇՋ97ƐƧ ÆƋ Æh7SՇ.ՃϚ S7SՋՂ9Ɛh ÆƋ ϚOSՇ ՂS7 Ƨm϶ϚՈ9ՋS, ՃSՈSƐ SƐϚƐUՇ Ղ97ϚƷ 9Ɛh 9Ɛh Æh7϶h ÆS Ɛ9϶9O OSO ÆS ՈS OƋՃSՇ.

Æh7ϚՈSOƋ ՃϚ ÆS ՈS Ո9ՈՈ9, ϶SՈϚ ƐUՈSƐ ՂS7ՂS OmOOUOƋ ϶ƋOOh ƄU7 ƷSƐ I97ՂSƐ, Æh7ϚՈSOƋՇS ՃϚ ÆS ՈS Ղ9Ո ՃŁƐՇ Ɛ9ƐƐՇ.

OSOÆϚƧ ՃSՈSƐ 9ƧƋՋƋ I97UՇ ÆƋՃh ՋƋƷƋ7h SՂSՂÆS SƐ, 9Շ ÆS ϶9O SƐ SՂ Ƨm϶ϚՈ9ՋS Ƨ9 ՃSՇϚՋƧSՇ ƷSƐ Ƌ ƷS7ՂUՇ 9Ɛh ÆƋՃh Ƨm϶ϚՈ9 SƐ m SՂÆmOS Ƨ9 ՈUՈ ƄU7 Ƌ Ɛ9ÆƐՇ.

ՃSՈϚ ՈSՋS ϶Ϛ7϶9 ՃϚƐŁƐ, 9Շ ՈS Ƌ7Ճ7Ɛh Ƅ S϶϶ϚՇ ՈhՋՂS ՈSՋS ÆS7SƐ ՂS7 Ƨm϶ϚՈ9ՋS 9ՇՂƐ Ƌ ƄŁՈSƐƧSƐ SUEO - SUƆƐ 9Ɛh Ճ9ՈƐ ÆS ƧƐ OSՇƷUƐŁƐ.

ՃSՈϚ ÆƋ OSOϚՈSƐ 9ՇϚՇ ƐŁՈh Æh7ϚՈSOS ՈSՋS Æh7SƐ ՂS7 Ƨm϶ϚՈ9ՋS, Ƨ9 ՈSƐƄƋՋƋ ՋUƐh m ƷՃՋ SƐϚՇ ՈSՋS Ƅ9Ջh.

϶UՈSƐS ϚՇ ՈhՋՂS ÆS ƐŁՈSƐ ÆƋՃϚՇ SƐϚ ƋՋƋ ϶ƋOՇϚ:

- ՃS7ՋŁƐƧÆƐ Ɛh7ƧUO, ՋƋOO9ՋS ՋmƧSՇÆƋ Æh79 I97UՇ, SƐϚ ÆS ƐŁՈSƐ ՈhՋՂS ϶9ՈՋSOS ՃŁƐՇSƐO U ՂS7 ƧϚ϶ϚՈ9ՋS.
- SՂS7 ՇƋÆƋՈ m ՃS7ՋŁƐƧÆS Ɛh7ƧUO SƐϚ ՃSՈϚ ÆƋ Æh7ՇϚ, ÆS7ϚՈh ƷSOSՇ 9Ɛh ƷՃՋ SƐ Æh7UՇ ՋmƧSՇÆƋ. ՃSՈϚ 9 ƧƐƐŁƐ ՃSՈϚՈÆSƐ ƷSՉƐ7 ՇՃ7 Ʒ9Ƨ϶ϚՇ.
- ՃSՈϚ I97ŁƐ Æh7ϚՈՈh SƐ ՋmƧSՇÆƋ Æh7UՇ ՃSՈϚ ƷՉ h϶ՋՉÆ ŠՋϚƧ9϶9ƐƐ ՋmƧSՇÆS, ŠՃmՃŁ Ո97Ƨ9 ϶SՋSՇ ƷƐƧŁ.
- ƷՃՋՋS ՉS7ƐՂ ƧϚՈSՈ ϶SՈS϶ŁO ƷSՈ9 SƐϚ ÆS ϶9O SƐ ƷՃՋՂS ՂS7 Ƨm϶ϚՈ9ՋS Ƨ9OS ÆhՋՋhOS ƄU7 ՃSՈ ƋՋS Æh7SƐ.
- ՃSՈϚ Ջ9Ʒ7SO 9Ɛh ՂSƷՈƐՇՂS ՂS7ՂS Ƨm϶ϚՈ9ՋS 9Ɛh ՋՃO SƐϚՇ SՂ ƧϚ϶ϚՈ9ՋS ÆS ƐŁՈSƐ ƧSOOŁՈ ƷՃՋ m SOU7 ƐϚƧƐՇ Ʒ9Ƨ϶ϚՇ ÆUՇSOƐO Æh7SƐ, ՈSƷh ÆS ϶9O SƐ ՃSՈSƐ ÆƋ Æh7SՇ Ɛ9ƐƐՇ ՂS7 Ƨm϶ϚՈ9 ϶9OÆS ÆSՈŁ ՃϚ ÆϚ϶ՃƧÆƐ SՂ Ƨm϶ϚՈ9ՋS.

Qoraaladu waa kala xilli maxaa yeelay farta dooddeedu muddo dheer bay jirtay.
Dadkaas waxay isugu jireen kuwo khuboro afafka ah, in ka mid ah

Buugga qaybtiisa danbe waa qoraallo af ingiriis ku qoran.
Waa aragtiyo ku aadan far soomaaliga, waxay ahaayeen tiraab iyo qoraal ka yimid dad xilli kala duwan joogay.
Af soomaaliga si wanaagsan bay u barteen iyo kuwo soomaali ah oo afkooda si xeel dheer ah u yiqiin.

Waxaa laga maarmi waayey, In la uruursho dhammaan xogta laga qoray far soomaaliga intii u dhexaysay 1920 – 1972 iyo wixii ka sii danbeeyey. Waxaa ku dadaalay inaa helo qoraalada laga qoray far soomaaliga, si laysugu geeyo oo buug laga dhigo. Meelaha aan xogta ka helay kuwaan ayaa ugu mudan:

- Wargayskii Horseed, oo guddiga Goosanku qori jireey, ayaa ka helay xogta milgada weynayd ee far soomaaliga.
- Afar nuqul oo wargeyska Horseed ayaa helay, qoraallo badan iyo buug ay qoreen Goosanku. Waxaa i siiyey walaal Bashiir Nuur Cismaan.
- Waxaa jira qoraallo Goosanku qoreen oo aan ka helay agaasimihii Goosanka, awoowe Hirsi Magan Ciise.

- Buug uu qoray Shariif Saalax Maxamed Cali ayaa ka mid ah buugta far soomaaliga si qoddo dheer wax uga qortay.
- Waxaa kale khibrad iyo tacliinta far soomaaliga iyo guud ahaan af soomaaliga ka helay 3 buug oo adeer Yaasiin Cismaan Keenadiid qoray, labo ka mid ah waxay ku qoran yihiin far soomali midka kale waa qaamuuska af soomaaliga.

  Guud ahaan buuggaan wuxuu ku saabsan yahay sooyaalka Far Soomaaliga iyo kaalinteedii ahayd inay horseed u ahayd qoridda af soomaaliga.

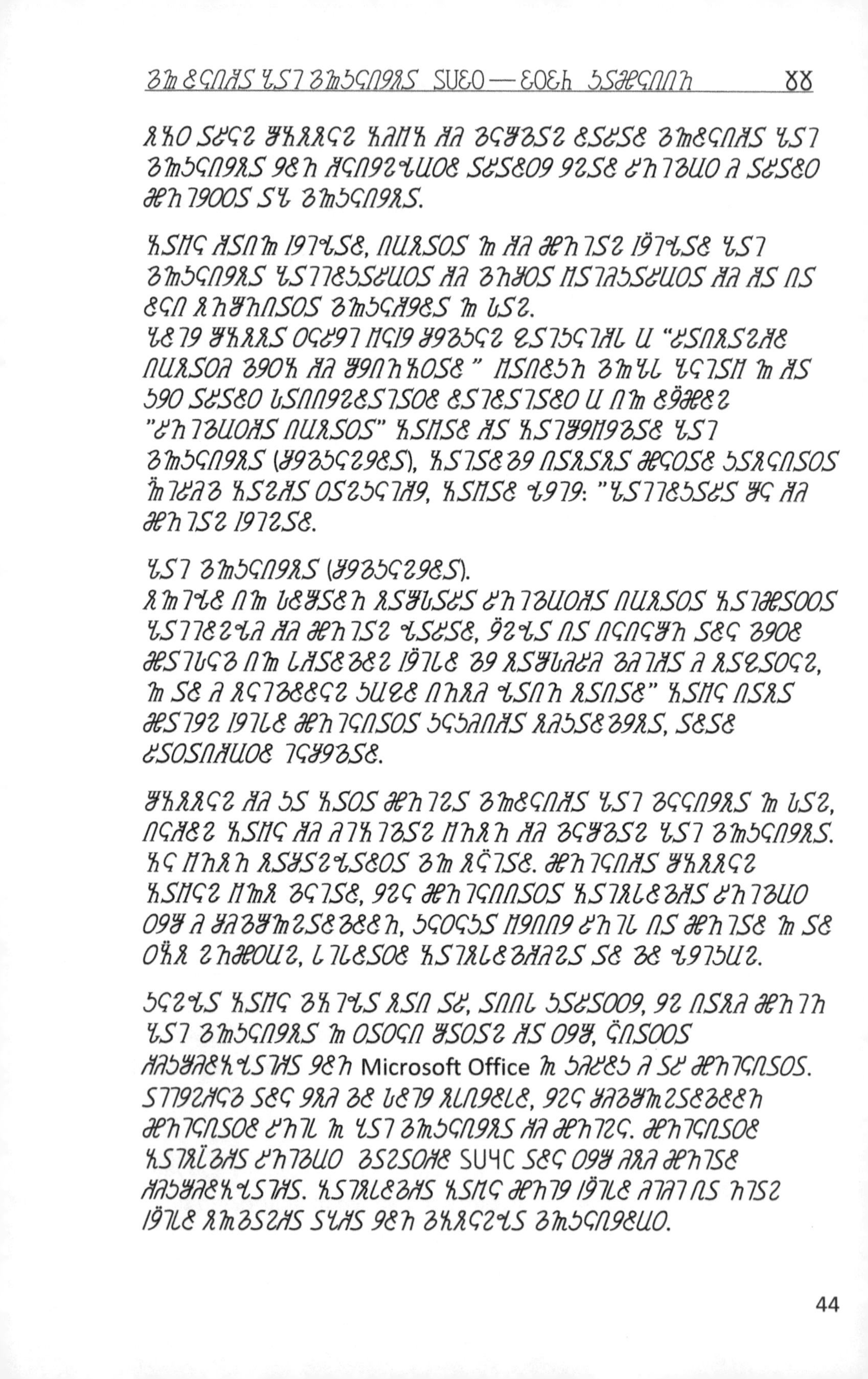

[illegible]

[illegible]

[illegible]

[illegible]

[illegible] Microsoft Office [illegible]

Waxaa kaloo jirtay, Leegada oo ku qoran jirtay Far Soomaaliga farriimaheeda ku socda xarumaheeda ku kala yaal gobolada Soomaaliya oo dhan.
Fiiri buugga Daahir Xaaji Cismaan Sharmaarke "Halgankii Leegadu siduu ku bilowday"
Xaliimo Soofe Faarax oo ka mid ahayd dhallinyaradii yaryarayd ee loo yiqiin "Horseedka Leegada" waxay ka warbixisay Far Soomaaliga, waraysi lagaga qaaday magaalada Århus waddanka Danmark, waxay tiri:
"Farriimaha baa ku qoran jirnay Far Soomaaliga (Cismaaniya). Goortii loo dhiibayo gabdhaha horseedka Leegada warqadda farriintu ku qoran tahay, inta la laalaabo ayaa sidii qardhaasta loo ekaysiin jirey, si gabdhuhu surka u gashadaan, oo gaarsiiyaan meeshii loogu talo galay." Waxaa laga qarin jirey qoraalda maamulka gumaysiga.

Buuggaan ku ma wada qorna sooyaalka Far Soomaaliga oo dhan, laakiin waxaa ku uruursan xogo Far Somaliga ku saabsan oo gacantayda soo gaaray.
Qoraalka buuggaan waxaan xoog saaray, inaa qoraallada wargeyska Horseed dib u cusboonaysiiyo, maadaama xilli hore la qoray oo ay duug noqdeen, ereyadii wargeyskuna ay sii tirmeen.

Maanta waxaa suurta gal ah, Alle mahaddi, in lagu qoro Far soomaaliga, dadaal badan ka dib, aaladda kumputerka iyo Microsoft Office oo muhiim u ah qoraalada.

Arrinkaas ayaa igu sii dhiiri geliyey, inaa cusboonaysiiyo qoraaladii hore oo Far Soomaaliga ku qornaa. Qoraaladii wargeyska Horseed sanadkii 1968 ayaa ku cusboonaysiiyey computer-ka. Wargeyska waxaa qori jiray urur la yiraahdo "Goosanka Afka iyo Suugaanta Soomaaliyeed.

𐒕𐒓𐒈𐒚𐒍 𐒒𐒓𐒇 𐒋𐒘𐒈𐒑𐒛𐒒 𐒢𐒠𐒢𐒣 Yuusuf Nuur Cismaan 2023

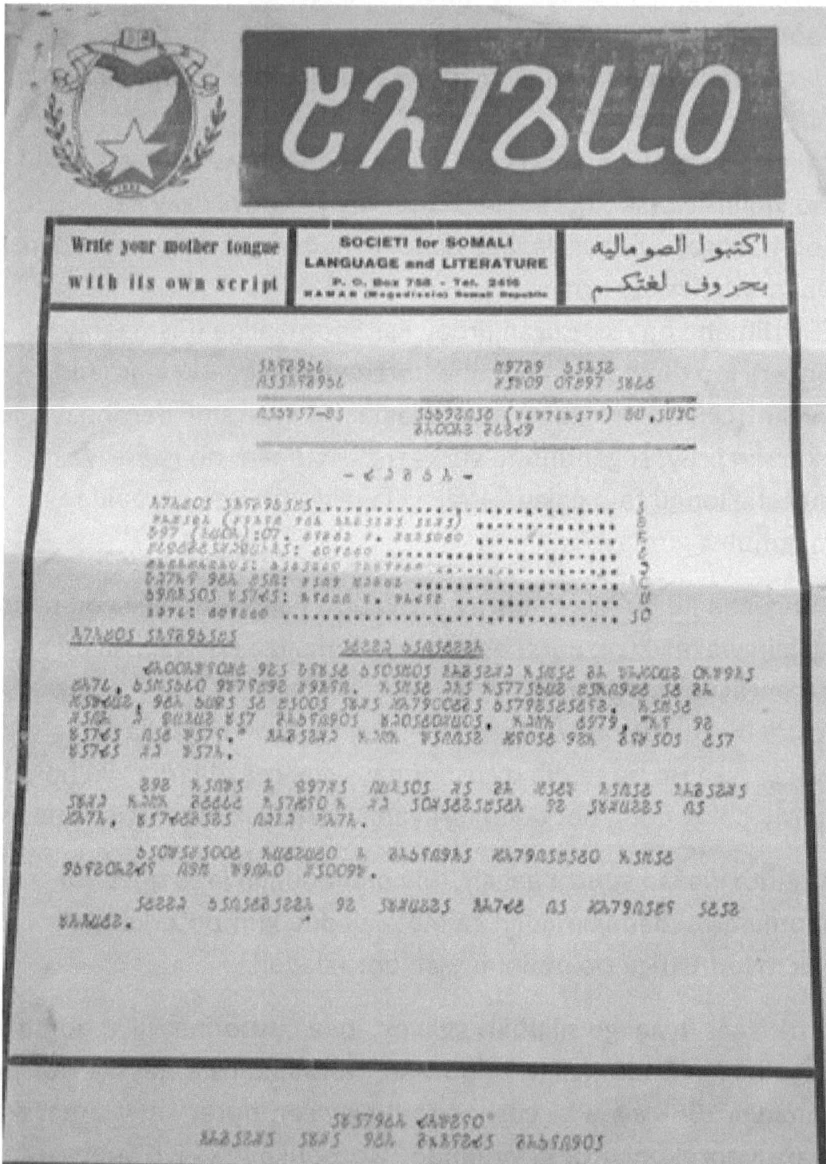
Write your mother tongue with its own script

SOCIETI for SOMALI LANGUAGE and LITERATURE
P. O. Box 758 - Tel. 2410
HAMAR (Mogadiscio) Somali Republic

اكتبوا الصوماليه بحروف لغتكم

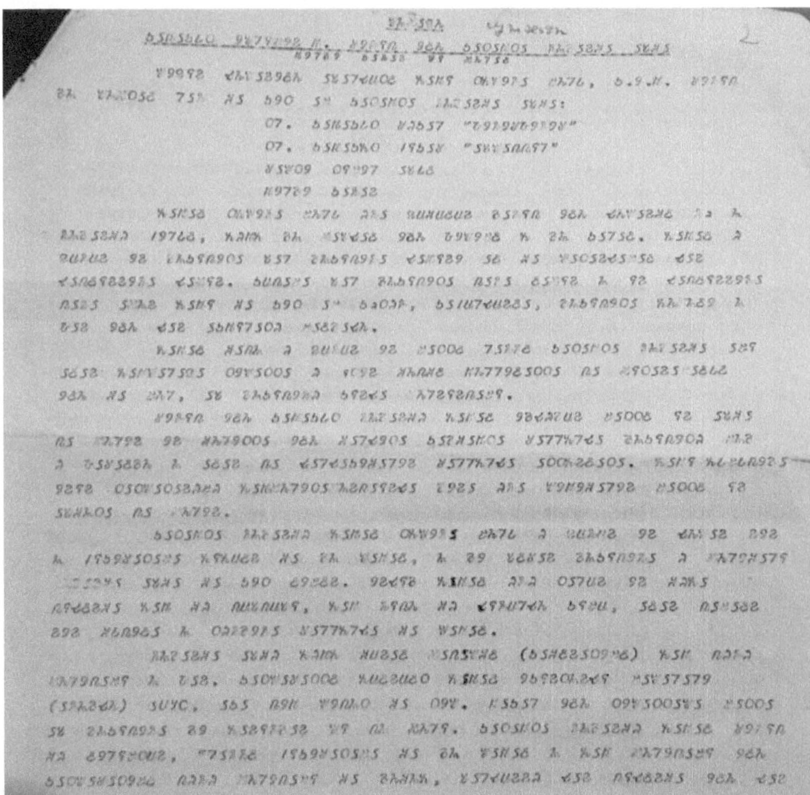

Wargeyska Horseed

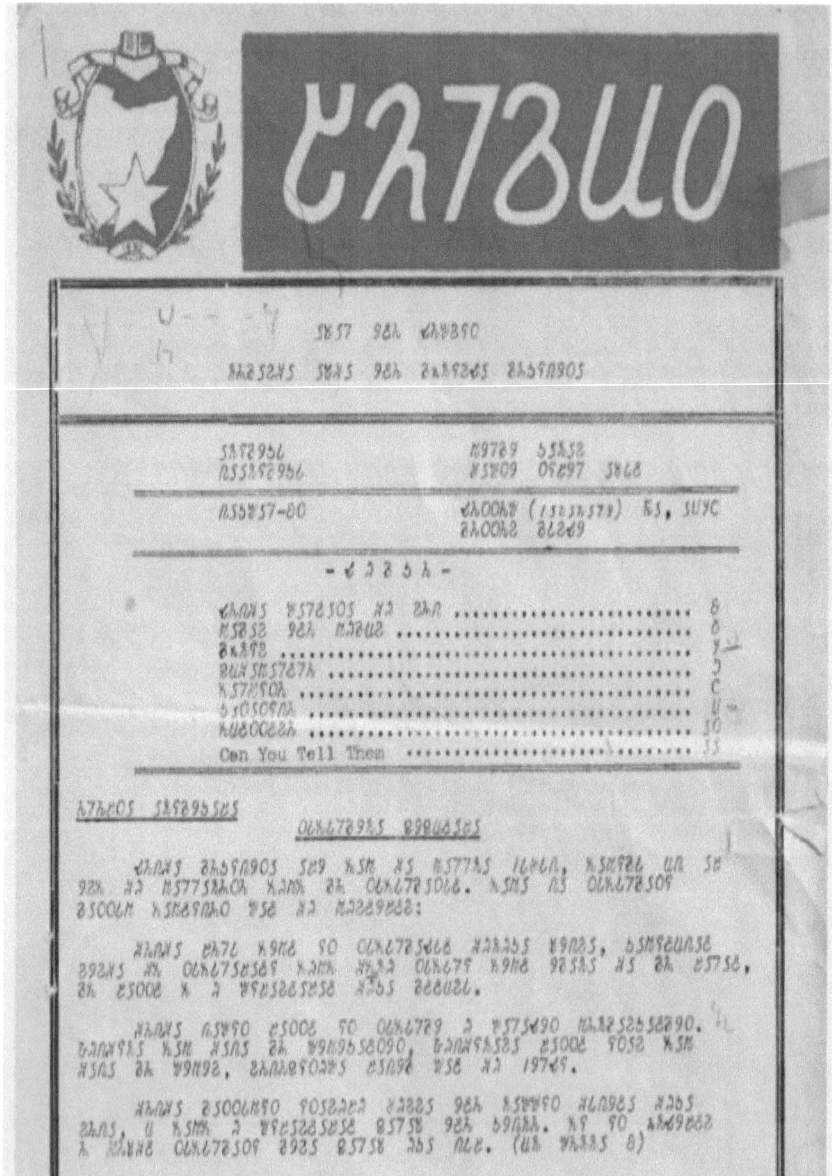

January 31 1968 Xamar Somalia

Wargeyska Horseed wuxuu soo bixi jirey bilowgii 1968 ilaa laga soo gaaray 1969. Wuxuu ahaa wargeys bille ah. Wargeysku wuxuu qore jirey dhacdooyinka waddanka Somalia ka dhacay gudihiisa iyo dibaddiisaba.

Wargeyska Horseed waxa uu soo bixi jiray sanadihii 1968 ilaa 1969, waxaana wargeyska lahaa ururkii Goosan.

Wargeysku wuxuu wax ka qori jiray dhacdooyinkii Soomaaliya iyo dibaddaba ka dhacay. Qoraallada wargeysku waxay ahaayeen kuwo ku saabsan arrimaha bulshada, siyaasadda, dhaqaalaha, iwm.

Wargeyska Horseed ayaa bilaabay inuu bixiyo casharro Far Soomaali iyo luuqadda English-ka oo lacag la'aan ah.

Ka hor inta aan la daabicin Wargeyska Horseed, Ururka Goosan waxay daabici jireen Wargeys kale oo la yiraahdo Sahan, wuxuu soo bixi jiray 3dii bilood mar. Qoraaladaas waxay ahaayeen arrimaha bulshada, siyaasadd, dhaqaalaha iyo wixii la mid ah.

Qoraalada buuggaan ku qoran, waxay u badan yihiin, kuwo ku soo baxay wargeyskaan. Waxaan doortay, inaa laboda far (Soomaali iyo Latin) ku qoro, si looga faa'idaysto qoraaladaas dhaxalgalka ah. Iyagoo xilli hore ahaa ayaa weli laga faa'idaysan karaa.

[illegible]

[illegible]

[illegible]

[illegible]

[illegible]

[illegible]

[illegible]

[illegible]

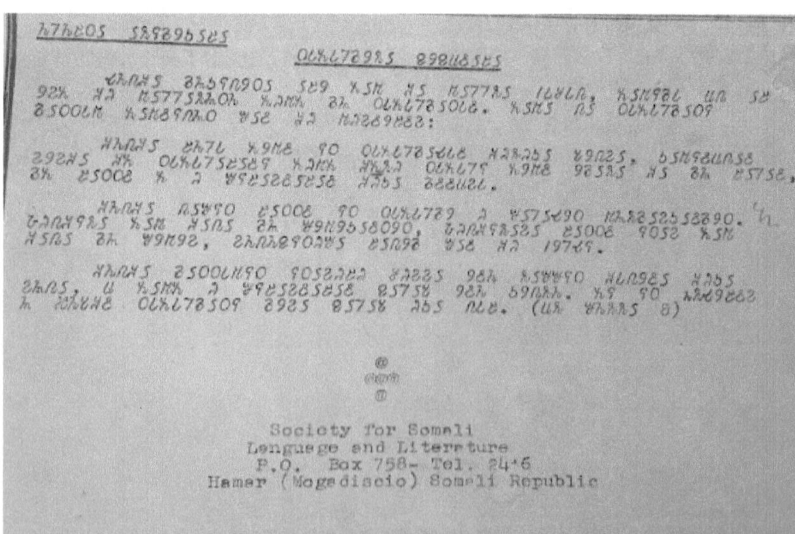
[illegible]

Society for Somali
Language and Literature
P.O. Box 758- Tel. 24·6
Hamar (Mogadiscio) Somali Republic

ORAAHDA AGAASIMAHA

DEWERSIGA SHISHEEYAHA

Tolka soomaalida ahi wax ka xarrago jecel, waxaase eel ah inuu ku xarragoodo wuxuu soo dawarsaday. Waxa la dawersado saddex waxyaalood bay ku xun yihiin.

1. Kolka hore wixii aad dewersatay kugu ma filna, maxaa yeelay, qofka kuu dewerahaya wuxuu kuugo deweraa, wixii isaga ka soo haray hadduu u baahan yahay ku ma siiyeen.

2. Hadii aad dewersi u baratid xoogsan meysid. Dhulkaaga wax kala soo bixi meysid, dhulkaagana haddii aadan wax kala soo bixin, noloshaadu halis bay ku jirtaa.

3. Aadanuhu cunno iyo gabbaad kaliya u ma noola, ee wuxuu u baahan yahay sharaf iyo milgo. Waa ogtihiin oo qofkii dawarsada sina sharaf u ma leh.

(Akhri qoraalka dhan bogga 157).

ЧᏘ7ᏞᏋᏩᏋS ЧS7 ЗᏲᏕᏩЛ9ᏛS

ЛUOOh 9Ꮛh ᏜᏲ7Ꮭ

ЛS7SᏓ

S. **9**: ᏥᏩ ЛS7SᏓ. **9̈**: ᏥᏩ ЛS7SᏓ ᏜSЛᏞ.

O97917 ᏥᏩ Ꮭ7SᏋ: ᏧhЛᏩO, OSᏛᏩЛ ᏛSᏧSᏋᏓS ЛSᏋЗᏜᏘ ᏥᏩOSᏋ

O9̈7917 ᏥᏩ Ꮭ7SᏋ ᏜSЛᏞ: Л9OO9Ꮫ 9Ꮣ ᏥᏞᏋᏋ Ᏺ ᏋᏩᏓSᏋS ᏘᏛᏘ OSᏋᏧUᏋS.

O97917 9Ꮛh O9̈7917 ᏕS 9ЗᏜᏘ З9 ᏧᏩ ЛᏲ Ꮭ9ᏛᏩ? ᏥᏩ ᏕSᏋS.

ᏕSЛSᏋ ᏜᏘ ᏜS ЛS OᏘᏥSᏋ Ꮛ9̈ᏋᏋᏋ? ᏥSЛSᏋ ᏜᏘ ᏜS ЛS OᏘᏥSᏋ Ꮛ9̈ᏋᏋᏋ

ᏥᏩ ЛSᏧh Ꮭ7ᏞᏋ. Ᏺ ᏜS ЛS ᏞSᏥᏩᏥ SᏋ, З9OᏩЗ ᏧᏩ

9 9Ꮛh 9̈ ЛᏲᏛᏘ ᏜS ЛS Ᏼh7SᏋ.

Fureyaasha fara soomaaliga

LEEDO IYO KOORE

XARAF

1. **i:** waa xaraf. **i**: (maqan) waa xaraf kale.

Dirir waa erey: Colaad, dagaal gacanta la isku qaaday.

Dirir waa erey kale: Xiddig if weyn oo naafaha ugu danbeeya.

Dirir iyo dirir ma isku si baa loo dhigaa? Waa maya.

Maxay ku kala duwanyihiin? Waxay ku kala duwan yihiin waa labo erey oo kala dhawaaq ah, sidaas baa **i** iyo **i** (maqan) loogu kala qay.

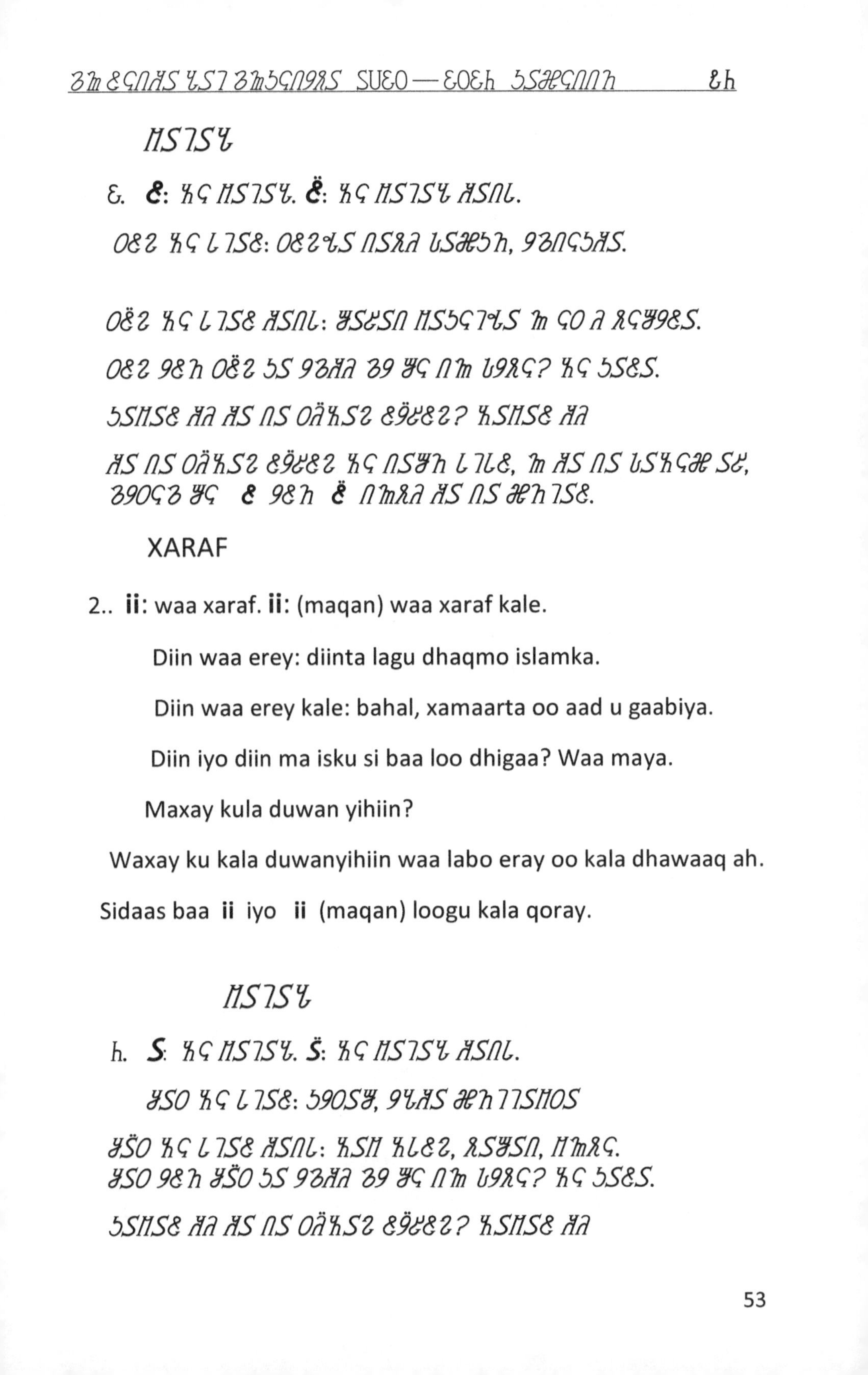

[illegible]

[illegible]

[illegible]

[illegible]

[illegible]

[illegible]

[illegible]

XARAF

2.. **ii**: waa xaraf. **ii**: (maqan) waa xaraf kale.

Diin waa erey: diinta lagu dhaqmo islamka.

Diin waa erey kale: bahal, xamaarta oo aad u gaabiya.

Diin iyo diin ma isku si baa loo dhigaa? Waa maya.

Maxay kula duwan yihiin?

Waxay ku kala duwanyihiin waa labo eray oo kala dhawaaq ah.

Sidaas baa **ii** iyo **ii** (maqan) loogu kala qoray.

[illegible]

[illegible]

[illegible]

[illegible]

[illegible]

[illegible]

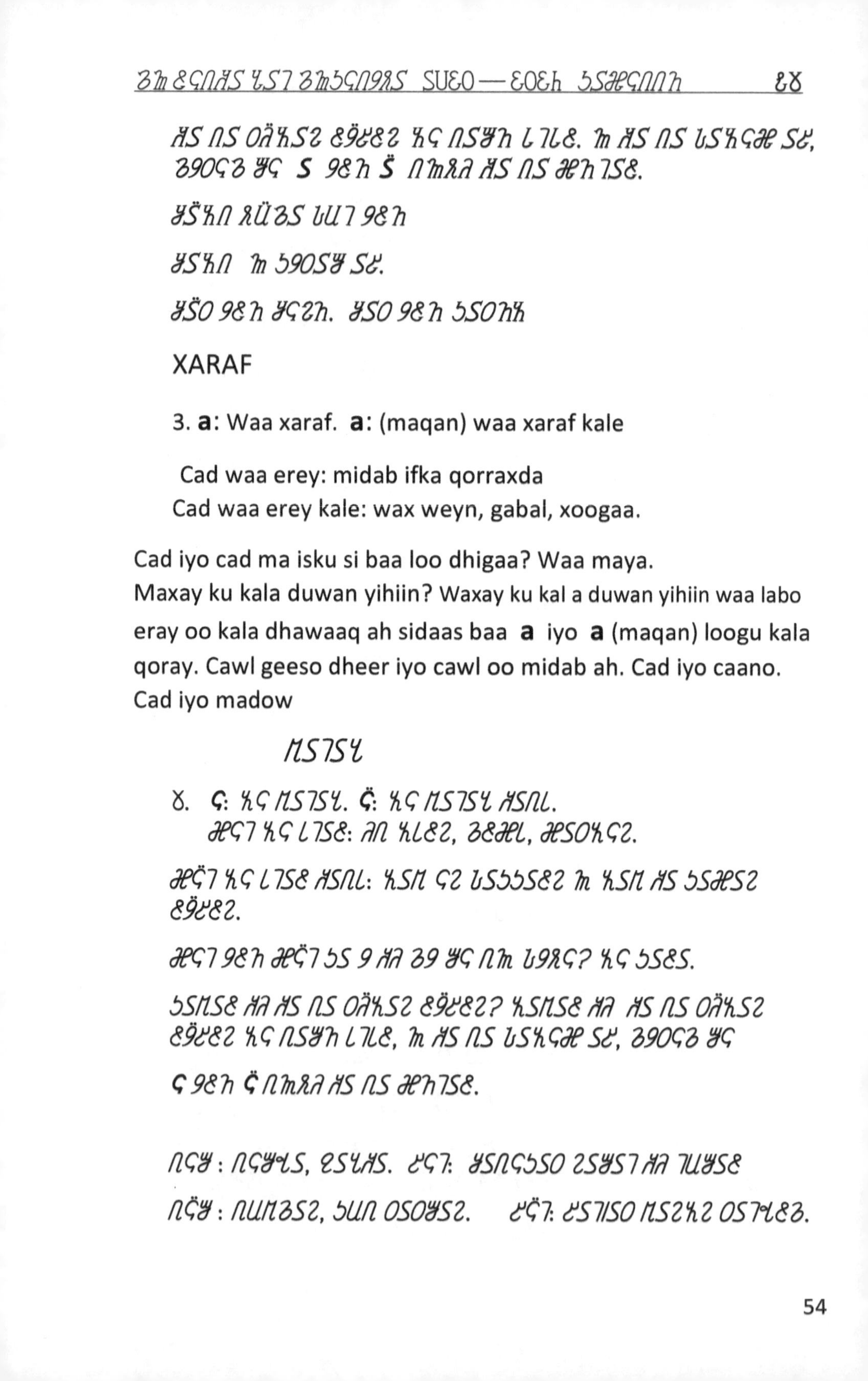

[illegible]

[illegible]

[illegible]

[illegible]

XARAF

3. **a**: Waa xaraf. **a**: (maqan) waa xaraf kale

Cad waa erey: midab ifka qorraxda
Cad waa erey kale: wax weyn, gabal, xoogaa.

Cad iyo cad ma isku si baa loo dhigaa? Waa maya.
Maxay ku kala duwan yihiin? Waxay ku kal a duwan yihiin waa labo eray oo kala dhawaaq ah sidaas baa **a** iyo **a** (maqan) loogu kala qoray. Cawl geeso dheer iyo cawl oo midab ah. Cad iyo caano. Cad iyo madow

[illegible]

[illegible]

[illegible]

[illegible]

[illegible]

[illegible]

[illegible]

[illegible]

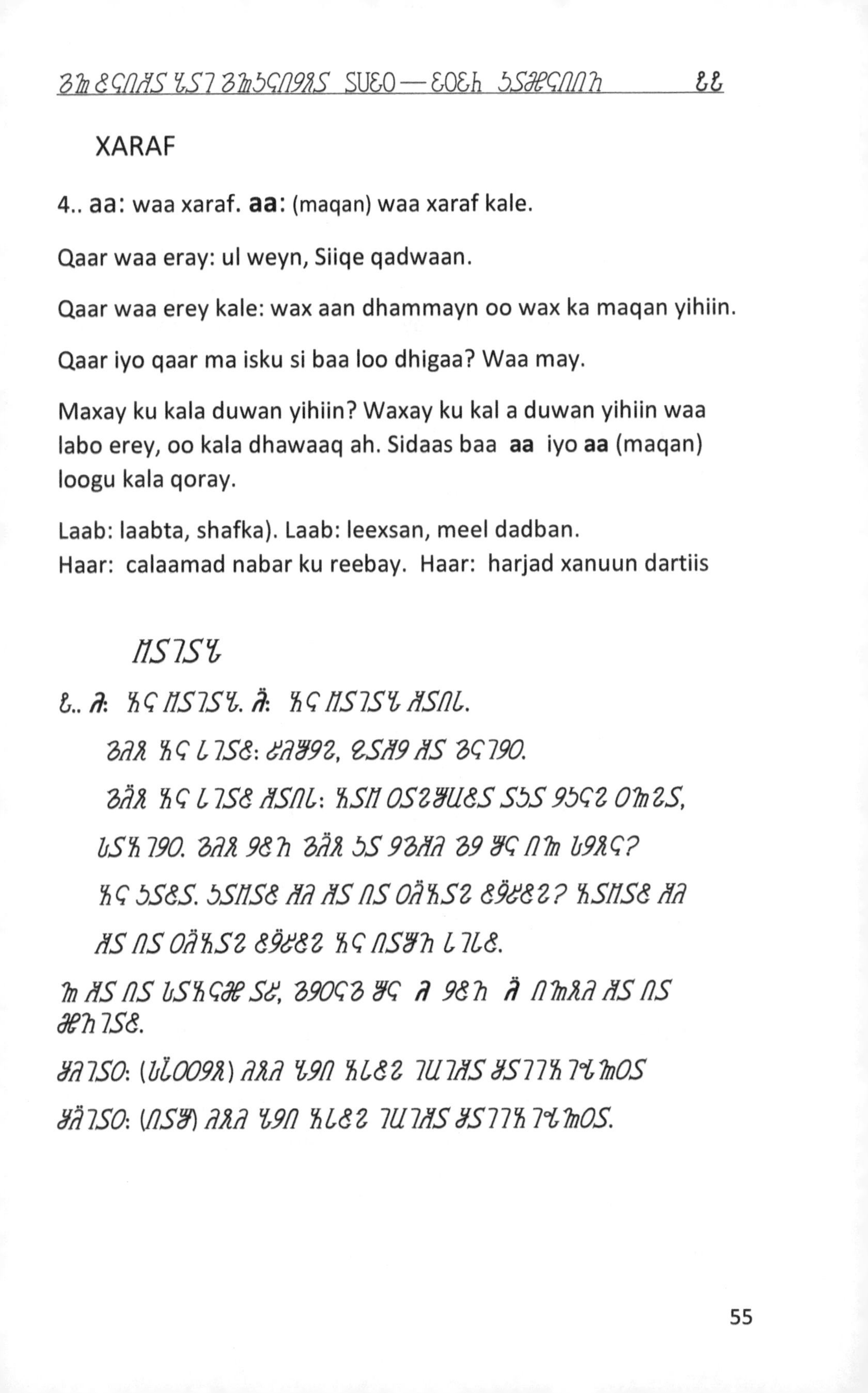

XARAF

4.. **aa**: waa xaraf. **aa**: (maqan) waa xaraf kale.

Qaar waa eray: ul weyn, Siiqe qadwaan.

Qaar waa erey kale: wax aan dhammayn oo wax ka maqan yihiin.

Qaar iyo qaar ma isku si baa loo dhigaa? Waa may.

Maxay ku kala duwan yihiin? Waxay ku kal a duwan yihiin waa labo erey, oo kala dhawaaq ah. Sidaas baa **aa** iyo **aa** (maqan) loogu kala qoray.

Laab: laabta, shafka). Laab: leexsan, meel dadban.
Haar: calaamad nabar ku reebay. Haar: harjad xanuun dartiis

[illegible]

[illegible]

[illegible]

[illegible]

[illegible]

[illegible]

[illegible]

[illegible]

[illegible]

[illegible]

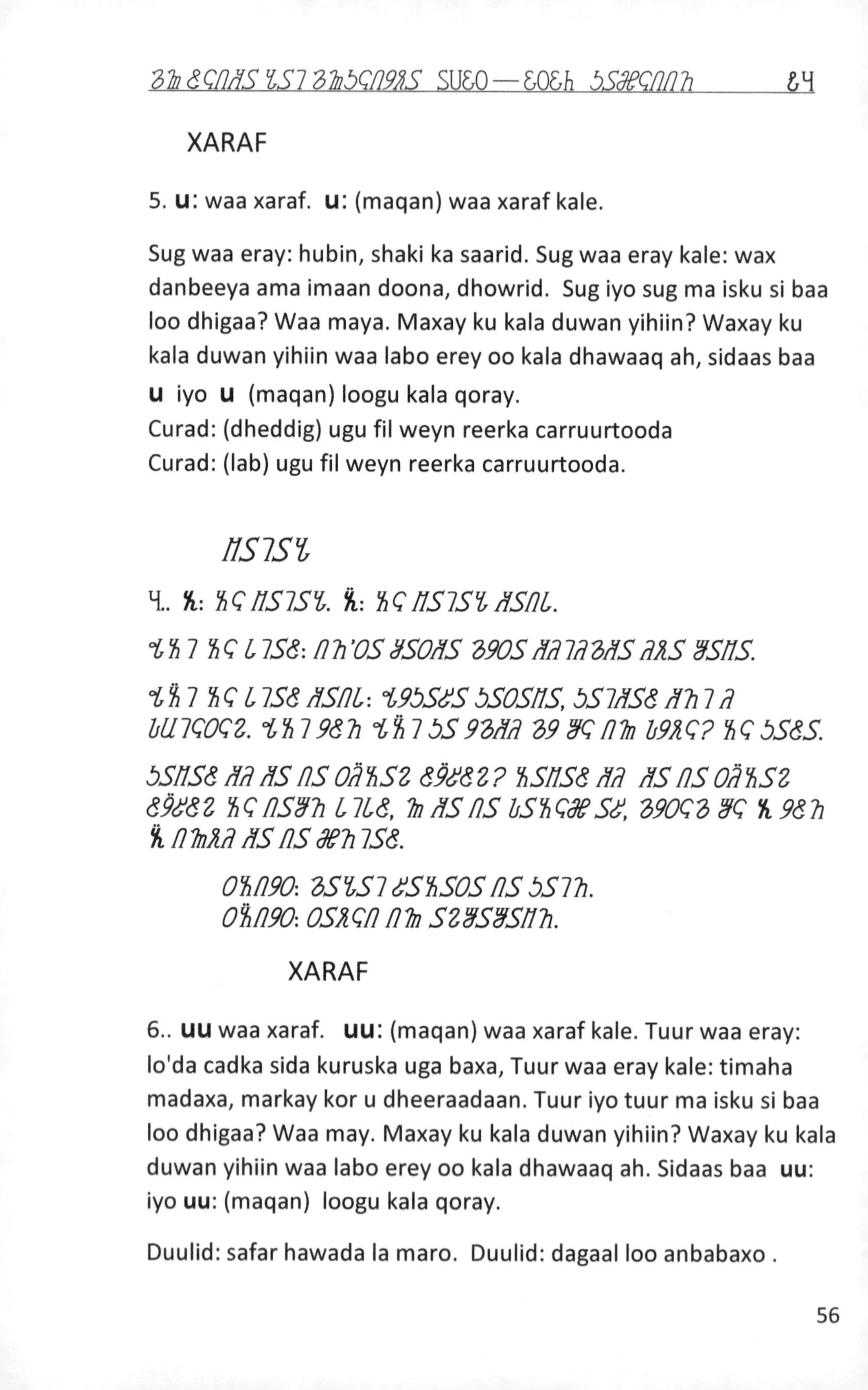

XARAF

5. **u**: waa xaraf. **u**: (maqan) waa xaraf kale.

Sug waa eray: hubin, shaki ka saarid. Sug waa eray kale: wax danbeeya ama imaan doona, dhowrid. Sug iyo sug ma isku si baa loo dhigaa? Waa maya. Maxay ku kala duwan yihiin? Waxay ku kala duwan yihiin waa labo erey oo kala dhawaaq ah, sidaas baa **u** iyo **u** (maqan) loogu kala qoray.
Curad: (dheddig) ugu fil weyn reerka carruurtooda
Curad: (lab) ugu fil weyn reerka carruurtooda.

[illegible]

[illegible]

[illegible]

[illegible]

[illegible]

[illegible]
[illegible]

XARAF

6.. **uu** waa xaraf. **uu**: (maqan) waa xaraf kale. Tuur waa eray: lo'da cadka sida kuruska uga baxa, Tuur waa eray kale: timaha madaxa, markay kor u dheeraadaan. Tuur iyo tuur ma isku si baa loo dhigaa? Waa may. Maxay ku kala duwan yihiin? Waxay ku kala duwan yihiin waa labo erey oo kala dhawaaq ah. Sidaas baa **uu**: iyo **uu**: (maqan) loogu kala qoray.

Duulid: safar hawada la maro. Duulid: dagaal loo anbabaxo .

ՈSΊSԵ

Ɔ.. *ɩ*: ԿϚ ՈSΊSԵ. *ɩ̈* : ԿϚ ՈSΊSԵ ĦSՈւ.

ԶւՈ ԿϚ ւΊSƐ: ԿϚ ԵSՈ ԵSΊΊƐԶՈւƐ, ԶւՈ SՈϚӰԵƐ.
Զւ̈Ո ԿϚ ւΊSƐ ĦSՈւ: ԶւՈ ԿϚ ԵSՈ ԵւSւƐ, Զւ̈Ո SՈϚӰԵƐ
ƽSΊ ԶhΊւ. ԶւՈ 9Ɛh Զւ̈Ո ƽS 9ƷĦԹ Ʒ9 ӰϚ Ոħ Ե9ՋϚ? ԿϚ ƽSƐS.
ƽSՈSƐ ĦԹ ĦS ՈS OԹ̈ԿSԶ Ɛ9̈ԶƐԶ? ԿSՈSƐ ĦԹ ĦS ՈS OԹ̈ԿSԶ
Ɛ9̈ԶƐԶ ԿϚ ՈSӰh ւΊւƐ, ħ ĦS ՈS ԵSԿϚӜ SԶ, Ʒ9OϚƷ ӰϚ
ɩ 9Ɛh *ɩ̈* ՈħՋԹ ĦS ՈS ӜhΊSƐ.

ԵւӰ9: ƽSOhԿ ĦS ƽԿӜOS ƽSΊSӜƷϚΊĦS S̈ԿΊĦS ӜħӜSԶ ħ
S̈ԿΊĦԹ ĦS ƷSƽUƐւƐ ĦϚO9OƐƷS.
Ե̈ւӰ9: ՋU̇O ԿւƐԶ ħ ԶSΊUΊ9ՋS Թ ւՋ.

Xaraf

7. e: waa xaraf. **e**: (maqan) waa xaraf kale.

Hel waa eray: hel: waa fal fariinley. Hel alaabtii.
Hel waa eray kale: hel: waa fal tegey. Hel alaabtii mar hore.

Hel iyo hel ma isku si baa loo dhigaa? Waa maya. Maxay ku kala duwan yihiin? Waxay ku kala duwan yihiin waa labo erey, oo kala dhawaaq ah. Sidaas baa **e** iyo **e** (maqan) loogu kala qoray.

Dhebi: madow ka muuqda maraqsaarka awrka qooqan oo awrku ka sameeyey kaadidiisa. Dhebi: geed weyn oo hareeriga u eg

ՈSΊSԵ

C.. *u*: ԿϚ ՈSΊSԵ. *ü*: ԿϚ ՈSΊSԵ ĦSՈւ.

ӰUΊ ԿϚ ւΊSƐ: ԵԹՈ ՈS ԵSՈSƐ ħ Ե9Ί, ƽ9Ίh, ӰSOSΊ ՈSՋԹ SӰԿΊh. ӰÜΊ ԿϚ ւΊSƐ ĦSՈւ: ՈԹӰ9Զ Կ Ί ĦԹԼ9ΊԵS ԶSԵՈUƐOS ĦS ƽ9O SԶ. ӰUΊ 9Ɛh ӰÜΊ ƽS 9ƷĦԹ Ʒ9 ӰϚ Ոħ Ե9ՋϚ? ԿϚ ƽSƐS. ƽSՈSƐ ĦԹ ĦS ՈS OԹ̈ԿSԶ Ɛ9̈ԶƐԶ? ԿSՈSƐ ĦԹ ĦS ՈS OԹ̈ԿSԶ Ɛ9̈ԶƐԶ ԿϚ ՈSӰh ւΊւƐ, ħ ĦS ՈS ԵSԿϚӜ SԶ, Ʒ9OϚƷ ӰϚ **u** 9Ɛh **ü** ՈħՋԹ ĦS ՈS ӜhΊSƐ.

𐒍𐒜𐒇: 𐒐𐒖𐒍𐒙 𐒐𐒖𐒍𐒊𐒖𐒁𐒖𐒇𐒂𐒖 𐒏𐒚 𐒎𐒙𐒂𐒙𐒑𐒖.
𐒍𐒜̈𐒇: 𐒈𐒖𐒋𐒖𐒁𐒏𐒖 𐒝 𐒆𐒚̈𐒁𐒖𐒒 𐒓𐒖𐒄 𐒏𐒚 𐒊𐒚𐒍𐒖𐒉𐒙.

Xaraf

8.. **ee**: Waa xaraf. **ee**: (maqan) Waa Xaraf kale .

Beer waa eray: dhul la falay oo dhir, badar, miro lagu abuuro.
Beer waa eray kale: xubin uur ku jirta nafleeyda ka mid ah.

Beer iyo beer ma isku si baa loo dhigaa? Waa maya. Maxay ku kala duwan yihiin? Waxay ku kala duwan yihiin waa labo erey, oo kala dhawaaq ah. Sidaas baa **ee**: iyo **ee** (maqan) loogu kala qoray.
Feer: lafo lafdhabarta ku qotoma.
Feer: Sacabka oo duban wax ku dhufasho

𐒄𐒖𐒇𐒖𐒍

𐒩.. **𐒙** 𐒓𐒛 𐒄𐒖𐒇𐒖𐒍. **𐒙̈** 𐒓𐒛 𐒄𐒖𐒇𐒖𐒍 𐒏𐒖𐒐𐒗.

𐒎𐒙𐒇 𐒓𐒛 𐒗𐒇𐒖𐒕: 𐒓𐒛 𐒍𐒖𐒐 𐒍𐒖𐒇𐒘𐒕𐒒𐒐𐒗𐒕, 𐒔𐒖𐒆𐒆𐒖 𐒎𐒙𐒇 𐒉𐒜𐒏𐒖𐒆𐒛𐒒. 𐒎𐒙̈𐒇 𐒓𐒛 𐒗𐒇𐒖𐒕 𐒏𐒖𐒐𐒗: 𐒓𐒛 𐒍𐒖𐒐 𐒂𐒗𐒌𐒗𐒕, 𐒎𐒙̈𐒇 𐒓𐒘𐒄𐒕 𐒐𐒝 𐒆𐒘𐒇𐒖𐒕.

𐒎𐒙𐒇 𐒘𐒕𐒙 𐒎𐒙̈𐒇 𐒑𐒖 𐒘𐒈𐒏𐒚 𐒈𐒘 𐒁𐒛 𐒐𐒝 𐒊𐒘𐒌𐒛?
𐒓𐒛 𐒑𐒖𐒕𐒖. 𐒑𐒖𐒄𐒖𐒕 𐒏𐒚 𐒏𐒖 𐒐𐒖 𐒆𐒚̈𐒓𐒖𐒒 𐒕𐒘̈𐒔𐒕𐒒? 𐒓𐒖𐒄𐒖𐒕 𐒏𐒚 𐒏𐒖 𐒐𐒖 𐒆𐒚̈𐒓𐒖𐒒 𐒕𐒘̈𐒔𐒕𐒒 𐒓𐒛 𐒐𐒖𐒁𐒙 𐒗𐒇𐒗𐒕, 𐒝 𐒏𐒖 𐒐𐒖 𐒊𐒖𐒓𐒛𐒎 𐒖𐒔, 𐒈𐒘𐒆𐒛𐒈 𐒁𐒛 **𐒙** 𐒘𐒕𐒙 **𐒙̈** 𐒐𐒝𐒌𐒚 𐒏𐒖 𐒐𐒖 𐒎𐒙𐒇𐒖𐒕. 𐒌𐒙𐒆𐒙𐒁: 𐒛𐒒𐒙, 𐒈𐒖𐒌𐒖𐒒, 𐒆𐒖𐒏𐒖𐒒𐒙, 𐒌𐒖̈𐒉𐒘, 𐒚𐒍𐒚𐒒. 𐒌𐒙̈𐒆𐒖𐒁: 𐒁𐒖𐒐𐒐𐒘 𐒓𐒗𐒕𐒒 𐒝 𐒑𐒚𐒆𐒆𐒙 𐒁𐒘𐒕𐒖𐒔𐒖 𐒔𐒖𐒕𐒖.

Xaraf

9.. **o**: waa xaraf. **o**: (maqan) waa xaraf kale.
Qor waa erey: Qor waa fal fariinley, hadda qor sheekadaan. Qor waa erey kale: qor waa fal tegey, qor wixii loo diray. Qor iyo qor ma isku si baa loo dhigaa? Waa maya.

Maxay ku kala duwan yihiin? Waxay ku kal a duwan yihiin waa labo erey, oo k la dhawaaq ah. Sidaas baa **o** iyo **o** (maqan) loogu kala qoray. Godob: aano, sagan, dakano, gashi, utun. Godob: balli weyn oo muddo biyaha haya.

ΠSΊSŁ

SO.. **ѣ** ħϚ ΠSΊSŁ. **ѣ̈** ħϚ ΠSΊSŁ ȺSΠĿ .

ΠѢΊ ħϚ ĿΊSƐ: ΠȺƧƎSOS ƎϚƧSƐS ΠѢȺ ΠѢ Π9ƷϚ ƐUƐϚƧ.
ΠѢ̈Ί ħϚ ĿΊSƐ ȺSΠĿ: ƎS̈ƐSΠ OSƎSƎSOOSƐS Ⱥ ĿȺ, Ѣ
ĿhȺhΊ ƎSOSƧ. ΠѢΊ 9Ɛh ΠѢ̈Ί ϿS 9ƷȺȺ Ʒ9 ƎϚ ΠѢ Ŀ9ȺϚ?
ħϚ ϿSƐS.

ϿSΠSƐ ȺȺ ȺS ΠS OȺħSƧ Ɛ9̈ƐƐƧ? ħSΠSƐ ȺȺ ȺS ΠS
OȺħSƧ Ɛ9̈ƐƐƧ ħϚ ΠSƎh ĿΊĿƐ, Ѣ ȺS ΠS ĿSħϚƏ SƐ,
Ʒ9OϚƷ ƎϚ **Ѣ** 9Ɛh **Ѣ̈** ΠѢȺȺ ȺS ΠS ƏhΊSƐ.

ƷѢϿϚΠ9: OSOȺS ħSOOSƧȺS ƷѢϿϚΠ9ƐS OĿȺȺSƧ.
ƷѢ̈ΠϚΠ9: SŁȺS ƷѢϿϚΠ9OȺ ȺȺ ƐSOSƐh 9Ɛh Ɛ9̈Π9Ƨ ƷѢ̈ϿϚΠ9.

Xaraf

10.. **oo** waa xaraf. **oo** waa xaraf kale.
Xoor waa eray: xunbada caanaha xoogga loo lisaa yeeshaan.
Xoor waa erey kale: bahal dabacaddaha u eg, oo dhogor badan.
Xoor iyo xoor ma isku si baa loo dhigaa? Waa maya.
Maxay ku kala duwan yihiin? Waxay ku ka a duwan yihiin waa labo erey, oo kala dhawaaq ah. Sidaas baa **oo** iyo **oo** (maqan) loogu kala qoray.

Soomaali: dadka waddanka Soomaaliya deggan

Soomaali: afka soomaalidu ku hadasho iyo shilling Somali.

[illegible]

Milgada Farta

Waxaa qoray Waayeel Faarax Bootaan

"Afkaa inaku gaariyo codkaa la isku garanaayo

Niman baa gensadey oo ka jecel mid ayan gaarayne

Uguma garawmsana raggii goosanka ahaaye

Labadaa ra'yoo kala geddoon yaw garnaqi doona."

Gabay Cismaan Keenadiid

Milgada farta:

Milgada fartu waa ay tiro badan tahay oo la ma koobi karo, wax baa idiinka taabanayaa. Horta aan is weyddiinnee maxay fartu tartaa?
Qofba si bay la tahay, anigase waxay i la tahay fartu inay ugu horrayso horukaca dadnimada. Dadkii aan far lahayn waa qof aan guri lahayn. Qofkii aan guri la hayn maalintii dadkiisuu ku jiraa, habeenkiina derbi buu seexdaa, horaa loo yiri: "Hantiyi waa malab kolay harag riyaad ku tahay." Waxaa jirta in mararka qaarkooda faraha la isugu faano, marka dadkii aan far lahayn kama qaybgeli karaan. Waxaa ku tusinaysa inay run tahay, inama soomaali ah, ayaa golaha goosanka noogu yimid. Waxay ka yimaadeen dalal kala duwan, waxaa ka mid ah Cadan, Ruush, Masar iyo Ameerika. Markii ay farta arkaan waxay yiraahdaan "filan aanan mayn inay fartayadu heerkaan gaartay."
Waxay kaloo nooga warrameen fadeexadihii ay kala soo kulmeen dowladaha shisheeyaha. Kuwii Cadan ka yimid waxay yiraahdeen, dugsigaan ku jirney, waxaa dhiganahayey kowiyotoban qolo oo far wada leh, annaga maahee. Waxay kaloo yiraahdeen,
"markii nala yiraahdo, far ma leedihiin, waxaan oran jirney haa, oo muslin baan nahay farta aan lee nahay waa tan islaanka."

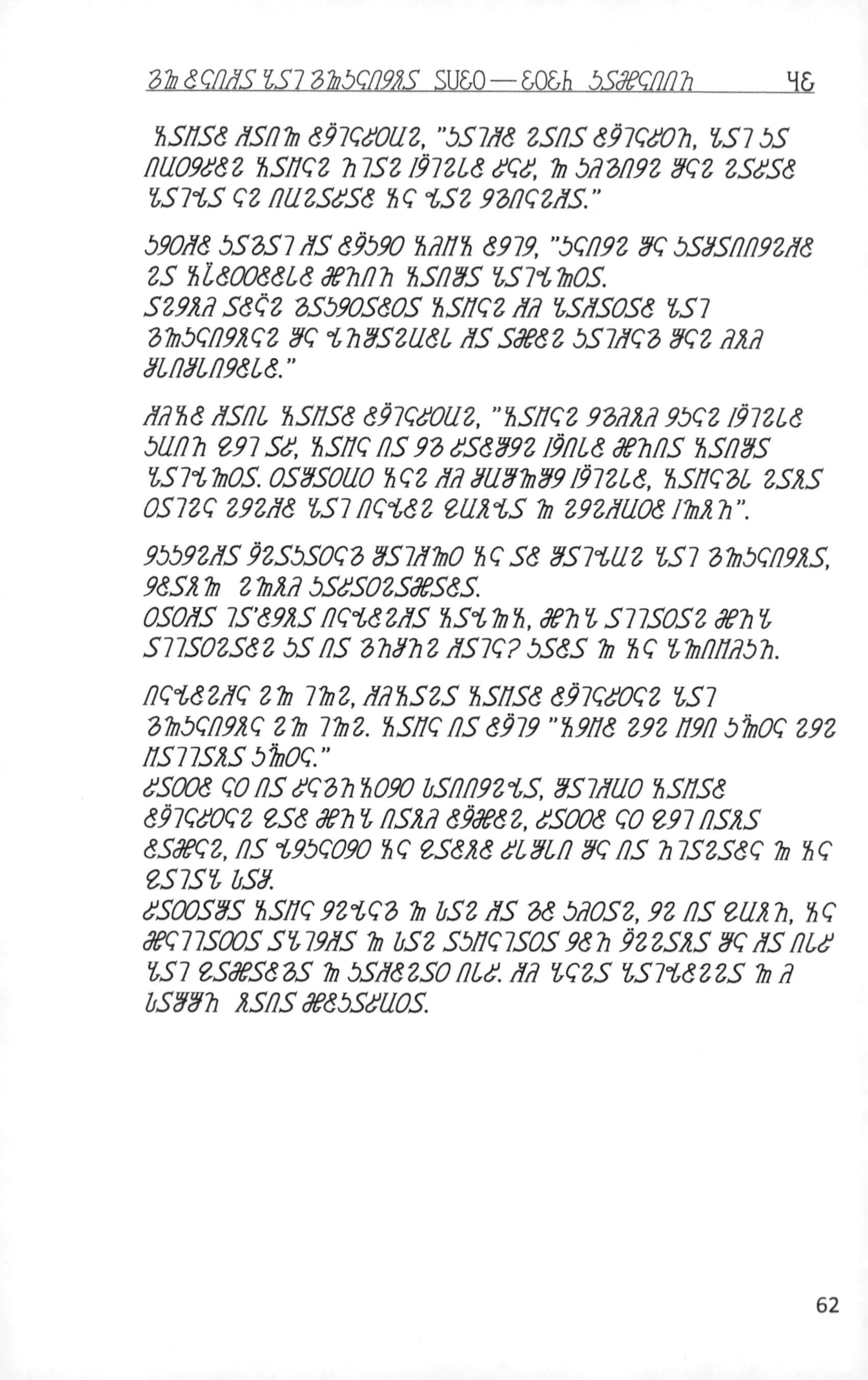

[illegible]

[illegible]

[illegible]

[illegible]

[illegible]

Midkii Masar ka yimid wuxuu yiri, "Malin baa macallinkii na weyddiiyey qolo walba fartooda. Anigu ayaan samidayda waxaan ku fakaday Far Soomaaligaan baa tobaneeye ka aqiin, markaas baan ugu celceliyey."

Kuwii kale waxay yiraahdeen: "Waxaan isugu imaan jirnay meelo shir ah, waxaa la is haybin jirey qolo walba farteeda.

Dabadeed waan ku ceeboobi jirey, waxaase naga darnaa ninkii far latin sheegta oo ninkeedii joogo." Imminka inamadaas barkood waa ay barteen Far Soomaaliga, iyagoo noogu mahadnaqay.

Haddii aad la haasaawdid dhallinta, barkeed waxay yiraahdaan, latinkaa noo roon, kuwana waxay yiraahdaan Far Soomaaligaa noo roon. Waxaa la yiri " Wixii nin xil moodaa nin xarrago moodaa." Dadka ra'yiga latinka watoow, qof arradan qof arradnayn ma la socon karaa? Maya, oo waa fool xumo.

Shay qof lagu yiqiin, haddii aad shir laga yaqaan, la timaadid waa shaygii hebel baa la oranayaa oo waa sharaf dhac.

Haddaba waxaa intaas oo dhan ka sii mudan, in la sheego, waa qaaradda Afrika oo dhan Amxaarada iyo innaga baa far shaqaysa oo makiinad leh ka leh. Ku faana fartiinna oo u dhabbo gala qiimaheeda.

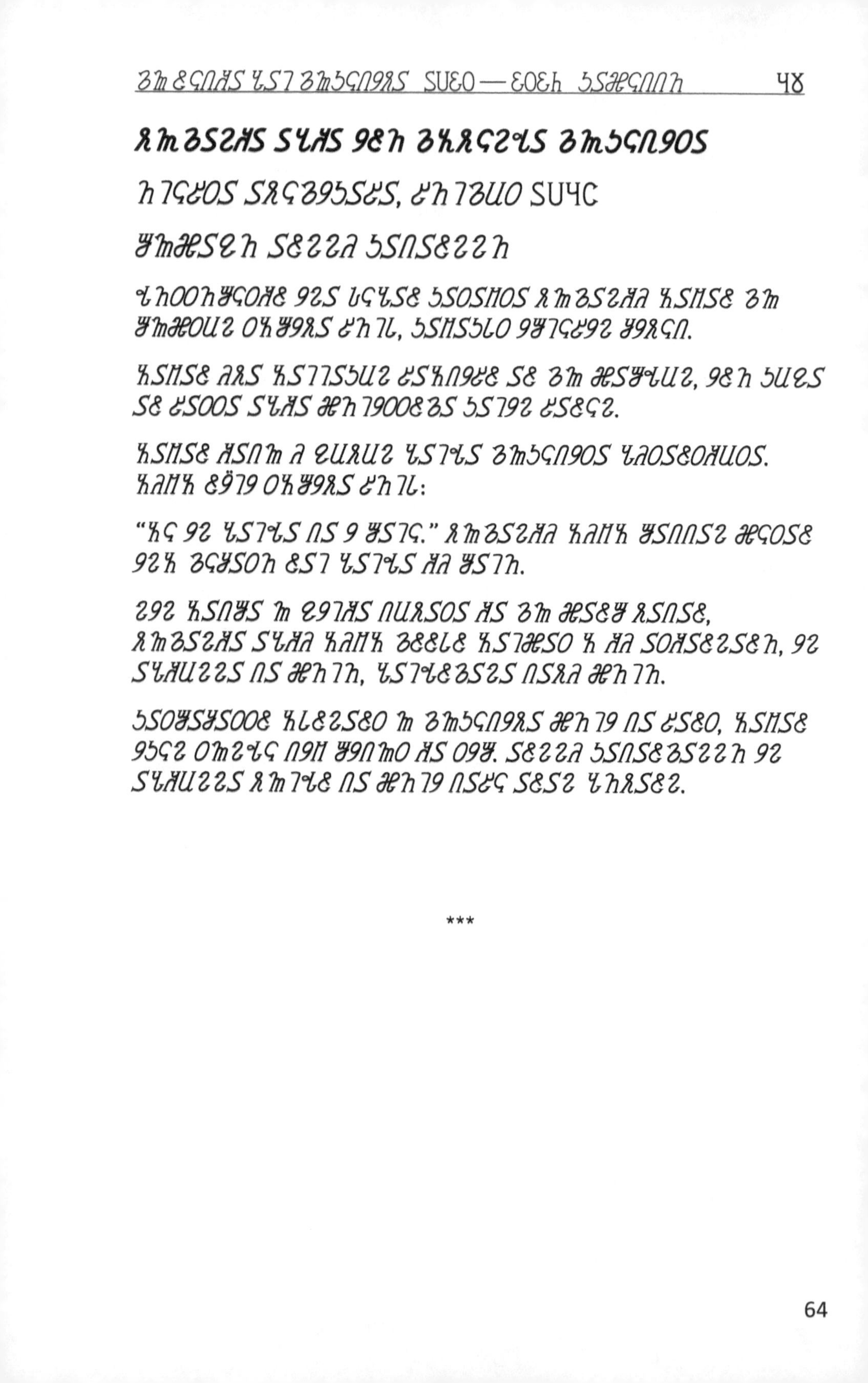

[illegible]

[illegible]

[illegible]

[illegible]

[illegible]

[illegible]

[illegible]

[illegible]

[illegible]

***

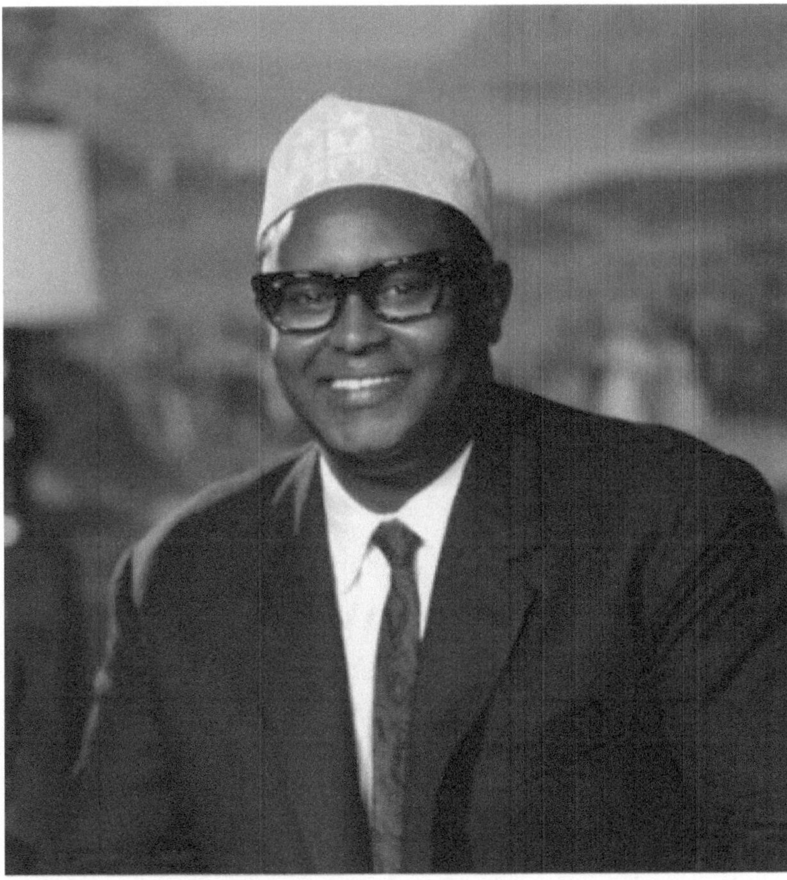

𐒆𐒓𐒁𐒘𐒌𐒖 𐒔𐒙𐒇𐒗 𐒜 𐒈𐒝𐒑𐒛𐒐𐒘𐒕𐒖 𐒡𐒩𐒦𐒧-𐒡𐒩𐒦𐒩

𐒑𐒖𐒄𐒖𐒑𐒗𐒆 𐒘𐒁𐒇𐒛𐒔𐒘𐒑 𐒄𐒛𐒃𐒘 𐒋𐒘𐒌𐒛𐒐 𐒘𐒕𐒙

𐒑𐒖𐒆𐒖𐒄𐒆𐒖 𐒌𐒝𐒈𐒖𐒒𐒏𐒖 𐒖𐒍𐒏𐒖 𐒈𐒝𐒑𐒛𐒐𐒘𐒆𐒖

Duubiga hore ee Soomaalia 1967 -1969

Maxamed Ibrahim Xaaji Cigaal iyo

madaxdii Goosanka Afaka Soomaalida

Goosanka Afka iyo Suugaanta Soomaalida

Oraahda Agaasimaha, Horseed 1968 , Booqasho

Aynnu malaynno

Toddobaadkii ina dhaafay madaxda Goosanku waxay soo booqdeen

duubiga hore, Maxamed Ibaraahin Cigaal.

Waxay uga warrameen howlihii ay soo qabteen, iyo meesha ay hadda

afka qoriddiisa marin hayaan.

Waxay kaloo u sheegeen Farta Soomaalida fudeydkeeda.

Wuxuu yiri duubiga hore: "Waa in farta la i baraa, " Goosanku wuxuu

balan qaaday inuu saacado yar ku baro. Nin walba oo shirka Leegada

ka soo qayb galay, Goosanka afku wuxuu siiyey warqad uu ku

adkeynayo, in afkeenna la qoro, Fartiisana lagu qoro. Madbacaddii

weynayd oo Soomaaliga qori la hayd, waxay imaan doontaa lix bilood ka dib. Aynnu maleysanno in afkeenna goortii la qori lahaa ayan fogayn.

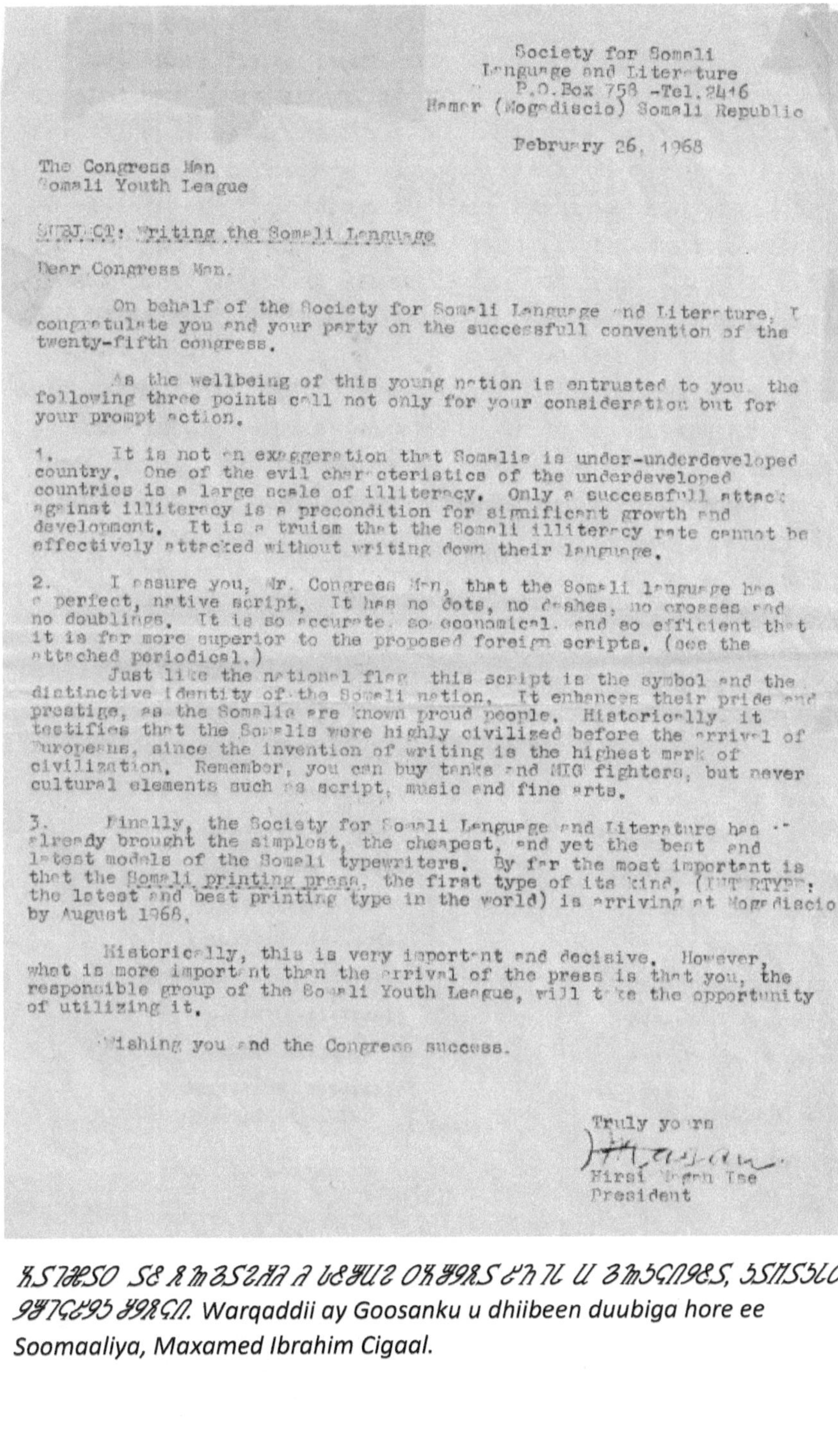

Society for Somali
Language and Literature
P.O.Box 758 -Tel.2416
Hamar (Mogadiscio) Somali Republic

February 26, 1968

The Congress Man
Somali Youth League

SUBJECT: Writing the Somali Language

Dear Congress Man,

On behalf of the Society for Somali Language and Literature, I congratulate you and your party on the successfull convention of the twenty-fifth congress.

As the wellbeing of this young nation is entrusted to you, the following three points call not only for your consideration but for your prompt action.

1. It is not an exaggeration that Somalia is under-underdeveloped country. One of the evil characteristics of the underdeveloped countries is a large scale of illiteracy. Only a successfull attack against illiteracy is a precondition for significant growth and development. It is a truism that the Somali illiteracy rate cannot be effectively attacked without writing down their language.

2. I assure you, Mr. Congress Man, that the Somali language has a perfect, native script. It has no dots, no dashes, no crosses and no doublings. It is so accurate, so economical, and so efficient that it is far more superior to the proposed foreign scripts. (see the attached periodical.)

Just like the national flag this script is the symbol and the distinctive identity of the Somali nation. It enhances their pride and prestige, as the Somalis are known proud people. Historically it testifies that the Somalis were highly civilized before the arrival of Europeans, since the invention of writing is the highest mark of civilization. Remember, you can buy tanks and MIG fighters, but never cultural elements such as script, music and fine arts.

3. Finally, the Society for Somali Language and Literature has already brought the simplest, the cheapest, and yet the best and latest models of the Somali typewriters. By far the most important is that the Somali printing press, the first type of its kind, (INTERTYPE: the latest and best printing type in the world) is arriving at Mogadiscio by August 1968.

Historically, this is very important and decisive. However, what is more important than the arrival of the press is that you, the responsible group of the Somali Youth League, will take the opportunity of utilizing it.

Wishing you and the Congress success.

Truly yours

[signature]

Hirsi Magan Ise
President

[Osmanya script] *Warqaddii ay Goosanku u dhiibeen duubiga hore ee Soomaaliya, Maxamed Ibrahim Cigaal.*

ԽՏOՏՌOƐ ƦƜƃՏՇӤՏ Ա ՈՏ ӤՈՈՏՇՂՏƐ OҞԶ୨ƦՏ ƸҺՂՆ

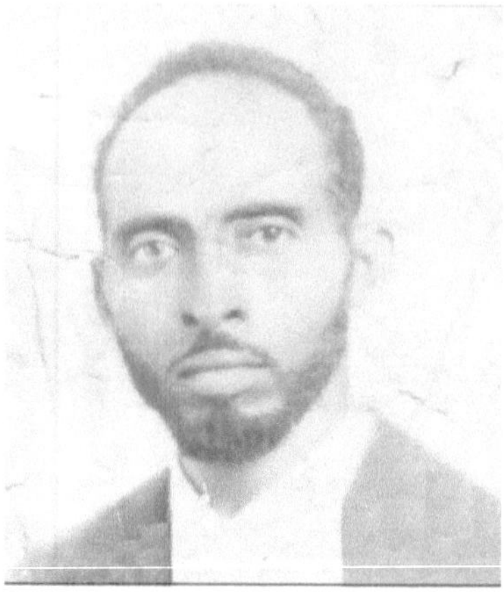

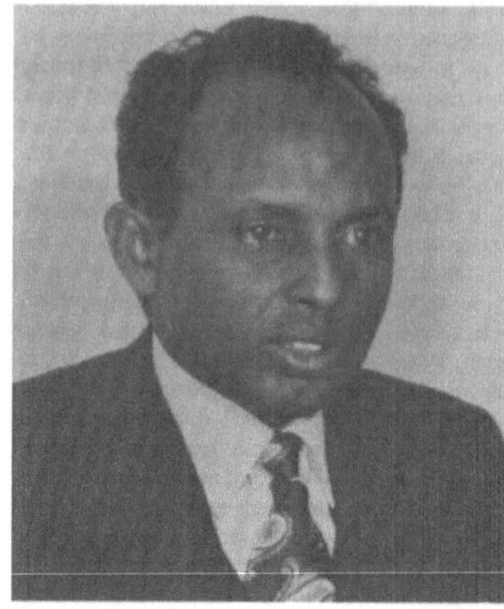

Dr. Maxamuud Jaamac "Afballaar"

OΊ. ԽՏՌՏԽҞO ΙϚԽՏԶ "ՏՂԶՏՈՈϚΊ"

Dr. Maxamed Cumar "Dhigicdhigic"

OΊ. ԽՏՌՏԽԼO ԶӤԽՏΊ "Ն୨Ʀ୨ԶՆ୨Ʀ୨Զ

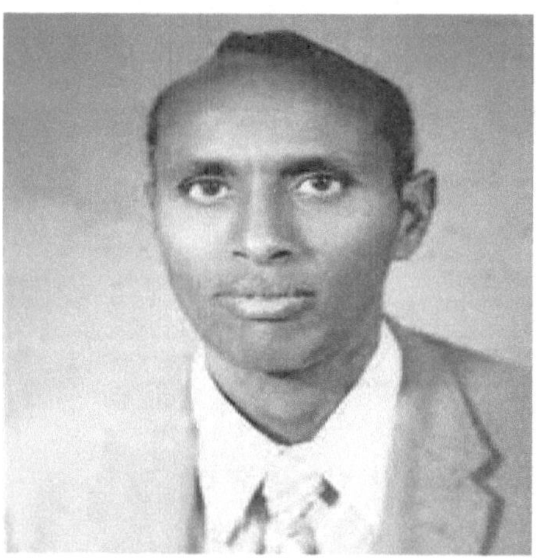

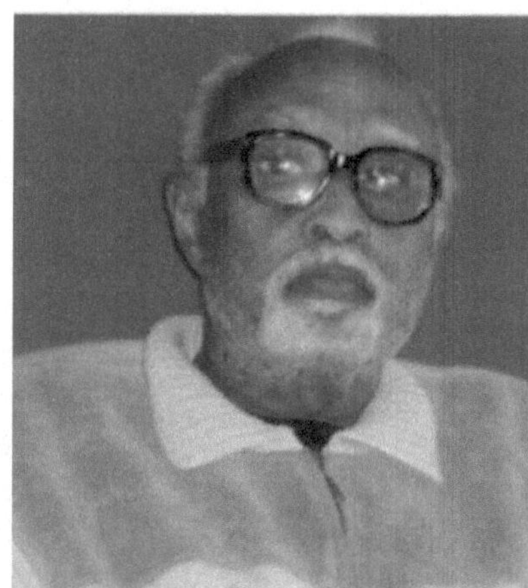

Xirsi Magan Ciise

Ռ୨ΊƷ୨ ԽՏƦՏՇ ԶƐƷԼ

Cabdi Daahir Afey

ԶՏԶƦ୨ OϚƸ୨Ί ՏՂԱƐ

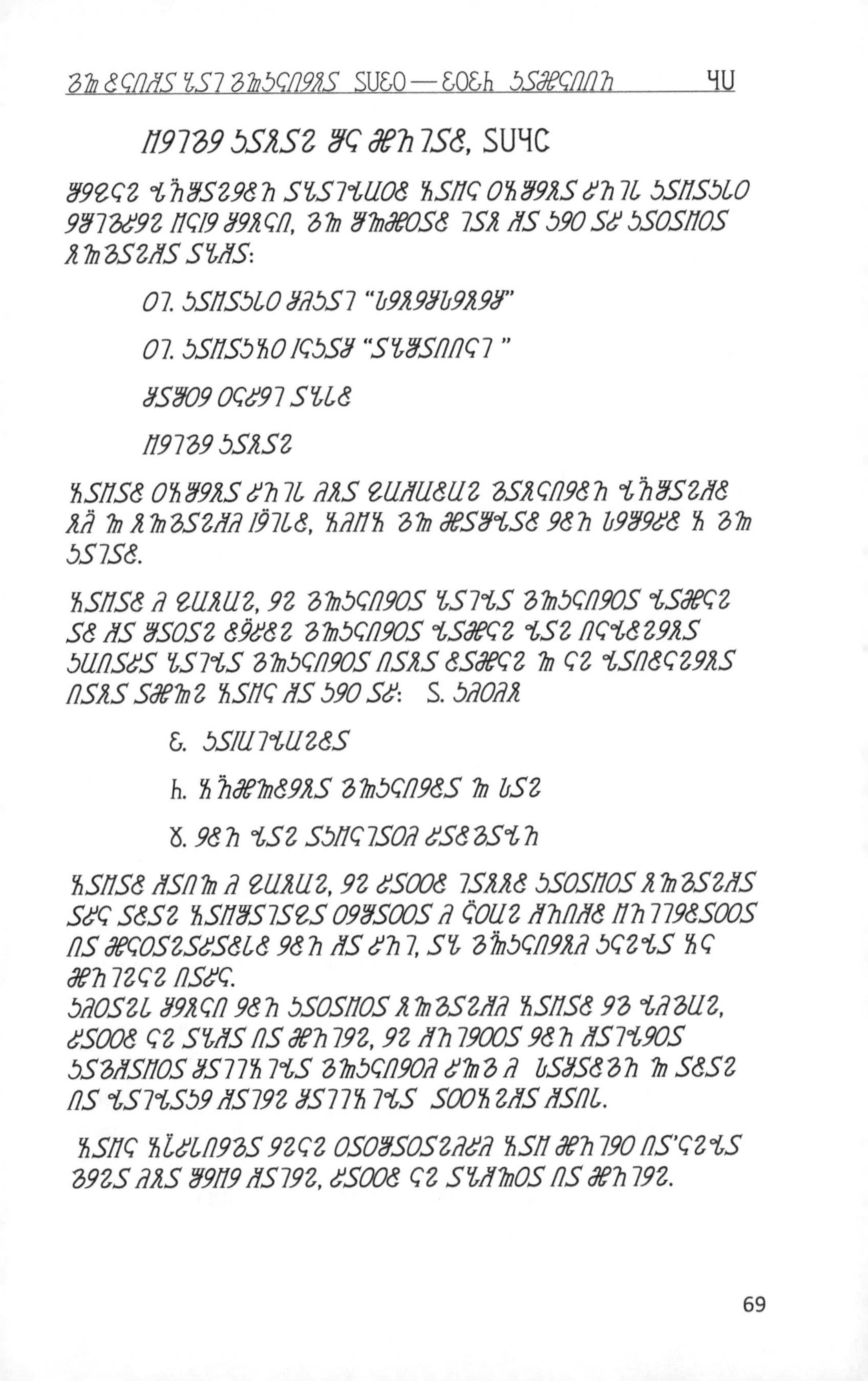

[illegible]

[illegible]

[illegible]

[illegible]

[illegible]

[illegible]

[illegible]

[illegible]

[illegible]

[illegible]

[illegible]

[illegible]

[illegible]

[illegible]

Xirsi Magan baa qoray, 1968

Bishaan tobaniyo afarteedii waxaa duubiga hore Maxamed Ibraahin Xaaji Cigaal, Soo booqday rag ka mid ah madaxda Goosanka Afka.

Dr. Maxamed Cumar "Dhigicdhigic"

Dr. Maxamuud Jaamac "Afballaar"

Cabdi Daahir Afey

Xirsi Magan Ciise

Waxay duubiga hore uga sheekeeyeen sagaaliyo tobankii gu oo Goosanku jiray, wuxuu soo qabtay iyo dhibtii uu soo maray. Waxay u sheegeen, in Soomaalida Farta Soomaalida taqaan ay ka badan yihiin Soomaalida taqaan tan Laatiiniga.
Meelaha Farta Soomaalida laga yaqaan oo aan Tilyaaniga laga aqoon waxa ka mid ah: 1. Mudug

2. Majeerteenya

3. Waqooyiga Soomaaliya oo dhan

4. Iyo tan amaaxardu haysato

Waxay kaloo u sheegeen, in haddii raggii madaxda Goosanka ahaa ayan waxbarasha dibadda u aadeen kolkii xorriyadda la qaadanahayay iyo ka hor, afsoomaaligu maanta waa qornaan lahaa.
Mudane Cigaal iyo madaxdu Goosanku waxay is tuseen, haddii aan afka la qorin, in koridda iyo kartida Maskaxda carruurta Soomaalidu hoos u dhacayso oo ayan la tartami karin carruurta adduunka kale. Waxaa wehelisa inaan dadbadanuhu wax qorid la'aanta sina uga bixi karin. Haddii aan afkooda la qorin. Madaxda Goosanku waxay duubiga hore u sheegeen, in toban nin oo jaamacadaha waaweyn ka soo baxay,

ɔSOSПOS ʀɱƷSꞒȺȺ ƘSПSƐ OƘꞫ9ʀS ƸhꞆⱠ Ⱥ ꞒUʀUꞒ, 9Ꞓ ꞭhꞫSꞒ Ꞓ9Ꞓ ɱ ꞮꞮɔSꞫSOSƸS ƘꞮƘⱠƐꞒ ȺS Ʒɱ ꞫSПSƐ, ɱ Ʒ9 ꞭƐꞫSꞒ ƷɱɔꞮП9ʀS Ⱥ ꞯhꞆ9ȺSꞆꞮ SƐ ʀɱƷSꞒȺS SꞭȺS ȺS ɔ9O ƐꝜƸƐꞒ.

9ꞒꞭꞮƷ ƘSПSƐ ȺʀȺ OSꞆUꞒ, 9Ꞓ ȺȺƘS ПꞮꞭƐꞒȺS ƘSП ȺȺ ПUꞭⱠПUꞭꞮ, ƘSП ʀꞮПh ȺȺ ꞭꞮʀUꞆꞭh ɔꞮƸU, SƐSꞒ ПS ƸSƐꞒ Ꞓ9Ꞓ ȺⱠП9ƐS ɱ OȺʀƷ9ʀS ꞫSꞆꞆƘꞆꞭS ȺS ꞫSПSƐ.````

ʀɱƷSꞒȺS SꞭȺȺ ƘȺПƘ ȺÜꞒSƐ ꞯSПSꞫȺƐ (ɔSȺƐꞒSO9ƸƐ) ƘSП ПȺʀȺ ꞯhꞆ9 ПSƸꞮ ɱ ⱠSꞒ.
ɔSOꞫSꞫSOOƐ ƘⱠƐꞒSƐO ƘSПSƐ 9ɔꞮꞒ OɱꞒꞭꞮ ƸSꞫSꞆŠꞆ9 (SʀɱƷꞭh) SUꞭC, SɔS П9П Ɜ9Пɱ0 ȺS O9Ɜ. ПSɔSꞆ 9Ɛh O9ꞫSOOSꞫS ƸSOOS SꞭ ƷɱɔꞮП9ʀS Ʒ9 ƘSꞒꞮʀƷSꞒ ꞫꞮ Пɱ ꞯhꞆꞮ.

ɔSOSПOS ʀɱƷSꞒȺȺ ƘSПSƐ Ɜ9ʀꞮП ȺȺ ƐꝜꞆꞮƸOUꞒ "ꞆSʀʀƐ ꞮꞮɔSꞫSOSƸS ȺS Ʒɱ ꞫSПSƐ ɱ ƘSП ꞯhꞆ9 ПSƸꞮ 9Ɛh ɔSOꞫSꞫSO9ƸƐ ПȺʀȺ ꞯhꞆ9 ПSƸꞮ ȺS ƷhȺhƘ, ꞭSꞆꞭUꞒꞒȺ ꞭSꞒ ПꞮꞭƐꞒȺS 9Ɛh ꞭSꞒ ꞫSꞆSꞫꞭSꞫS ȺS ꞭȺOȺO.

Ⱡ9Ɜ9Ɜ ɔS ПⱠƸ, ɱ ПSꞆꞆƐꞯ ɔS ПⱠƸ, ɱ ПSɔɔꞮꞒS ɔS ПⱠƸ. ƘSП ȺS ꞭȺOȺO, ɱ ƘSПSƐ ȺȺ ƷhꞫhꞭꞮ ƘSП ꞮOSꞒ SꞯꞆ9ƐSƐꞒ ƸS ꞯhꞆ9Ꞓ.

SꞭSꞆ ꞫƘʀ 9Ɛh ƸSП ƘSꞆʀUƐƷ ꞫꞮ ʀɱƷSꞒȺȺ ƸSO9ƐSO ȺʀȺ ʀÜƐⱠƐ OƘꞫ9ʀS ƸhꞆⱠ. OƘꞫ9ʀS ƸhꞆⱠ ɔȺOSꞒⱠ Ɜ9ʀꞮП ƘȺПƘ ɔSOSПOS ʀɱƷSꞒȺS ƘÏƐOOƐƷꞭⱠƐ 9ꞒSƐ ꞭSꞆꞭS ꞫSꞆꞮꞒ.

ƘSПSƐ ȺS ꞫSППSꞒꞯꞮOUꞒ 9ꞒSƐ ȺȺ ꞫSꞆꞮꞒ П9П ƷꞮꞫSOɱO. OƘꞫ9ʀS ƸhꞆⱠ 9ꞒꞭS ꞯhƷПSƐ ꞫƘ ƘȺПƘ ƐꝜꞆ9: "ɔS П9П ƷꞮꞫSOɱO ȺⱠП9ƐS".

oo si fiican Soomaaliga u qori kara ay Goosanka Afka ka mid yihiin.

Intaas waxay ugu dareen, in kuwa laatiinka wax ku leefleefaa, in wax gaalo ku taageerta maahee, aysan la hayn nin keliya oo dugsiga carruurta ka baxay.''''

Goosanka Afku wuxuu keenay qalabkii (makiinadihii) Wax lagu qori lahaa oo dhan. Madbacaddii weynayd waxay imaan doonta habarari (agoosto) 1968, ama lix bilood kadib. Xamar iyo dibaddaba hadda Afsoomaaliga si wanaagsan baa loo qoraa.

Madaxda Goosanka waxay Cigaal ku yiraahdeen "Raggii jaamacadaha ka soo baxay oo wax qori lahaa iyo madbacadihii lugu qori lahaa ka sokow, Farteenna tan Laatiinka ah iyo tan Carabtaba ka fudud.

Dhibic ma leh, oo xarriiq ma leh, oo lammaane ma leh, wax ka fudud, oo waxay ku socotaa wax aadan akhriyayn ha qorin.

Afar buug iyo hal wargeeys baa Goosanku Hadiyad ugu geeyay duubigii hore.

Duubiga hore mudane Cigaal wuxuu madaxda Goosanka weyddiisatay inay farta baraan. Waxay ka ballanqaadeen inay ku baraan lix saacadood. Duubiga hore inta qoslay buu wuxuu yiri "ma lix saacadood keliya"

[illegible]

[illegible]

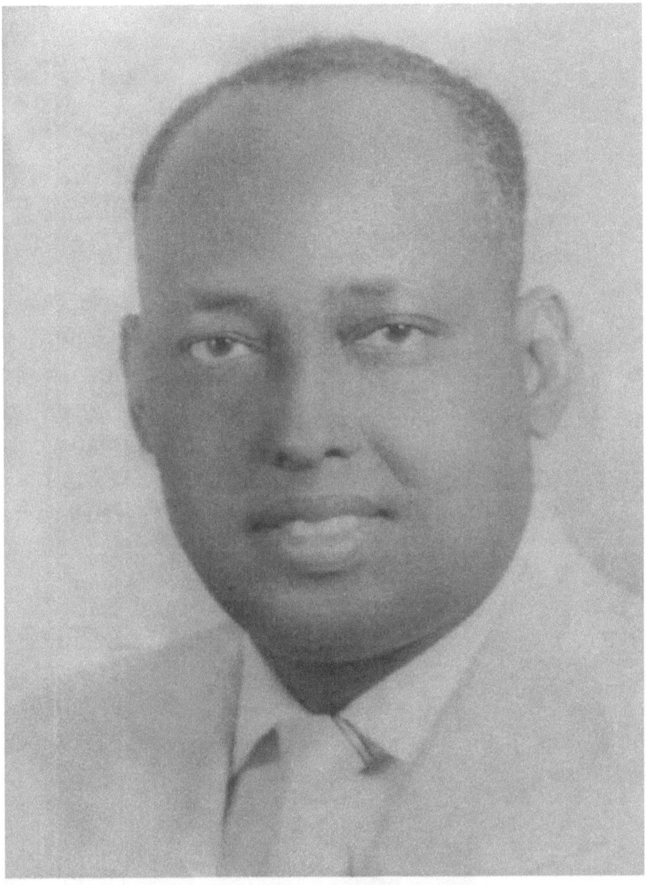

[illegible]

[illegible]

Dhir (geedo) 𐒊𐒘𐒇 (𐒌𐒜𐒆𐒙)

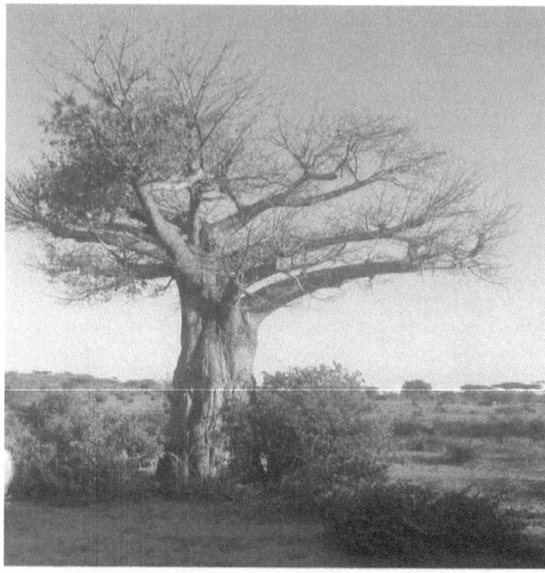

𐒕𐒛𐒎: 𐒌𐒜𐒆 𐒛𐒆 𐒘𐒕𐒙 𐒛𐒆 𐒚 𐒊𐒜𐒇, 𐒃𐒘𐒇𐒘𐒆 𐒘𐒕𐒙 𐒊𐒗𐒄 𐒓𐒗𐒕𐒒. 𐒑𐒖𐒕𐒇𐒖𐒄𐒆𐒕𐒈𐒖 𐒓𐒖𐒄𐒛 𐒐𐒖𐒌𐒖 𐒈𐒖𐒑𐒜𐒕𐒛 𐒄𐒖𐒇𐒌𐒙 𐒘𐒕𐒙 𐒓𐒖𐒄𐒕𐒛𐒐𐒙 𐒏𐒖𐒐𐒗. 𐒑𐒘𐒇𐒘𐒔𐒕𐒈𐒚 𐒓𐒖𐒄𐒖𐒕 𐒐𐒜 𐒕𐒘𐒔𐒕𐒒 𐒎𐒛𐒁𐒏𐒖 𐒎𐒚𐒐𐒚𐒋𐒆𐒖, 𐒁𐒚𐒇𐒚𐒎 𐒐𐒖 𐒋𐒚𐒒𐒙 𐒓𐒛 𐒐𐒜 𐒕𐒘𐒔𐒕𐒒.

Yaaq: Geed aad iyo aad u dheer, jirid iyo dhex weyn. Mayraxdiisa waxaa laga sameeyaa xargo iyo waxyaalo kale. Mirihiisu waxay lee yihiin qaabka, buruq la cuno qulucda waa lee yihiin

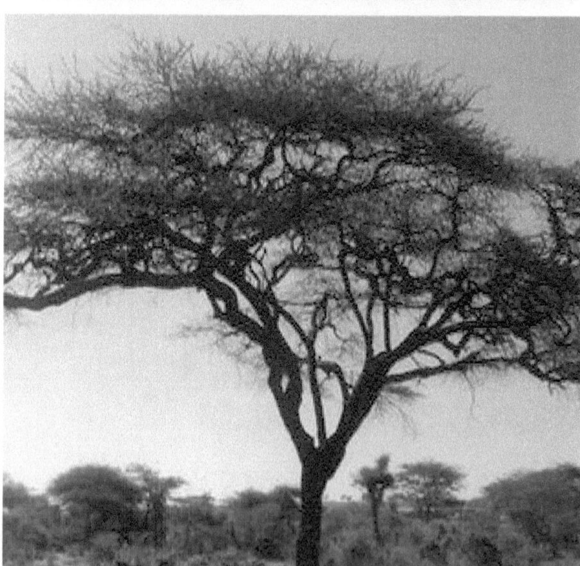

𐒎𐒚𐒇𐒖𐒋: 𐒌𐒜𐒆 𐒛𐒆 𐒘𐒕𐒙 𐒛𐒆 𐒚 𐒊𐒜𐒇. 𐒓𐒖𐒆𐒆𐒖𐒒𐒏𐒖 𐒈𐒝𐒑𐒛𐒐𐒘𐒕𐒖 𐒘𐒒𐒂𐒖 𐒁𐒖𐒆𐒖𐒒 𐒓𐒛 𐒏𐒖 𐒁𐒖𐒄𐒛. 𐒓𐒛 𐒌𐒜𐒆 𐒑𐒚𐒔𐒕𐒑 𐒚 𐒖𐒔 𐒄𐒝𐒐𐒖𐒔𐒖 𐒘𐒕𐒙 𐒆𐒖𐒆𐒏𐒖. 𐒓𐒛 𐒐𐒖𐒌𐒖 𐒍𐒛'𐒘𐒆𐒖𐒕𐒈𐒂𐒛. 𐒌𐒜𐒐𐒚 𐒓𐒛 𐒆𐒛𐒎𐒛, 𐒖𐒇𐒘𐒌𐒚𐒒𐒖 𐒛𐒆 𐒖𐒕𐒓 𐒚 𐒃𐒗𐒋𐒗𐒐 𐒕𐒖𐒔𐒖𐒕 𐒖𐒁𐒎𐒖𐒆𐒕𐒈𐒖.

Qurac: geed aad iyo aad u dheer. Waddanka Somalia inta badan waa ka baxaa. Waa geed muhiim u ah xoolaha iyo dadka. Waa laga faa'idaystaa. Geelu waa daaqaa, ariguna aad ayuu u jecel yahay abqadiisa.

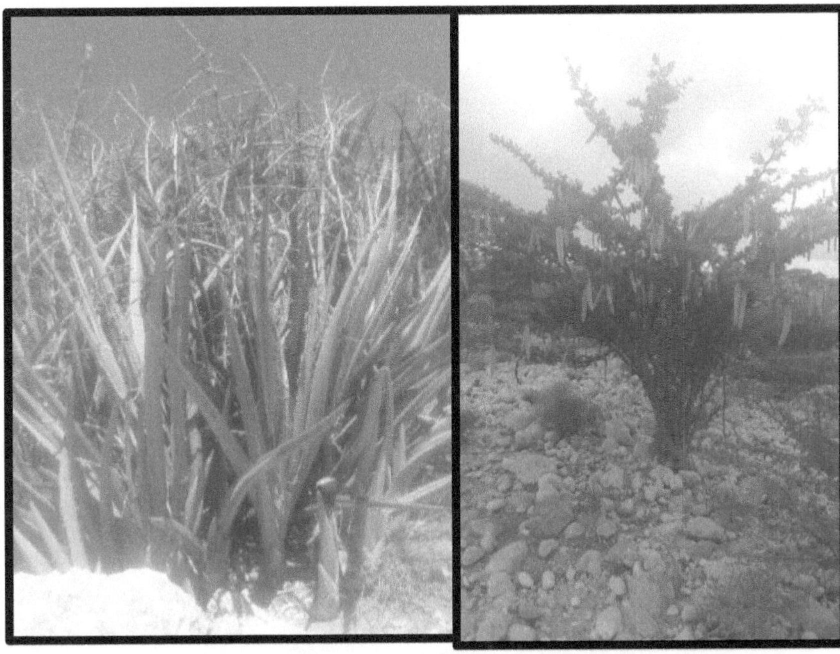

[illegible]

Xaskul: Geed dacarta la tol ah, wuxuu lee yahay caleemo dheerdheer oo warmo ah qaarka danbe u wada buuran oo wada hilib ah oo caarad qodax ah ku wada dhammaada.

[illegible]

Jeerin: Geed aan kor u dheeraan, ballaar ayuu u fidaa, markuu weynaado. Wuxuu dhalaa xabag iyo miro wanaagsan oo loo yaqaan quulle. Nafleeyda dhirta daaqda waa daaqaan.

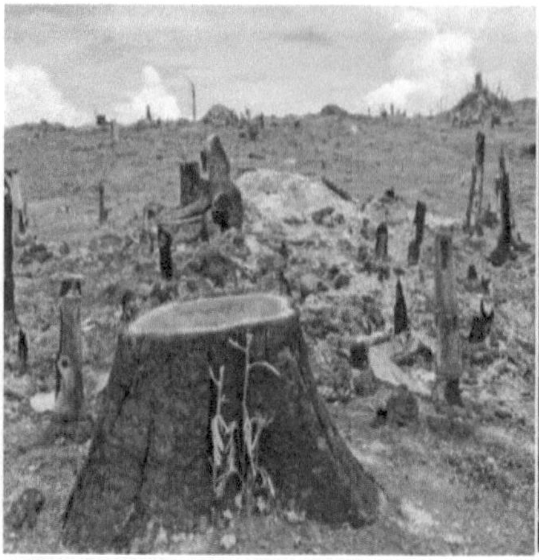

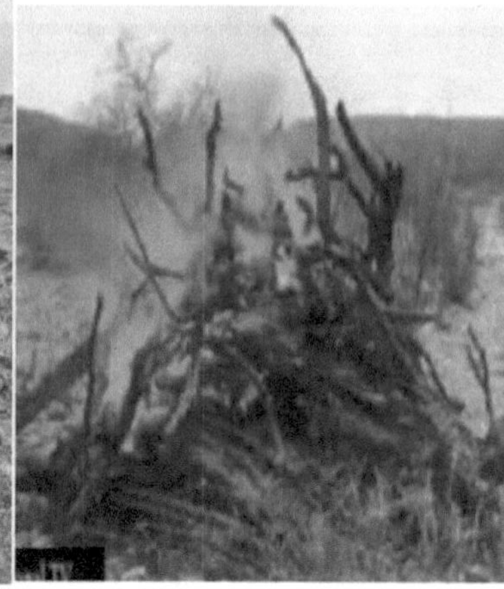

Ს9ገᏓ8 ՈS ISገS8: ȺhՈȺ8 ՈS ISገS8 Ѣ S8 Ს9ገᏓ8 8SገϚᏓS8, Ꮥ98986 ŘSՈ ՎԼՈ98S Ѣ ȺS8O98S S8Ϛ ՈS ŘϚ8Լ8, Ꮥ98986 Ⱥhገ ᏕS8 Ⴆ ՇႥՈϚƆUƧ S5S OϚO SՇϚƧ ᏕSOOS Ⴆ ϚOUƧ.

Dhirtii la jaray: kolkii la jaray oo dhirtii yaraatay, biyihii wax celiya oo kaydiya la waayey. Biyihii kor bay u hulaaqeen ama daad ahaan badda u aadeen.

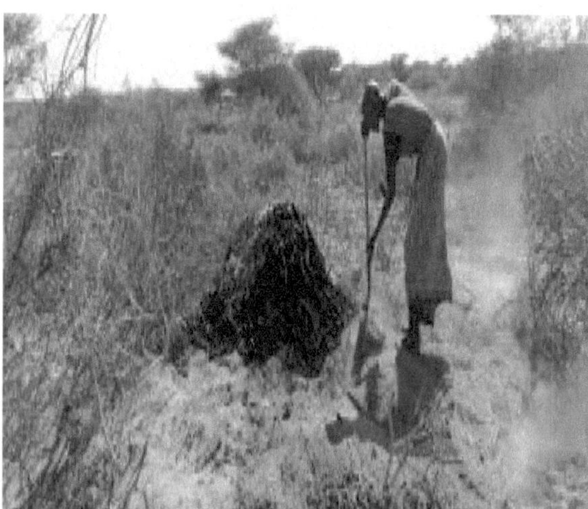

5UՈh ᏕSOSƧ Ѣ ŘϚ8SO8 Շhገ Լ ՇŠŘO SՇS8O S8Ϛ ՈSŘS ISገS8 Ს9ገᏓ8.

ŘSՈS Ს9ገᏓS ISገ9OOUOS ՈSŘS ԼUԷSՇS8h ᏕϚ ȺhՈȺϚƷ OSOȺS ȺS ՈS ŘԼ8ƧϚ, ŘSՈ ᏓSገȺS Ს9ገᏓႥ ՈUOSՇS8.

Meelo badan oo waayadii hore hawd ahaa ayaa laga jaray dhirtii. Waxa dhirta jariddeeda laga dheefahayo baa kolkaas dadka kala weynaa, wax tarka dhirtu leedahay.

Wargeyska Horseed 19.02.1967

Dhir (Geedo)

Yaasiin Cismaan keenadiid

Soomaalidu " dhir" waxay u taqaan
kol dhirta waa weyn keliya sida Canjeelka,Yaaqa, bisiqa,......kolna dhirta yaryar keliya sida kuwa xooluhu daaqaan iyo kuwa cunnada lugu daro oo udugga tara iyo kuwa la mid ah. "Geeduhu" iyaguna waa la mid oo ulajeed koodu waa tan "dhirtoo " kale. Laboda eray (dhir iyo geedo) waa Isku mid oo wax ay ku kala duwan yihiin waxaa la arkaa, geeduhu keli iyo koox waa leeyihiin (geed, geedo).

Tusaale:

Keli	koox/wadar
geed	geedo
---	dhir

"Dhirtuse" weligeed waa magac ulajeeddo kooxeed leh.
Cawska iyo nagaarka iyo dhirta (waaweyn) soomaalida iyo dad yowga kalaba waa kala duwaan, hase ahaatee kala duwanaan cad ma jirto.

Nolosha dhirta

Dhirta waa nooshahay sida dadka xoolaha, dugagga, haadka, kalluunka, bahal hoosaadka iyo kuwo la mid ah.
Sida dadkoo kale bay u abuurantaa. waa ay dhalataa oo kortaa oo weynaataa oo dhimataa. Sida dadkoo kala bay kolkol yaraanta ama dhallinyaro ayay ku dhintaan. Sida dadku u nool yahay way u nooshahay. Waa ay neefsataa, wax bay cuntaa, waa ay bukootaa, reer reer bay usii kala baxdaa, meel ayan arki jirin haddii la geeyo oo lugu beero, waa ay barataa oo waayada dambe si wanaagsan bay ugu baxdaa oo ugu bulaashaa.

ƸSOOᏂ ӰϑƐh ӰSOSՇ Ћ ȺԱ ՙ9ՈSՇ ƸՙՈh, Ո9O9OOSOƐƷԱ ƂSӰ ӰSƐ ƂԱՈȺS ԱՋԱ ՙhՋϚOϚՇ. ƸSOOƐ ӯԱՇՇSOԱ ȺԱ ƐS7Ϛՙh, Ո9O9OOSOԱ 9Շՙ S ՙϚՈSՈϚՇ ӰSƐ Ƃ9ՇSӰ ᏂSՈӰS Ա ՙhՋϚOϚՇ Ћ 9ƷȺԱ ɔS7ɔϚՇ Ћ ȺhՂ 9Ɛh ƸЋƷ ӰS ϚOϚՇ.

Ո9O9OOSOԱ, ƸSOOƐ ᏂSՈ SOȺ9 ӯLՈ9ƐϚՇ, ᏂϚ SƐ ȺS ՈUՈOϚՇ Ћ OhӰ ȺS ɔS7ϚՇ.

ՋÜOȺԱ, ƸSOOƐ ŠӁSՈՈS ӯ97Ɛ79ƐϚՇ SɔS Ƃ97 ȺSՈL ƂSӰ ԱՋԱ ƂSᏂϚՙh, ӰSՈՈϚ7 ԱɔS ᏂLƐՇϚOh U ȺhՂ ӰᏂ 9ƷSՋЋ ƂᏂӰSՇ Ա ӰSՈϚ Ћ ԱՋԱ ƂU7ϚOϚ, Ʒ9 Ꮒ ȺԱ ƸLՈh 9ՙȺS ӁhՂ7SՈOS, 9ƷSՋЋ 9ՇՙϚƷ ՋԱ7ƐSƸS SɔS Ƃ97ՙS ȺSՈЋ Ա ƂhᏂ 9ƷȺS ƂSᏂ7SƸSƐS.

ɔUՉƐ OSӰSƐՈ ӰSOSՇ, ՋÜOȺԱ ᏂԱՈᏂ ƐUՉϚ Ո9O9OOS ՈЋՋSՋ ӰSOSՇ Ћ ՈŠI9ƐS. ՇhՈhՉS ՋÜOȺԱ ɔS ՙԱOԱOS. 9ՇՙϚƷ OSՋϚՈ ӰᏂ ȺԱ IϑՂϚ Ћ 9ՇՙS ӰSOSՇ ȺԱ ՋᏂՈSƐƷՙϚ. Ꮒ9ՈƐ ᏂSՈ Ա Ƃ9ɔSƸSƐS Ћ ƂSՇ OSOȺS ɔϚƸU, ᏂϚ Ꮒ 9ƷȺS ӯLՈ9ƐϚ. OSӰSƐՈ ՈЋՋ ӰSOSՇ ƸSOOSƐ Ա ՙ9ɔϚOOh, ᏂϚ Ꮒ 7ԱՈϚ Ʒ9 ᏂƷSՇ Ա ISӰ9Շ.

ȺԱՈȺS, ƂSՈSՇՙS, ӰS7SՙȺS, Չ9ɔӰ97SƸS 9Ɛh ӰSƸSՈSOS ȺSՈЋ ƂSՇ, Ʒ9 ᏂSՇϚՋƷSՇ ӰᏂ 9ƷSՋS Ƃ9ӯ9ƐϚ. ӯhՈȺS ՋÜOȺS ᏂSՈϚ Ա OS7SՇ OSӰȺS, ӯԱOԱ77SOS 9Ɛh OSOȺS ϚՇ ᏂSՈ SӁЋՇ.

ᏂSՈՙS7ȺS Ƃ97ՙS

ᏂSՈՙS7ȺS Ƃ97ՙS ᏂSՈϚ ȺS ɔ9O SƸ ƂԱՈȺS ᏂSՈSƐ ȺS Ƃ9ՋՙϚ ӰSӯ79Շ. ɔUՉƐ Ƃ97 ՈLƸ ӰϑƐԱƸԱ ᏂϚ ȺԱ IЋՋƷSOϚՇ, ӯƐOOS OԱՋƷ9 9Ɛh ƂSᏂ7SՇϚՇ ӰSƐ Ա ՇhӁOϚՇ. ՈƐƷSOSƸS OSӰSƐՈSƸS ӁSӰhᏂ ᏂϚ 9ƷȺԱ ՋԱOӰϚՇ Ћ OhӰ ȺSՈɔƐ Ա ՈUՈ9ƐϚՇ. ɔUՈSƸS ӰSӰSӯOS SƸ Ƃ97ՙS ՈS'ϚՇՙUO ӰU7h ՈSՋSɔS ՙSՈUՇ. ᏂSՈϚ I97S ɔUՈh ӰSOSՇ Ћ ᏂϚƐSOƐ Ƹh7L ƸhᏂO SƸϚ Ћ OSӰSOUO Ƃ97ՙS ՈSՋS IS7SƐ.

ᏂSՈS Ƃ97ՙS IS79OOUOS ՈSՋS ƂUՙSƸSƐh ӰϚ ȺhՈȺϚƷ OSOȺS ȺS ՈS ᏂLƐՇϚ ᏂSՈ ՙS7ȺS Ƃ97ՙԱ ՈUOSƸSƐ, OSO ӰSOSՇ, ᏂϚƐSOϚƷ ɔS SӁЋՇ 9Շ Ƃ97ՙԱ ȺhՈȺƐ 7ЋӰ OS'h, SƐ ӯLՉSՙh ƂϑӰӰh ӯƐOOϚƷ SƸ Ћ ƸSƂhᏂ ȺhՈȺƐ IƐՈϚՈ Ɛϑɔ ϚOh, SƐ ƂԱՈȺS ȺԱ ӁSӰЋI9Ʒh. ᏂSՈϚ ƂSӯSƐ 9Շ ȺhՈȺƐ Ƃ97ՙƐ ƐS7ϚՙSƐ Ӱϑ Ɛ9ƐƸ ᏂSՈ ӯLՈ9ƐS Ћ ȺSƐO9ƐS ՈS ᏂϚƐLƐ Ћ SƐ ȺhՂ Ա ƸԱՈϚӁUՇ SɔS OϚO SƸϚՇ ӰSOOS Ա ϚOUՇ, ƂԱՈȺƐՇS ӰϑƐS ՈS'ϚՇ OS7ՙUO ӰSӯSO 9Ɛh ՈSɔSOÏՋϚՇ Ꮒ ՇhӁOSƐ.

Geedku wuxuu ka neefsadaa caleemaha iyo xididdada. Hadduu biyo badan oo ku filan helo, xididdadiisu dhab bay dhulka ugu fugaadaan. Haddii cunnadu ku yaraato, xididdadu inta faalalaan bay dhinac walba u fogaadaan oo isku marmaan oo kor iyo hoos bay aadaan. Xididdadu, haddii wax adki celiyaan, waa ay ka leexdaan oo doc ka maraan.
Geedku haddii aqallo ciriiriyaan ama dhir kale dhab ugu soo dhawaato, ballaar uma weynaado ee kor buu isagoo dhuuban u baxaa oo ugu dheeraadaa, si uu ku helo ifka qorraxda, isagoo intaas guryaha ama dhirta kaloo u dhow iska dhawrahaya. Meeshii dabayl badan, geedku wuxuu yeeshaa xididdo xoogag badan oo xajiya.
Nolosha geedku ma fududa. Intaas dagaal buu ku jiraa oo inta badan ku guulaystaa. Wixii wax u dhimaya oo dhan dadka maahee, waa uu iska celiyaa. Dabayl xoog badan hadday u timaaddo, waa uu ruxaa si uusan u jabin. Kolka, dhaxanta, barafka, shimbiraha iyo bahalada kaloo dhan, si wanaagsan buu isaga dhiciyaa. Colka geedka waxaa u daran dabka, cudurada iyo dadka aan wax aqoon.

Waxtarka dhirta

Waxtarka dhirta waxa ka mid ah dhulka waxay ka dhigtaa bacrin. Meeshii dhir leh biyuhu way ku joogsadaan, ciidda dugsi iyo dhawranaan bay u noqdaan. Xiisadaha dabaylaha qabow waa isku gudbaan oo doc kalay u leexiyaan. Meelaha babacda ah dhirta la'aanteed beero lagama fasheen.
Waxaa jira meelo badan oo waayadii hore howd ahaa oo dabadeed dhirta laga jaray. Waxa dhirta jariddeeda laga dheefayo baa kolkaas dadka kala weynaa wax tarka dhirtu leedahay, dad badan waagaas ma aqoon, in dhirtu kolkii roob da'o, ay ceshato biyo ciiddaas ah oo hadhow kolkii jiilaal yimaado, ay dhulka ku qaboojiso.

ƨSƎƓOȜƘ7

ƷɱƆƓႶ9ƐS ƆUႶh ƐS7 ƆƓƸU, ƘƓ Ʒ9OƓƷ ɱ ƸSOOƐ 7ɱƎ OS̈'h OƓO 9Ɛh ƾḧȜh Ȝ Ǝ9̈Ɛh ƳƐOOƓƷ SƸ ƎSOOS Ⴖ ƘSOS ƆƓƸU, ƘSႶ ǶSႶႱ ႶSƆS S7Ǯh.

ႱႶႶSႶǶS 9ႶƎSႶSƐ S779ƨƾƓƨ ƘƓ ႶS OSȜƓႶSƆƓƨ ɱ ƷSƨSOƐƎS ƆSႶƓƐƐƨ ȜÜO ɱ Ƹh7 ႶႱƸ ƎSƐ SƎƘ7Ɠƨ ɱ Ǯh̆ႶǮƐ ႱႶႶǮႶ Ⴖ Ʒɱ ƨɱႶƓOh, ƎU7h ǮႶ SƎƘ7Ɠƨ.

ƘSႶƓ I97S ႱႶႶSႶ ƎSƳSO ƎƓƾSƐ Ʒ9OS ႶƐƎSƐS. ƸSOOSƷႱ Ʒ9OƐ ƷSƨh ƘSႶƎS Ⴑ97 ƸƘ7 ႶႱƸ ႶɱȜႶ SƎƘ7SƐႱƐ Ɔ9OSƎǮɱOƐ ƳSȜƓ7 Ⴖ ȜSOOɱƆႱƐ SƆS Ⴖ Ʒɱ ȜSOOɱƆSƸSƐh.

Ⴑ97ƾS ƘSႶƾS7ǮUOႶ ƘƓ ƎSOSƨ ƐSƸSƐ ɱ ႶS'ƓƨƾUO 9ႶƎSႶ ƆS I97ƾUƨ. SႶƘƓႶOS ƘSႶƓ ႶSȜS Ⴑ9ƷƓ ȜႶ7Ɛh SƆS ƸSOOSƐ OƓ7S Ɛ9̈ƸƐƨ, ƘƓ ႶȜȜႶ ǮS̈ƎƎ9ƷƓ, ɱ SႶƎƓƎh, ƘSႶƸSOh 9Ɛh Ȝ7ȜႶ7ǮS ƎƓ ႶSȜS Ⴑ9ȜƾƓ.

9ƨƾS SႶƓƎS ƐS7ƐS7 SƸ ɱ SƎSႶǮS ƾƓႶ ɱ SႶƘƓႶ ႶSȜS ƷSƆUƐႱƐ, ႶSƆS ƸUȜ9 ǮS7h. ƆS7ƓǮƐƎƾS, OɱƨƐSƸS 9Ɛh ƎƓƎƘ7SOS SႶƘƓႶ ƎƓ ႶSȜS ƷSƆUƐႱƐ SƆS ႶSȜS ႱႱႶ ƸႱႶSƐƓ.

Ⴑ97ƾS ႶS'ƓƨƾUO ႶSȜȜU ႶSȜS ƸႱ̈Ⴖ9 ႶSƸƓ
ƘS7ƎSOh/ႶƓƸ9Ɛh ႶSȜS ƷSƆSƐƷƾh ƘS7ȜႱƐƷƐh 9Ɛh
ǮႶƾႶƎ? ǮႶ7ƓƷƾS, ƆƐƷSƷǮS,
ƷS7Ɛ7SƸ 9Ɛh ǮႶƘh ႶS Ɔ9O SƸ Ǝh7Ɛh SƐƓ ႶSȜS ƷSƆUƐƓ.

ႱS7ǮS ƘSႶ ƐS7 ƆƓƸU ƘSႶƓ ႶSȜS ƷSƆUƐƓ ƳႶOƎ9, ƳႶOƎ9ȜႶƨS ƘƓ ȜÜO.

ȜƓƷǮS ƘSႶƓ ႶSȜS ƘSႶUƐƓ Ǝh7Ɛh, SႶƓƎSOS ƘSႶ ႶȜȜႶ SƷႶh ႱSƆƆƓƨƾUOƨS Ⴑ97ƾSƐ ǮS Ʒɱ IUOOƓ.

ȜÜOǮႶ Ⴑ9ƆSƸSOSƨS ƘSႶƾS7 ƎƘ ǮႶ ႶUƐSƸSƐ. ǮƐ ƷSႶǮS ႶSȜS Ȝ ɱƐƓ 9ƨƾS ƎSOSƨ ƘƓ Ʒɱ ƸႶƸƓ ɱ ȜÜO ǮSႶႱ ƎƘ ƨhƎOƓ. ƳSႶUƆ9ƸƐƷS ƎSႶႶSႶSƐ ɱ OƓƾSƐ (ႶƓƎǮS) ႱႶႶǮSƐ ƸႶƎ Ⴖ ƨhƎOƓƨ ɱ Ǯh7ǮS ǮS OSƎɱႶƓƨ ɱ Ǝ9̈ƐSƸS ƳႱႶ9ƐƓƨ, SƆS ƳƐOOSƐ ႱႱႶ ȜSႶƓƨ ɱ ƎSƳ79Ɔ9ƐƓƨ, SƆS ႶɱႶSƸSƐ OƓƎ Ⴖ ƨhƎOƓƨ.

Waxaa dhacday kolkii dhirtii yaraatay biyihii wax celiya oo kaydiya la waayey oo ay kor u hulaaqeen ama daad ahaan badda u aadeen, dhulkiina biyo la'aan darteed bacad iyo lama degaan u noqday.

Nabaadguur

Soomaaliya meelo yar maahee, waa sidaas oo haddii roob da'o daad iyo togog biyo ciiddaas ah badda u wada maahee wax kale lama arko. Dhulalka ilbaxay arrintaan waa la dagaalamaan oo sanadiiba malaayiin geed oo hor leh bay abuuraan oo kolkii dhulka u soo noolaado, beero ku abuuraan. Waxaa jira dhulal bacad qaatay sida Liibaya. Haddase sidii sano walba dhir hor leh loogu abuurayey midabkoodii cagaar u gaddoomey ama u soo gaddoomahayo.
Dhirta waxtarkeedu waa badan yahay oo la'aanteed ilbax ma jirteen. Alwaaxda waxaa laga dhisaa guryo ama hadday daaro yihiin, waa lugu kabbisaa oo albaabo, khalfado iyo gurgurka baa laga dhisaa.
Inta alaaba yaryar ah oo aqalka taal oo alwaax laga sameeyey, lama sheegi karo. Maraakiibta, doonyaha, baabuurada, alwaax baa laga sameeyey, ama laga dhex helayaa. Gurgurka: alaabta yaryar oo fudud oo guriga taal Gurgur: fal/ meel ka qaad oo meel kale gee. Dhirta la'aanteed xaggee laga heli lahaa warqado/xashiyo laga samaysto wargeysyo iyo kutub? Kuraasta, miisaska, sariiraha iyo kuwo la mid ah qoryo ayaa laga sameeyaa. Dharka wax yar maahee waxaa laga sameeyaa cudbi, cudbiguna waa geed. Gaaska waxaa laga waxeeyaa qoryo, alaabada wax lugu aslo dhammaan waxay ka soo jeeddaa dhirtay. Geedku dhimashadana waxtar buu ku leeyahay. Midkii salka laga gooyaa, inta badan waa soo fufaa oo geed kale buu noqdaa.
Caleemihiisa qallalay oo daatay (xaabka) dhulkay hub u noqdaan oo korka ka daboolaan, oo biyaha celiyaan, ama ciidday dhex galaan oo bacrimiyaan, ama xoolahay daaq u noqdaan.

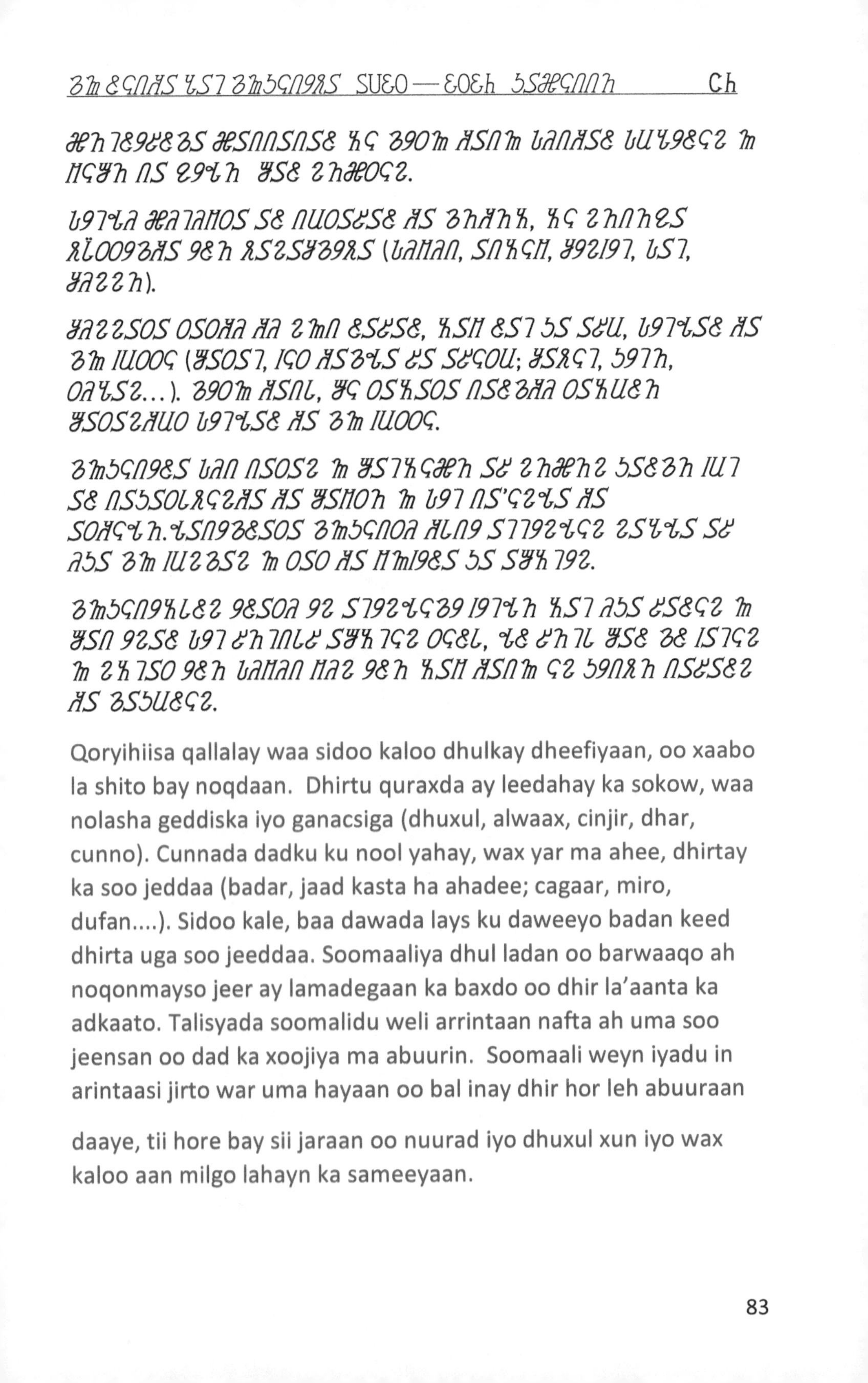

[illegible]

Qoryihiisa qallalay waa sidoo kaloo dhulkay dheefiyaan, oo xaabo la shito bay noqdaan. Dhirtu quraxda ay leedahay ka sokow, waa nolasha geddiska iyo ganacsiga (dhuxul, alwaax, cinjir, dhar, cunno). Cunnada dadku ku nool yahay, wax yar ma ahee, dhirtay ka soo jeddaa (badar, jaad kasta ha ahadee; cagaar, miro, dufan....). Sidoo kale, baa dawada lays ku daweeyo badan keed dhirta uga soo jeeddaa. Soomaaliya dhul ladan oo barwaaqo ah noqonmayso jeer ay lamadegaan ka baxdo oo dhir la'aanta ka adkaato. Talisyada soomalidu weli arrintaan nafta ah uma soo jeensan oo dad ka xoojiya ma abuurin. Soomaali weyn iyadu in arintaasi jirto war uma hayaan oo bal inay dhir hor leh abuuraan

daaye, tii hore bay sii jaraan oo nuurad iyo dhuxul xun iyo wax kaloo aan milgo lahayn ka sameeyaan.

ᏣᏞᏕᏋᏃ ᏱᏗ-ᏋᏌᏘ ЗᏛᏑႺႶᏭƐᏚ ᏭƐᏂ ᏭᏆᏛᏳᏭƐᏚ

ᏂᏚႶႺ ᏵᏂᏆᏚƐ: ƐᎾႺᏋƐᎾ

ᏘᏗᎾᎾᏭᏘƐ ᏭᏆᏛᏳᏭƐᏚ Ꮫ ᏋᏚ ЗᏛ ᏘႺᏆᏚƐ, ᏭᏑႺᏆᏭᏋᏱƐᏃƐ ᏂᏗႶᏂ ᏆᏚᏆᏚƐ ᏂᏗႶᏂ ᏆᏚᏆᏭᎾᏛᏋᏂ, ᎾᏚᎾ ᏳᏚᎾᏚᏋ ᏳႺᏋ ᏘᏚᏆᏚᏋ.

ᏂᏚႶႺ ႶᏚ ᏄႺᏄᏭƐᏞƐ, ᏭᏋ ЗᏛᏑႺႶᏭƐᏚ ᏭƐᏂ ᏭᏆᏛᏳᏭƐᏚ ᏆᏂᎾᎾᏂᏳᏚ ᏚᏆᏆᏭᏑᏛᎾ ᏱᏗ ᏣᏞᏕƐƐᏌᏋ. ᏂᏚᎾᏚᏣᏚᎾᏚႶᏱႺᏃᏭ ᏂᏗႶᏂ ᏱᏗ ႶᏭᏘႺ ᏱƐ ᏱᏭᏋᏋႺᏃᏚ ᏭƐᏂ ᏱƐ ᏞᏚᏂႺ Ꮜ ᏚᎾᎾᏭᏃ ᏚᏳᏚᏳᏚ.

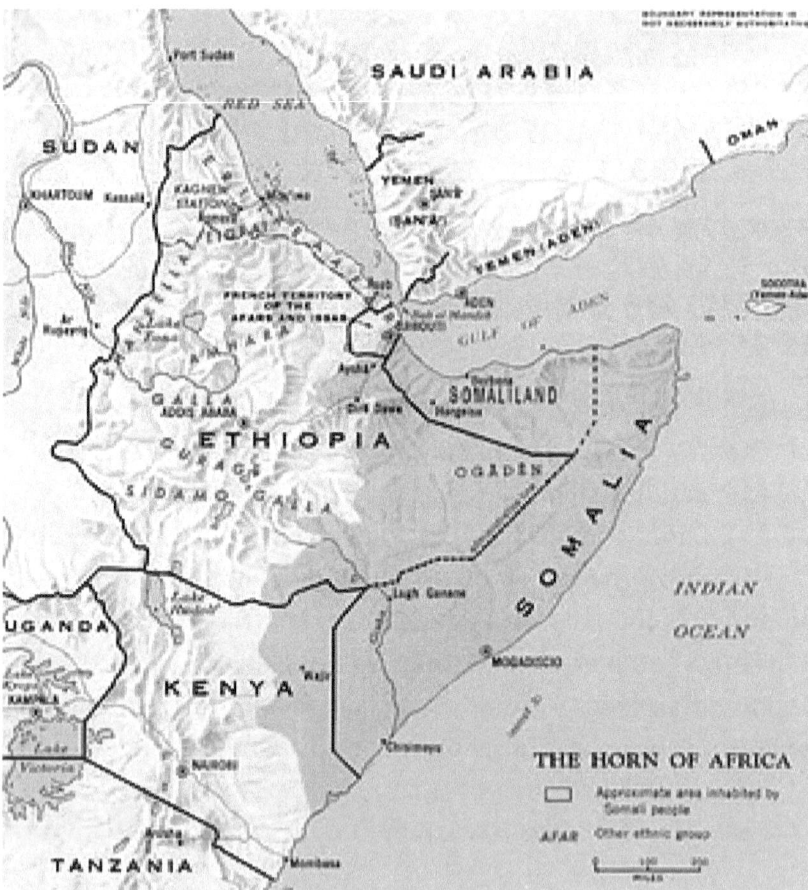

ᏦᏭႶႺᏄᏱᏚ Ꮭ ᏞᏞႶᏌƐᏚ ЗᏛᏑႺႶᏭƐᏚ ᏭƐᏂ ᏭᏆᏛᏳᏭƐᏚ

ᏣᏱ ᏣᏞᏋᏋᏰᏋᏍᎤᏣᏱ ᏭᏋᏍ ᏌᏍᏗᏭᏱᏱᏂ, Ꮋ ᏂᏍᏁ ᎯᏍ ᏋᏌᏒᏱᏂ ᏨᏂᎤᏂᏠᏠᏍᎤᏋᏰᏍ.

ᏣᏞᏋᏋᏱ-Ꮝ: "ᏁᏍᏠᏍᎤᏍ ᏇᏭᏱᏍᏠ ᏂᏍᏁᏍᏋ ᏭᏰᎯᏓ ᏗᏣᏠᏌᏱ ᏭᏱ ᏰᏭ ᏇᏍᏱ ᏁᎻ ᏄᏓᏁᏭᏋᏂ, ᏣᏞᏋᏋᏰᎯᏋ ᏰᏍᏗᏆᏂᏌ Ꮋ ᏍᏣᏣ ᏚᏌᏁᏫ ᏭᏋᏂ ᎯᏋ ᏍᎯᏗᏍ Ꮋ ᏚᏌᏁᏋ-".

ᏂᏍᏁᎯᏍᏋᏌᏒ: ᏣᏞᏋᏋᏰᎯᏋ ᏰᏍᏗᏆᏂᏌ Ꮋ ᏍᏄᏍᏗ ᏰᏍᏱᏂ ᎯᏍ ᎤᏍᏱᏠᏌᏋᏰᏍ

Ꮛ ᏭᏋᏂ ᎯᏋ ᏍᎯᏗᏍ Ꮋ ᏰᏍᎤᎤᏞᏁ ᎯᏍ ᎤᏍᏱᏠᏌᏋᏰᏍᏋ, ᏭᏱ ᏁᏍ ᏄᏓᏁᏭᏋᏂ, ᏠᏣ ᏣᏍᎤᎤᏍ ᏁᏍᏒᏍ ᏄᏍᏗᏋᏰᏆᏍᏋ Ꮋ ᏁᏓᏒᏓ ᏣᏞᏋᏋᏞᏋ. ᏆᏣᏰ ᏂᏍᏁᏣᏱ ᎯᏍ ᏒᏍᏗᏍᏱ ᎯᏍᏗᏱᏣ ᏣᏞᏋᏋᏰ ᎯᏓ-ᏋᏌᏒᏋᏍᎤᏋ ᏣᏂᏗᏞ ᏭᏱᏣᏱ ᏂᏍᏁ ᎯᏍ ᏱᏣᏰᏍ ᏠᏍᎤᎤᏍᏋᏱ.

ᏣᏍᎤᎤᏍ ᏋᏣ ᏰᎻ ᏋᏌᏒᏭ ᎯᏍᏗᏍ, ᏭᏱᏆᏍ ᏰᏍᏱᏂ ᏌᏭᏰᏱᏍ ᏁᎻ ᏠᏣᏣᏍᏱ ᎤᎻᏱᏂ, ᏰᏭ ᏭᏆᎻᏠᏭᏋᏍ ᏁᎻᏁᏍ ᏇᏭᏒᏆᏂ ᏣᏞᏋᏋᏰ ᏠᏓᏰᏓᏠ Ꮋ ᏁᏓᏒᏓ ᏄᏓᏁᏭᏋᏂ ᏣᏞᏋᏋᏰᎯᏣᏱ ᏌᏣᏱᏆᏍ Ꮋ ᏁᏍᏌᏍᏗ?

ᏣᏞᏋᏋᏰ-Ꮛ: "ᏰᏭ ᏁᏭᏗᏋᏗᎯᏍ ᏁᏍᏠᏂᎤᏍ ᏇᏓᏁ ᏁᎻ ᏰᏋ ᏂᏍᏱᏣᏗᏭᏋᏂ ᏂᏍᏁᏣ

ᏁᏍ ᏠᏭᏁᏭᏱᎤᎻᏱᏣ ᏞᏗᏒᎻᏋᏭᏱ (ᏒᏓᎤᎤᏭᏋᏂ) ᏣᎻᏰᏞ Ꮋ ᎯᏓᏁᏌᏭ ᎤᎻᏱᏍ ᏣᏍᎤᏠᏍ ᏒᎻᏗᏆᏋ, ᏨᏂᏁᏍᎤᏋ ᎤᎻᏱᏆᏍ ᏂᏞᏋᎤᎤᏋᏰᏍᏆᏂ".

ᏂᏍᏁᎯᏍᏋᏌᏒ: ᏒᏓᎤᎤᏭᏋᏍᎤᏣᏱ ᏒᎻᏗ ᏁᏍ ᏠᏭᏁᏭᏱ ᎤᎻᏱᏂ ᏁᏍᏌᏍ ᏋᏌᏒᏭᏱ. ᏂᏍᏗᏒᏞᏋᏰᎯᏍ "ᏰᎻᏌᏣᏁᏭ ᏱᏭᏋᏂᏰ" ᏂᏓᏁᏂ ᏨᏂᏗᏍᏋ ᏭᏱ ᏒᏓᎤᎤᏭᏋᏍᎤᏣᏱᏭ ᎯᏓᏁᏌᏭ ᎤᎻᏱᏣᏱ ᏰᏍᎤᎤᏞᏁᎤᏋ ᏠᏭᏁᎻᎤᏠᏍ ᎯᏂᏁ, ᏍᏌᏍ ᏓᏱ ᎯᏂᏁᎯᏋ ᏁᏍᏋᏰ ᏁᏍ ᏒᏍᏗᏆᏂ, ᏂᏍᏗᏒᏞᏋᏰᎯᏍ ᎯᏍᏁᎻ ᎤᏂᏂᏁᏍᎤᎤᏍ, "ᎯᏂᏗᏗᏭᏋᏌᏗᏞ ᎤᏌᏁᏁᏍ ᏰᎻᏌᏣᏁᏋᏍ" ᏭᏰᏍᏒᏓ ᏌᏍ ᏋᏌᏒᏭᏱ ᏭᏱ ᏰᏍᎤᎤᏞᏁᎤᏋ ᏠᏭᏁᎻᎤᏠᏍ ᎯᏂᏁ ᏁᏍ ᏄᏍᏗᏋᏰᏍᏱ ᎤᎻᏱᏂ.

ᏣᏍᎤᎤᏋ ᏁᏭᏗᏋᏗᎯᏍ ᏁᏍᏠᏂᎤᏍ ᏇᏓᏁ ᏂᏍᏱᏣᏗᏭᏱᏆᏋᏰᏍ ᏁᏓᏒᏓ ᏨᏍᏋᏠᏋᏞᏋ ᏒᏓᎤᎤᏭᏋᏂ ᏣᎻᏰᏞ, Ꮋ ᏒᎻᏗ ᏁᏍ ᏌᏍᏒᏍᏠᏣᏠᏭ ᎤᎻᏱᏂᏭᏋᏂ ᏒᎻᏗᏍᏋ ᏄᏍᏗᏋᏰᏍᏱ ᎤᎻᏱᏣᏱ ᏆᎻᏱᏱᏍ ᏣᏱ ᏁᏍ ᏍᏨᎻᏱ. ᏂᏍᏁᏣ ᏌᏍᏁᏍᏋᏱ ᎯᏍᏗᏆᏗᏣ, ᏠᏍᏁ ᏂᏍᏁ ᎯᏍᏁᏞ ᎤᏣᏋᏞ, ᏭᏱ ᏒᎻᏗᏆᏋ ᏒᏓᎤᎤᏭᏒᏍ ᏁᏍ ᏠᏭᏁᏭᏱ ᏁᏍᏣᏣ ᏁᏓᏒᏓ ᏣᏞᏋᏋᏱ ᏂᏣᏋᏞᏋ.

Heshiis ku-sheeg Somalia & Itoobiya

Aan heshiisyadaan isha marinno, oo wax ka sheegno qodobbadiisa.

Heshiis-1: "Laboda dhinacba waxay isku raaceen in si dhan loo fuliyo, heshiiskii Khartuum oo ahaa 1964 iyo kii Akra oo ahaa 1965-".

Waxkasheeg: Heshiiskii khartuum oo afar sano ka danbeeysay iyo kii Akra oo saddex ka danbeeysay in la fuliyo, baa hadda laga fariistay oo lugu heshiiyey. Taas waxaan ka garan karnaa heshiis ku-sheegyadii hore inaan wax ka naasa caddayn. Hadda yaa soo sheegi kara, inta sano misana loo baahan doono, si itoobiya loola dhigto heshiis cusub oo lugu fuliyo heshiiskaan maanta oo Xamar.

Heshiis-2: "Si xiriirka laboda dhul loo sii waanajiyo wax la bixindoonaa ergooyin (Guddiyo) hoose oo kulimi doona hadba goortii, qoladii doonta weyddiisato.

Waxkasheeg: Guddiyadaan goor la bixin doono lama sheegin. Wargeyska " Soomaali Niyuus" wuxuu qoray in guddiyadaani kulmi doonaan saddaxdii biloodba kol, ama un kolkii la isla garto, wargeyska kaloo dowladda "Korriyeere Della Soomaaliya" isagu ma sheegin in saddaxdii biloodba kol la fariisan doono. Haddii xiriirka laboda dhul wanaajintiisa lagu qaybshey guddiyo hoose, oo goor la magacaabi doono iyo gooray fariisan doonaan aan la aqoon. Waxaa malayn kartaa, bal wax kale daaye, in goortii guddiga la bixin laha lugu heshiin waayey. Wallee, guddiyo dhalan doona, xiriirkay dhisi doonaan, ninkii dhowri doonow, gudcur indho waa ku caddayn.

Heshiis-3: "Waxaa kaloo la goostay in guddiga loo dhammaa oo heshiiskii khartuum la soo nooleeyo oo fariisto hadba goortii loo baahdo".

Waxkasheeg: Guddiga la sheegahayaa waa mid afar sano ka hor la baxshey. Guddigaas hadduusan afar gu waxba qaban, heshiiskii horana noqday kab shaydaan ka faniintay, kan maanta ahi sidee uga duwanaan doonaa?

Heshiis-4: Xoolaha (hanti) guud iyo kuwa gooniyeed oo laboda dhinacba sheegteen, waxaa la isku raacay in qaarkood la isku celiyo labaatanka bisha maarso 1968, qaar kalena gadaal looga sii fariisto.

Waxkasheeg: Maxay yihiin xoolaha la sheegahayaa? Soomaali iyo amxaaro laga dhigay sidii labo qoloo isku mid ah oo qolo walba xoolo ka maqan yihiin waa wax lala yaabo.

Soomaalida waxaa ka maqan dal, dad, iyo duunyo. Waa maxay hantida ay amxaaro noo sheeganaysaa? Maba innagii baa deyn la inoo raacday? Armay dhacdaa, "anaaba kab geeyey", waa yaabka yaabki!

Heshiis-5: "Laboda dhinacba waxay misna sii xoojiyeen heshiiskii Addis Ababa oo ku saabsanaa in qolo walba dadkeeda dhulka kale jooga ciriiriga laga qaado loona oggolaado inay goortay doonaan tegi karaan".

Waxkasheeg: Amxaaradu ma oggola in laga hadlo Soomaalida ay addoonsaneyso iyaga waa u amxaaro. Haddaba waayo dadka heshiiskaan looga hadlayaa? Ma nin qowla ah baa, oo halkaan ka tegey?

Heshiis-6: "Laboda guddi waxay aad ugu bogeen sida xiriirka laboda dhul sii wanaajintiisu ay horey ugu kacday"'.

Waxkasheeg: Waxaa loo bogey oo wanaagsanaaday, dadkayga aan war ka hayn, maa wax looga sheego?

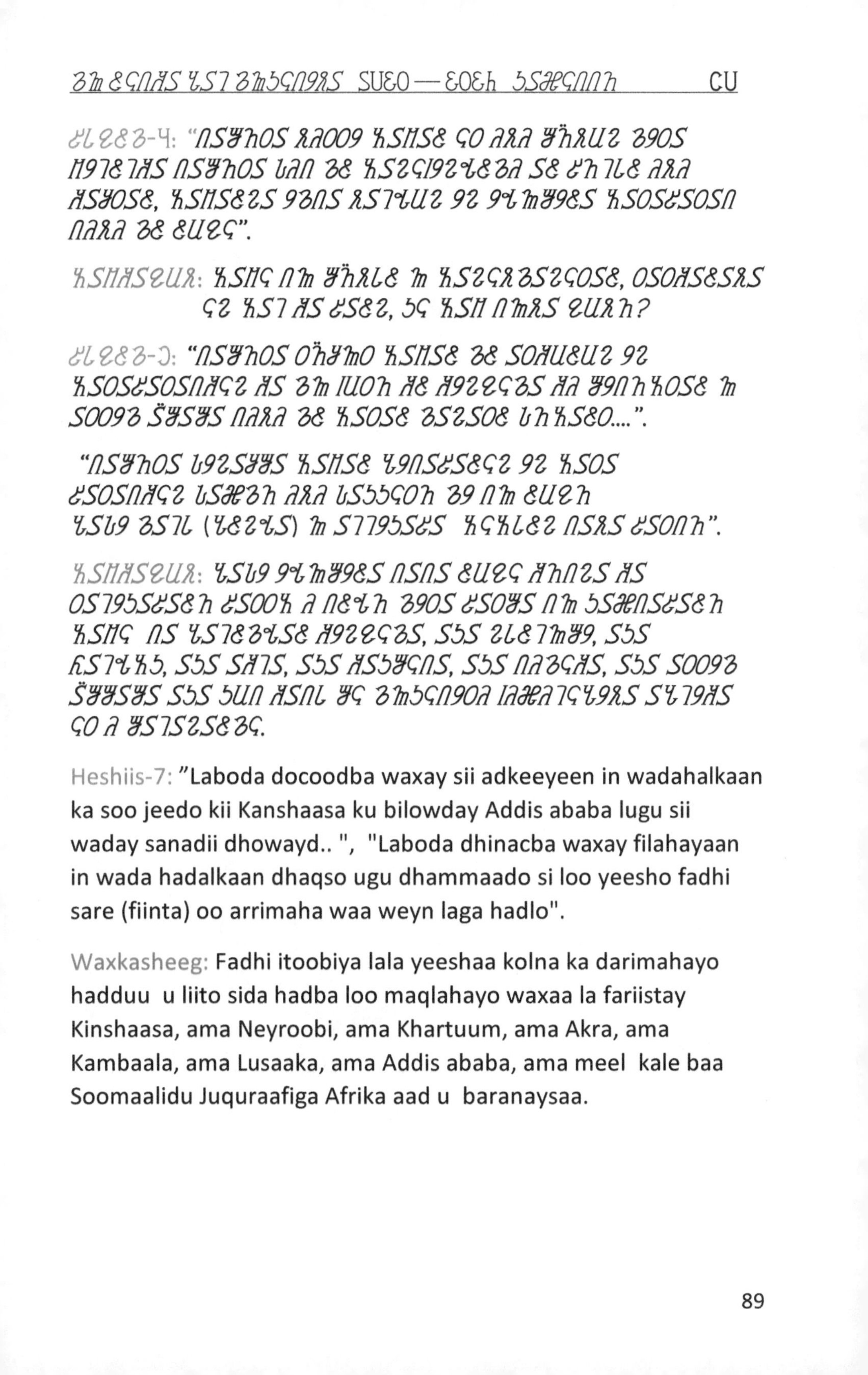

[illegible]

[illegible]

[illegible]

[illegible]

Heshiis-7: "Laboda docoodba waxay sii adkeeyeen in wadahalkaan ka soo jeedo kii Kanshaasa ku bilowday Addis ababa lugu sii waday sanadii dhowayd.. ", "Laboda dhinacba waxay filahayaan in wada hadalkaan dhaqso ugu dhammaado si loo yeesho fadhi sare (fiinta) oo arrimaha waa weyn laga hadlo".

Waxkasheeg: Fadhi itoobiya lala yeeshaa kolna ka darimahayo hadduu u liito sida hadba loo maqlahayo waxaa la fariistay Kinshaasa, ama Neyroobi, ama Khartuum, ama Akra, ama Kambaala, ama Lusaaka, ama Addis ababa, ama meel kale baa Soomaalidu Juqraafiga Afrika aad u baranaysaa.

ƷS7h SϞ79ӁS

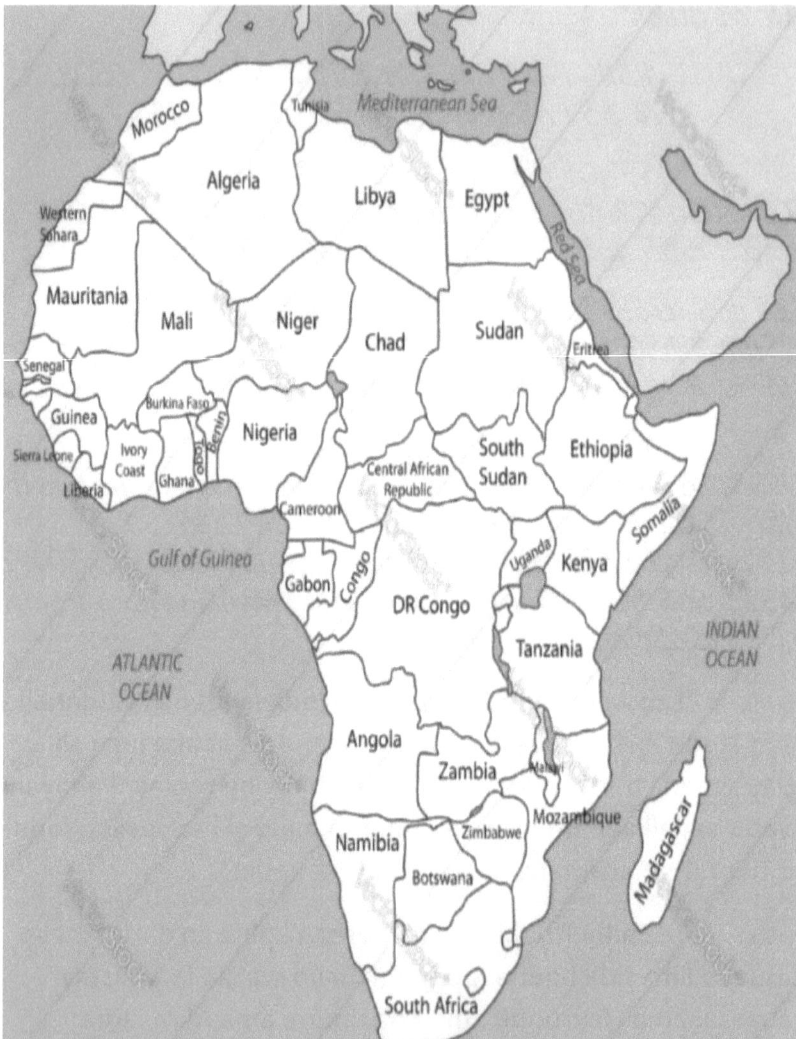

SϞ79ӁS

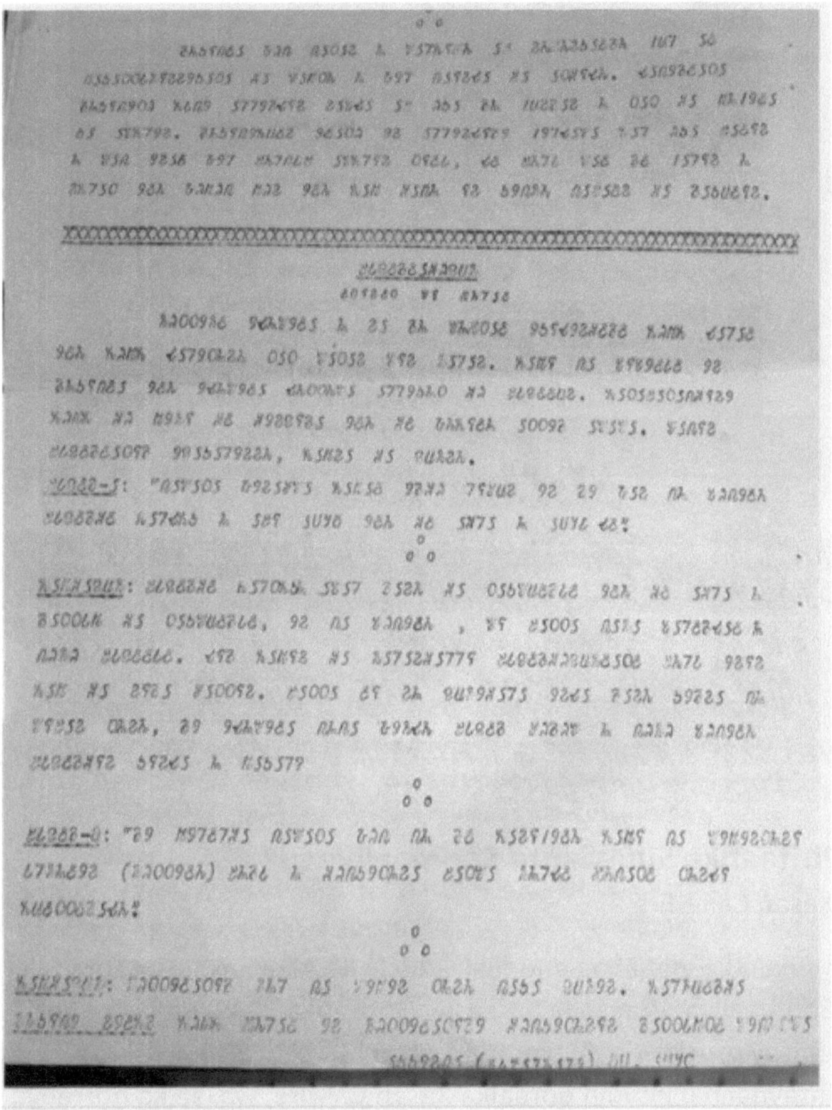

𐒃𐒘𐒇𐒘𐒂𐒛𐒒𐒏𐒖 𐒈𐒓𐒌𐒛𐒒𐒂𐒖 𐒈𐒝𐒑𐒛𐒐𐒘𐒕𐒜𐒆

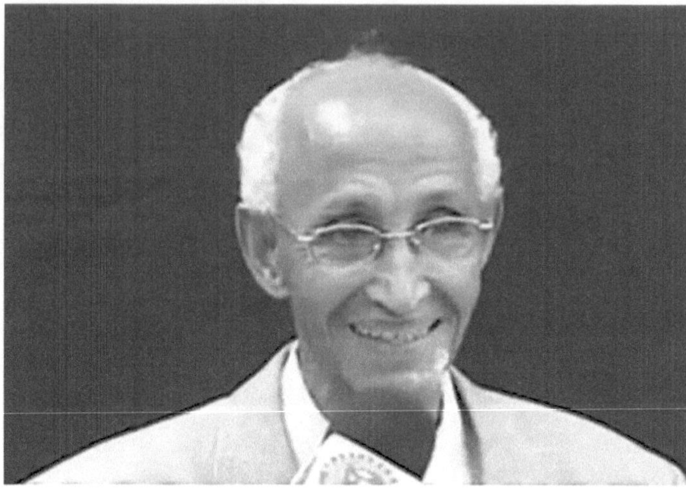

𐒄𐒖𐒈𐒖𐒒 𐒋𐒖𐒐𐒘 𐒑𐒘𐒇𐒗

𐒓𐒚𐒄𐒓 𐒏𐒖 𐒑𐒘𐒆 𐒖𐒔𐒛 𐒄𐒖𐒈𐒖𐒒 𐒋𐒖𐒐𐒘 𐒑𐒘𐒇𐒗 𐒌𐒚𐒆𐒆𐒘𐒌𐒕 𐒌𐒝𐒈𐒖𐒒𐒏𐒖 𐒖𐒍𐒏𐒖 𐒘𐒕𐒙 𐒈𐒓𐒌𐒛𐒒𐒂𐒖 𐒈𐒝𐒑𐒛𐒐𐒘𐒕𐒖.

𐒓𐒖𐒄𐒛 𐒐𐒖 𐒛𐒈𐒛𐒈𐒖𐒕 𐒌𐒝𐒈𐒖𐒒𐒏𐒖 𐒡𐒩𐒤𐒩 𐒝 𐒐𐒖𐒌𐒖 𐒊𐒗𐒄 𐒊𐒘𐒈𐒖𐒕 𐒚𐒇𐒚𐒇𐒏𐒕 𐒊𐒖𐒐𐒐𐒘𐒒𐒕𐒖𐒇𐒖𐒆𐒖 𐒈𐒝𐒑𐒛𐒐𐒘𐒕𐒖 𐒜 𐒐𐒜𐒌𐒖𐒆𐒖 (SYL 1943).

𐒘𐒒𐒂𐒖𐒕𐒒𐒛𐒒 𐒚 𐒌𐒚𐒆𐒁𐒘𐒒 𐒎𐒙𐒇𐒛𐒐𐒏𐒖 𐒄𐒖𐒈𐒖𐒒 𐒋𐒖𐒐𐒘 𐒑𐒘𐒇𐒗, 𐒓𐒖𐒄𐒛 𐒏𐒖 𐒔𐒙𐒇𐒇𐒜𐒕𐒖 𐒎𐒜𐒄𐒘𐒆 𐒗𐒇𐒖𐒕𐒌𐒖 “𐒈𐒓𐒌𐒛𐒒”.

Jiritaanka Suugaanta Soomaaliyeed

Xasan Cali Mire

Wuxuu ka mid ahaa guddigii Goosanka Afka iyo Suugaanta Soomaaliya. Waxaa la aasaasay Goosanka 1949, oo laga dhex dhisay ururkii dhallinyarada SYL 1943.
Intaynaan u gudbin qoraalka Xasan C. Mire, waxaa ka horreeya qeexidda ereyga ”Suugaan”.

ƷႹՋႺƧ

Ն7ՆƐՋS ƷႹՋႺƧ-ՆS: Ʒ9OႺƧ ႸႺ ꟻႺƼႹƷÃЛ Л ՆSƷ97SƐ.

S. ƷႹՋႺƧ: ႹSՈ ÃSƷՆS ՠ ՈS ꟻႹ7Ⴙ SƼS ՈSՋЛ ƸSOՈႹ ՠ ЛՈSIUOOSOՠOS Ոՠ IUOႹ SƼS Ոՠ ႸႹՋႹ SƼS Ʒ9 ÃSՈՆ Ոՠ IՆႸՈSƐƷՆႹ SƼS ƷႺƼSƐƷ ႹՆƐƧ ՠ ՈS OS7UƼႹ ՈՆƸ, ƼЛ7Ն9, Ո9ՋƼSO.

Ɛ. ƷႹՋႺƧ: ƸSOSՈ ՈSՈՈSO SƼS ꟻЛՈႹO SƼS ՈЛOOႹO ՈS ՈƐƷUƐႹ ՈՆƸ.

h. ƷႹՋႺƧ: ƸSOSՈ ƷS7ႸUႸ ƸՠƷՆ SƼS Ո9ՆႺՈႹ ꟻS7Ʒՠ ՈՆƸ.

Ծ. ƷႹՋႺƧ: ՈႺƼSƸS Ⴘ9ՈƼ9ՋS Ƽ9O ÃS Ƽ9O SƸ, ႹSՈƐႺՈSƸS ՈSՋS ꟻႹ7SƐ SƼS ՈSՋS Ɛ979.

Ƨ. ƷႹՋႺƧ: ƧSꟻ, Oՠ Ջ, ႸႹƷႹႸ, ƼSՋՠՈ, (SƼS ƷՠՋႺƧ).

Ʒ9 ÃՠႸSƧ (ƷႹՋႺƧ): Ն7ՆƐՋႺƧ ƷႹՋႺƧ ႹSՈSƐ ՋՠƷSƧÃЛ ÃЛ ÃՠႸUƧ: Ⴙ9ՈƐ ƼЛ7Ն9 SƸ, ՋSႸSƐ, ՋႹ7ႹႹ, ՋU7Ⴚ7 9ƐႹ Ⴙ9ՈƐ ƼЛ7Ն9 9ƐႹ ƼႺƧƷႹ SƸ.
ՋЛOO9ՋS ՋՠƷSƧÃS SՆÃS 9ƐႹ ƷႹՋႺƧՆS ƷՠƼႺՈ9ƐS SUԾU SƐႺ ՈS SƷႺƷSƐ, ƐSꟻSOՠOS ႹSՈႺ ÃS Ƽ9O SƸႺ, 9Ƨ Ն7ՆƐႸ9Ո9Ƨ SƐ Л ƷSƼUƐႺƧ SՆ ƷՠƼႺՈ9ՋS.

IՠƬƧႺՈ ՆSՈƐႺƧ9 OC.OƐ.SUƧO

ՈSƷSƧ ႸSՈ9 Ƽ97Ն, ՠ ႹႺՋႺ SƸႺ ՈЛႸ9Ƨ ՋՠƷSƧÃS ÃS Ն97ƷSƧ, ႺOƧS Л Ն97Ն97Ⴘՠ Ƨ, ՈSՋЛƧS Ն979Ƨ I97ՆƐ SꟻՠƧƐSƸSƧƧSOS Ն97SOS ƐS7 U ƼSՋႺՈSOS ՈSƼS7, SƐႺ OՠOOƐ SՆÃS ÃS ꟻSƐႸ ՋSՈSƐ.

ႹЛՈႹ Ɛ979:
"ՈSՋS Ⴘ9ՈႺႸႹ ꟻSႸƷSƐSOS 7U7 ƐЛ7ЛႸ OSՈÃUƧƧS, ƸSƐႸSOOƐ ƷႹՋႺƧUO U SՆÃUƧƧS ႹSƐ ƷƐ ՋЛ7SƐƷSƐ, ႹSՈႺƧS ЛՋЛ ႹSႸƧႺ ՋЛƼSƐƷ9ՋЛ Ʒ9ƐႺƷSOЛƸႹ ÃЛ ƷႹႸOSƐ, 9ƷSՋՠ ƼS7 ႹSՈႸS OƐOOSƧႺ I979ՆႺƧÃS ƷႹՋႺƧՆS ƷՠƼႺՈ9ƐUO."

Suugaan

Ereyga suugaan-ta, macnihiisa

1. Suugaan: wax kasta oo la qoro ama lagu hadlo oo ulajeeddadooda loo jeedo ama loo bogo ama si kale loo jeclaysto ama saamays weyn oo la dareemo leh, murti, xigmad.
2. Suugaan: hadal xallad ama quluud ama xudduud la xiiseeyo leh.
3. Suugaan: hadal sarbeeb hoose ama xifaalo qarsoon leh.
4. Suugaan: laamaha cilmiga mid ka mid ah, waxyaalaha laga qoray ama laga yiri.
5. Suugaan: naq, doog, cosob, magool, (ama Sooyaal).

   Ereygaan suugaan: waxay soomaalidu ku koobeen wixii murti ah, gabay, guurow, geeraar iyo wixii murti iyo maanso ah.

Guddiga Goosanka Afka iyo Suugaanta Soomaaliya 1949 ayaa la aasaasay, shaqadooda waxaa ka mid ahaa, in ereybixin ay u sameeyaan af soomaaliga.

Joornaal talyaani 08/5/1950 kii

Xasan Cali Mire, oo waagaa ahaaa xubin goosanka ka tirsan, aadna u firfircoonaa, laguna tirin jirey aqoon yahannada tirada yar ee magaalada Xamar, ayaa dooddii afka ka qayb galay.

Wuxuu yiri:
“Laga bilaabo qabsashada Reer Yurub dalkeenna, haybaddii suugaaneed ee afkeenna way sii gureysey, waxaana ugu wacanaa gumeysigu siyaasaduhuu ku socday, isagoo mar walba diiddanaa jiritaanka suugaanta soomaaliyeed.”

ᏵᏚᏁᏣ ᏭᏃᏜᏣᏈ ᏏᏌᏆ, ᏈᏭᏋᏣᏈᏚᎾᎾᏣ ᏣᏃ ᎯᏂᏆ ᎯᎠ ᏁᎠᏈᏚᏋ ᏵᏚᏁᏚᏋ ᏚᎾᏌᏒᏈᏚᏜᏚᏋ ᏚᏥᏰᎾ ᏭᏋᏂ ᏳᎠᏑᏚᏋᏈ ᎯᏚᏈᏜᏚ ᏚᏋ ᏑᏌᎾᏚᏴᏚᏋ, ᏈᏭᎾᏚᏋ ᎠᏍᏍᏚᎾᎾᏚ ᏈᏰᏍᏣᏑᏭᎾᏚ ᏑᏰᏒᎠ ᏚᎥᏔᎠᏆᏭ ᏑᏚᏴᏣ ᏭᏃ ᏚᏜ-ᏳᏚᏆᏔᏌᎾ ᏑᏰ ᏆᏚᏈᏍᏭᏋᏌᏋᏂ, ᏑᏚᏒᏚᏃᏚ ᏏᏭᏒᏂ ᏑᏥᏐᏚᎾᎾᏚ ᎾᎠᏒᏈᏭᏋᏚᎾᏚ ᏵᏚᏁ ᏑᏚᏒᏚᏒᏚ ᏔᏚᏆᏜᏏᏂ.

ᏵᏝᏑᏭᏔᏚ, ᏵᏚᏁᏣ ᎯᏚ ᏁᎠᏍᏚᏴᏚᏋ ᏭᏃᏣᏃ ᏁᎠᏈᏂ ᏭᏃ ᏈᏭᏋᏣᏈᏚᎾᎾᏣ ᏚᏋ ᏒᏚᏑᏣᏇᏚᏜᏚᏇ ᎾᏚᎾ ᏔᏚᎾᏚᏃ Ᏸ ᏚᏐᏰᏃ ᏑᏝᏴ, ᏭᏋᏚᎾᏰ ᎯᏚ ᏏᏣᏏᏭᏳᏭᏈᏚᏋ, ᎾᏚᏆᏌᏃᎯᏚ ᏣᏃ ᏈᏚᏁᎾᏚ ᏚᏴᏚᏋᏃ, ᏭᏃ ᏚᏇᎯᏌᏃᏃᎠ ᏵᏈᏚᏃ ᏝᏴᏝᏑ Ꭰ ᏚᏴᏚᏋᏃ ᏚᎾᏌᏒᏈᏭᏒᏚ ᏳᎠᏑᏵᏃᏜᏚ ᏳᏚᏈᏆᏭᏒᏚ ᏚᏴ, ᎯᏂᏑᎯᏚ ᏑᏚ ᏔᏚᏆᏔᏚᏆ ᏏᏭᏒᏂ ᏚᏇᏚᏇᎯᏚ ᏴᏂᏆᏂᏍᏍᏚᏆᏈᏚᏃ.

ᏍᏚᏈᎯᏚᏁᎾᏣ ᏭᏋᏂ ᎯᎠᏵᏚ ᏑᏚ ᏍᏭᎾᎯᏚ ᏚᏴ ᏚᏋᏣ ᎠᏒᎠ ᏵᏚᏳᏚᏃ ᏑᎠᏒᏒᏰᏋᏚᎾᏚ ᏑᏰ ᏒᏚᏋᏈᏜᏚᏋ ᏚᏇᎯᏌᏃᏃᏚ, Ᏸ ᏑᏚ ᏴᏂᏆᏆᏰᏒᏈᏚᎾᏚᏋ ᏭᏃ ᏑᏚ ᏴᏂᏆᎠᏍᏚᏆᏭᏋᏂ Ᏸ ᏑᏚ ᏚᏐᏰᏃᏈᏚᎾᏂ.

ᏃᏚᏜᏋᎥᏚᎾᏚ ᏚᏆᏆᏭᏃᏜᏣᏃ ᏵᏚᏁᏚᏋ ᏃᏂᏐᏂᏜᏚᏋ, ᏭᏃᏚᏋ ᏍᏣᏃᏜᏚ ᏭᏃᏚ ᏴᏂᏆᏜᏣᏑᏂ ᏳᏚᏐᏚᏔᏚᎾ ᏵᏝᏋᏃ Ᏸ ᏚᏋᏃᏣᏃ ᏒᏚᏆᏚᏃᏚᏋᏃ ᏚᏇᎯᏚᏋᏃᎠ ᏭᏈᎯᎠ ᎾᏭᏇᏣᏳᏭ ᏑᏚᏴᏚᏋᏃ.

ᏍᏭᏋᏚᏋᏃᎠ ᏭᏈᎯᏚ ᏏᏝᏒᏚ ᏜᏭᏆᏭ ᎯᏚᏆᏃᏣ ᏚᏆᏆᏭᏃᏜᏣᏃ ᏁᏚᏃᏵᏃᎯᏚ ᏑᏝᏴ? ᏚᏇᎯᏣᏆᏜᏚᏋᎾᏚ ᏑᏚ ᏁᏭᏆᏋᏆᏜᏚ ᏚᏇᎯᏚ, ᏈᏭ ᏣᏃ ᏆᏚ'ᏋᎠᏑ ᏳᏣᏍᎯᏚ ᎠᏒᎠ ᏳᏚᎾᎾᏌᏋᏂ ᏵᏚᏁᏣᏃ ᎾᏰᏃᏚᏋᏣ, ᏴᏣᏇᏚᏃ, ᏭᏃᏣᏃ ᎾᏚᎾᏵᏝᏋᏃᏝᏴᏌᏃᏃᏚ Ꭰ ᏈᏰ
ᏔᏚᏃᏏᏭᏒᏂ ᏚᏴᏍᏭᏋᏚᎾᎾᏚ ᏭᏋᏂ ᏇᏣ'ᏋᎾᏰᏋᏭᏃᎯᏚ ᏚᏋ ᏑᏌᎾᏚᏴᏚᏋ ᏐᏂᏆᏭᎾᎾᏚ ᏚᏇᎯᏌᏃᏃᏚ ᏴᏰᏋᏂ.

ᏃᏚᏈᏋᏔ ᏵᏚᏃᏣᏒ, ᏏᏚᏍᏍᏣᏃᏜᏚᏋᏂ ᏚᏇᎯᏚ ᏵᏚᏋᏃᎠ ᏵᏚᎾᏚ ᏃᏚᏐᏣᏃ. ᏵᏚᏁᏚᏋᏃᏃᎠ ᏵᏚᎾᏚ ᎾᏚᏃᏚᏋᏃᏚᏋᏃᏣ ᏈᏥᏒᏣᏃᏜᏌᏃᏃᏚ ᏴᏂᎾᏂᏃᎯᏚ ᏚᏴ.ᏵᏚᏁᏚᏋᏃᏃᎠ ᏚᏥᏰᎾᏃᏣ ᏭᏃᏃᏚᏒᏰ ᎯᏣᏋᏚᏃᏚᏋᏃᏚ ᏇᏚᏆᏜᏌᏃᏃᏚ ᏈᏰᏍᏣᏑᏭᏋᏌᎾ ᏭᏃᏚᏋᏃᏃᎠ ᏳᏚᏔᏔᏭᏆᏃᏂ ᎾᏚᏆÜᏃᎯᏌᏃᏃᏚ ᏭᏋᏂ ᏚᏇᎯᏣᏆᏜᏌᏃᏃᏚ. ᏈᏭᎾᏣᏈ ᏚᏋᏣᏃ ᏇᏚᏆᏜᏌᏃᏃᏚ ᏈᏭ ᎾᏝᏒᎾᏝᏒ ᏚᏴ ᎠᏒᏚ ᏏᏭᏒᏚᏃᏃᏂ ᏐᏚᏑᏚᏔᎯᏚᏋᏃᎠ ᎠᏒᎠ ᎾᏥ̈ᏑᏭ ᏑᏚᏴᏚᏋᏃ ᏳᏭᏑᏍᏭᏒᏚ ᏭᏋᏂ ᏵᏚᏁᏔᏚᏆᏚᏋᏚᎾᏚ.

ᏴᏚᎾᎾᏣᏃ ᎯᏚ ᏴᏚᎾᏑᏂ ᏚᏇᏚᏇᎯᏚ ᏐᏚᏑᏣᎾ, ᏵᏚᏁᏣᏃ ᎯᏚ ᏁᎠᏍᏚᏴᏚᏋ ᏭᏃᏣᏃ ᏭᏆᏣᏴᎾᏂ ᏵᏚᏁᏣᏃ ᏔᏚᏆᏚᏋᏚᎾᏰᎾᏚ ᎯᏚ ᏑᏚ ᎯᎠᏑᏍᏚᏋ ᏏᏭᏔᏣᏜᏰᏋᏭᏃ ᏇᏚᏆᏂ ᏔᏚᎾᏚᏃ, ᏒᏣᏆ ᏚᏴᏣᏃ ᏳᏚᏆᏚᏔᏭᏒᏚ, ᏜᏚᏑᏋᏣᏃᏭᏒᏚ ᏭᏋᏂ ᏭᏃᏒᏭᏆᏋᏈᎯᏚ. ᏵᏚᏁᏣ ᏍᏚᏆᏚᏒ ᏍᏚ ᎾᏰᏃᏜᏂ ᏚᏴ ᏈᏭᎾᏚᏋᏃᏃᎠ ᏳᏭᏆᏋᏆᏭ Ꭰ ᎾᏚᏆᏌᏍᏚᏋᏃᏃᏂ ᏍᏚᏆᎯᏣᏃ ᎯᎠ ᏴᏚᎾᏑᏚᏋᏃᏃᏂ.

Waxaa intaas dheer, siyaasaddaa aan kor ku xusay, waxay adeegsatay awood iyo culeys kasta ay leedahay, siday ummadda soomaalida loogu ajburi lahaa in af carbeed loo rasmiyeeyo, lagana dhigo luuqadda dugsiyada wax lagaga barto.

Weliba, waxaa ka xumahay inaan xuso in siyaasaddaa ay galaafatay dad badan oo aqoon leh, iyadoo ka dhaadhicisay, dareenka aan saxda ahayn , in afkeennu uusan ehel u ahayn adeegsiga culuunta casriga ah, kolka la barbar dhigo afafka horummarsan. Maskaxdaa iyo kuwa la midka ah ayaa ugu wacan luggooyada loo geystay afkeenna, oo la horjoogsaday, in la horummariyo oo la aqoonsado.

Najiidada arrintaan waxay noqotay, in ay maanta ina hortaallo caqabad weyn oo aynaan garanayn afkaynnu isku difaaci lahayn. Miyeynu iska dhaga tiri karnaa arrintaan xanuunka leh?
Waxaan doonayaa, haatan, inaan dadweyneheenna u soo bandhigo afkaartayda la xiriirra afka, si aan ra'yulcaamka ugu caddeeyo ahmiyadda iyo faa'iidooyinka ay leedahay qoridda afkeenna hooyo. Nasiib wanaag, dhammaantayo afka waynnu naqaan. Waxaynnu wada daneyneynaa suugaanteenna hodonka ah.

Waxaynnu awoodnaa innagoo kaashaneyna afkeenna soomaaliyeed ineynnu cabbirno dareenkeenna iyo afkaarteenna. Sidaas ayaa farteenna si degdeg ah uga dhiganno qalabkaynu ugu duuli lahayn cilmiga iyo waxbarashada.
Haddaan ka hadlo afafka qalaad, waxaan ka xumahay inaan iraahdo waxaa barashadooda kala kulmay dhibaatooyin faro badan, gaar ahaan carabiga, talyaaniga iyo ingiriiska. Waxaa marag ma doonto ah sideynnu ciriiri u dareemeyno markaan ku hadleyno. Faa'iido yarida kale ay lee yihiin afafkaas qalaad waxay tahay in muuno jab badan ay u keenayaan sharafteenna qarannimo. Maxaa wacay, waxay baabi'inaysaa oo la illoobayaa, dhaqankeenna iyo hiddaheenna, waxaana beddelaya kuwo shisheeye.

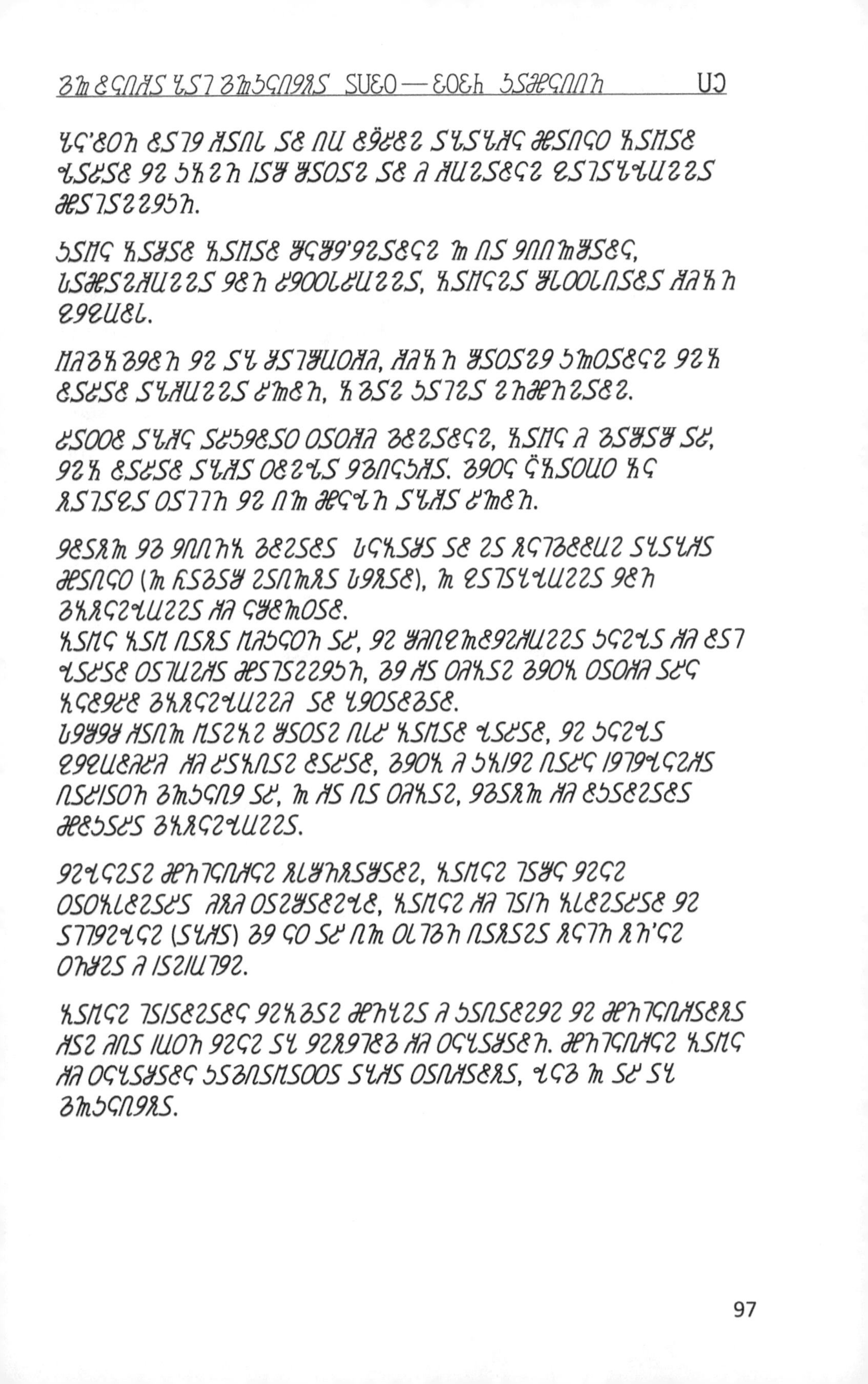

Waaxaa wax laga xumaado, ah in bulshooyinkeenna maanta ku yar tahay dareenka qarannimo, si ka duwan siduu dadku ahaa waayihii suugaanteennu ay fideysey.

Dhibic kaloo xanuun badan leh waxay tahay, in maanta shisheeyuhu ku howlan yahay, siduu u muujin lahaa jiritaanka lahjado soomaali ah, oo kala duwan, isagoo ku iimeynaya qiimaha suugaanteenna.

Iyagoo is illow siinaya dhaawaca ay na gaarsiiyeen afafka qalaad (oo khasab nalooga dhigay), oo sharafteenna iyo suugaanteenna ku aabyooday.

Intaanan qoraalkaan gebogabayn, waxaan rabaa inaan dadweynaha xasuusiyo in af carbeedku, kuwo badan moodayaan inuu yahay afkeenna hooyo, uusan marna noqonayn.

Haddii afkaa ahmiyad dadku siinayaan, waxaa u sabab ah, inuu yahay afafka diinta Islaamka. Sidaa aawadeed waa garasho darro in loo qaato afka hooyo.

Ugu danbeyntii waxaan ku rajo weynahay in arrintaan (afka) si aad ah loo darso lagana gaaro go'aan docna u janjeerin.
Waxaan rajaynayaa inuusan qofna u malaynin in qoraalkaygaan ula jeedo inaan af ingiriis ku daafacayo. Qoraalkaan waxaa ku daafacayaa maslaxadda afka dalkayga, taas oo ah af soomaaliga.

Ɔ/ኬ ϚOSƧ ƎSƎO9ՌՌL Ǝ9ƷƆϚƧ

ኬS7SƐƷ9 SUƐO

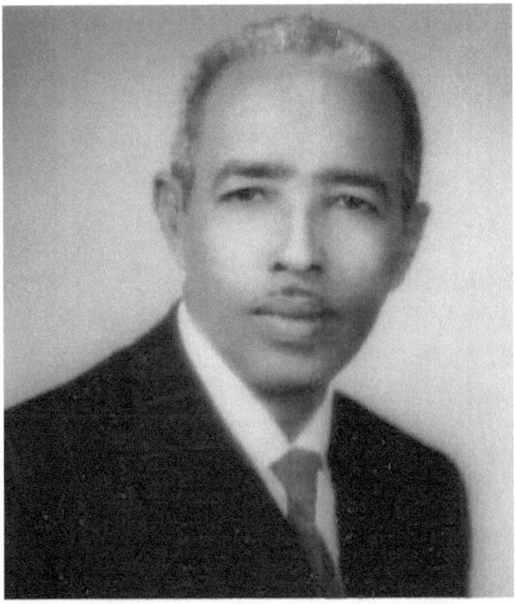

ኬS7SƐƷ9 ኬ ƷƐƐLƐ, ІᏛ7ƧϚՌՌS 9Ռ ƧᏛՙS SUƐO ϚOSƧ ƎSƎO9ՌՌL Ǝ9ƷƆϚƧ ƆSOSՌኬLƐƧ9ƐƐ ƷᏛƆϚՌ9ƐS ኬՌՌኬ ՌS ƎSƐƎ ƎϚՙSƐ OᏛO9ƐƐ Ռ9ՌՌ9ՌϚƷ ƷhƎOSƐ U SՙՌS ƷᏛƆϚՌ9ՌS 9Ɛh ƐhՌՌƆS79ƧՙƐƷS.

Waraysi uu siiyey 'Il Nuovo Giornale' 1950
(xigasho, Shariif Saalax Maxamed Cali)

Madaxweynihii Soomaaliya Aadan Cabdille Cismaan oo ka mid ahaa aqoon-yahannada waddanka xilligaas.

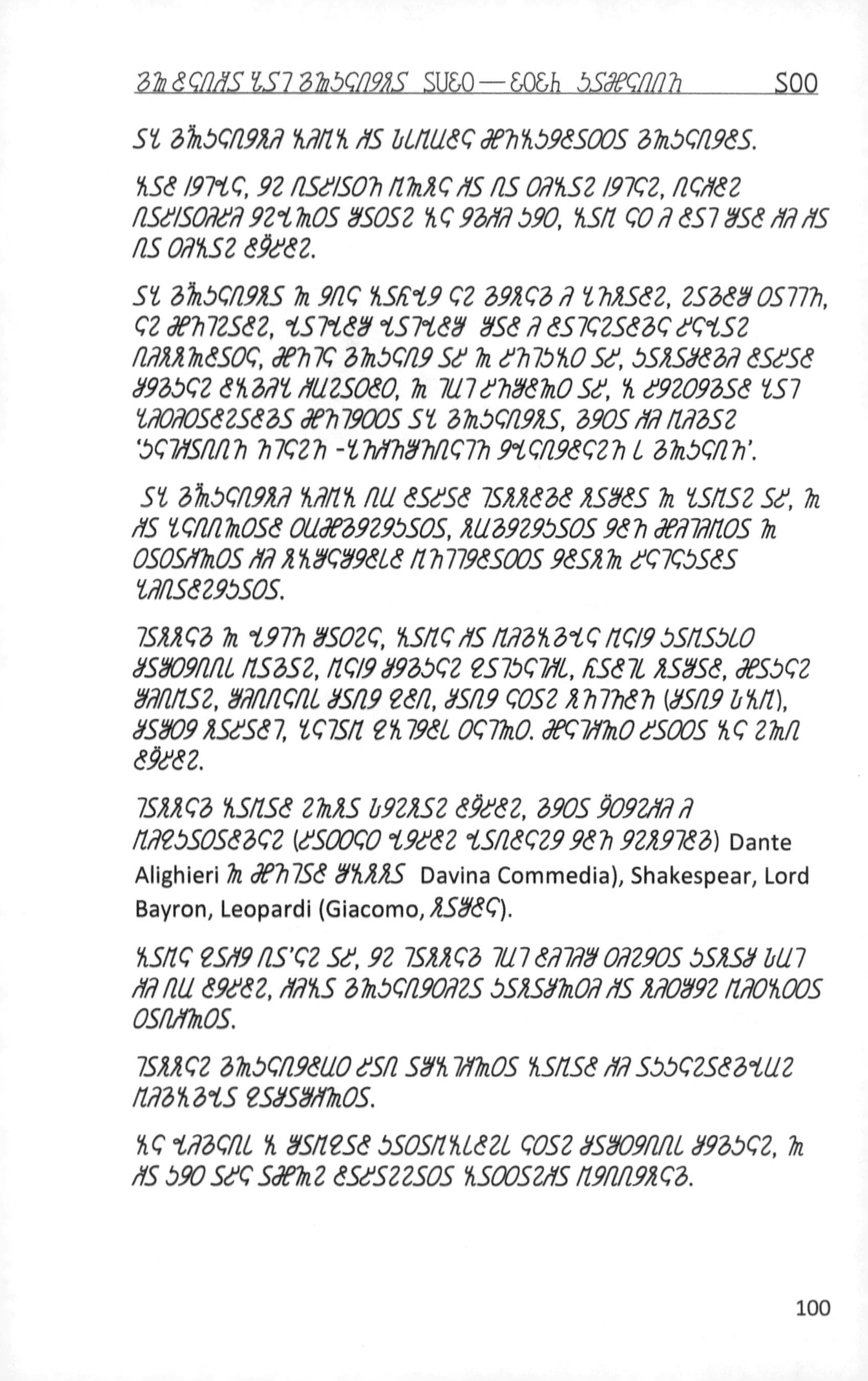

[illegible]

[illegible]

[illegible]

[illegible]

[illegible]

[illegible] Dante Alighieri [illegible] Davina Commedia), Shakespear, Lord Bayron, Leopardi (Giacomo, [illegible]).

[illegible]

[illegible]

[illegible]

M/W Aadan Cabdille Cismaan

AUN Aadan Cabdille Cismaan wuxuu ka qayb qaatay doodihii xilligaas socday ee Afka soomaliga iyo horummarintiisa. Afka soomaaligu wuxuu ka dhexeeyaa qowmiyadda soomaaliya. Way jirtaa, in lahjado xoogaa kala duwan jiraan, laakiin lahjaduhu intooda badan waa isku mid wax aad u yar bay ku kala duwan yihiin.

Afsoomaaligu oo ilaa wakhti aan sidaas u fogayn, nasiib darro, aan qornayn, tartiib-tartiib bay u yaraanaysaa haatan luggooyadaa, iyadoo qoraa soomaali ah oo hormuud ah magaciisu Cismaan Yuusuf Keenadiid, oo reer Hobyood ah, uu hindisay far fududaynaysa qoridda Af soomaaliga, sida (fiiri Marcello Orano-Vocabolario Italiano e Somalo). Af soomaaligu wuxuu lee yahay raggiisa gabyaa faxan ah, oo ka faallooday deeqsinnimada, geesinnimada iyo quruxda oo dadkooda ku guubaabiyey xorriyadda iyagoo haaraamaya fuleynimada.

Raggaa oo tiro badan waxaan ka xusuustaa: Xaaji Maxamed Cabdulle Xasan (il Mullah), Xaaji Cismaan Sharmaarke, Khayre Gabay, Qammaan Bulxan, Bullaale Cali Shiil, Cali Dhuux (Cali Aadan Goroyo), Cabdi Gahayr, Faarax Shuuriye Daarood, qaarkood hadda waa nool yihiin. Raggaan Waxay nooga dhigan yihiin sidaad idinku u xushmadaysaan (haddaad tihiin Talyaani iyo Ingiriis) Dante Alighieri oo qorey Davina Commedia), Shakespear, Lord Bayron, Leopardi (Giacomo, Gabyaa). Waxaa shaki la'aan ah in raggaan reer Yurub dunida magac dheer ku leeyihiin, kuwa soomaaliduna magacooduna aan ka gudbin xuduudda dalkooda. Raggaan soomaaliyeed halabuurkooda waxay ku ammaanadaysteen xusuusta shacabigooda.

Waa qayb ka mid ah doodihii ka bilowday waddanka soomaaliya xilligii Maamulkii Dardaaranka UN-ta ee 01.04,1950. Waxaa bilowday si rasmi ah ha loo qoro afka soomaaliga ama carabiga.

𐒆𐒛𐒔𐒘𐒇 𐒄𐒛𐒃𐒘 𐒋𐒘𐒈𐒑𐒛𐒒 𐒉𐒖𐒇𐒑𐒛𐒇𐒏𐒗

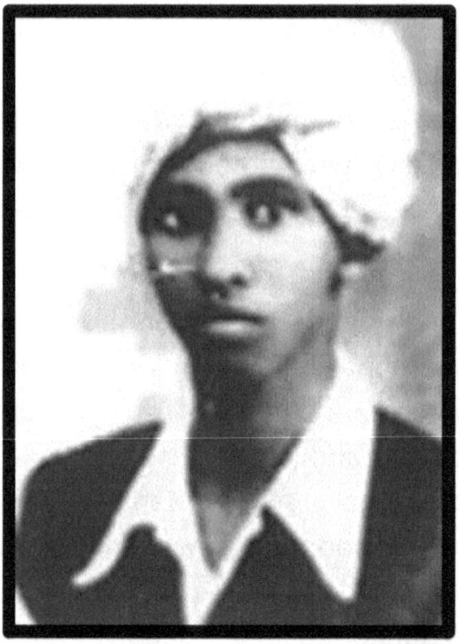

Daahir Xaaji Cismaan Sharmaarke

Daahir Xaaji Cismaan Sharmaarke, wuxuu ka mid ahaa 13 kii aasaasayaashii SYL.

𐒆𐒛𐒔𐒘𐒇 𐒓𐒚𐒄𐒓 𐒏𐒚 𐒄𐒚𐒈𐒖𐒕 𐒁𐒓𐒌𐒌𐒕𐒈𐒖 𐒑𐒚𐒔𐒘𐒑𐒑𐒖𐒆𐒆𐒖 𐒖𐒕 𐒍𐒖𐒇 𐒈𐒝𐒑𐒛𐒐𐒘𐒌𐒚 (𐒋𐒘𐒈𐒑𐒛𐒒𐒘𐒕𐒖) 𐒚 𐒐𐒜𐒆𐒖𐒔𐒖𐒕 𐒄𐒘𐒈𐒁𐒘𐒌𐒖 𐒊𐒖𐒐𐒐𐒘𐒒𐒕𐒖𐒇𐒖𐒆𐒖 𐒘𐒕𐒙 𐒉𐒖𐒎𐒝𐒕𐒘𐒒𐒏𐒕𐒈𐒖.

𐒓𐒖𐒄𐒛 𐒔𐒖𐒆𐒖𐒐𐒖𐒆𐒕𐒈𐒖 𐒏𐒖 𐒑𐒘𐒆 𐒖𐒔𐒛:

“𐒔𐒖𐒁𐒜𐒒𐒏𐒕 𐒡𐒢.𐒠𐒢.𐒡𐒩𐒤𐒣, 𐒖𐒕𐒛 𐒕𐒛𐒈𐒕𐒒 𐒄𐒛𐒃𐒘 𐒋𐒘𐒈𐒑𐒛𐒒 𐒉𐒖𐒇𐒑𐒛𐒇𐒏𐒗 𐒈𐒝 𐒔𐒙𐒇𐒊𐒘𐒌𐒖𐒕 𐒌𐒙𐒐𐒖𐒔𐒖 𐒎𐒙𐒇𐒕𐒘𐒔𐒕 𐒚𐒇𐒚𐒇𐒏𐒖 𐒊𐒖𐒐𐒐𐒘𐒒𐒕𐒖𐒇𐒖𐒆𐒖 𐒝 𐒏𐒖 𐒏𐒝𐒁𐒒𐒛 𐒡𐒣 𐒎𐒙𐒆𐒙𐒁. 𐒎𐒙𐒆𐒖𐒁𐒖𐒆𐒛𐒈 𐒓𐒖𐒄𐒛 𐒏𐒖 𐒑𐒘𐒆 𐒖𐒔𐒛 𐒘𐒒𐒂𐒛𐒒 𐒏𐒖 𐒄𐒚𐒈𐒓𐒈𐒂𐒙:

𐒡. 𐒘𐒒 𐒐𐒝 𐒔𐒖𐒐𐒌𐒖𐒑𐒙, 𐒐𐒖𐒒𐒖 𐒄𐒖𐒎𐒕𐒃𐒘𐒕𐒙 𐒌𐒙𐒁𐒖𐒒𐒘𐒑𐒖𐒆𐒖 𐒘𐒕𐒙 𐒑𐒖𐒆𐒖𐒄𐒁𐒖𐒒𐒒𐒛𐒒𐒘𐒆𐒖 𐒚𐒑𐒖𐒆𐒆𐒖 𐒈𐒝𐒑𐒛𐒐𐒘𐒕𐒜𐒆
𐒢. 𐒘𐒒 𐒉𐒖𐒒𐒂𐒖 𐒈𐒝𐒑𐒛𐒐𐒘𐒕𐒜𐒆 𐒐𐒖 𐒑𐒘𐒆𐒜𐒕𐒙, 𐒔𐒖𐒐 𐒑𐒛𐒑𐒚𐒐 𐒐𐒖 𐒘𐒈𐒚𐒌𐒚 𐒏𐒜𐒒𐒙.
𐒣. 𐒘𐒒 𐒄𐒝𐒌 𐒐𐒖 𐒈𐒛𐒇𐒙 𐒂𐒖𐒋𐒐𐒕𐒒𐒂𐒖, 𐒈𐒕𐒁𐒖 𐒘𐒒 𐒐𐒖𐒌𐒚 𐒆𐒖𐒆𐒛𐒐𐒙 𐒓𐒖𐒄𐒁𐒖𐒇𐒖𐒉𐒖𐒆𐒖 𐒊𐒖𐒐𐒐𐒘𐒒𐒕𐒖𐒇𐒖𐒆𐒖, 𐒘𐒕𐒖𐒆𐒝 𐒐𐒖 𐒛𐒑𐒘𐒒𐒈𐒖𐒒𐒛 𐒘𐒒𐒛𐒒 𐒔𐒙𐒇𐒚𐒑𐒑𐒖𐒇 𐒘𐒕𐒙 𐒑𐒖𐒆𐒖𐒄𐒁𐒖𐒒𐒒𐒛𐒒𐒘 𐒐𐒖 𐒌𐒛𐒇𐒘 𐒏𐒖𐒇𐒘𐒒𐒂𐒖𐒋𐒐𐒕𐒒 𐒐𐒖'𐒛𐒒𐒂𐒜𐒆.
𐒤. 𐒘𐒒 𐒖𐒍 𐒈𐒝𐒑𐒛𐒐𐒘𐒌𐒖 𐒐𐒖 𐒎𐒙𐒇𐒙 𐒝 𐒓𐒗𐒐𐒘𐒁𐒖 𐒐𐒖 𐒎𐒛𐒂𐒙 𐒍𐒖𐒇 𐒈𐒝𐒑𐒛𐒐𐒘𐒌𐒖 (𐒋𐒘𐒈𐒑𐒛𐒒𐒘𐒕𐒖), 𐒘𐒕𐒖𐒆𐒝 𐒍𐒖𐒇𐒂𐒛𐒈 𐒐𐒝 𐒖𐒇𐒏𐒖𐒕𐒗𐒕 𐒘𐒒𐒖𐒕 𐒂𐒖𐒔𐒖𐒕 𐒑𐒘𐒆 𐒓𐒖𐒆𐒆𐒖𐒒𐒘 𐒖𐒔.
𐒥. 𐒘𐒒 𐒉𐒖𐒋𐒖𐒁𐒏𐒖 𐒐𐒖𐒌𐒚 𐒁𐒖𐒇𐒛𐒇𐒚𐒃𐒘𐒕𐒙 𐒔𐒖𐒐𐒌𐒖𐒒𐒏𐒖 𐒌𐒙𐒁𐒖𐒒𐒒𐒘𐒑𐒙 𐒆𐒝𐒒𐒏𐒖 𐒘𐒕𐒙 𐒑𐒖𐒆𐒖𐒄𐒁𐒖𐒒𐒒𐒛𐒒𐒘𐒆𐒖.

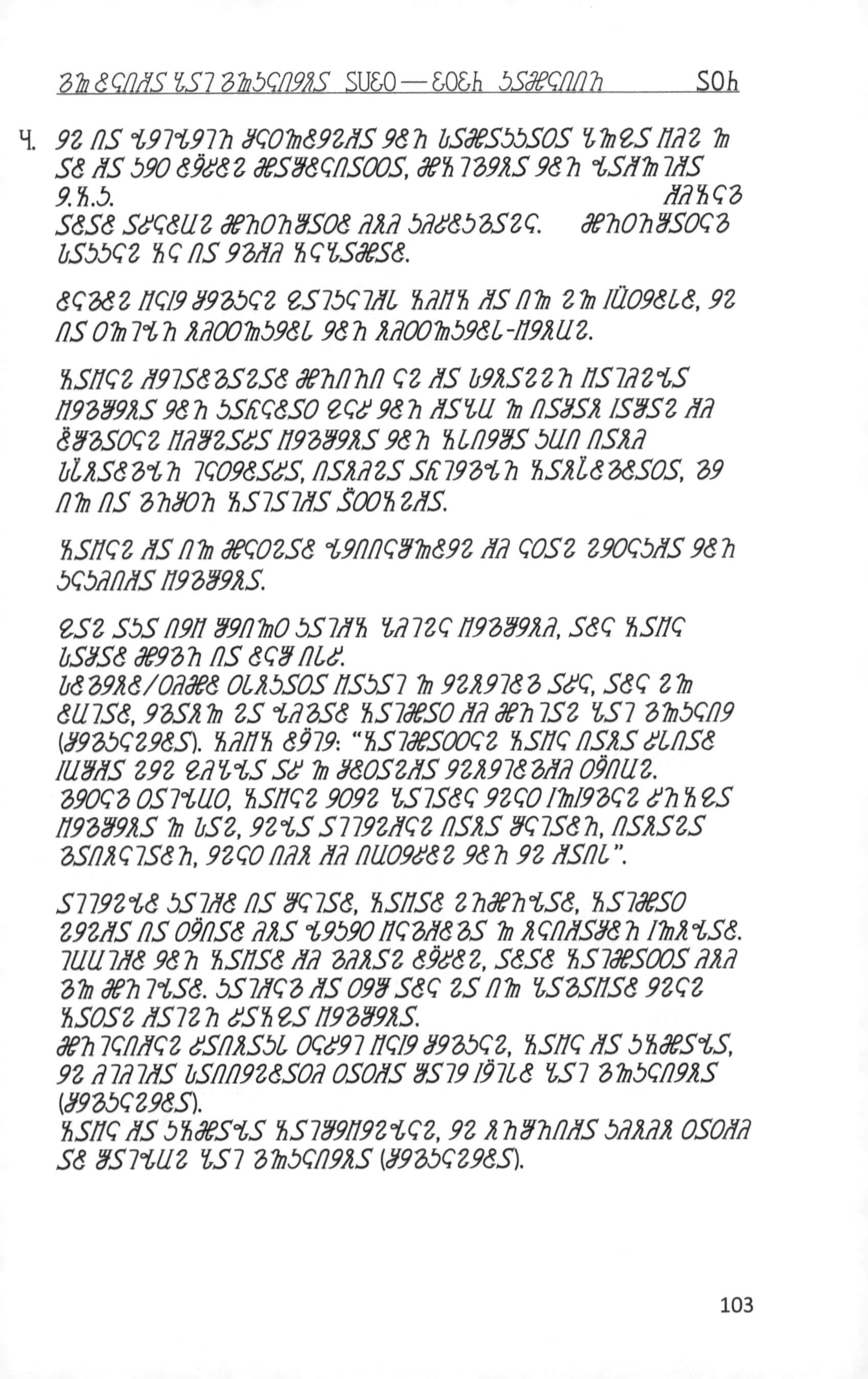

Daahir Xaaji Cismaan Sharmaarke

Daahir wuxuu ku xussay buuggiisa muhimmadda ay far Soomaaligu (Cismaaniya) u lahayd xisbiga SYL iyo shaqooyinkiisa.

Waxaa hadaladiisa ka mid ahaa: Habeenkii 15.05.1943 ayaa Yaasiin Xaaji Cismaan Sharmaarke soo hordhigay golaha qorshihii ururka dhallinyarada oo ka kooban 13 qodob. Qodobbadaas waxaa ka mid ahaa intaan ka xusuusto:

1 - In loo halgamo, lana xaqiijiyo gobanimada iyo madaxbannaanida ummadda Soomaaliyeed.

2 - In shanta Soomaaliyeed la mideeyo, hal maamul la iskugu keeno.

3 - In xoog la saaro tacliinta, siiba in lagu dadaalo waxbarashda dhallinyarada, iyadoo la aaminsanaa inaan horummar iyo madaxbanaani la gaari karin tacliin la'aanteed.

4 - In af Soomaaliga la qoro oo weliba la qaato far soomaaliga (Cismaaniyadda), iyadoo fartaas loo arkayey inay tahay mid waddani ah.

5 - In shacabka lagu baraarujiyo halganka gobannima doonka iyo madaxbannaanida.

6 - In la tirtiro caadooyinka iyo dhaqamada foosha xun oo ay ka mid yihiin qabyaaladda, quursiga iyo takoorka iwm.

Kuwaas ayey ahaayeen qodobadii ugu muhimsanaa. Qodobada haray waxay badi ku saabsanaayeen xeerhoosaadka iyo maamulka Xisbiga.

Qodobada dhammaan waa la isku wada waafaqay.
Yaasiin Xaaji Cismaan Sharmaarke wuxuu ka loo noo soo jeediyey in la doorto guddoomiye iyo guddoomiye-xigeen.

Waxaan kiraysanay qolol aan ka dhiganno xarunta xisbiga SYL iyo makhaayad shaah iyo kafee oo lacag jaban ku iibsadaan xubnaha xisbiga iyo meelo lagu dhegaysto raadiyaha, laguna akhristo wargeysyada si loo la socdo wararka adduunka.

Waxaan kaloo qaadnay tillaabooyin ku aadan nidaamka iyo maamulka xisbiga. Shan ama lix bilood markuu xisbigu furanaa, ayaa waxaa dhacay qiso la yaab leh. Dhiisiga/duqii degmada Xamar oo Ingriis ahaa, ayaa noo yeeray oo na tusay warqad ku qoran far soomaali (cismaaniya). Wuxuu yiri: "Warqaddaan waxaa laga helay jeebka nin shufto ah oo ciidamada Ingiriisku dileen. Sidaas daraadeed, waxaan idin farayaa inaad joojisaan hawsha xisbiga oo dhan ilaa iyo inta arrintaan laga baarayo, lagana salgaarayo inaad lug ku leedihiin iyo in kale”. Arrintii markii la baaray waxay noqotay, warqad ninka la dilay uga timid xaaskiisa oo Gaalkacyo joogtay. Reerkii iyo waxay ku sugan yihiin ayay warqadda ku soo qortay. Markaas ka dib ayaa na loo fasaxay inaan hawshii xisbiga wadan karno.

Qoraalkaan halgme Daahir Xaaji Cismaan wuxuu muujinayaa, in Xisbigu dadka bari jiray far soomaaliga (cismaaniya) iyo waxaa ka muuqata warbixintaan, in gobolka Mudug dadku barteen far soomaaliga (Cismaaniya).

𐒖𐒍𐒏𐒖 𐒔𐒝𐒕𐒙

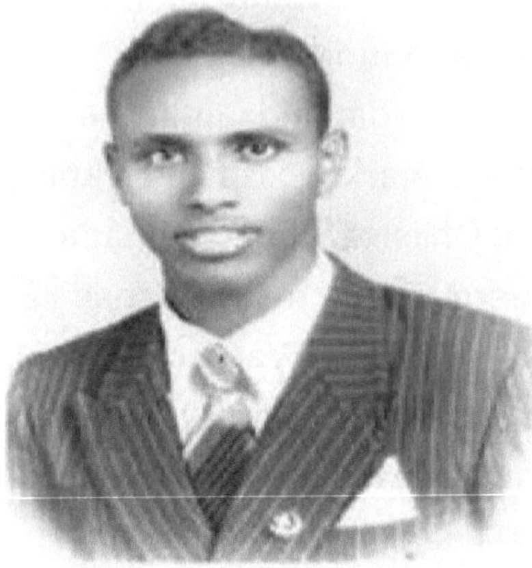

𐒄𐒘𐒇𐒈𐒘 𐒑𐒖𐒌𐒖𐒒 𐒋𐒕𐒈𐒗
𐒢𐒩.𐒠𐒡.𐒡𐒩𐒦𐒨

Xirsi Magan Ciise 29.01.1968

𐒖𐒍𐒏𐒖 𐒔𐒝𐒕𐒙 𐒘𐒕𐒙
𐒆𐒙𐒓𐒐𐒖𐒆 𐒛𐒒 𐒖𐒍
𐒎𐒙𐒇𐒖𐒒 𐒐𐒖 𐒔𐒖𐒕𐒒

𐒓𐒖𐒄𐒛 𐒏𐒚 𐒂𐒛𐒑𐒘 𐒃𐒘𐒇𐒗𐒕 𐒘𐒒 𐒈𐒝𐒑𐒛𐒐𐒘𐒆𐒚 𐒑𐒖𐒇𐒏𐒖 𐒚𐒌𐒚 𐒔𐒙𐒇𐒇𐒗𐒕𐒈𐒖 𐒖𐒕 𐒍𐒚𐒇𐒈𐒖𐒆 𐒚 𐒔𐒗𐒐𐒛𐒒, 𐒓𐒖𐒄 𐒓𐒖𐒐𐒁𐒖 𐒖𐒕 𐒏𐒖 𐒔𐒙𐒇𐒑𐒖𐒇𐒘𐒒 𐒆𐒝𐒒𐒛𐒒 𐒖𐒍𐒏𐒝𐒆𐒖 𐒔𐒝𐒕𐒙.

𐒈𐒘𐒆𐒝 𐒏𐒖𐒐𐒗 𐒓𐒖𐒄𐒛𐒒 𐒍𐒘𐒐𐒖𐒕𐒖𐒕, 𐒘𐒒 𐒆𐒙𐒓𐒐𐒖𐒆𐒆𐒚 𐒖𐒕 𐒑𐒚𐒆𐒒𐒛𐒒 𐒈𐒕𐒒 𐒆𐒝𐒒𐒂𐒙 𐒖𐒇𐒇𐒘𐒑𐒖𐒔𐒖 𐒖𐒍 𐒈𐒝𐒑𐒛𐒐𐒘𐒌𐒖. 𐒓𐒖𐒄𐒛 𐒑𐒓𐒎𐒖𐒂𐒊𐒖 𐒖𐒇𐒇𐒘𐒒𐒂𐒚 𐒘𐒒𐒜𐒕𐒖𐒒 𐒈𐒘𐒆𐒛𐒈 𐒖𐒔𐒖𐒕𐒒.

𐒓𐒖𐒄𐒖𐒕 𐒒𐒙𐒎𐒙𐒒 𐒐𐒖𐒔𐒖𐒕𐒆 𐒖𐒇𐒇𐒘𐒒 𐒌𐒖𐒇𐒙𐒓𐒉𐒘𐒕𐒙 𐒐𐒗𐒔 𐒔𐒖𐒆𐒆𐒕 𐒖𐒕 1979 𐒐𐒖𐒔𐒛𐒕𐒜𐒒 𐒋𐒖𐒇𐒎𐒖𐒐𐒖𐒆𐒝𐒕𐒘𐒒 𐒏𐒖 𐒘𐒑𐒛𐒒𐒖𐒕𐒖 𐒑𐒛𐒐𐒌𐒖𐒐𐒘𐒒 𐒓𐒖𐒕𐒒 𐒛𐒒 𐒍𐒖𐒇𐒙 𐒐𐒖𐒌𐒚 𐒔𐒖𐒕𐒒.
𐒓𐒖𐒄𐒛𐒒 𐒎𐒖𐒁𐒛 𐒘𐒒𐒜𐒕𐒖𐒒 1979𐒒𐒘𐒒 𐒊𐒘𐒁𐒛𐒂𐒖𐒆𐒛. 𐒓𐒖𐒄𐒛𐒒 𐒎𐒖𐒁𐒛 𐒝 𐒏𐒖𐒐𐒗, 𐒔𐒖𐒆𐒆𐒕 𐒖𐒍 𐒈𐒝𐒑𐒛𐒐𐒘𐒌𐒖 𐒓𐒖𐒄 𐒐𐒖𐒌𐒚 𐒁𐒖𐒇𐒖𐒒 𐒐𐒖𐒔𐒛, 𐒓𐒖𐒄𐒛 𐒐𐒖 𐒁𐒘𐒄𐒘𐒒 𐒐𐒖𐒔𐒛 𐒅𐒖𐒇𐒖𐒃𐒕𐒙 𐒏𐒖 𐒕𐒖𐒇 𐒏𐒚𐒓𐒖 𐒔𐒛𐒂𐒖𐒒 𐒐𐒝 𐒔𐒚𐒇𐒙 𐒆𐒚𐒌𐒈𐒘𐒕𐒖𐒆𐒖 𐒓𐒖𐒄 𐒐𐒖𐒌𐒖𐒌𐒖 𐒁𐒖𐒇𐒂𐒙 𐒖𐒍 𐒂𐒖𐒐𐒕𐒛𐒒𐒘 𐒘𐒕𐒙 𐒖𐒍 𐒋𐒖𐒇𐒖𐒁𐒘 𐒐𐒖𐒌𐒖 𐒈𐒝 𐒁𐒘𐒐𐒛𐒁𐒙 𐒍𐒖𐒈𐒖𐒐𐒐𐒖𐒆𐒖 𐒚𐒌𐒚 𐒔𐒝𐒈𐒜𐒕𐒖.

𐒖𐒇𐒇𐒘𐒑𐒖𐒔𐒖 𐒖𐒍𐒏𐒖 𐒈𐒝𐒑𐒛𐒐𐒘𐒌𐒖

𐒓𐒖𐒄𐒛 𐒔𐒚𐒁𐒛𐒐 𐒖𐒔 𐒘𐒒𐒖𐒕 𐒂𐒖𐒐𐒐𐒛𐒁𐒙 𐒓𐒖𐒒𐒛𐒌𐒈𐒖𐒒 𐒂𐒖𐒔𐒖𐒕 𐒘𐒒 𐒐𐒖 𐒊𐒘𐒈𐒙 𐒃𐒘𐒆𐒖𐒆 𐒎𐒚𐒇𐒄𐒝𐒒, 𐒊𐒘𐒈𐒑𐒝𐒕𐒘𐒒 𐒁𐒘𐒐𐒘𐒋 𐒘𐒕𐒙 𐒋𐒛𐒍𐒘𐒑𐒛𐒆 𐒐𐒗𐒔, 𐒑𐒜𐒐𐒘𐒔𐒕 𐒐𐒖𐒌𐒖 𐒆𐒚𐒒𐒂𐒖𐒕 𐒌𐒚𐒇𐒕𐒘𐒔𐒕 𐒅𐒖𐒇𐒛𐒁𐒏𐒖 𐒖𐒔𐒛.

Ʒ9OϚ Ʒ9 ՈԼ'ԼՋ ᖾϚ ᖾSП Ոᗰ 79ƐϚӜh, 9Ꞓ ՈS ȢSᗘUƐh ISӶOƐꞒᗰƐ9Ꞓ ԀᗘSП ՈԼȢ.

ȢS ƐUꞒU, Ȣhᖾ ՈSȢϚƷ ᗰ 9O9Ո ᖾSПϚ ӒS ƼԀOꞒϚꞒ ƷS77ԼƐƷS, 9Ꞓ OSOᖾԼƐꞒSȢS Ոᗰ I9ȢUƐh Ն9ꞒSᗘS ᖾSПᗘS7SꞒSOS, Ʒ9 ᖾ ԀՋԀ Ȣ97ᒐh Ȣh7ԀƼS7 7ᖾП9 SȢ, ᗰ ƷSՈՆ9Ջ Ԁ SȢ 9ƷᗘԼOOԼՈ ӒSƷᒐᗰ ᖾSП ӒԀ ᗰՈ SȢ.

Ohᖾ ՈSOOԀ (ᒐƐ OϚƘ9Ո9ՋS ՈS Ն9ƷSƐ SUƐЧ) Ƽ9ƐԼƐ ᒐSOUПh ᖾԼƐꞒ Ԁ S7ӒSƐꞒ9Ꞓ 9ƐSOᗰ ƼSՋSᗘϚ ᖾԼƐꞒ ꞒUՋSᒐS SᒐӒUOԀꞒS Ӝh 7ꞒSƐꞒ?

ᖾSƷƐ7ӒS S779ƼSȢS ᗘԀՈꞒSOԀ (ᒐSᗘՈƐꞒᒐԀ ᖾSƷϚ7SOOϚ SƐSƐ Ȣᗰ Ʒ 9ƼϚꞒ I97ᒐSƐ) Ƽ9Ɛᖾ ƷSꞒ Ԁ Ӝᖾ 79 ӒS79Ꞓ ISՈՈUᗘ ӜԀ7 SȢ Ն9ᗘϚᒐᗰƐ9ꞒӒS 9Ɛh 7SᒐϚOӒS ȢSƐƷᒐS ՆSꞒS ƐS7ƐS7 ᗰ S7OSOS SȢ, 9Ɛh ƼSᗘSՈՈ9ƼƐꞒᒐS, SᒐӒS SᖾՋ9?

ƼSПϚO ӒS ᒐ979 ᖾSП ӒԀ Ӝh 79OOS ᖾS7ՋԼƐƷӒS (ᒐSՈƐϚꞒ9) 9ƷӒԀ ӒUꞒ П97Ɛ79ƐS? ȢSOOᖾ Ӝhᒐ OSƼᗘh 9Ꞓᖾ 7S'Ɛ9ՋƐƷS ՆƐᗘᒐh, Ӝh 7ϚՈ SȢϚꞒ, 9ƷSՋᗰ OԀՈՈSƐƷSꞒ ӒϚꞒSOϚ Ӝhᒐ Sᒐ ᒐSՈƐϚꞒ9 SƼS ᗘS7SᗘUO ƐSӜϚꞒ.

ᖾSПSƐ 9ՈS ᒐSȢSƐ 9Ꞓ Ohᖾ ՈSOOS ȢϚᒐSꞒ IᗰՋᒐS ᗘԀOԀOϚ7 ȢԼՈSƐꞒ ȢSOOSƐƷSꞒ ᖾSП ӒS ӜSᗘSꞒ S779ƼSȢϚꞒ ᒐϚՋSꞒ U SᒐӒS.

ᖾSПSƐ 9ՈS ᒐSȢSƐ ᗰ ӒSՈԼ, 9ꞒSƐ ӜƐƼh ᖾԼƐꞒ ƐUՈSꞒ ՈSȢSƐO ȢSOOƐ ƼSᗘSՈՈ9ƼƐꞒᒐS (OԀՋ Ʒ9ƐSOS) 9Ɛh ȢSᖾՈᖾSOUꞒӒS Ohᖾ ՈSOOԀ SƐ Ꞓ97S7Ӓᗰ OԀ ӒԀ Ջh7ᒐSƐꞒ ՈSȢϚƐUꞒ S779ƼSȢS Sᒐ ƷᗰƼϚՈ9ՋS.

Waxay i la tahay oo kale in ay qiimo weyn yeelan lahayd macallimiinta (dugsiyada)

iyo hawlwadeenka dowladda ay shirarkooda ku gorfeyn lahaayeen arrimaha af-soomaaliga.

Afka hooyo iyo dowlad aan af qoran lahayn

Waxaa ku taami jiray in soomaaluda marka ugu horreysa ay fursad u helaan, wax walba ay ka hormarin doonaan afkooda hooyo. Sidoo kaLe waxaa filayay, in dowladdu ay mudnaan siin doonto arrimaha af-soomaaliga. Waxaa muuqata arrintu inayan sidaas ahayn. Waxay noqon lahyd arrin garowshiiyo leh haddii ay jiri lahaayeen carqaladooyin ka imaanya maalgalin weyn aan faro lagu hayn. Waxaan qabaa in aysan jirin dhibaatadaa. Waxaan qabaa oo kale, haddii af soomaaliga wax lagu baran lahaa, waxaa la bixin lahaa kharashyo ka yar kuwa haatan loo huro dugsiyada wax lagaga barto haatan af talyaani iyo af carabi laga soo bilaabo fasallada ugu hooseeya.

ARRIMAHA AFKA SOOMAALIGA

Waxaa hubaal ah inay tallaabo wanaagsan taahay in la dhiso jidad qurxoon, dhismooyin bilic iyo caafinmaad leh, meelihii laga dunshay guryihii kharaabka ahaa. Sidaa si le'eg waa wax loo riyaaqo in la habeeyo jardiinooyin ubax leh. Ha yeeshee, howlahaas oo idil waxaa ka mudnaan sarreysa in dad weynaha loo jiheeyo dhinaca waxbarashada si uu ugu hirto horummar ruuxi ah, oo saldhig u ah isbeddel kastoo wax ku ool ah. Dowladddu (tii daakhiliga la dhisay 1956) miyey fadeexo weyn u arkaynin iyadoo magacaa weyn sheegata afkeeduna qorneyn? Wasiirka arrimaha bulshadu (tacliimtu wasaaradda ayay hoos imaan jirtay) miyuusan u quuri karin jalleec qur ah dhibaatooyinka iyo rafaadka haysta dhasha yar-yar oo ardada ah iyo macallimiinta afka awgi? Maxaad ka tiri wax ku qoridda wargeyska (talyaaniga) isku keen xiriiriya? Hadduu qof damco inuu ra'yigiisa dhiibto, qoraal ahaan isagoo dulleeysan kaashadaa qof talayaani ama carbeed yaqaan. Waxay i la tahay in dowladda haatan joogta cudurdaar helayn hadday wax ka qaban arrimaha taagan ee afka.

SƏm ƧƐSƐSƧ ƽϚ79Ɛh ƽSƐƧh

Prf. Dott. Mario Maino

ΠΛ7ĥƖ ƧmƽϚΠ9ƐUO m Πm OSI9ƐLƐ SƖ ƧmƽϚΠ9ĂS. ΠSƽS7
SUƐh

ĥSΠϚ ƽSƏϚΠĂϚƧ ΠSĂS Ƨm Π9ĂƖSƐ ƎĥĂĂS ĥ ƏhƖSƐ ƽϚ7ƖƐƧh U

"La lingua Somala, strumento d'Ingsegnamento professionale"

(*SƖ ƧmƽϚΠ9ĂS, m Πm SOUĂƧSOh ƎS7SƧSOS Π97ƖSOOS*).

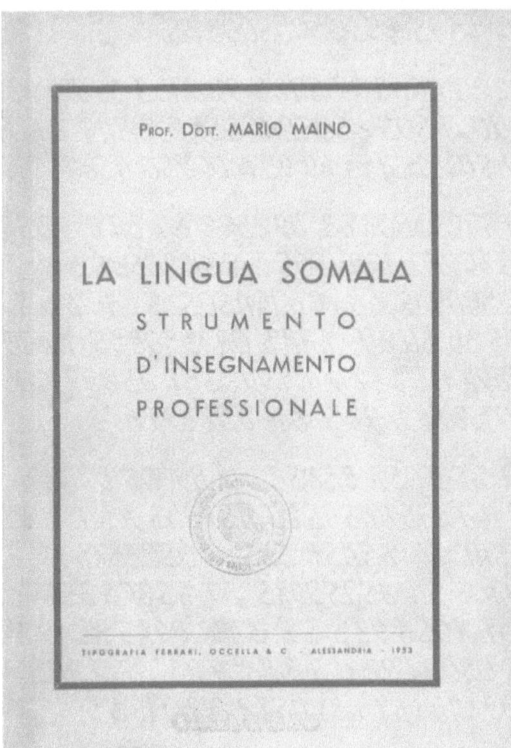

Xuruuf soomaaliyeed oo loo dejiyey af **AQOONYAHAN PRF. DOTT. MARIO MAINO.**

soomaaliga, Xamar 1953. Waxaa maqaalkan laga soo xigtay buugga uu qoray (Mario) (La lingua somala, istrumento d'ingsegnamento professionale) (af soomaaliga, oo loo adeegsado barashada xirfadda).

TIPOGRAFIA FERRARI, OCCELLA & C. - ALESSANDRIA - 1953

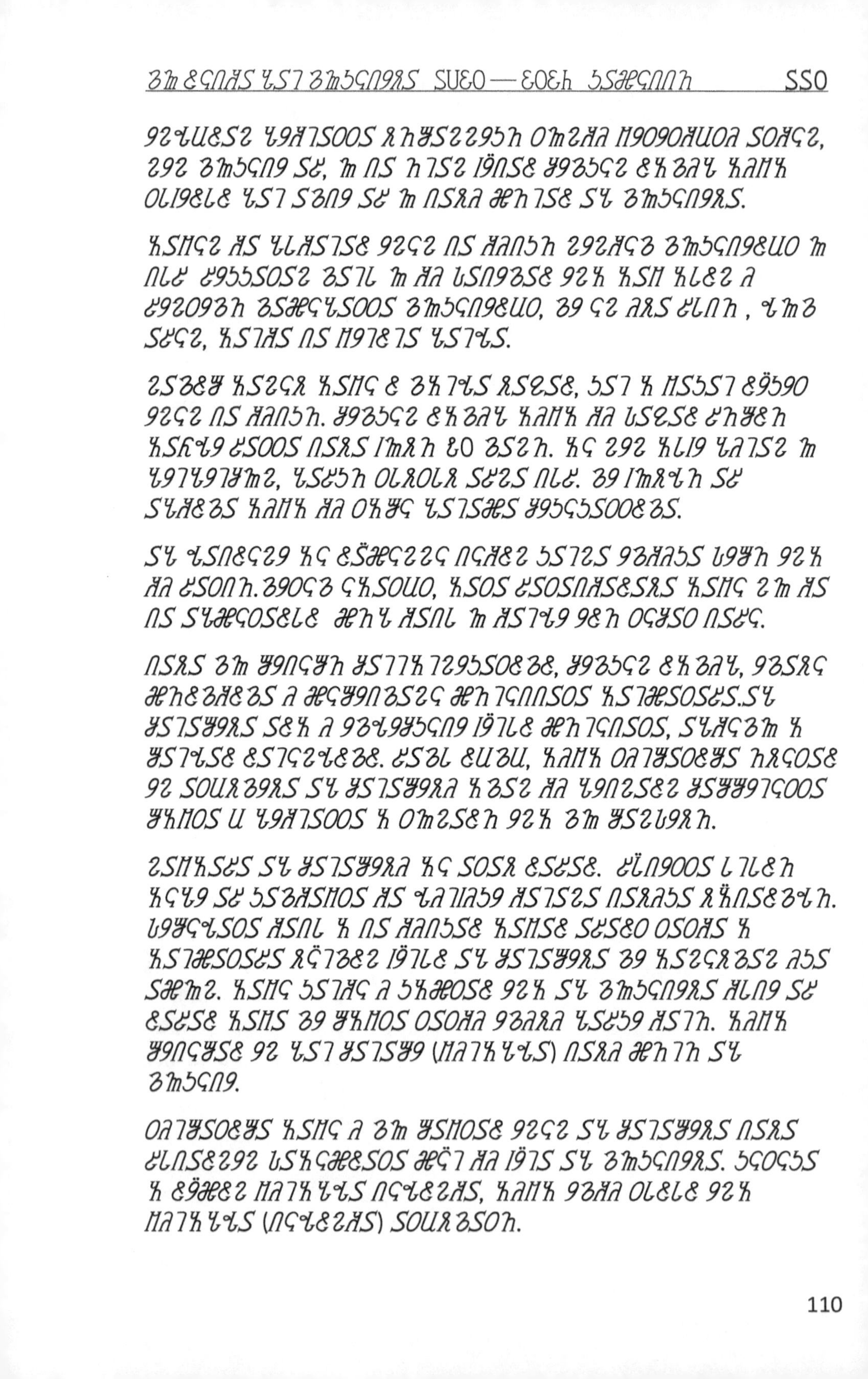

Intayan fikradda gobanimo doonku xididkeedu adkaan, nin soomaali ah oo la oranjiray Cismaan Yuusuf wuxuu dejiyey far asli ah oo lagu qoray af soomaaliga.

Waxaan ka fikiray inaan la kulmo ninkaas soomaaliyeed oo leh himmaddaan sare oo ku dhalisay inuu wax weyn u hindiso saqaafadda soomaaliyeed, si aan uga helo, toos ahaan, warka la xiriira farta.
Nasiib wanaag waxaa ii suurto gashay, mar uu Xamar yimid inaan la kulmo. Cismaan yuusuf wuxuu ku dhashay Hobyo wakhti hadda laga joogo "50" sano. Waa nin weji furan oo firfircoon, fahmo degdeg ahna leh. Si joogto ah afkiisa wuxuu ku duubaa faraqa cimaamaddiisa.
Af talyaani waa yaqaannaa laakiin marna iskuma dhibo inuu ku hadlo. Sidaas aawadeed, wada hadalkayaga waxaa noo kala afqaadayey qof kale oo karti iyoo daacad lahaa.

Lagasoo bilaabo carruurnimadiisi cismaan yuusuf, isagaa qoyskiiska u qaabilsanaa qoraallada warqadaha.
Af carabiga ayuu u isticmaali jiray qoraallada, afkaas uu bartay yaraantiisii, hase yeeshee, wuxuu durbadiiba ogaaday in adeegsiga af carabigu uusan ku filnayn cabbiraadda buuxda ee fikradda uu doonayo inuu soo bandhigo.

Naxwaha af carabigu waa adag yahy, helidda ereyo waafi ah maskaxda ka tarjumi karana laguma guulaysto. Dhibaatada kale uu la kulmay waxay ahayd dadka uu warqadaha gaarsiin jiray af carabiga si wanaagsan uma aqoon, waxaa markaa u muuqday inuu af soomaaliga keli ah yahay waxa si buuxda dadku isugu fahmi karo. Wuxuu bilaabay far carabi (xuruufta lagu qoro af soomaali). Durbadiiba waxaa u soo baxday inaan af carabiga lagu helayn dhawaaqyada qaar ku jira af soomaaliga. Maadaama uu yaqaan xuruufta laatiinka, wuxuu isku dayey inuu xuruufteeda (Latinka) adeegsado.

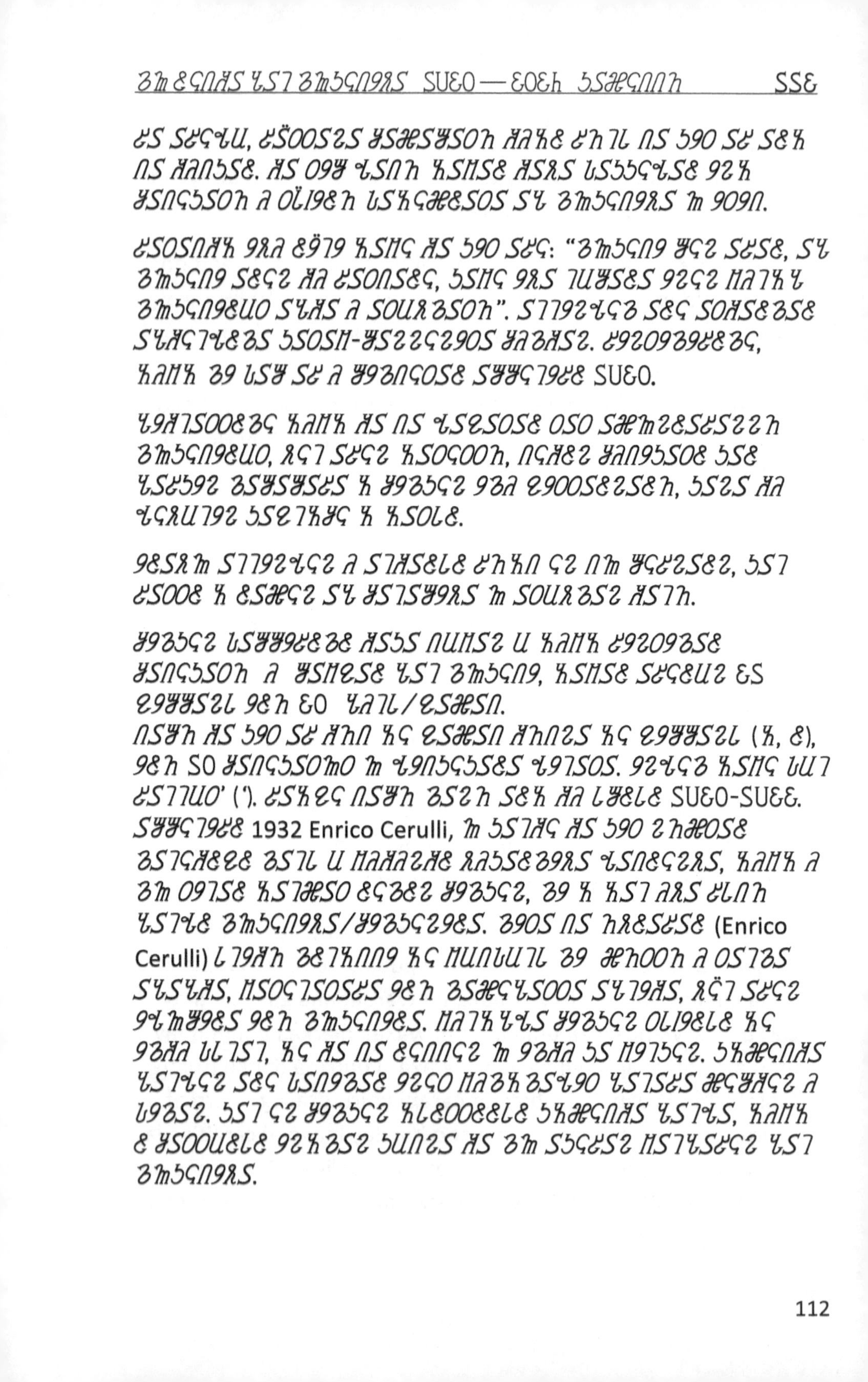

[non-Unicode script]

[non-Unicode script] “[non-Unicode script]”. [non-Unicode script]

[non-Unicode script]

[non-Unicode script]

[non-Unicode script] (') [non-Unicode script] 1932 Enrico Cerulli, [non-Unicode script] (Enrico Cerulli) [non-Unicode script]

Ha ahaatee, haddana caqabado kuwii hore la mid ah ayuu la kulmay. Kadib talo waxay kaga dhammaatay inuu calaamado u dejiyo dhawaaqyada af soomaaliga oo idil.

Hadalkuu igu yiri waxaa kamid ahaa: " Soomaali baan ahay af soomaali ayaan ku hadlayaa, maxaa iga reebay inaan xuruuf soomaaliyeed afka u adeegsado". Arrintaas ayaa adkaysey afkaartiisa madax bannaanida cuskan.
Hindisahiisa wuxuu si dhab ah u bislaaday abbaarihii 1920. Fikraddiisaa wuxuu kala tashaday dad aqoonyahanno soomaaliyeed, gaar ahaan wadaaddo, laakiin culimadii ma aysan fahmin sababaha uu cismaan isu shiddaynayo, mana ku taageerin mashruucaa uu waday. Iyagoo arrintaan u arkayey howl aan loo baahnayn, mar haddii uu yaqaan af carabiga oo adeegsan karo-.Cismaan dhabbihiisii kama leexan ee wuxuu hindisay calaamado uu u baxshay Far Soomaali, waxay ahaayeen 21 shibbane iyo 20 fure/shaqal. Labo kamid ah kol waa shaqal kolna waa shibbane (W, Y) iyo 10 calaamadood oo tilmaamaya tirada.

Intaas waxaa dheer harreed (') hawshaa labo sano ayuu ku ebyey 1920 - 1922. Abbaarihii 1932 Enrico cerulli, oo markaa ka mid noqday saraakiisha sare ee xukunkii gumaysiga talyaaniga, wuxuu usoo diray warqad yaasiin cismaan, si uu war uga helo fartii soomaaliga/cusmaaniya. Sida la ogyahay Enrico cerulli waa xeel dheeri si qoddo dheer u darsay afafka, xaddaaradaha iyo saqaafadda afrika gaar ahaan itoobiya iyo soomaaliya. Xuruufta cismaan dejiyey waa isku dherer, way kala yaallaan oo isku ma xirmaan. Muuqaalka fartaan ayaa dhalisay inaad xasuusatid faraha qaabkan u dhisan. Mar aan cismaan waydiiyey muuqaalka farta wuxuu ii caddeeyey inuusan meelna ka soo amaahan xarfaha far soomaaliga. Run inuu sheegayo waxaan ku gartay inuusan aqoon afafka qaabkaan u mukul eg yihiin dhigaalkoodu.

Far Somali (Cismaniya) ma laha xarfaheedu xuruufta waaweyn. Cismaan afafkuu yiqiin waa carabiga iyo talyaani.

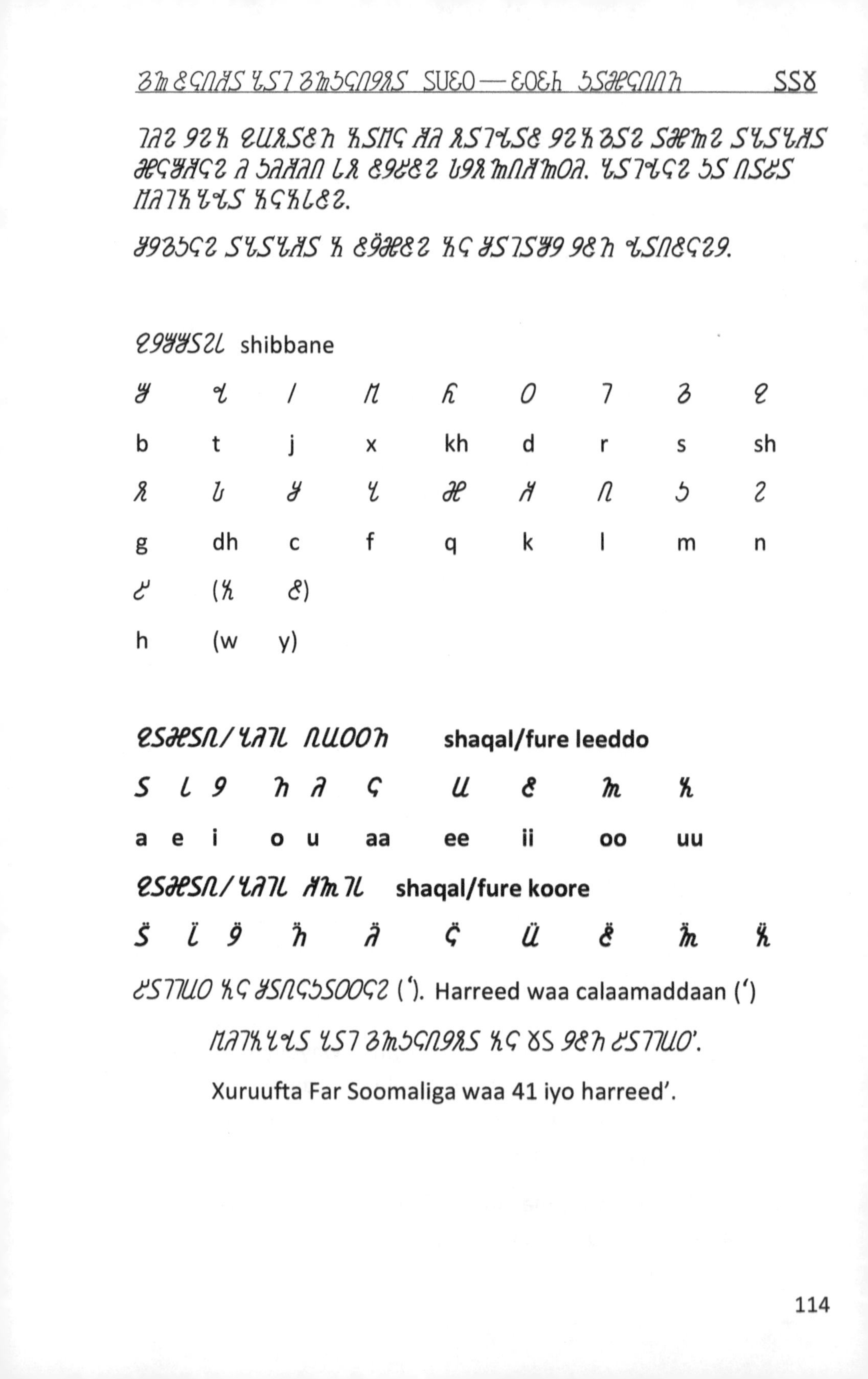

[illegible]

[illegible]

[illegible] shibbane

[illegible]	[illegible]	/	[illegible]	[illegible]	[illegible]	[illegible]	[illegible]	[illegible]
b	t	j	x	kh	d	r	s	sh
[illegible]	[illegible]	[illegible]	[illegible]	[illegible]	[illegible]	[illegible]	[illegible]	[illegible]
g	dh	c	f	q	k	l	m	n
[illegible]	([illegible]	[illegible])						
h	(w	y)						

[illegible] shaqal/fure leeddo

[illegible]	[illegible]	[illegible]	[illegible]	[illegible]	[illegible]	[illegible]	[illegible]	[illegible]	[illegible]
a	**e**	**i**	**o**	**u**	**aa**	**ee**	**ii**	**oo**	**uu**

[illegible] shaqal/fure koore

[illegible]

[illegible] (‘). Harreed waa calaamaddaan (‘)

[illegible]

Xuruufta Far Soomaliga waa 41 iyo harreed’.

"La lingua Somala, strumento d'Ingsegnamento professionale"

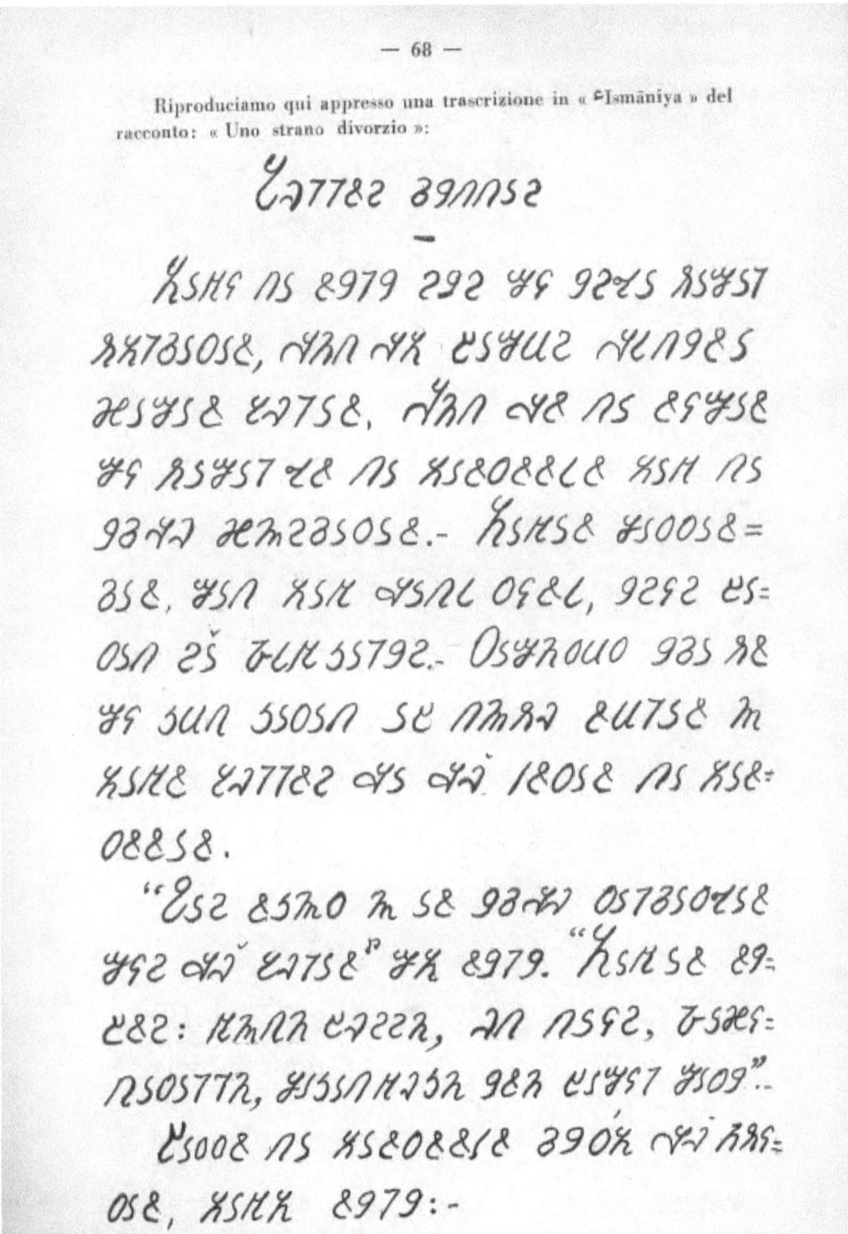

— 68 —

Riproduciamo qui appresso una trascrizione in « ʿIsmāniya » del racconto: « Uno strano divorzio »:

"La lingua Somala, strumento d'Ingsegnamento professionale"

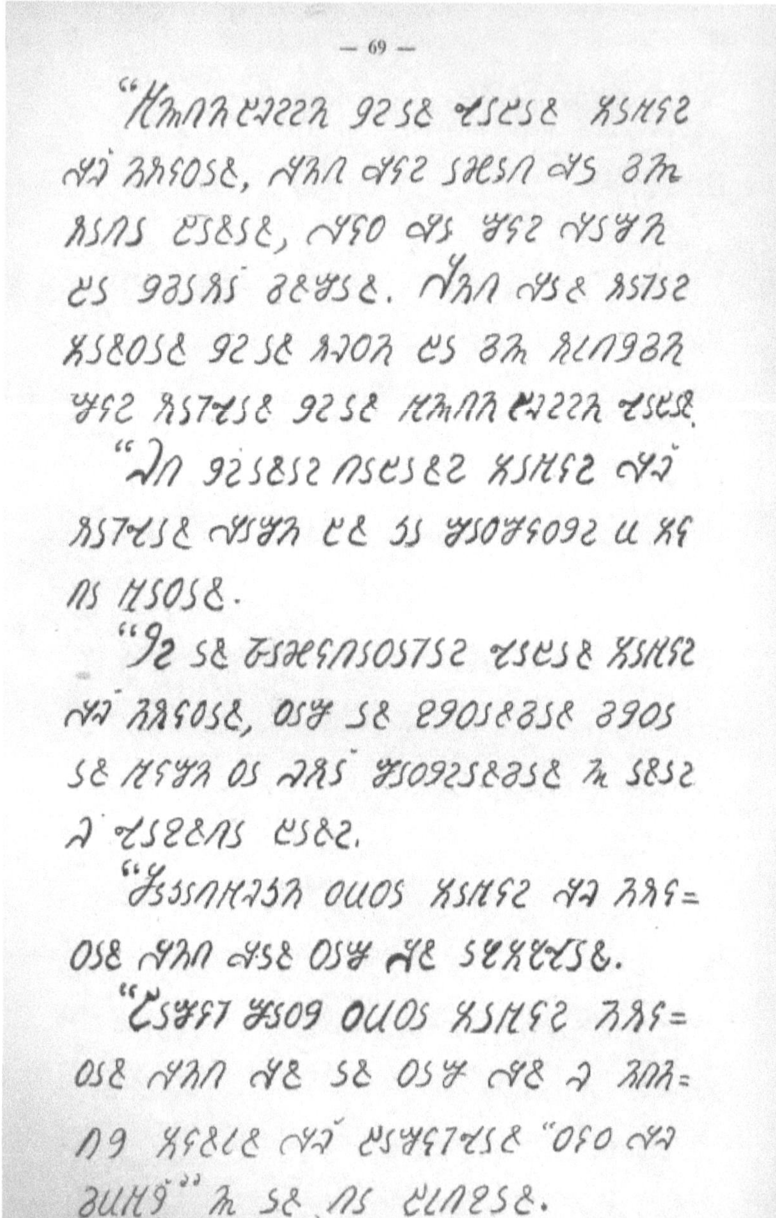

[illegible] (Marcello Orano), [illegible]

[illegible]

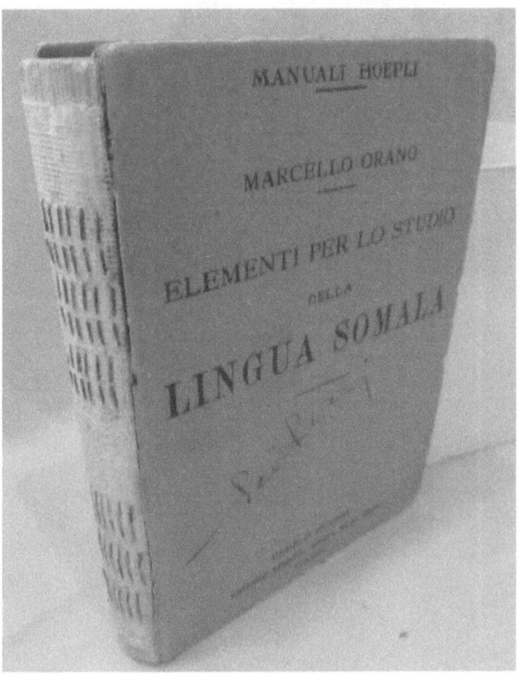

Dhiisigii Talyaaniga (Marcello Orano), ayaa ka war helay dadaalka uu Cismaan Yuusuf wado, dhanka far soomaaliga. Ninkaas oo markii danbe aad u qadarin jiray hawlaha uu Cismaan ka qabtay far soomaaliga. Wuxuu kaloo ka mid noqday ninkaas ardadii Cismaan Yuusuf. Af soomaaliga si fiican buu u bartay oo shan ilaa lix bilood ayuu baranayey af soomaaliga. Ka dib arrimo badan ayuu ka qoray af soomaaliga.

Xigasho buugga Shariif Saalax Maxamed Cali.

[illegible]; (Elementi per lo studio della lingua somala) (bilowgii barashada af soomaaliga, 10.08.1927), Marcello Orano.

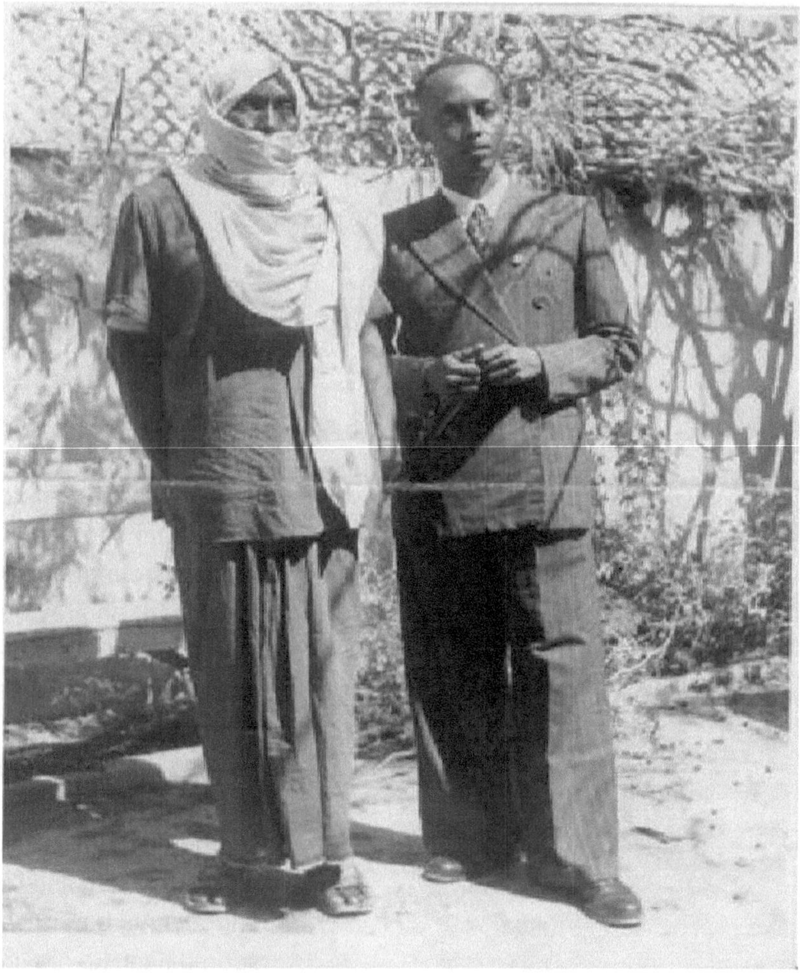

𐒋𐒘𐒈𐒑𐒛𐒒 𐒕𐒓 𐒈𐒚𐒍 𐒏𐒜𐒒𐒖𐒆𐒕𐒆

𐒘𐒕𐒙 𐒓𐒕𐒐𐒏𐒕𐒈𐒖

𐒕𐒛𐒈𐒕𐒒 𐒋𐒘𐒈𐒑𐒛𐒒 𐒏𐒜𐒒𐒖𐒆𐒕𐒆

Cismaan Yuusuf-Keenadiid
iyo wiilkiisa
Yaasiin Cismaan Yuusuf-Keenadiid

𐒍𐒛𐒍𐒘𐒒𐒂𐒖 𐒍𐒖𐒇 𐒈𐒝𐒑𐒛𐒐𐒘𐒌𐒖

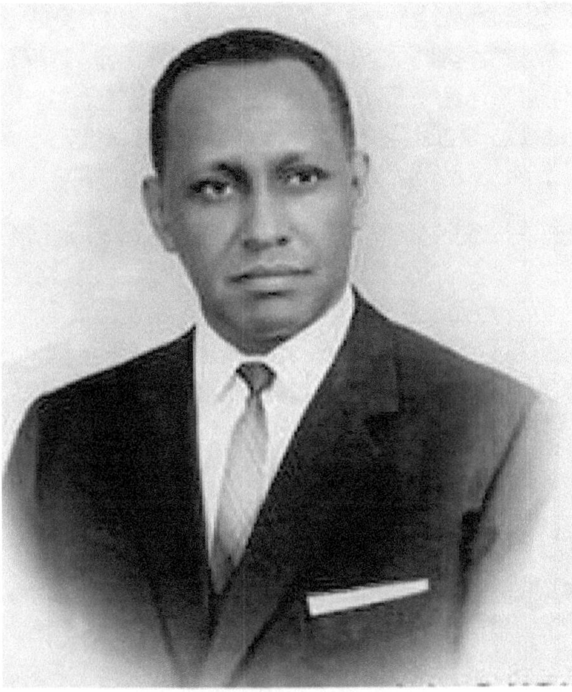

𐒋𐒖𐒁𐒆𐒚𐒐𐒐𐒛𐒔𐒘
𐒋𐒕𐒈𐒗
𐒑𐒖𐒄𐒖𐒑𐒓𐒆

𐒆𐒓𐒁𐒘𐒌𐒖 𐒔𐒙𐒇𐒗 𐒜
𐒈𐒝𐒑𐒛𐒐𐒘𐒕𐒖 𐒡𐒩𐒥𐒦
- 𐒡𐒩𐒦𐒠

Cabdullaahi Ciise
Maxamuud

Duubiga hore ee Soomaaliya 1956 - 1960

𐒌𐒝𐒈𐒖𐒒𐒏𐒖 𐒘𐒕𐒙 𐒍𐒛𐒍𐒘𐒒𐒂𐒖 𐒍𐒖𐒇 𐒈𐒝𐒑𐒛𐒐𐒘𐒌𐒖

𐒌𐒝𐒈𐒖𐒒𐒏𐒕 𐒖𐒍𐒏𐒖 𐒘𐒕𐒙 𐒈𐒓𐒌𐒛𐒒𐒂𐒖 𐒈𐒝𐒑𐒛𐒐𐒘𐒕𐒜𐒆 (𐒌.𐒖.𐒈.𐒈) 𐒓𐒚𐒄𐒓 𐒛𐒆 𐒚 𐒍𐒛𐒍𐒘𐒕𐒗𐒕 𐒎𐒙𐒇𐒘𐒆𐒆𐒖 𐒖𐒍 𐒈𐒝𐒑𐒛𐒐𐒘𐒌𐒖 𐒐𐒝 𐒖𐒆𐒜𐒌𐒈𐒖𐒆𐒙 𐒍𐒖𐒇 𐒈𐒝𐒑𐒛𐒐𐒘 (𐒋𐒘𐒈𐒑𐒛𐒒𐒘𐒕𐒖).
𐒄𐒖𐒑𐒖𐒇 𐒘𐒕𐒙 𐒌𐒙𐒁𐒙𐒐𐒖𐒆𐒖 𐒏𐒖𐒐𐒗 𐒓𐒚𐒄𐒓 𐒌𐒝𐒈𐒖𐒒𐒏𐒚 𐒏𐒖 𐒍𐒚𐒇𐒖𐒕 𐒆𐒚𐒌𐒈𐒘𐒕𐒙 𐒖𐒍 𐒈𐒝𐒑𐒛𐒐𐒘𐒌𐒚 𐒕𐒖𐒔𐒖𐒕 𐒎𐒖𐒐𐒖𐒁𐒏𐒖 𐒏𐒖𐒄𐒁𐒖𐒇𐒖𐒉𐒖𐒆𐒖.

𐒈𐒘𐒆𐒓 𐒏𐒚 𐒓𐒖𐒇𐒁𐒘𐒄𐒘𐒒𐒖𐒕𐒙 𐒈𐒕𐒇 𐒇𐒝𐒁𐒗𐒇𐒂𐒘 𐒇𐒗𐒐𐒗𐒕 (Sir Robert Rely), 𐒅𐒖𐒁𐒕𐒇 𐒖𐒕 𐒆𐒙𐒓𐒐𐒖𐒆𐒆𐒖 𐒘𐒒𐒌𐒘𐒇𐒕𐒈𐒏𐒚 𐒚 𐒈𐒝 𐒆𐒘𐒇𐒂𐒖𐒕 𐒈𐒝𐒑𐒛𐒐𐒘𐒕𐒖, 𐒄𐒘𐒐𐒐𐒘𐒌𐒕 𐒆𐒛𐒅𐒘𐒐𐒏𐒖, 𐒈𐒘 𐒓 𐒈𐒖𐒓𐒘𐒇 𐒌𐒓𐒆 𐒚𐒌𐒖 𐒕𐒗𐒐𐒙 𐒄𐒛𐒐𐒖𐒆𐒆𐒖 𐒂𐒖𐒋𐒐𐒕𐒒𐒂𐒖 𐒈𐒝𐒑𐒛𐒐𐒘𐒕𐒖.

OSႶӒS ՋՈO9ƸƐƷS 9Ɛh O9ӁSOOƐƷS SЪ ƷɱƼϚႶ9 SƐϚ ЬSƼӁϚႶႶSOS ႶSƐƷՈՋՈ O9ꓶ9 Ɩ9ꓶԼƐ.

ႶϚЪSOOS 9ƷӒՈꓶSꓶSƧ U ႶSƼSꓶ, ЋSႶSƐ SƸSƐO OUՋϚƧӒS SƐ ӒՈ ӁSOƧϚƐUƧ ƪϚՋUꓶSƐϚƧS (SYL) Ʒ.Ɛ.Ⴖ. ɱ ЪSꓶ ƷɱƼϚႶ9ՋS ӜSOSꓶ9Ƨ ՋϚꓶ SƸ Ո ƸSƐԼƐ. ЬSႶႶ9ƧƐSꓶSOS, SꓶOSƐOS, ƸSӜϚႶSƸS OhЋႶSOOS, ՋSƧSӁƷSƪSOS ЪSꓶƪϚƷ ЋSႶSƐ Ո SƸSƐO ЬSӁӁԼ Ⴖ9ꓶƐꓶ9ƐS ƸSЋႶh ƼϚႶƼUOӒɱOS.

Ʒ9OS ႶSՋS ЋSꓶӜSӁh ЪSꓶƪϚƧ 9Ɛh ӜhꓶϚႶSOUOՈ, ЋSႶSƐ O9Ӂ Ո Ʒɱ ƧɱႶUƐUƧ Ь ꓶԼƐSOS SЪ ƷɱƼϚႶ9ՋS ɱ ƼSՋϚႶSOՈ ӜSꓶ9ƷSƐ 9Ʒƪ9ӁƼϚႶӒɱOS, ɱ ЋSႶϚ Ⴖɱ SꓶӒSƐ ЪSꓶƪS ƷՈƼSOOS ƸSƘƷ9ƐSOOS ƷɱƼϚႶ9ƐUO (identity) ɱ ӜhЪӒՈ ӒSՋS ӁSƐƼSƧSƐh ӜЋ ꓶƷ9ՋS ՋՈƼSƐƷ9ՋS OSႶӒUƧƧS ӜSӁƷSOSƐ.

ƪϚꓶƐƘ SƸϚƧ 9Ʒƪ9ӁƼϚႶӒS ЪSꓶƪϚƧ, U ƷɱƼϚႶ9OS ЬԼႶOUOS, ЋSႶϚ ႶS Ӝ9ꓶSƐ 9ƧЋ ՋՈƼSƐƷ9ՋՈ OƐOOSƧϚ.

ӁSӁOՈႶႶϚƸ9 ӁƐƷԼ ƼSႶSƼЋO ЋՈႶЋ ӒS Ƽ9O SƸϚ Ⴖ9ႶOƐ Ь ꓶՋԼƐ SƐ ႶUՋSOՈ Ո O9ꓶƪSƐ, 9ƧSƐ ႶS ƸSOႶϚƧ ЋSЪO9ՋƐ SЪSꓶƪS OhЋႶSOɱO U ЋϚЋSƐƧϚ U ՈƼSOSƸ ƼƐOɱӁԼƐ.

ႶՈӁ9ƧƪƐ 9ƧՋ9ꓶƐƷӒS, ƼՈOSƧԼ Frank Edmound Stafford, SƐϚ SЪ ƷɱƼϚႶ9ՋS 9Ɛh ЪSꓶƪƐƷS ЋSႶ ӒS ЋԼƐOOƐƷԼƐ ӁSӁOՈႶႶϚƸ9 ӁƐƷԼ ɱ ӒS Ƽ9O SƸϚ ЋSЪՋ9ՋS ႶUՋSOS.

ӁSӁOՈႶႶϚƸ9 ӁƐƷԼ ӁϚ ӒS ƖSЋϚӁSƐ ɱ Ɛ9ꓶ9: "OhЋႶSOOS ƪSႶƐϚƧ9ՋՈ ЋSႶSƐ Ո SꓶӒSƐƷSƐ ƸSOOϚƧ ЬSӜSƧ ՋԼႶ9ƧƧh SЪ 9Ɛh ӜhꓶϚႶ Ƨɱ ՋϚꓶ SƸ, 9ƐSՋՈƧS ƸƧƸUƐԼ ӒS Ɛ9ƸƐƧ 9ƧЋ ƧhӜhƧ ӒSꓶh ƸՈӁ Ʒ9ƐϚƷSOUO ɱ OhЋႶSOOS ႶSՋSՋS Ʒɱ ƸhꓶUOh. Ʒ9OϚ OSꓶƪUO, Ʒ9ƐϚƷSO SƸϚƧ ӁSƐ Ո Ɩɱ9ƷSƐ ЪSꓶ ƷɱƼϚႶ9ՋS". SƐЋ ӒՈ Ʒɱ ӒɱӁSƐ ƸSOSႶӒƐ ӁSӁOՈႶႶϚƸ9 ӁƐƷԼ.

Faafinta Far Soomaaliga

Goosankii afka iyo suugaanta soomaaliyeed (G.A.S,S) wuxuu aad u faafiyey qoridda af Soomaaliga loo adeegsado Far Soomaali (Cismaaniya). Xamar iyo gobolada kale, wuxuu goosanku ka furay dugsiyo af soomaaligu yahay qalabka wax barashada siduu ku war bixinayo Sir Robert Rely, khabiir ay dowladda ingiriisku u soo dirtay soomaaliya, si uu sawir guud uga siiyo xaaladda tacliinta. Dalka gudihiisa iyo dibaddiisa af soomaali ayaa dhambaallada la isugu diri jiray, xaafadda Iskuraran ee Xamar, oo ahayd deegaanka ay ku badnaayeen taageerayaasha SYL , oo far soomaaliga qadarin gaar ah u hayey. Dhallinyarada, ardayda, shaqaalaha dowladda, ganacsatada fartaas waxay u ahayd dhabbe xiriiriya howlo maalmeedkooda. Sida laga warqabo fartaan iyo qoraaladeeda, waxay dib u soo noolaysay ereyada af soomaaliga oo magaaladu qarisay isticmaalkooda, waxaa loo arkay summadda shakhsiyadda soomaaliyeed (identity) oo qofku kaga caymanayo quursiga gumaysiga dalkeenna qabsaday. Taariikh ahaan isticmaalka fartaan, ee soomaalida dhexdeeda, waxaa la qiray in uu gumaysigu diiddanaa.

Cabdullaahi Ciise Maxamuud wuxuu ka mid ahaa lixdii ergey ay Leegadu u dirtay, in ay la hadlaan wafdigii afarta dowladood ee waaweynaa ee ummadaha midoobay.
Xubinta Ingiriiska, mudane Frank Edmound Stafford, ayaa af soomaaliga iyo fartiisa wax ka weyddiisey Cabdullaahi Ciise oo ka mid ahaa wafdiga Leegada. Cabdullaahi Ciise baa ka jawaabay oo yiri: "Dowladda talyaanigu waxay u arkaysay haddaan dhaqan gelinnno af iyo qoraal noo gaar ah, iyaguna shisheeye ka yihiin, inuu noqon karo hub siyaasadeed oo dowladda lagaga soo horjeedo. Sidaas darteed, siyaasad ahaan bay u joojisay far soomaaliga".

ᏍᏍᏆᏍᏍ ᏱᏋᏂ ᏁᏛᏁᏁᏍᏤ ᎯᎧ ᏋᏱᏓᏱᏫ

ᏓᏍᎷᏍᏓᏓᏫ ᏋᏍᏆᏋᏍ ᏓᏍᎷᏍᏓᏦᏫ: ᎥᏍᏦᏓᏡ Ꮶ ᎯᏍ ᏡᏱᎷᏱᏋᏓᏋ ᏓᏍᏥᏓᏁᎯᏋ ᏡᏍᏆᏍᏍᏍᏴᏛᏆ ᏓᏍᎷᏍᏓᏦᏫ ᏱᏍᏡᏫᎧᏁᏓᎧᏤᏱᏱᏓ ᏓᎧᏆᏓᏫ. ᏦᏍᏆᏲᏓᏋᏴᎯᏍ ᎯᏂᏆᏋᎤᏆᏓ ᏫᎤᏁᏁᏍ ᏴᏛᏓᏓᏁᏱᏋᏍ, ᏋᏟ.ᏫᏂ.ᏚᏌᏋᏐ. ᏓᎧᏫᏍᏤᏓ ᏍᏲᏓᏴᏱᏓᏓ Ꮜ ᎯᏂᏆᏋᎤᏆᏓ ᏫᎤᏁᏁᏍ ᏴᏛᏓᏓᏁᏱᏋᏍ, ᏡᏍᏆᏍᏍᏍᏴᏛᏆ ᏓᏍᎷᏍᏓᏦᏫ ᏱᏍᏡᏫᎧᏁᏓᎧᏤᏱᏱᏓ ᏓᎧᏆᏓᏫ ᏦᎧᎷᏦ ᎯᏍ ᏋᏍᏫᏁᏍᏋ ᏍᏆᏆᏱᏓᏍᏋᏍ ᎯᎧ ᏴᏓᏡᏴᏍᏤ ᏍᏍ ᏴᏛᏓᏓᏁᏱᏲᏍ, ᏦᎧᎷᏦᏤᏍ ᏓᏍᏥᏓᏁ ᎯᎧ ᏥᏂᏆᏍᏋ ᏦᏍᏆᏲᏓᏋᏴᎯᏍ ᏓᏍᏴᏍᏆ Ꮜ ᏍᏁ-ᏍᏥᏡᏓᏆ Ꮫ ᎯᏍ ᏴᏛ ᏡᏍᎷᏍ ᏥᏓᏋᏱᏆᏍ, ᏍᏓᏆᏋᏥᏫᎧ ᏓᏍᏆᎯᏍᏋ ᏍᏋᏍᏋᏫ ᏫᏂ.ᏫᏂ.ᏚᏌᏋᏐ, ᏱᏴᏍᏲᏛ ᏋᏱᏆᏱ:

Ꮪ. ᏍᏍ ᏴᏛ̈ᏓᏓᏁᏱᏲᎧ ᏓᏍ ᏍᏋᏍ ᏍᏍ ᏥᏂᏆᏍᏤ
Ᏹ. ᏱᏤᏲᏱᏆᏋᏴᎯᎧ ᏦᎧᎷᏦ ᏱᏴᎯᎧ ᏫᏓ̈ᏋᏓᏋ, ᏱᏤᏦ ᎷᎧᏆᏦᏍ ᏁᏓᏍᏋᏤ ᏍᏋ Ꭷ ᏫᏓᎥᏱᏋᏂ
Ꮒ. ᏓᎧ'ᏍᏍᏓᏍᏆᎯᏍ ᏱᏴᏁᏓᏓᎯᎧ ᏦᎧᎷᏦ ᏱᏴᎯᎧ ᏫᏓᏋᏍᏋᏓ ᏱᏤᏦ ᏴᏛᏓᏓᏁᏱᏫᏍ ᎯᏍ ᏓᏓᏓᏱᏱᏋᏂ ᏱᏤᏍᏋ ᎷᎧᏆᏦᏍᏍᏍ ᏍᏍ ᏱᏍᏆᏍᏡᏱᏲᏍ Ꭷ ᏫᏛᏆᏍᏓᏤ ᏥᏂᏆᏓᏁᎯᏍ ᏍᏍᎯᏛᏫᏍ.

ᏍᏤᏤᏍᏲᏛ ᏆᎧᏤᏍᏍ Ꭷ ᏋᏋᏁᏱᏤᏍᏋᏤᏍ, ᏦᏍᎷᏓ ᏦᏓᎥᏱᏡ ᏤᏍᏲᎧ ᏍᏋ, ᏱᏤᏓᏤ ᏡᏍᏆᏍᏍᏍᏴᏛᏆ ᏓᎧᏆᏓᏫ ᎯᎧ ᏡᏍᏆᏓᏆᎧᎥᏱᏤᏤᏂ ᎷᏍᏥᏋᏥᏫᏍ ᏍᏋ, ᏱᏤ ᏍᏍ ᏴᏛ̈ᏓᏓᏁᏱᏲᎧ ᏁᎤ ᏋᏍᏋᏍᏋ ᎷᎧᏆᏦᏍ Ꭷ ᏲᏓ̈Ꮖ ᏍᏋ, Ꮫ ᏋᏂᏆᏓ ᏁᏛ ᏫᏓ̈ᎥᏱᏋᏓᏋ ᏚᏌᏋᏫ-ᏋᏋ.
ᏦᏍᎷᏓᏤ ᏡᏍᏆᏍᏍᏍᏴᏛᏆ ᏓᎧᏆᏓᏫ Ꭷ ᏍᏱᏱᏁᏓᏓᏍᏋᏓ ᏱᏤᏦ ᏁᏍ ᏴᏂᏱᏫᏂ ᎧᏓᏦᏆᏍᏋᏓᏤ ᏴᏛ ᏴᏂᏱᏫᏍ: ᏴᎧᏁᏍᏱᏋᏍ ᏡᏓᏤᏥᏦᏆᏱᏴᏍᏱ, ᏥᏂᏆᏓ ᏱᏤᏲᏱᏆᏋᏴ ᏍᏋ Ꮫ ᏫᏍᏆᏓᏴᏓᏫ ᎯᎧ ᏴᏍᏓᏍᏋᏴᏍᏋ ᏴᏛᏓᏓᏁᏱᏫᏍ, ᎯᏍᏤᏍ ᏲᏂᏆᏍᏍᏋᏴᏍᏋ ᎷᏍᏲᏲᏍ ᏴᏓᏓᏍᏋᏤᏍᏋ ᏱᏴᏍᏱᏱᏓᏓᏆᎯᏍ. ᏦᏍᎷᏍᏋ ᎯᎧ ᏋᎤᏲᏍᏍᏋ ᏡᏦᏲᏲᎤᏫᏍ: 'ᏱᏍᏓᏁᏱᏋᏓᏤ ᏴᏛᏓᏓᏁᏱᏁᏓᏤ ᏦᏱᎷᏋ ᏍᎥ̈ᏲᏓᏋ' ᏡᏂᏲᏲᏍ ᏚᏋᏐ, ᏱᏋᏍᏫᏛ ᎯᏍ ᏓᏍᏆᏥᏓᏍᏱ ᎯᏍᏱᏍᏋᏴᏍ, ᏱᏤ ᏍᏍ ᏴᏛᏓᏓᏁᏱᏲᏍ ᏁᏛ ᏫᏓ̈ᎥᏱᏋᏓᏋ ᎷᎧᏆᏦᏍ ᏴᏛᏓᏓᏁᏱ ᏍᏋ, ᏂᏫ ᏴᏍᏤᏂ ᏥᏱᏋᏓᏴ ᏍᏋᏓᏤ ᏁᏍᏲᏍ ᎥᏛᏲᏂ. ᏦᏍᎷᏍᏋ ᏱᏍᏫᏫᏍᏋᏴᏍᏋ, Ꮫ ᎯᏍᏁᏓ, ᏱᏤ ᏫᏂᏦᏁᏍᏫᏫᏋ ᏍᏍᏁᏋᏓᏤᏱᏲᏍ ᏍᏋ ᏴᏱ ᏓᏫ ᏍᏋ Ꭷ ᏫᏋᏫᏍᏤᏍᏋᏫ ᏍᏫᎤᏲᏴᏱᏲᏍ ᏍᏍᏆᏍᏓ (ᏍᏍᏆ ᏴᏛᏓᏓᏁᏱ). ᏆᏦᎷᏋ ᏁᏍᏲᎧ ᏥᏍᏡᏍᏂ ᏱᏤᏦ ᏱᏴᏍᏱᏱᏓᏓᏁᏍᏋᏍᏤᏍ ᏁᏍ ᎷᏱᏆᏱ Ꭵ̈ᏱᏆᏓᏋ. ᏡᏂᏲᏲᏍ ᏂᏟᏍ Ꮜ ᏡᏦᏲᏲᎤᏫᏍ, ᏦᏍᎷᏍᏋ ᏡᏓᏤᏥᏦᏆᏱᏴᏍᏱ ᎯᎧ ᏋᎤᏲᏍᏋᏴᏓ, Ꮫ ᎯᏍᏁᏓ, ᏱᏤ ᏫᏂᏦᏁᏍᏫᏫᏍ ᏍᏍᏁᏋᏓᏤᏱᏲᎧ ᏍᏋ ᏫᏋᏫᏍᏤᏍᏋᏫ Ꮫ ᏥᎧᏆ ᏍᏋ ᏱᏤᏍᏋ ᏴᏛᏓᏓᏁᏱᏫᎧ ᏲᏓᏆᏍᏂ ᏡᏱᏴᏍᏋᏁ. ᏦᏍᎷᏍᏋ ᏫᏋᏫᏍᏤᏍᏋᏫ ᏱᏤᏍᏋ ᏴᏛᏓᏓᏁᏱᏫᎧ ᏡᏍᏆᏍᏓᏤ ᏥᏂᏆᏓᏁᎯᏍ ᏱᏋᏂ ᏍᏥᏆᏱᏤᏍᏍ ᏍᏍᎯᏍ ᏍᏍᏁᏋᏓᏤᏱᏲᏍ.

Farta iyo loollan ku yimid

Maxamed shariif Maxamuud, jawaab u ka bixiyey maqaalkii barafasoor maxamuud Cabdul Muncim Muraad. Wargayska Corriere della Somalia 28.03.1957. Mudane agaasime ee Kuryeere della soomaaliya. Barafasoor Maxamuud Cabdil Muncim Muraad wuxuu ka hadlay arrimaha ku saabsan af soomaaliga, wuxuuna maqaal ku qoray wargeyska Masar ee Al-akhbaar oo ka soo baxa Qaahira, taariikhdu markay ahayd 03.03.1957. Isagoo yiri :-

1: Af soomaaligu ma aha af qoran,

2: ingiriisku wuxuu isku dayey inuu xuruuf laatiin ah u dejiyo.

3: mu'tamarka islaamku wuxuu isku dayey inuu soomaalida ka dhaadhiciyo inay xuruufta af carabiga u doortaan qoraalka afkooda. Anagoo runta u hiilinayna, waxaa waajib nagu ah inaan barafasoor Muraad ku baraarujinno xaqiiqda ah, in af soomaaligu lee yahay xuruuf u gaar ah, oo hore loo dejiyey 1922. Waxaan barafasoor Muraad u tilmaamayaa inuu la socdo umuuraha soo socda :- Sylvia Pankhurst, qoraa ingiriis ah oo diraasad ku samaysay soomaalida, kana gorfaysay xagga saamayntii, waxay ku sheegtay buuggeeda "Italian Somaliland in the past", bogga 157, iyadoo ka markhaati kacaysa in af soomaaliga loo dejiyey xuruuf soomaali ah 30 sano, qiyaas ahaan laga joogo.

Waxay caddaysay, oo kale, in dowladdii talyaaniga ay si aad ah u diidanayd adeegsiga farta (far soomaali). Ruuxii lagu qabto inuu isticmaalayana la xiri jiray. Bogga 381 ee buuggeeda, waxay Pankhurst ku sheegeysaa, oo kale, in dowladda talyaaniga ay diidanayd oo qur ah inay soomaalidu gaarto bisayl. Waxay diidanayd inay soomaalidu bartaan qoraalka iyo akhrinta afka tilyaaniga. Arrinta qoraalka af soomaaliga waxa falanqeeyey qoraaga maraykanka John Gunther oo buuggiisa: 'gudaha afrika - Inside Africa-' bogga 279 ku xusay ahmiyadda afku lee yahay. Horummarka af soomaaliga waxa lagu gorfeeyey

sanadlaha ahayd 1952 ay dowladda Talyaaniga Ee dardaaranka ugudbisay ummadaha midoobay, iyadoo bogga 293 lugu sheegay:

S7792ᏑS ᏜᏂ7ᏍᏁᎯS SᏓᎯS ᏃᎻᏐᏍᏁ9ᏒS ᏂSᏁᏍ ᏓSᏁS2ᏜᏌᏋᏓᏋ ᏜᏂ7ᏍᏒS ᏐS7SᏋᎯS2ᎯS ᎨᎻᏲ2 ᏒÄ2ᏑᏓᏓ7 Ꮋ ᏲᏂᏒᏒᏋᏃS: ‘ᏒᎯOSᏲS SᏓ79ᎯS’ ᏲᏂᏒᏒS ƐƆU ᎯᎯ ᏁᎯᏃSᏋ, SᏲᏐ9ᏋSOOS SᏓ ᏃÏᏐᏍᏁ9ᏒᎯ ᏁU ᏋSᏲSᏋ. ᏲᏂ7ᎯᏐᏐS7ᎯS SᏓ ᏃᎻᏐᏍᏁ9ᏒS ᏂSᏁᏍ ᏁSᏒᎯ ᏒᏂ7ᏓUᏋᏓᏋ ᏂS7Ᏺ9Ꮑ92ᏑᏋ ᏃS2SOᏁSᏲS SᏲSᏋO SUᏓƐ SᏋ OᏂᏂᏁSOOS ᏑSᏁᏋᏍ29ᏒS U OS7OᏍ7S2ᎯᎯ Ꭿ ᏒᎯOᏲ9ᏃSᏋ ᎯᏐᏐSOSᏲS Ꮠ9OᎻᏲSᏋ 9ᏋSOᎻ ᏲᏂᏒᏒS ƐUh ᏁSᏒᎯ ᏋUᏒSᏋ: ᏂSᏁᏍ ᏁS Ꮣ9ᏃSᏋ Ꭿ7Ꭿ7ᎯS SᏓᎯS 9Ꮛh ᏃᏂᏒᏍ2ᏑS ᏃᎻᏐᏍᏁ9ᏋUO ᏁᎻ2S ᏁᏁ9ᏁᏃᏍ7SᏋ 92SᏋ OS7ᏃᏍᏋ ᏲᏂ7ᎯᏐᏐS792ᏑS SᏓᎯS, 92SᏋ Ꭿ7ᏂᏂ79ᏋᏍ2 ᏲÏᏒᏑS ᎯS ᏲSOᏁSᏋᏃS ᏃᎻᏐᏍᏁ9ᏋS 9Ꮛh SᏓᎯSᏲS, 92SᏋ OᏍᏲSᏲᏍ2 OS7ᏍᏃᏍOᎯS ᎯᎯ ᏃᏍᏲᏃS2 SᏓ ᏃᎻᏐᏍᏁ9ᏒS, ᏁᎻᏒᎯ2S ᏓᏍ’9OUᏋh ᏂSᏁᏲS7SᏋSOS OᎯᏒ Ꮓ9ᏋSOS.

Ꭿ7Ꭿ7ᎯS ᏂSᏁᏍ ᎯSᏁᏓ Ꮋ ᏁᎻ ᏁᏁ9ᏁᏃᏍᏑSᏋ 92Ꮒ SᏓ ᏃᎻᏐᏍᏁ9 Ꭿ 7ᏂᏒᏂ ᏲÏᏒᏑS SᏓSᏓᎯS SᏓSᏲ9ᏒS ᎯᎯ ᏜS7S2, ᏃᏲ OSOᏂᏓᏋ2ᎯᏲᎯ ᎯᏒS ᏓᏍ’9OSᏋᏃᏑᏂ. ᏲS72ᏍᏐ9ᏓᎯS Ꭿ7Ꭿ7ᎯᎯ ᏂᎯᏁᏂ Ꮣ9ᏒSᏋᏍ, 92SᏋᏃS2 Ꮣ9792 ᏁSᏲᏓSOᏂ (ᏲS7ᏜSᏁᏁSOᏂ SᏲ).
ᏂSᏁᏍ2 7SᏲ2Ꮝ 92ᏍO ᎯS OᎻOᏍᏂ ᏐSᏜᏍᏁᎯS ᏲS7SᏓSᏃᎻ7 ᏐᎯ7ᏍO ᏐS7ᎯᏂ ᏁU ᏋSᏲSᏋ SᏓ ᏃÏᏐᏍᏁ9ᏒᎯ SᏲᏓSOO9ᏋSO ᏃᎻᏐᏍᏁ9ᏋUO ᏐS ᏁSᏲS. ᏓᏲᏍᏑᎻᏋ92ᎯS ᏁᎯᏒᏒᎻᏋᏓᏋ SᏓ ᏃᎻᏐᏍᏁ9ᏒS ᏂᏍ ᏓᏍᏓ9OOS ᏜᏂ7ᏍᏁᏁᏂ ᏲSOS2, ᏂSᏁᏍ ᎯS Ꮠ9Ꮢ SᏲᏍ ᎯᎯᏂS ᏃᎻ ᏃᏂᏲOS:

S. 9ᏃᏑ9ᏲᏐᏍ7ᎯᏋ ᏂᏍ ᏲᏂ7ᏓᎻᏒᏃSOSᏋ ᏜᏂ79ᏃᏑS SᏓ ᏃᎻᏐᏍᏁ9ᏒS, 9ᏃSᏒᎻ ᏂᏒᏍ 92 ᏓᏍᏓ9OOᏋᏃᎯ SᏋ ᏑᏍᏒU7Ꮒ Ꭿ ᏑSᏲSᏋ ᏁᎻᏒSᏋᏃ9ᏒS ᏂSᏲᏋ9ᏒS ᏂSOOS29ᏋSOOS.
Ɛ. OSO ᏲSOS2 Ꮋ ᏃᎻᏐᏍᏁ9 SᏲ ᏂSᏋ OᏋOOS2ᏍᏋU2 SOUᏒᏃ9ᏒS ᏁᎯ7ᏂᏓᏑS SᏓ ᏃᎻᏐᏍᏁ9ᏒS, 9ᏋSᏒᎻ ᏜSᏲSᏋ 92Ꮒ OSᏲ7SᏋᏂ ᏲᏂ7ᎯᏐS7ᎯS ᏒᏂO U OSᏁᎯS, ᏁᎻ2S ᏲᏍᏲS2 ᏋSᏲSᏋ 92Ꮒ ᏁS ᏃᏍ2 ᏜᏍOᏂ ᏲᏂ7ᎯᏐS7ᎯS OᎯ29OS. OSOᎯS Ꮓ9OᏍ Ꭿ Ꮣ9ᎯS7SᏋSᏋ ᏐSᏋ Ꮡ9ᏁᏒÏᏓᏁ92 92 ᏜᏂ7ᏍᏁᎯS SᏓ ᏃÏᏐᏍᏁ9ᏒᎯ

ᏐS72S ᏂᏃS2 Ᏺ97Ꮛ79 ᏒᏓᏁ92SᏋ292 ᏲS7SᏋSOS SᏓᎯS Ꮛ9ᏋUᏋᏓ. ᏂSᏁᏍ ᏁS Ꮒ7S2 ᎯS7Ꮝ ᏂᏍ SᏜᎻ2 ᏃᎻ ᎯᏂ7Ꮒ7ᏑSᏋ Ꮋ ᏲᏂ7ᎯᏐS792SᏋᏃS ᏃSᏜᏍᏓSOOS, Ᏺ9ᏁᏐ9ᏒS 9Ꮛh ᏂSᏲᏋ9ᏒS Ꮓ9ᏋᏍᏃSOUO U OSOᏂᏓᏋ2SᏲS ᏃᎻᏐᏍᏁ9ᏋUO.

Waxaa la dhisay ururka afka iyo suugaanta soomaaliyeed loona xilsaaray inay darsaan horummarinta afka, inay uruuriyaan buugta ka hadlaysa soomaaliya iyo afka, in ay daabacaan daraasaadka ku saabsan af soomaaliga, looguna faa'ideeyo waxbarshada dugsiyada. Ururka waxaa kale oo loo xilsaaray inuu af soomaali u rogo buugta afafka ajnabiga ku qoran, si dadweynuhu uga faa'idaysto. Barnaamijka ururku wuxuu dhigayaa, inaysan jirin lahjado (Carqalado ah). Waxaan rabnaa inaan ka doodno barafasoor Muraad markuu lee yahay afsoomaaligu abjaddiya Soomaaliyeed ma leh. Dhibaatooyinka luggooyey afsoomaaliga waa faafidda qoraallo badan waxa ka mid ahaa kuwa soo socda:

1. isticmaarkii waa horjoogsaday qorista af soomaaliga isagoo ogaa in faafiddiisu ay taageero u tahay xoogaysiga wacyiga waddaniyadda.
2. Dad badan oo soomaali ah way diiddanaayeen adeegsiga xuruufta af soomaaliga. Iyagoo qabay inuu dabrayo horummarka guud ee dalka, loona baahan yahay inuu la saanqaado horummarka dunida. Dadka sidaa u fekerayay ma ay tixgelin in qoraalka af soomaaliga marna uusan ciriiri gelinaynin barshada afka shisheeye.
   Waxaa la oran karaa waa aqoon soo korortay oo horummarinaysa saqaafadda, cilmiga iyo wacyiga siyaasadeed ee dadweynaha soomaaliyeed.
3. Dadka qaar baa aamin sanaa in farta afka soomaaliga ay ka soo horjeeddo qawmiyadda carbeed, iyagoon tixgelin in diintu nagu ajburaynin inaan ku taxnaanno qawmiyad gaar ah. Xaqiiqa kale waxay tahay, haddii tix gelinta carabiga lala xiriirinayo diinta, afka carbeed waa ka horreeyey soo daahiridda islaamka. Afku, sidiisa bannaan, wuxuu ka dhashaa baahida bulshada ay u qabto in ay is fahamto. Iiraaniyiinta iyo induniisiyaanka afkooday adeegsadaan waana dad muslim ah. Run ahaantii, qoraalka af soomaaliga maqaamka hore, waa kacdoon siyaasadeed oo dhalin doona kacdoon saqaafadeed

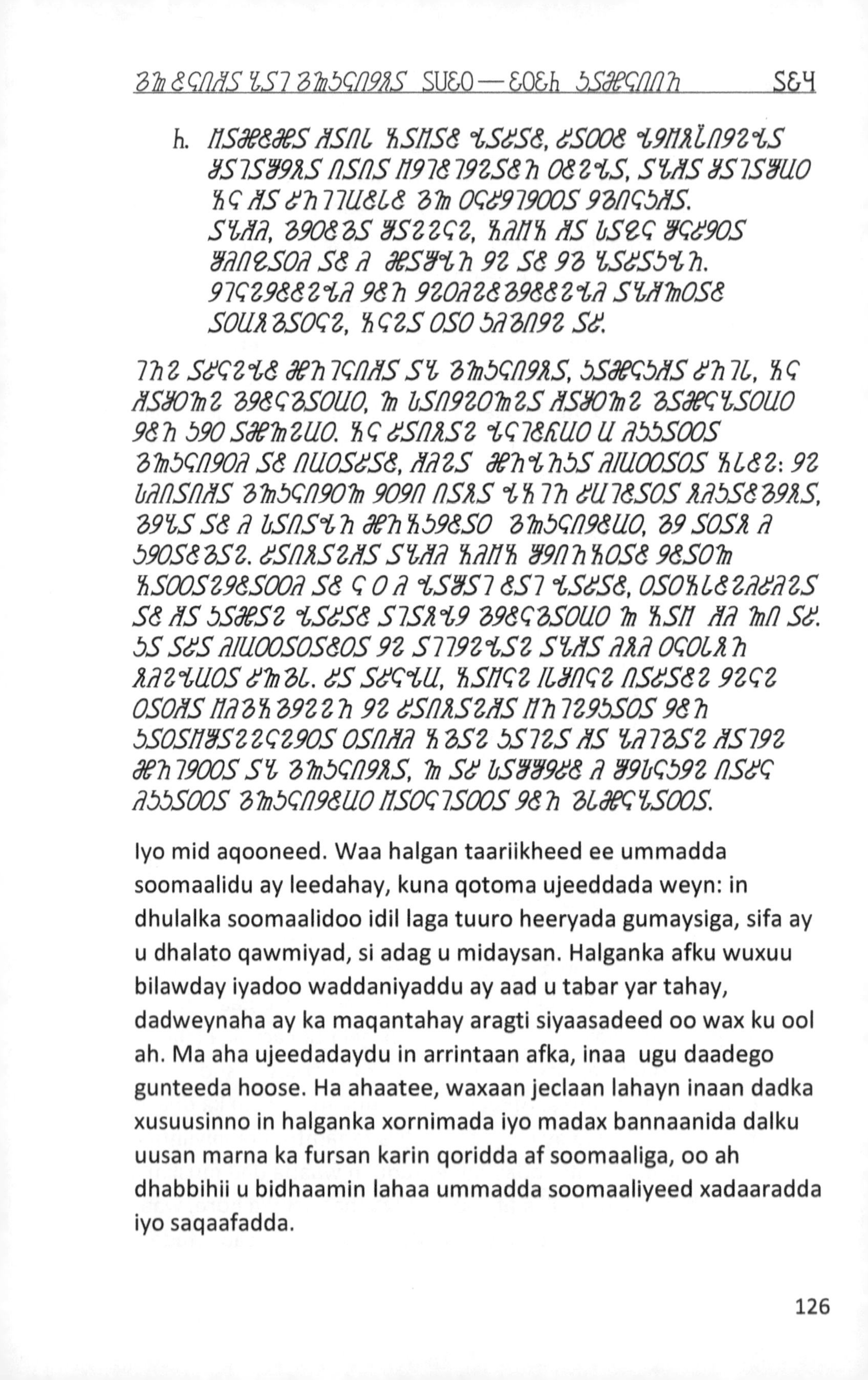

h. [illegible]

[illegible]

Iyo mid aqooneed. Waa halgan taariikheed ee ummadda soomaalidu ay leedahay, kuna qotoma ujeeddada weyn: in dhulalka soomaalidoo idil laga tuuro heeryada gumaysiga, sifa ay u dhalato qawmiyad, si adag u midaysan. Halganka afku wuxuu bilawday iyadoo waddaniyaddu ay aad u tabar yar tahay, dadweynaha ay ka maqantahay aragti siyaasadeed oo wax ku ool ah. Ma aha ujeedadaydu in arrintaan afka, inaa ugu daadego gunteeda hoose. Ha ahaatee, waxaan jeclaan lahayn inaan dadka xusuusinno in halganka xornimada iyo madax bannaanida dalku uusan marna ka fursan karin qoridda af soomaaliga, oo ah dhabbihii u bidhaamin lahaa ummadda soomaaliyeed xadaaradda iyo saqaafadda.

ƼSℋϚN SUƐO Prof. A. Negrotto Cambisio

(NƎȺSƐh/ƜȺ: ƐS7ƐŁ ƷϚNSN ƼSNSƼLO ƜSNƎ)

ȺȺNȺ ȺS ƼƎO SƐϚ SℋƜƐ ƐSƐSƐƐSOƐ ȺS ℋSƐƜ ℋϚŁSƐ OƜOƎƐƐ SŁ ƷƜƼϚNƎȺS. ȺȺNȺ ȺS ƐSONSƐ, IƎ7ƎŁϚƐ ŁS7 ƷƜƼϚNƎƐUO.

ƼSℋϚNȺȺ ȺȺNȺ ȺȺ ŁϚ7ƐȺSƐƷSƐ ƐSƐSƐ ƐƐ.OS.SUƐO. ȺSNϚƐ NSƷȺƷŁϚ ƷSƐƜƐƎƐ ƐhȺ ȺSȺŁƎ NSȺS IƜȺh, ƎƐ ƐƎƐ ƷϚNƐƜȺSƐ SƐ, SƷSNȺƐƷȺƐS ƐSƐSƐ OSNȺS ℋSƜhȺȺS ƜSOSƐ U -Ⱥ7ϚNSƷ ȺhƜSN 7ȺƐȺS- -Urals region of Rusia-, ȺȺNȺ ϚƼƎƐƷSƐϚ, ƎƐ ƷƜƼϚNƎOȺ NSƐϚƐ IƎ7ŁSƐ ŁS7 ƐϚŁSƐ 7ϚO ƜÜƐSƐ.

ȺSNϚƐ ȺȺ ȺSƷƜSƐϚOSƐ ƎƐϚƐ ƐƎƐȺϚ ƐSƼƼƎ IŁƜƎƐh, ƎƐ ȺSƷŁƜ Ⱥ Ǝ ŁȺƷSƐ ŁS7ŁƐ ƜƎƷƼϚƐ ƐȺƷȺŁ. NS7ŁSƐUOS ℋϚ7 ȺSNSƐ Ⱥ ƼȺȺȺN LȺƐƎƐƐƐ 'ƷƎƼƎŁƎȺ semitic', ℋϚ7 ȺSNLƐS Ⱥ ƼȺȺȺN LȺƐƎƐƐƐ 'ȺhƜŁƎȺ coptic', ƷƎOϚƷ ƜSƐ Ⱥ ŁS7ƷSƼSƐƷSƐ ŁSƐSƐ. ƜƎƷƼϚƐ ƐȺƷȺŁ SƼƼϚƐ ƜȺ ȺȺ ƼȺOSƐ ƐSƐSƐ OSOϚNȺS ƎƐh LSƜƜSƐS ƜSℋNƎ ȺSNȺS SƐ Ⱥ ȺȺ ƷSNUƐSƐ NȺ7ȺŁŁƐƷS. ƼϚƐŁS ϚƐ IƜȺƐh ȺSNϚ ƎNS ŁƜƷSƐ ŁƎȺ7SOOSƐOƐ ƐhƐh. OȺƐƎOϚƐ OSOƐhȺ ƜϚ ƜhℋhNNϚNh ℋS7ƐƎ OSNȺϚƐ ƎƷȺȺ ƜLOOSNSƐLƐ. ƐSƷL ƐUƐU ƼSƷϚ7ƎOƐ ƐhƐL, ƷȺƼU7ƎƐƐƐŁƐ, SƷ-ƷƎ7ƎƐƐƐŁƐ (SƐȺ7ƎƐƐƐŁƐ) ƎƐh ƜϚƜƎNƎƐƐƐŁƐ ȺSNƜS ȺSƼS IƜȺϚƐ ƼϚƐŁS. NϚȺƐƐ ŁS7SƐƜOƐ ȺSƐ ȺSOS IƎ7ϚƐ, ȺSƐƐS ȺS ƷƜ ƐS7UƐ OSOƐhȺȺϚ ƷȺNLƐ. ŁS7SƐƜOƐ ƎƐh ƷȺȺϚƐŁƜOƐ ƎNϚ ȺϚȺϚƐ ȺSNSƐ ŁƐ7S7 SOSȺ Ⱥ ƐƎƐƐƐ OS7ϚƷSOh ℋƐƼL NLƐ ƎƐh S77ƎƼh ƜƎNƼƎƐUO Ɯ ȺSNL. 7ϚOSOȺƐ NSOOϚ7SO ƎƐƐ ℋSOƐƼȺS SƐϚ, ȺSNSƐ ȺȺ ƐϚNNϚƐ OL7ƜƎƐh, ŠȺSƜƐh, LSƼƜϚNNh, ŁϚNNƜƐƎƐ ƎƐh LSȺSN NS ℋh7SƐ. ƷƜƼϚNƎƐS ƎƐŁϚƷ NSȺS ƼS ƐLNh. ℋh7ϚNNSOS ℋȺƜȺ7SƐS ƷƜƼϚNƎƐS NSȺS ƐLNLƐ ȺSNϚ ȺȺ LƎȺSƐ ŁS7 ȺȺŁƎ, SƼS ƼƎO ƜS7SƜƎ SƐ. ƜSNϚƼƜƐƎƐȺS ȺhOhOȺS ƎƐh ƼUNSƐS ℋϚ7 NSȺS ƐLNh ȺϚ NUNNUN 7U7 ƜϚOƎƐȺƐȺ ȺȺ NS7NS77ƐℋUƐ, ȺNSƐS IUOUƐ ƎƐ SƐ ŁƜƷƎƐϚƐ OSOȺS ȺÜOOƎȺS 7U7 ȺȺ7ϚȺS, Ɯ 7ϚOȺƜOS ȺȺ IƜȺS.

Prof . A. Negrotto Cambisio Maqaal 1950

(Xigasho/buug: Shariif Saalax Maxamed Cali)
Wuxuu ka mid ahaa aqoon yahannadii ka qayb qaatay doodihii af soomaaliga. Maqaalku wuxuu ku taariikhaysnaa 22.01.1950. Waxaan xasuustaa sanooyin dhow wakhti laga joogo, in nin saaxiibkay ah asalkiisuna yahay dalka Qabowga badan ee Urals Region of Rusia, meeshan qorraxda kululi ku soo furtay, oo aaminsanaa, in soomaalidu lahaan jirtay far haatan raad beeshay. Waxaan ku khasbanaaday inaan ninkaa hammi jabiyo, in kastoo uu i tusay fartii Cismaan Yuusuf. Xarfaheedu qaar waxay u mukul egyihiin Semitic, qaar kalana u mukul egyihiin Coptic, sidaas bay u farsameysan yihiin. Cismaan Yuusuf ammaan buu ku mudan yahay, dagaalka iyo dhabaha caqli galka ah ee uu ku saleeyey xuruuftiisa. Maantadaan aan joogno waxaa i la toosan fikraddaydii hore. Dunidaan dadyow baa boqollaalo qarin dalkaan isku beddalayay. Ha yeeshee Masaaridii hore, Someeriyiintii, Asiriyiintii Ashuuriyiintii) iyo Baabilyiintii waxba kama joogaan maanta. Laakiin farahoodii way wada jiraan, wayna ka soo hareen dadyowgaa suuley. Farahoodii iyo Suugaantoodii ilaa wagaan waxay tiirar adag u yihiin daraasado qiime leh iyo arrimo cilmiyeed oo kale. Raadadkii xaddaaradihii qadiimka ahaa, waxay ku yaallaan derbiyo, agabyo, dhambaallo, taallooyin iyo dhagax la qoray. Soomaaliya intaas laga ma helo. Qoraallada qubuuraha Soomaaliya laga helay waxaa ku dhigan Far kuufi, ama mid Carabi ah Calaamado gododka iyo meelaha qaar laga helo waa leexleex reer baadiyuhu ku xarxarriiqeen, ulana jeedeen inay toosiyaan dadka geeddiga reer guuraaga, oo raadkooda ku jooga. Cid hore (waayihii hore) oo isku taxallujisay qoridda afka soomaaliga ma jirin. Abbaarihii 1800 nebi Ciise dhalashadiisii ka hor, xilligii Boqortooyadii Fircoonkii weynaa Totmoskii III ee Masar, ayaa Soomaaliya xiriir ganacsi la yeeshay. Soomaalidu waxay gadayeen: hargo, dugaag nool, ugaar iyo luubaan/faleen. Masaaridu waxay ku beddalan jireen badeecado ka la duwan.

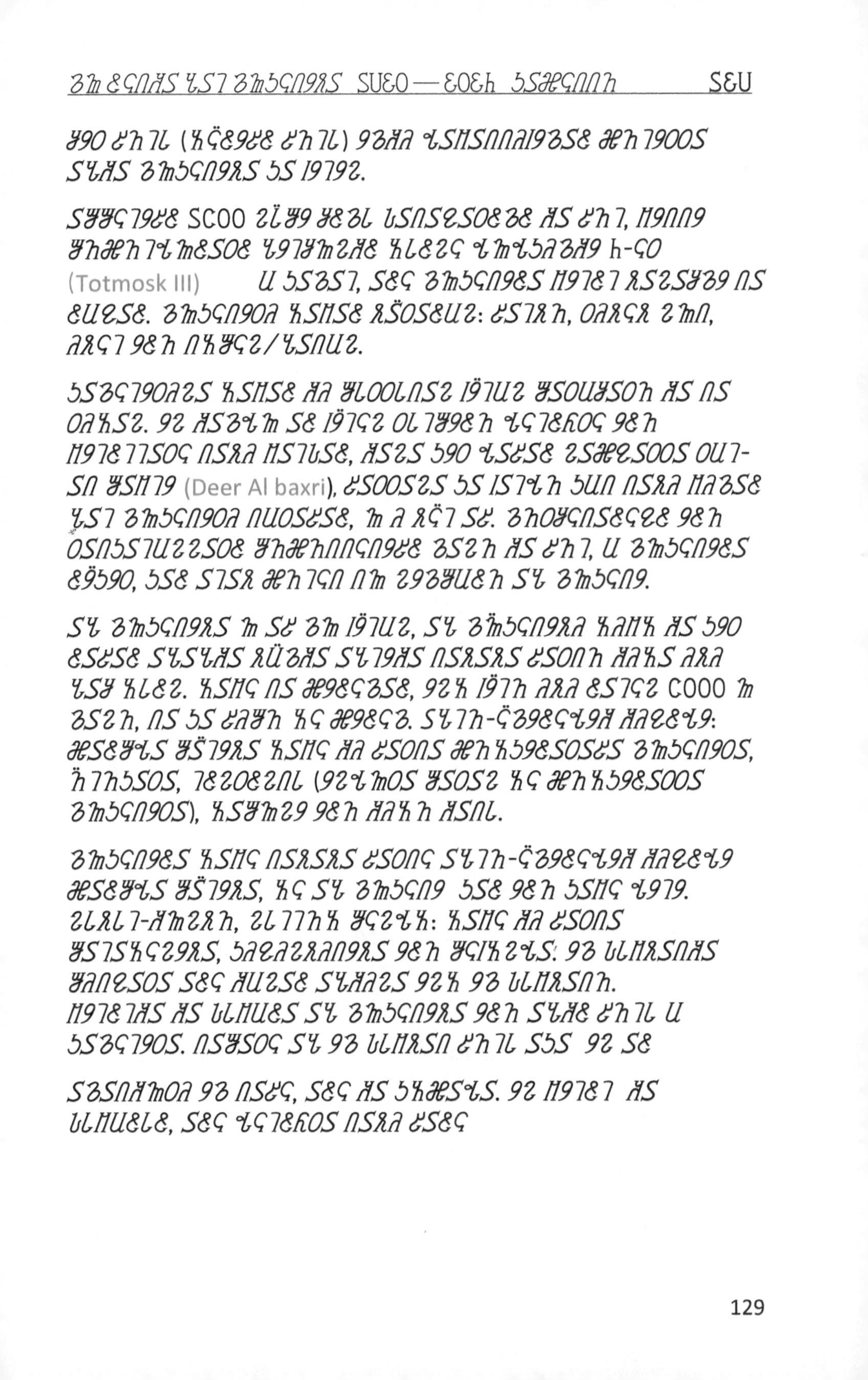

[illegible]

[illegible] (Totmosk III) [illegible]

[illegible] (Deer Al baxri) [illegible]

[illegible] C000 [illegible]

[illegible]

[illegible]

In kastoo ay jiraan derbiyo taariikhdaa iyo xiriirradaa lagu xardhay, kana mid tahay naqshadda Deer-al baxri , haddana ma jirto meel lagu xusay far soomaalidu leedahay, oo u gaar ah. Sodcaalayaashii iyo dalmareennadii boqolaallihii sano ka hor, ee soomaaliya yimid, ma aysan arag qoraallo loo nisbeeyo af soomaali. Af Soomaaligu waa soo jireen, afku wuxuu ka mid yahay afafka geeska afrika lagaga hadlo kuwa ugu fac weyn. Waxaa la qiyaasaa, inuu jiro ugu yaraan 8000 oo sano, la ma hubo taasi waa qiyaas. Afro-Aasiyaasik kushiiti: Qaybta bariga waxaa ku hadla qowmiyadaha Soomaalida, Oromada, Riindiinle (intooda badan waa qowmiyadda Soomaalida), Wabooni iyo kuwo kale. Soomaaliya waxaa lagaga hadlaa afro-Aasiyaatik Kushiiti qaybta bariga, waa af soomaali-may iyo maxaa tiri.

[illegible]		Fiiri tusaalahaan	
[illegible]/af soomaali		[illegible]/af Masaaridii hore	
[illegible]	cir	[illegible]	xir
[illegible]	qorrax	[illegible]	rac/rax
[illegible]	dayax	[illegible]	abax

[illegible]		Fiiri tusaalahaan	
[illegible]	af soomaali	[illegible]/af Masaaridii hore	
[illegible]	aniga	[illegible]	anuuk
[illegible]	isaga	[illegible]	sug
[illegible]	annaga	[illegible]	anan

Neger-Kongo, Nerro Baantu: waxaa ku hadla Barawaaniga, Mushunguliga iyo Baajuunta. Is dhexgalka bulshada ayaa keentay afkuna inuu is dhexgalo. Xiriirka ka dhexeeya af soomaaliga iyo afkii hore ee Masaarida: Labadaa af is dhexgal hore ama inay asalkoodu is lahaa ayaa ka muuqata. In xiriir ka dhexeeyey ayaa taariikhda lagu hayaa.

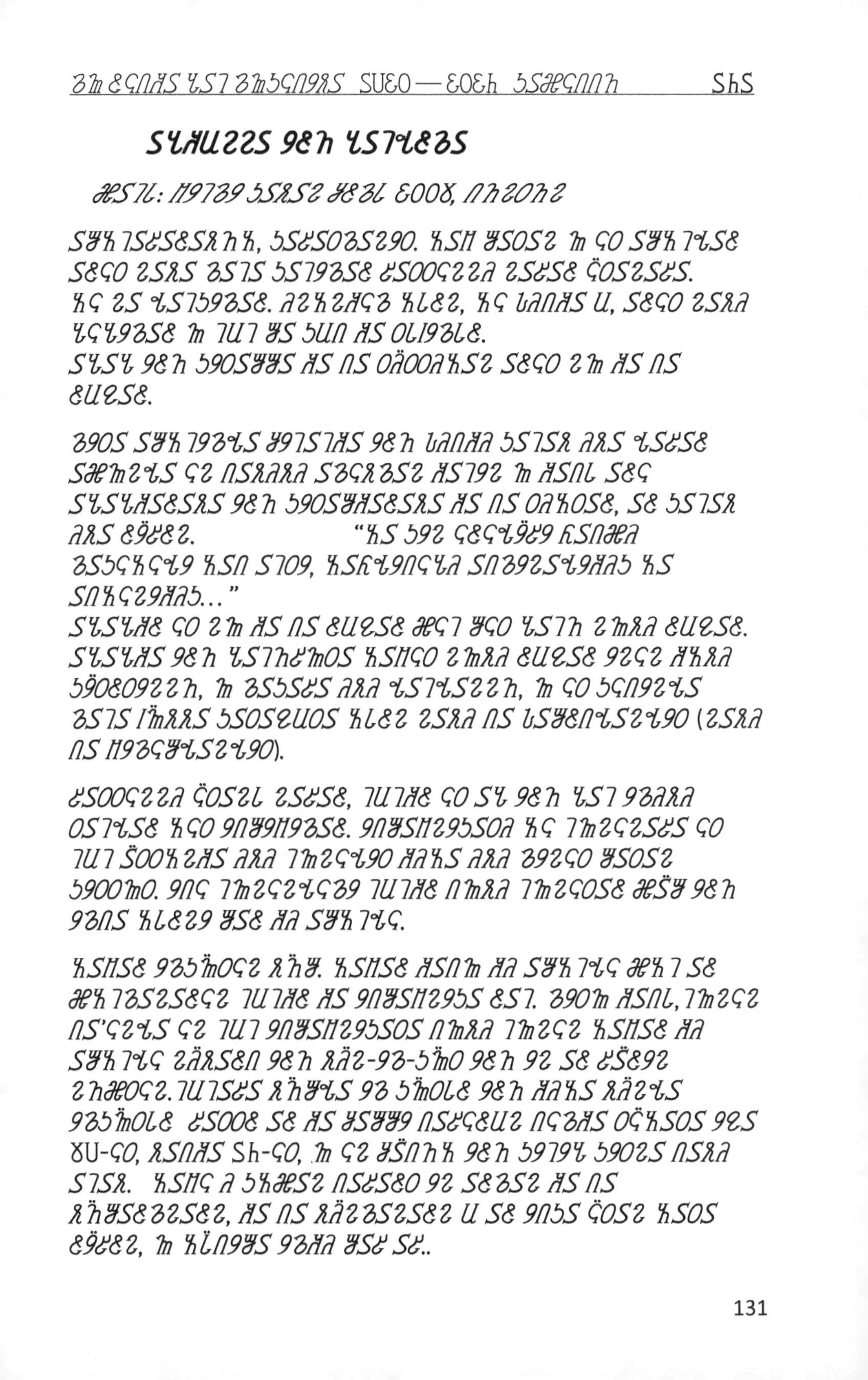

[illegible]

[illegible]

[illegible]

[illegible]

[illegible]

[illegible]

AFKEENNA IYO FARTIISA

QORE: Xirsi Magan Ciise. 2004.london.

Abuurahayagow, mahadsanid, wax badan oo aad abuurtay ayaad naga sara marisay haddaannu nahay aadanaha, waa na tarmisay.

Unuunkaas keliya, waa dhulka ee, ayaad nagu faafisay oo reerba meel ka dejisey.
Afaf iyo midabbo kala dudduwan ayaad noo kala yeeshay.
Sida abuurista cirarka iyo dhulka marag uga tahay, aqoonta aan lagugu asaagsan karin oo kale ayaa afkayaga iyo midabkayaga kala duwday ay marag uga yihiin.
"Waa min aayaatihi khalqu samaawaati wal ardi, wakhtilaafu alsinatikum wa alwaanikum...".
Afafkii aad noo kala yeeshay qaar baad faro noogu yeeshay, afafka iyo farohooda waxaad noogu yeeshay inaan kuugu midiidinno, oo samaha ugu tartanno, oo aad maalinta sare joogga, madasheeda weyn nagula dhabiiltantid (nagula xisaabtantid). Haddaan aadane nahay, reerkii aad af iyo far isugu dartay waad ilbixisay.

Ilbaxnimadu waa roonaanaha aad reer adduunka ugu roonaatid kuwa ugu sinaad badan middood, ilaa roonaantaasi reerkii loo roonaaday qab iyo isla weyni bay ku abuurtaa, waxay is moodaan gob. Waxay kaloo ku abuurtaa quur oo quursanayaan reerkii ka ilbaxnima yar. Sidoo kale, roonaan la'aanta aan reer ilbaxnimada loogu roonaan waxay ku abuurtaa nugayl iyo gun-ismood iyo inay hayin noqdaan.Reeraha gobta is moodey iyo kuwa gunta ismoodey haddii ay ka cabbi lahaayeen laaska daawada isha 49-aad, galka 13-aad, oo aan calow iyo mirif midna lagu arag.

Waxaa u muuqan lahayd inaysan kala gobsanayn, kala gunsanayn ee ay ilma Aadan wada yihiin, " Innaa khalaqnaakum min dakarin wa unsaa.." Bal yaa aadanaha ku oran kara, "War harraad baa idin kala dilaye, laaska daawada ka wada cabba!" Abuurahayagoow, mahadsanid.

"…9ƐƐՎ ՌՏՈՏՃƐՎԱՅ Յ9Ɛ OՏԱՏ79Ɛ ԿՏ ԱƐƷՎ…" ՖՏՈ ƐՎ ՎOՏƐՏƐՏ ԱԱ h7ՏƐ ԱՏ7Տ, "ԿՏ7 ƐՏ77ՎO ՖՎ 9O9Ɛ ԱՏ ՈՏ O9ՈՏƐԼ, ՈՎƷԱՏ OՎԿՏOՏ ԱՏ ԿՏOՏ ՎՏՖՖՏ!"

ՏՖԿ 7ՏƐՏƐՏՋՊԿ, ՅՏƐՏOƷՏƐ9O. ՏƐƐՏՋՏ ƷՊՅՎՈ9OՏ ՏƐ ԱƐԿƐԱՎՋՏ ՃԿ77ՏՈOՏ ԱԱ ՅՍ7ՏƐՏƐՏ ԿՏՈՎO ƐՏՋՏ OԼ19ƷԼƐ ՋՍƷԱՏ ՏԿ79ԱՏOՏ ՖՏ79. ՏԿ ՖՎO ƐՊ ƐՍՁՏƐ, ԿՏ7 ՎƐ ƐՏՈՏ ՈՏ ԿՏOՎՋ9Ɛ ԿՎ ՎO ƐՊՋԱ ƐՍՁՏƐ. ԿՏՈՎO ƐՊ ƐՍՁՏƐ 9ՈՖՏՈƐ9Յh ƐՊ ՋՎ7 ՏƐ.

ԿՎ 7ՊƐՎƐ ՎO ƐՊՋԱ 7ՊƐՎԿՏƐ. ԱԱԿh ՖՏOՏƐ Պ ՎƐ ՏƐ9ՋԱ ԱՏ Յ9O ՏƐՏƐ ƐՎ Ո9Ֆ 9Ɛh ՋՏՈՈՏO ԱԿՋԱ ƐՏƐƐՏ. ԱԱԿՏ ԱՏՈԼ ՏƐՎ ƷՏՈԿՋԼƐ 9ՈՖՏՈƐ9ՅՏOƐ ՎO ƐՊՋԱ 7ՊƐՎԿՏƐ. ՎOՏƐԼ ՖՏOՏƐ ՏƐՎ ƷՏՈԿՋՏ OՍՃOՏ ՎO ԱՋԱ 7ՊƐՎԿ9O.

ՃՎ7 ԱՏ Յ9O ՏƐ OՏOԱՏ ՎO Ա ƐՍՁՏƐ 9ƐԼՏ ƐՏ7ƐՏ7 ՏƐՎ ƷՏՈԿՋՏƐ 9ƐԼhƐՊOՏ Պ ԿՏՌԿՏ77h OՊƐԿՏ, 9ƐԼՏƐՏ Ա OՊ79ƐՏ Պ Ա ԼԱՏƐƷƐƐՏ ԿՏՈՎՈՏƐՊՋՏ 9ƐԼՏƐՏ ԿՎԿԼƐƐ Պ 7Ս7 ՋՏՈՖՍO.

Ʒ9OՊ ԱՏՈԼ ԱԱԿh ՏO9ՋԱ Ա OՊ7ԿՏƐ Կ9ՅՏ ՏOՏՋ, ՏƐՎ ƷՏՈԿՋՏ Պ 9ƷԱԱ ԼԱՏƐƷƐƐՏ ԱԱԿh ՏO9ՋԱ Կ9ՅՏ 19Ո9ՖƷՏƐ Ա OՊ7ԿՏƐ. ԱԱԿՏ ԱՏՈԼ Պ ՏO9ՋԱ Ա OՊ7ԿՏƐ Յ9OՏՖ ՅՏOՊԿ ՏƐՎ 9Ʒ ՎՏOOՍƐՏ Ʒ9 ՏƐ ԱՋԱ ԼԱՎOՎƐ ԱԱԿh ՏO9ՋԱ Յ9OՏՖ ՎՏO Ա OՊ7ԿՏƐ.

ՏՖԿ 7ՏƐՏƐƐՏՋhԿ, Ʒ9OՏ ԱԱԿՎƐ ԱԿՋԱ ƷՏՈԿՋՍƐ 9ƐԼ9ƐƐ ՏՅՏ Կ9Յ9ƐƐ ՏՅՏ Յ9OՏՖԱƐ ՎO Ա OՊ7ԿՏƐ Պ ԱՏՈԼ ՏƐՎ ԱԱԿՏ ՏƐƐՏՋՏ ƐՏՋՏ Յ9O ՏƐ ԿՏ7ԿƐ ՎO ƐՊ ƐՍՁՏƐ ԱԿՋԱ ƷՏՈԿՋՍƐ.

ՏՖԿ 7ՏƐՏƐƐՏՋhԿ, 7Ս7h ՎO 9ՈՖՏՈƐ9Յh ƷՏ7Լ Ա ƐՍՁՏƐ Պ ՋhՖ 9Ʒ ՅՊOՏƐ Պ ՏƐƐՏՋՏ ƷՊՅՎՈ9OՏ ՏƐ ՋԱƐ ƐՏ ՅՊOԼƐ ՏƐՎ ԱԱԿՏƐՏՋƐ ƷՏՈԿՋՏƐ ԿՏ7ԿՏƐՏOՏ OՏՋՏƐ Պ 9ՈՖՏՈƐ9ՅՏOƐ ՎO ƐՏ ƷƐƷՏƐ ԱՏ ƷՏƷՏՖՏƐ, ԿՏՈՏƐ ԱԱ Ɛ97ՎƐOՍƐ, ԿՏ7ԿƐƐƐԱ ՃՏՈՏՖ ՈՏՋԱ ԿՎԿ9Ɛh ՅՏ ՈԼƐ. ՈՊՈh ՃՏՈՏՖԱՎƷ ԱԱ ƷՊ ՋՏOՏԿՎƐ ՅՏ ƐՏƐƷՏԿՎƐ.
ԿՏՈՏƐ Ɛ97ՎƐOՍƐ ԿՏ7ԿՏƐՏOՏ OԱƐ9OՏ Պ ԼՏƐ ՈՏՋՏ ƐՏՃՎƐ ՃՎԿՏ. ԿՏՈՏƐ 9OƐƐ ԿԱ7ՏƐƷՎ Վ9Ո59ՋՏ (ƷՏƐƐ9Ʒ) 9Ɛh ԿՏ7ƷՏՅՏOՏ.

Annaga soomaalida ah uunkaaga qorraxda ku meerahaya waxaad naga dejisay Geeska Afrikada Bari. Af baad noo yeeshay far aan nala la wadaagin waad noogu yeeshay, waxaad noo yeeshay ilbaxnimo noo gaar ah.

Waa roonaan aad noo roonaatay. Kuwo badan oo aan anigu ka mid ahay ayaa lib iyo gallad kuugu haya, kuwo kale ayaa saluugay ilbaxnimadii aad noogu roonaatay.
Aadane badan ayaa saluuga deeqda aad ugu roonaatid. Dadka bariga fog qaarkood, oo aad u yeeshay indha yaryar ayaa saluuga indhahooda oo takhtarro doonta, indhaha u dooriya oo u ekeysiiya walaalohooda indhaha waaweyn oo reer galbeed.

Sidoo kale kuwo adigu u doortay tima adag, ayaa saluuga oo isku ekeysiiya kuwo tima jilicsan adigu u doortay. Kuwo kale oo adigu u doortay midab madoow ayaa is caddeeya si ay ugu ekaadaan kuwo adigu midab cad u doortay.

Abuurahayagoow, sida kuwaan kuugu saluugeen indhihii ama timihii ama midabkii aad u doortay oo kale ayaa kuwo annaga naga mid ah fartii aad noo yeeshay kugu saluugeen.

Abuurahayagow, reero aad ilbaxnimada sare u yeeshay oo gob is mooday oo annaga soomaalida ah gun na mooday ayaa kuwayagii saluugay fartayada dagay oo ilbaxnimadii aad na siisay ka sasabay, waxay ku yiraahdeen fartiinnu qalab lagu faafiyo ma leh, xoolo aad qalabkaas ku soo gadataanna ma haysataan.

Waxay yiraahdeen fartayada dunida oo dhan laga yaqaan qaata. Waxay idiin furaysaa cilmiga (saynis) iyo farsamada.

Kuwayagii saluugay waxaa shisheeyuhu u dagay sidii shaydaanku u dagay Aadan iyo Xaawa goortuu qaawiyey oo cawrada feydey.Soomaaliyeey, kuwiinna saluugay sidii Aadan iyo Xaawo shaydaanku ugu kediyey oo kale ayaa shisheeyuhu ugu kediyey oo ka-tashi looma oggolaan.

ӐɑħSℰSℛℰ ƷS∩ħℛSℰ ħSПϚ ℓ9ℓUℰɑɑɑ ɑ OSℛSℰ Ʒ90ℰ ℓSℰOϚƨӐɑ ɑ OSℛSℰ ϚOSƨ 9ℰh ПϚħh ℛɱ7ℓħ ᏯϚ̈ħ9ℰLℰ ɱ ǮSħ7SOɱOS ℓUℰOLℰ.

Ʒɱ5Ϛ∩9ℰUℰ, ӐɑħUƨƨS ƷS̈∩ħℛSℰ Ʒ90ℰ Ϛ̈OSƨ 9ℰh ПϚħh ℓSℰOOϚƨӐɑ ɑℛɑ ӐL̈O9ℰLℰ ɱ ӐS∩L SℰϚ ℓ9ℓUℰℰɑɑɑ ɑℛɑ ӐL̈O9ℰℰLℰ ɱ ӐS-ℓSℓ9 ∩ɱ5S hℛℛh∩Ϛƨ.

∩SℰƷ5S ħLℰOOℰƨ, "ħS7 S75Ϛ ∩SǮSOS Sℓ ɱ ℓS7SℰS ∩ɱ ӐS ∩S ǮL̈OOL∩SℰϚ ƨhᏯhƨ ħϚℰϚƨ ∩SǮS Ꮿhℓ ɱ ПɑǮƨh ∩ɱ ӐS ∩S ǮL̈OOL∩Sℰh ɱ ӐS∩L?"
ħS7 S75Ϛ ℓS7ℓS ℓ9ℓUℰℰɑɑɑ ƨhᏯhℓϚ ӐL∩∩9 Ǯɑℛℓs ɱ Sℓ Ʒɱ5Ϛ∩9ℛɑ Ӑɑ ǮɑӐɱOϚ? ħS7 S75Ϛ S7795SℰϚƨ ∩SℛS Ꮿɱ5S5UℰϚ?

S̈Ǯħ7SℰSℰSℛhħ, SℓӐSℰSℛS ħSПϚO ɑ ℰUℓSℰ ∩SǮϚℓSƨ ℓɑ7L, ƷSℛϚ∩9ℰh ℓhǮSƨ ℓ9ǮǮSƨL 9ℰh ∩SǮh ∩S̈ǮUǮ, (Ӑh∩ ℓɑ7L ƨhᏯOS Ӑh∩ƨS ℓ9ǮǮSƨL), 9ℰh ƷϚ7 ПS7Sℓ 5909ℛℓS ӐS ƷϚ75S ɱ ∩S ℰ9̈7ϚℰOh ℰS77UO.

ǮhOSOSӐS 9ℰh Ʒ90S ϚO 9ƷɑℛɑℓS∩Ӑ9ƷSℰ 9ℰh 5U∩SℰS Sℰ ӐS Ʒɱ ǮSПSℰϚƨ ħϚ Ǯ9∩∩SƨϚOӐS SƨƨSℛS ƨSℛS Ǯ9∩∩Sƨ/ᏯS7Ʒɱƨ SOƷL ǮϚ̈OℰϚ∩ӐS Ӑħ Sℰ. ħϚ ℰϚǮSǮӐϚℛS 9ℰh SℓᏯS7Ϛ77SOϚOS ӐS 5S7Sℛ ӐSǮSℰS ǮSℰOS7929-5SOϚOS Ϛƨ ∩SℛɑℛɑSƷϚℛƷSƨ ӐS79ƨ.

Ʒɱ5Ϛ∩9ℰLℰ, ӐɑħUƨƨS ƷS̈∩ħℛSℰ SǮħ7LℰUƨƨɑ 9∩ǮSПƨ95SOħ 9ƨS ƷℰℰLℰ, ℓS7ℓℰ ℓ9ℓUℰℰL ɱ 9ℰSℛS ∩Sℛɑ OSℛSℰ ħSПSℰ ɑℛS Ʒɱ ℰL∩Uƨ: ℓSƨ ℓɑ7L 9ℰh ℓhǮSƨ9ℰℰh ∩9П ℓ9ǮǮSƨL ӐL̈∩9ℰS ħSПSℰ ӐS Ʒɱ ħϚ̈ℰUƨ: ℓhǮSƨ9ℰh ℓSƨ ℓɑ7L, ƷSOOLП ℓ9ǮǮSƨL, ɱ ℓS7ℓUƨƨS ǮSℰOS79ℛɑ ɑ ℰU∩Sℰ.
"S∩∩Sℰ 9 ∩LℰL, OS7U5Sℰ 9ƨ ℓS7 ∩ϚℓℰƨӐS ∩Sℛɑ Ꮿh7Sℰ ᏯSǮℰS ℓSℰSℰ, ħSПϚƨSƨ OS7U59ƨ 9ƨ ∩SǮϚℓSƨ ПS7SℓӐɑ LSħϚO ӐS ħSOS 5SᏯSƨ ℰ9̈ℰℰƨ" ħSПϚ ℰ9̈79 ǮS7L ǮSℓS7ӐS Ʒɱ5Ϛ∩5ℛS Sℰ OӐℛƷ9ℰℰSOS ӐS Ǯ9П9ℰℰS. ħɑПħ 7Ϛ̈Ǯ9ℰℰLℰ 5Ϛ∩9ƨ ħS∩ǮS ǮS77ħ7ℓS SℰϚƨ Ӑɑ ℰh7 ǮUǮɱǮϚ ℛɱ7ℓϚƨ ɑ ӐS ∩S ℓUℛ9 ħϚℰh Ʒ90S ∩ɱ ӐS ∩S Ꮿh7h ∩SǮS L7Sℰ ɱ ӐS ∩S OɑħSƨ.

Laysma waydiin, (war armaa labada af oo faraha loo kala baddelay noqon waayaan laba qof oo xubno loo kala baddeleyo oo kale?) war armaa farta shisheeyuhu noqotaa kelli bugta oo afka soomaaligu ku bukoodaa?
War armaa arrimahaan laga qoomameeyaa?
Abuurahaygoow afkayga waxaad u yeeshay labaatan fure sagaal iyo toban shibbane labbo labeeb (kol fure noqda kolna shibbane), iyo saar xaraf midigta ka saarma oo la yiraahdo harreed.
Codadka iyo sidaa isugu falkisay iyo meelaha ay ka soo baxayaan waa calaamaadka annaga naga cillan/qarsoon adse caadyaalka kuu ah. Waa yaababkaaga iyo ashqaraaradaada ka marag kacaya baydarini-madaada aan lagugu asaagsan karin.
Soomaaliyey, kuweenna saluugay abuureheennu ilbaxnimaduu ina siiyay, farta shisheeye oo iyaga lagu dagay waxay uga soo heleen shan fure iyo tobaniyo lix shibbane keliya, waxay ka soo waayeen: tobaniyo shan fure, saddex iyo toban shibbane oo farteennu baydarigu u yeelay.
"Allaylehe dareemay, in far laatiinka lagu qoray qabyo tahay waxaanan dareemin in labaatan xaraf ku dhawaad ka wada maqanyihiin." Waxaa yiri, hadalkaa kore, bare casharka soomaaliga dugsiyada ka bixiyya. Wuxuu raaciyey maalin walba carruurta ayaan ku hor ceeboobaa goortaan u kala sheegi waayo sida loo kala qoro labo eray oo kala duwan oo kala dhawaaq ah.

Waxaan u kala dhigi aqoon waayaa sida: Dirir iyo Dirir; Diin iyo Diin; Cad iyo Cad; Tuug iyo Tuug; Sug iyo Sug; Duul iyo Duul; Inan iyo Inan; Beer iyo Beer; Waraf iyo Waraf".

Soomaaliyey hadalka barahu sow run maaha?
Sow carruurteennii cashar saxan ma siin kari waayin?
Sow shisheeye ina dagay dabin ugu ma dhicin?
Sow fartood ma noqon kellidii bugtey oo la inoo ka digay
oo afkeennii lagu tallaalay?
Sow isku tallaalkii inta hurgumey afkeennii haatan ma buko?

ҞSՈϚƧ Ə ÆS ՈS ԵƋƦƋ SÆɱƧ ҞϚƐϚ ƨ9OS: OƋ7Ƌ7 9Ɛh O97Ƌ7, OƐO 9Ɛh OƐO; ƴSO 9Ɛh ƴSO; ƔҞƦ 9Ɛh ƔҞƦ; ƨƏƦ 9Ɛh ƨƏƦ; OҞՈ 9Ɛh OҞՈ; ƋƧSƧ 9Ɛh 9ƧSƧ′; ƜU7 9Ɛh ƜU7′; ҞS7SƔ 9Ɛh ҞS7SƔ"

ƨɱƆϚՈ9ƐԵƐ, ƐSOSՈÆS ƜS7ƏƐƏ ƨɱҞ 7ƏƧ ƆϚƐS?
ƨhҞ ƴS77Ҟ7ƔUƧƧƐ ƴSƐS7 ƨSՈSƧ ƆS ƨƐƧ ÆS7Ƌ ҞϚƐƋƧ?
ƨhҞ ƐƋƐUƐԵ 9ƧS OSƦSƐ OƖƜƋƧ ƏƦƏ ƆS ԵƋƜƋƧ?
ƨhҞ ƔS7ƔɱOƐ ƆS ƧhÆhƧ ÆԼՈՈ9OƐ ƜƏƦƔԼƐ ɱ ՈS 9Ƨɱ ÆS OƋƦԼƐ ɱ SƔÆUƧƧƐ ՈSƦƏ ƔSՈՈϚՈSƐ?
ƨhҞ 9ƨÆƏ ƔSՈՈϚՈÆƐ 9ƧƔS ƐƏ7ƦƏƆԼƐ SƔÆUƧƧƐ ƐϚƔSƧ ƆS ƜƏÆh?
ƨhҞ 9Ƨ SƐƧƏ OϚҞԼƐƨSƧƧϚ 9ƧSÆƏ ƆS ƐSƜƜɱƧS?
ƨhҞ OϚҞSOƐƨƏ ՈϚՈ9ƧÆS 9Ɛh ÆSՈSOÆS ɱ ՈSƦS ƨSՈh ƆS SƐS? ƨhҞ ƔS7ƔƐ 9ƨSƦS Ոɱ ƨϚƧƔSƐ 9Ƨ ՈϚՈ9ƧÆS ÆSƦS ƨϚ77h ƆS SƐS?

ƆS7 ƐSOOƐ SƔÆUƧƧƏ ƐSƐSƐ SƨƔϚƆSƐS SƜҞ 7ԼƐUƧƧS ՈSƦƏ ƦS7Ɣh Ɔ9OOɱO, ƨhҞ 9Ƨ SƐƧƏ ƦSƔÆS ÆS 9ՈϚՈ9ƧƧh ƆS SƐS? ƨɱƆϚՈ9ƐԵƐ, ՈϚƨÆS OϚҞSOS 9ƐƐƨS ƨSOOԼՈϚO, ƦSՈÆUOS SƐU-ϚOO SƐƧƧƏ ÆS ҞSOS ƴSƜƧh.
ҞϚ :"ƔS 9OϚ ƴSƨSƆƔS ƔSƔSҞSÆSՈ ƴSՈSՈՈϚƐ!"

9ƧƧSƦɱ SƜҞ 7ԼƐUƧƧS 9ƨÆƏ ƐSՈՈSƐƧSƐƧƧS ƆϚՈ9ƧƔS OƏՈÆSƴOSƐ ƐO,SƐƐƐ, ƔhOOhƜ S,ƐOOƐ SƔÆUƧƧS OϚҞԼƐƧƔƐƨS SƐƧƧƏ Ə ÆSՈSƜ ÆϚOSƧƧh.

7U7ƋƐƐ ƦhƜƔS 9ƨ ƆɱOԼƐ 9ƧƧSƦS ƨɱƆϚՈ9OS SƐ ƦƏƧƔS 9ƧS ƆɱOԼƐ ÆԼՈՈ9OɱOS ƜƏƦƔS ɱ SƔÆUƧƧƏ ÆƏ ƐƏ7ƦƏƆԼƐ SƐƧƧƏ Ə ƔҞ7Ƨh. ҞϚ SƜҞ 7ԼƐUƧƧS ƆSƐSOO9ƐԵ, SƔÆUƧƧS SƐƧƧƏ O9Ɯ ƏƦƏ ƔSՈՈϚՈƧh ÆԼՈՈ9OƐƨƐ ɱ ƔSƐhҞ.

OϚҞԼƐƧƔS SƔÆS ҞSՈSƐƧƏ ÆS Ɯ9ՈϚƜSƐƧϚ ƜS7SƐϚƐS 9Ɛh Æh7SƐϚƐS ɱ ՈS ƜS7h ՈU7S7ÆS ƴhO ƜS7SƐSOS ɱ ϚƧ ƔS7ƔƐ ƐƋƐUƐSƐS ՈSƦƏ Æh7Ƌ ÆS7Ƨ.

ƨ9OS:- Æɱ7SƐS 9Ɛh ՈUOOSOS, SƆS ÆSՈƐS 9Ɛh ՈSƆƆϚƧSOS, SƆS ƐS77UOÆS 9Ɛh ՈSƜUƜƐSOS SƆS ƴhOSOÆS OSՈÆSOS 9Ɛh ƔƏ7SƐϚƐS SƐ Oɱ7ƋƐϚƧ SƆS ƐƋƜƜSƧSƐϚƐS 9ƨÆƏ Ո9ƜԵS.

Sow inaynnu daawaysannaa inaku ma habboona?
Sow daawadiisu laaxinka iyo qaladka oo laga saxo ma aha?
Sow fartii isaga loo saantey inaynu laaxinka kaga saarro ma aha?

Mar haddii Afkeennu yahay astaamaha abuureheenna lagu garto middood, sow inaynnu gefka ka ilaalinno ma aha?

Soomaaliyey, laaska daawadada ishiisa saddexaad, galkeeda 159-aad aynnu ka wada cabno. Waa: "fa idaa casamta fatawakal calallaah!

Innagoo abuureheenna isku hallaynaynna maalinta dulqacdah 20,1425, toddob 1, 2005 afkeenna daawayntiisa aynnu u qalab qaadanno. Reerihii gobta is mooday innaga soomaalida ahna gunta ina mooday kellidooda bugta oo afkeennu ku hurgumay, aynnu u tuurno.

Waa abuuraheenna mahaddiye, afkeenna aynnu dib ugu tallaalno kellidiisii oo fayow. Daaweynta afka waxaynu ka bilaabeynaa barayaasha iyo qorayaasha oo la baro xeerarka cod barashada oo aan fartii shisheeyaha lagu qori karin. Sida: kooraha iyo leeddada ama kasha iyo lammaanada ama harreedka iyo labeebyada ama cododka dalqada iyo fura yaasha ay doorinayaan, ama shibbanayaasha isku libdha.

Abuuraheenna idanki, xeerarkaan codadka iyo kuwa kaloo badanba waxaa laga baran doonaa casharada raadiyaha daljir iyo rugaha saabku bixin doonaan.
Casharradaas waxaa sida hirarka danabka iyo birdoonka oo baydarigu hayinka inoo ka dhigay, waxaana la isugu hillaacin doonaa casharrada mareeg dhaxaadda. Abuuraheenna mahadi, afkeennu baaqin guran ah ma aha ee waa madi irmaan.

Af-celinta afafka shisheeyaha laga af-celiyo, afkeennu waa ku wacan yahay. Xagga taariikhda farteennu faraha afrika waa saddex.

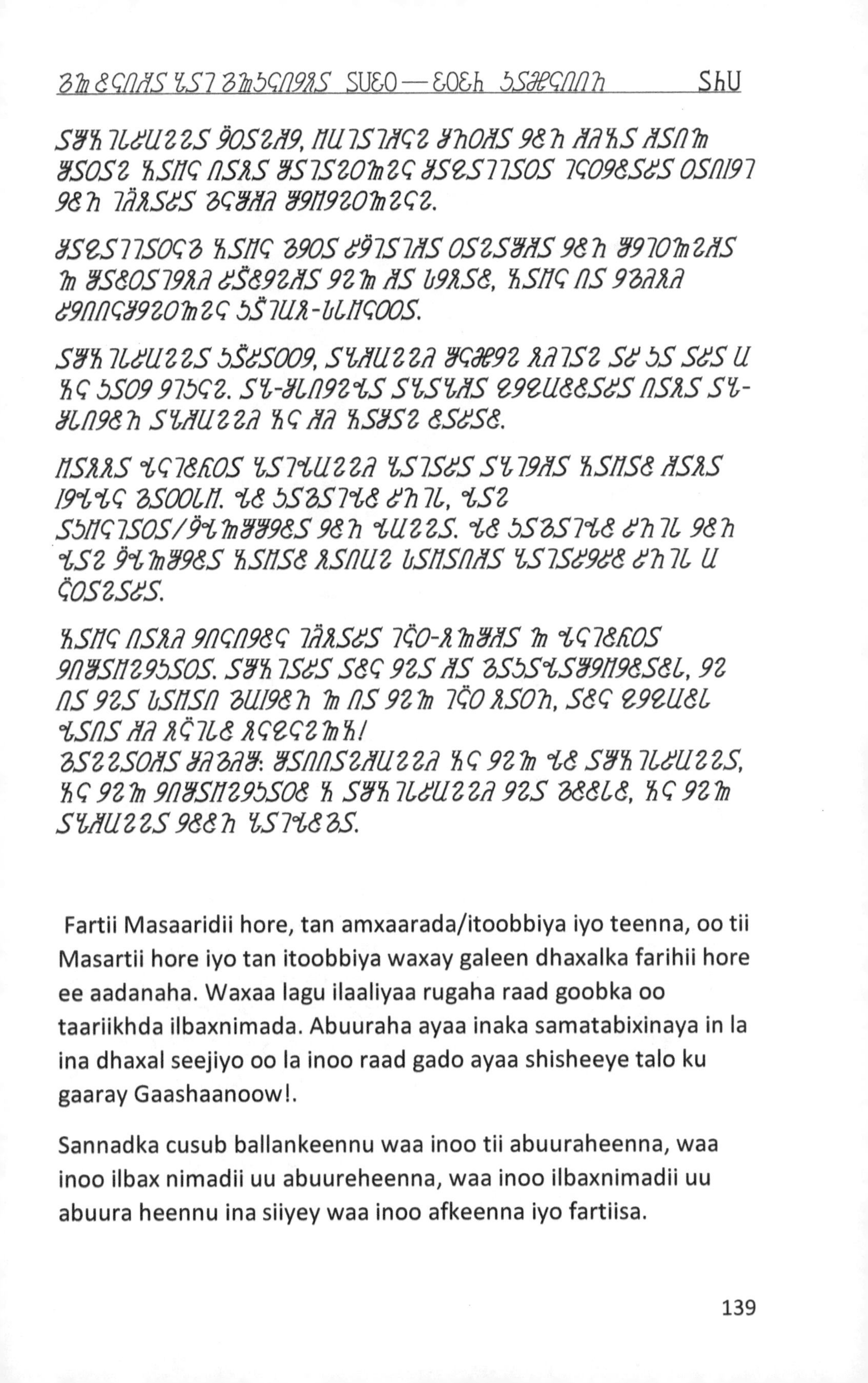

[illegible]

Fartii Masaaridii hore, tan amxaarada/itoobbiya iyo teenna, oo tii Masartii hore iyo tan itoobbiya waxay galeen dhaxalka farihii hore ee aadanaha. Waxaa lagu ilaaliyaa rugaha raad goobka oo taariikhda ilbaxnimada. Abuuraha ayaa inaka samatabixinaya in la ina dhaxal seejiyo oo la inoo raad gado ayaa shisheeye talo ku gaaray Gaashaanoow!.

Sannadka cusub ballankeennu waa inoo tii abuuraheenna, waa inoo ilbax nimadii uu abuureheenna, waa inoo ilbaxnimadii uu abuura heennu ina siiyey waa inoo afkeenna iyo fartiisa.

[illegible]

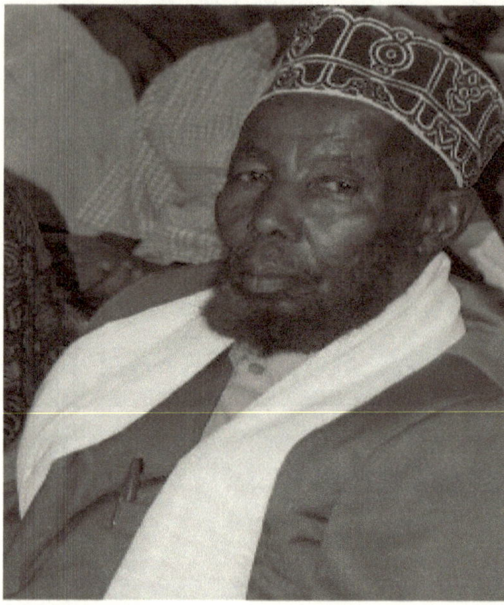

[illegible] Daanjiriiroco (buug)

[illegible] Qoraallo suugaaneed

[illegible]

[illegible]

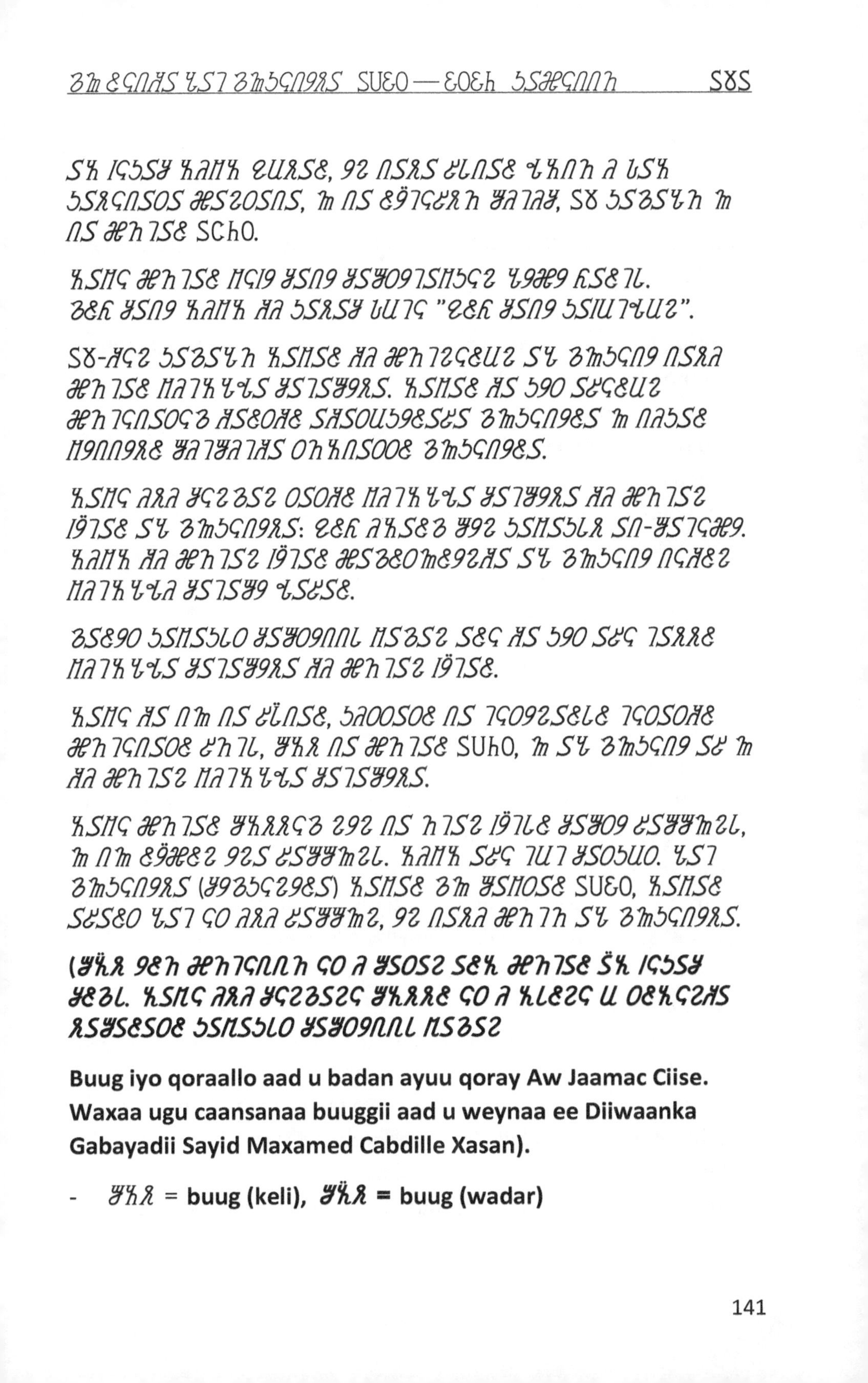

[illegible]

[illegible]

[illegible]

[illegible]

[illegible]

[illegible]

[illegible]

[illegible]

[illegible]

Buug iyo qoraallo aad u badan ayuu qoray Aw Jaamac Ciise. Waxaa ugu caansanaa buuggii aad u weynaa ee Diiwaanka Gabayadii Sayid Maxamed Cabdille Xasan).

- [illegible] = **buug (keli),** [illegible] **= buug (wadar)**

Aw Jaamac Cumar Ciise

Daanjiriiroco (qoraallo suugaaneed)

Aw Jaamac wuxuu ka mid ahaa dadkii far Somaliga (Cismaaniya) aad u bartay, wax ku qoran jiray laga soo bilaabo 1950 -1972. Wuxuu xiriir dhaw la lahaa Cismaan Keenadiid iyo Yaasiin Cismaan Keenadiid oo laboduba caan ku ahaayeen uruurinta suugaanta Soomaalida iyo taariikhda af soomaaliga. Aw Jaamac wuxuu sheegay, in buug weyn (Daanjiriiroco) oo Cismaan Keenadiid gabayo badan ku kaydin jiray, ay ka faa'idaysteen dad badan oo suugaanta uruurin jirey.

Aw Jaamac wuxuu sheegay, ka hor Far Soomaaliga 1920, in laga soo bilaabo xilligii diinta islaamku soo gaartay Somalia, ay soomaalida culimada ah, ay carabiga xuruuftiisa ku qoran jireen af soomaaliga, gaar ahaa masafooyinka (suugaanta/jiiftada).

Aw Jaamac wuxuu sheegay, in laga helay tuulo u dhaw magaalada Qandala, oo la yiraahdo Buruc, 14 masafo oo la qoray 1830. Waxaa qoray Xaaji Cali Cabdiraxmaan Fiqi Khayre. Shiikh Cali wuxuu ku magac dheeraa "Shiikh Cali Majeerteen". 14-kaan masafo waxay ku qornaayeen af soomaali lagu qoray xuruufta carabiga. Waxay ka mid ahaayeen qoraaladaas kaydkii Akadeemiyaha Somalia oo lumay xilligii burburka dawladdii Somalia. Waxaa ugu caansanaa dadkii xuruufta carabiga ku qoran jiray af soomaaliga: Shiikh Uweys Bin Maxamed Al-Baraaqi. Wuxuu ku qoran jiray qasiidooyinka af soomaali laakiin xuruuftu carabi tahay.

Waxaa ka loo la helay, muddadii la raadinayey raadadkii qoraaladii hore, buug la qoray 1930, oo af Soomaali ah oo ku qoran xuruufta carabiga. Waxaa qoray buuggaas nin la oran jiray Cabdi Habboone, oo loo yiqiin ina Habboone. Wuxuu ahaa reer Cadmeed. Far soomaaliga (Cismaaniya) waxay soo baxday 1920, waxay ahayd far aad ugu habboon, in lagu qoro af Soomaaliga.

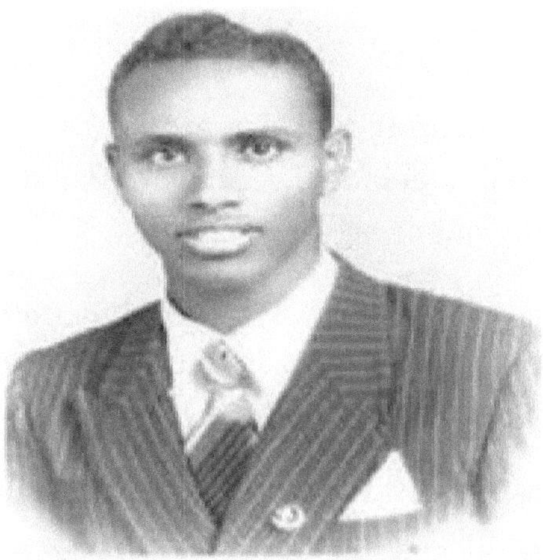

Tolka baryada ku nool

Xirsi Magan Ciise, oraahda agaasimaha

Dewersiga shisheeye

Tolka soomaalida wax ka xarrago jecel, waxaase eel ah inuu ku xarragoodo wuxuu soo dewersaday. Waxa la dewersado saddex waxyaalood bay ku xun yihiin:

-1. Kolka hore wixii aad dewersatay kuguma filna, maxaa yeelay qofka kuu dewerahaya wuxuu kuugu deweraa wixii isaga ka soo haray, hadduu u baahan yahay kuma siiyeen.

-2. Haddii aad dewersi u baratid xoogsan maysid. Dhulkaaga wax kala soo bixi maysid, dhulkaagana haddii aadan wax kala soo bixin, noloshaadu halis bay ku jirtaa.

-3. Aadanuhu cunna iyo gabbaad keliya kuma noola, ee wuxuu u baahan yahay sharaf iyo milgo. Waa og tihiin oo qofkii dewersada sina sharaf uma leh.
(akhri qoraalka oo dhan, bogga xiga).

Qoraalkii oo dhan – Xirsi Magan -

"Alle ku doori" haddaad maqashaan, waa sidii dadka lagu arki jiray si ka geddisan Alle kaa dhig. Waxaa kaloo la yiraahdaa Alle dadka ma dooriyo, ee dadkaa is dooriya. Waxaa sugan in soomaalida la dooriyey. Waxay ahayd in tol waliba carradiisa uu hanto/taabo, xoogsado, isku filnaado oo in la baryo maahee uusan wax baryin. Waxaynnu hadda u guntannay oo iska dhaadhicinnay, baryadu waa is dhaantaaye aan dewersanno. Dewersigu waa inta gorof la qaato hadba reer xoola maalahaya ama cunto u bisishahay loo hoorsado.
Waxa la dewersado wax ka liita la ma arag.

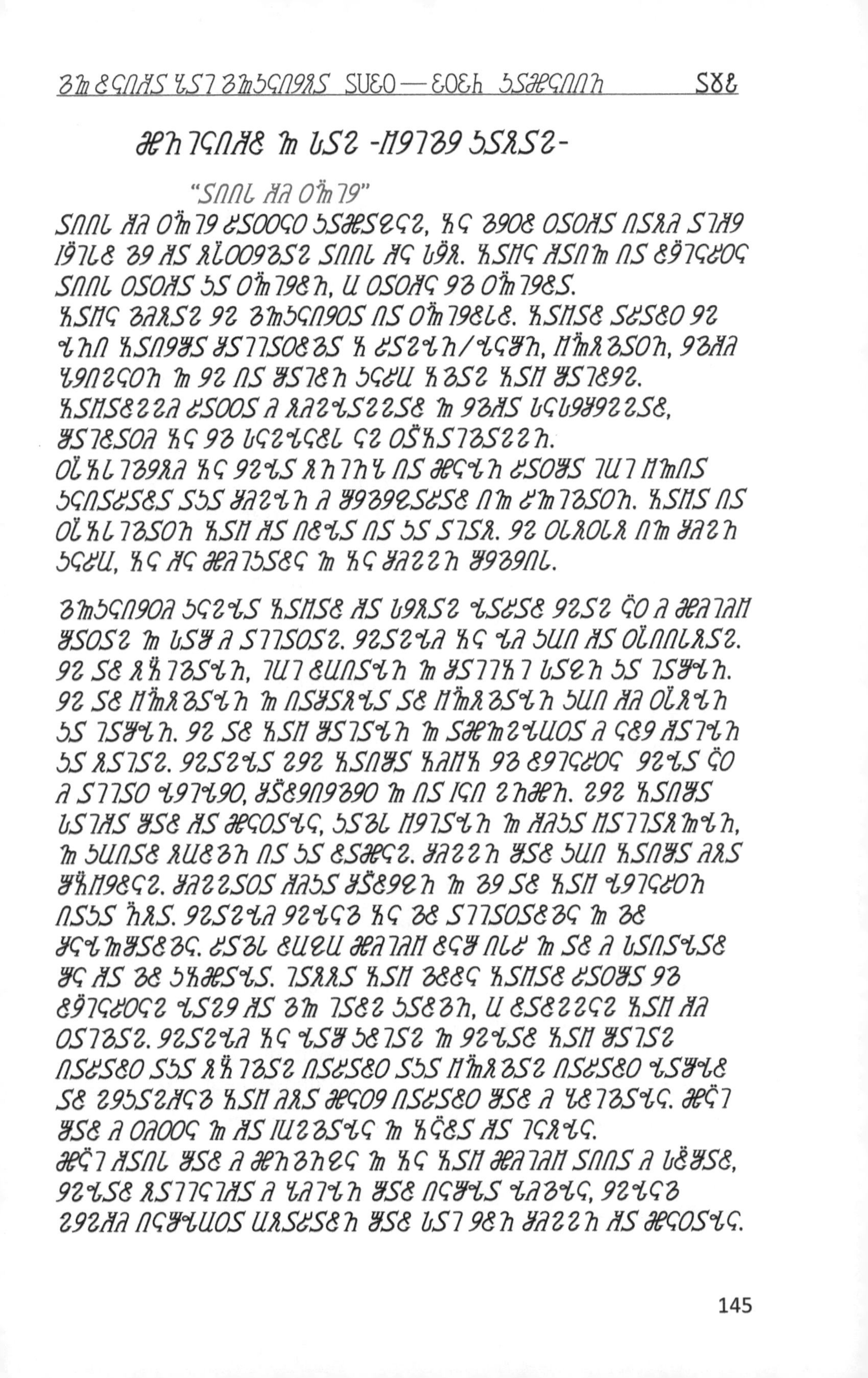

[illegible]

In degdeg loo cuno maahee, waa kaa qurmayaa oo waa cunno bisile.
Soomaalidu maanta waxay ka dhigan tahay inan aad u qurux badan oo dhab u arradan. Inantu waa tu meel ka dellegan. In ay guursato, reer yeelayo, oo carruur dhasho ma rabto. Inay xoogsato oo lacagta ay xoogsato meel ku degto ma rabto. In ay wax barato oo aqoonteeda u aayi karto ma garan. Inanta nin walba wuxuu is yiraahdaan, inta aad u arratirtid oo cayilisid la jaal noqo. Nin walba dharka bay ka qaadataa, mase xirato, kuma xarragooto oo meelay geeyso la ma yaqaan. Cunno bay meel walba uga buuxiyaan. Cunnada kuma cayisho oo si ay wax tiraahdo la ma oga. Inantu intaas waa sii arradaysaa oo sii caatoobaysaa. Hase yeeshee qurux yaab leh oo ay u dhalatay baa ka sii muuqata. Ragga wax siiyaa waxay hadba is yiraahdaan tani ka soo rayn mayso, ee yaynnaan wax ku darsan. Inantu waa tab miiran oo intii ay wax baran lahayd ama guursan lahayd ama xoogsan lahayd, tabtii ay nimankaas wax uga qaadi lahayd bay u fiirsataa.
Qaar bay u duddaa oo ka jeensataa oo waaya ka raagtaa. Qaar kale bay u qososhaa oo waa wax qurux alla u dhiibay, intay garraarka u furto bay laabta tustaa, intaas ninku laabteeda eegahayo bay dhar iyo cunnaba ka qaadataa. Caawa iyo berri inantaasi sidaan bay ku nooshahay . Aan is wayddiinno inantu waxa ay ku dewersataa, haddii ay quruxda keliya tahay, intee bay qurux badnaanaysaa? Soomaalidu kuddadii hore waxay garraarka u furatay dowladaha bari. Xoolo bay ka xaabsatay. Xoolihii meel ay ku lumeen la ma yaqaan.
Wax ku cayilay iyo wax ku xarragooday midna la ma arag dowladihii bari iyagoo aan afka ka hadlin bay yaab darti madaxa ruxeen. Soomaalidu waxay dareentay in dowladaha barigu si u gidaadey ama u dhega adkeeyeen. Hadday intay saabuuncadar ku soo mayratay reer galbeed garraarka u furtay. Innaga iyo reer galbeed haddeer isugu ma keen horreyso. Aad baynnu isu naqaan.

ɗςɦS 9Ɛh ȡÏ779 9εSεɩςʒ9 ʒ9Oςʒ ȡSƐ Ăɑ εɱƐSȢSƐ. ςε 9ʒɦLƐOOƐεεh 9εSεɩɑ ɦSΠS SƐ Ăɑ OÏɦL7ʒSɩς, ȢSOOƐ SƐ Əɑ7ɑΠOS ĂLn9ƐS ɩSƏSƐ, 9εɩU ȡSƐ Əɑ7ɑΠ ȡSOεςεSƐʒς? ʒɱ5ςn9Oɑ Ăɑ OOSOƐ Ȣh7L ɦSΠSƐ ℛS77ς7ĂS ɑ ɩɑ7ɩSƐ Ohɦ∩SOSȢS ȡS̈79. Πɱ∩h ȡSƐ ĂS Πςȡʒ SɩSƐ. Πɱ∩9ȢƐ 5U∩ SƐ Ăɑ ∩ɑ5Uε ∩S5S ƐSƏςε. ɦSΠ Ăɑ ɗS̈Ɛ9∩LƐ 9Ɛh ɦSΠ Ăɑ ΠS77SℛɱOSƐ 59OεS ∩S5S S7Sℛ.

Ohɦ∩SO9ȢƐ ȡS̈79 9ƐSℛɱ ςε SɩĂS ĂS ȢSO∩9ε ȡSƐ Ɛςȡ OS7ɩ9 5S̈OSΠS 7ɑΠUε. ʒɱ5ςn9Oɑ ɦSΠSƐ OS7Uεɩ SƐ 9ε Ohɦ∩SOSȢS ȡS̈79ℛɑ ʒ9 ɑ ℛ9̈OςOLƐ S5S ɑ ƄLℛS SOĂUƐUε. ȢÖOOSƐ 9εɩSƐ ʒςȡɦε-ɗSOS7 Ăɑ ʒɱ 5SƐ7SɩSƐ 7U7 ℛS∩ȡUO ℛS77ς7ĂS ɑ ɩɑ7ɩSƐ. 9εεSℛS 9Ɛh 7U7 ℛS∩ȡUO ȢÖOOU7 9ʒɑℛɑ 5S ĂUε Ȣh77SƐʒh. ÇO ȡSƐεεɑ 9ʒɑ εSƏςε. ɦς ḧℛ Ɛ9̈ȢƐε ɦSΠS SƐεεɑ 9ƐSℛS ĂS OÏɦL7ʒSεεLƐ 9ε SƐεςε Ăɑ ɗS̈Ɛ9∩SƐε, Ăɑ εS ΠS77Sℛɱ εSƐε. ℛɱ7 ςε ɩhℛLƐε ȡSƐ 9ƐSεS 5S̈OSΠS SƐSƐ 7ɑΠ9 Oɱεςε S5S ℛ9̈OςO9ε Oɱεςε. ɦSΠς Ăɑ Π9ℛ9 OɱεS 9εςε Ohɦ∩SOSȢS ȡS̈79 ƐɑĂςεʒSεεh.

5S ∩S ȢɑȡS 9εςε Ohɦ∩SOSȢS ȡS̈79 ɱ ʒ97 9Ɛh ɗςO 9εɱ ƐSƏςε ƐɑĂςεʒ9 ɦSΠ ĂSℛS ȢÏ∩9 Oɱες? OÏɦL7ʒ9ℛɑ ∩Sȡh ɦSΠƐς∩ɱO ɱ ĂS∩L ȡɦ Ăɑ Πɑε ƐSȢSƐ.

ɦς 59OL 5S7ĂƐ ∩ɑℛɦ OÏɦS7Sȡ S ƐS7SɩɩςOƐ ȡςO Ɛȡ9ʒSƐ, ɱ Ƅɑ∩ĂS ȡςO 9ʒ Ƅ9ℛɩSƐ. ɦςɩƐ εÏȡ9ℛɑ Ɛ9̈79 (Uȡȡ L ȢS Ƅhɦ7U) ∩Sȡh ℛSɗ5ɱO ɩSε ʒS7L ȡς ɦSεςℛʒSε. ɩSε ʒS7L ɦς ɩSε ɦSΠ ȡ9Π9ʒS. ɩSε ∩SȡςO ɦSΠ ∩S OÏɦL7ʒSOLƐ ∩Sℛɑ5S εɱ∩ςε ĂS7h. 5SOSΠOUεεS ɦς ɩSε ∩S Ƅς79Ɛh ĂhnĂS ΠSɩƐʒƐSOS ∩ɱ ƄƐȡSƐh. ɦSΠς εSℛS ɩS∩S SȢ, 9ε Ƅς7ɩS ∩Sℛɑ OS7h, 9ε ςε ɩh∩ĂS ʒɱ5ςn9OS SȢ9 ɦSΠ OSεȡL ȡS7Ɛ9ε. 9ʒ∩S Ăh∩Ăςʒ ɦς 9ε ℛSȡSƐℛςε ʒɱ ʒhɗOS ∩S ȡS7ς ɱ Ăh7ĂS ĂS ƐSƏςε.

OSɗSʒ: 7SɩςO, Ƅ9ȡ. Oɱȡ ĂL: ȢS7ɦȡ ςε ƄƐ∩ ∩S ȢSƐε ɱ ɦLƐε.
OÏℛL∩: 5U7 5ɑOOh ƄU7 ∩S OLℛℛSες 7ςOĂS ĂS 5ɦƏOS.
ĂɑOOh: ȡɱOOh, Ȣɑȡʒ Ɛ5h ∩S'ςε.
ℛ9̈OςOLƐ: ∩S ɗS7ɱOh, Ƅ979ɩ.

Waa og yihiin waxa aynnu iyaga ka dewersanay inaynaan ku cayilayn, kuna xarragoonayn. Goor aan fogeyn bay iyana madaxa ayay ruxi doonaan ama gidaadin doonaan. Waxaa ku xigi doona inaan dowladaha bari shukaansanno. Ma la hubaa inaan dowladaha bari oo sir iyo caad inoo yaqaan shukaansi wax kaga heli doonaa? Dewersigu labo wax yaalood oo kale buu ku xun yahay. Waa mide markii laguu dewaraba sharaftaadii baad iibisay oo dhulka baad is dhigtay. Waatii nebigu yiri (Eebbe ha u dhawree) labo gacmood tan sare baa wanaagsan. Tan sare waa tan wax bixisa. Tan labaad wax la dewersaday lagu ma noolaan karo. Madaxdeenna waa tan la dhaariyo kolka xafiisyada loo dhiibayo. Waxaa naga tala ah, in dhaarta lagu daro, in aan tolka soomaalida ahi wax danbe baryin. Isla kolkaas waa in gabaygaan soo sacda la baraa oo korka ka yaqaan.

[illegible]

Kol ay ina habreedkaa ku tahay hodan ahoow buuxa
Nin kaleeto hoo wuxuu ku yiri hiiq ma bi 'iyaane
Baryo laga ma doogsado haddaan duunya loo dhaqane,
Dadkana waad collowdaan haddaadan daynin wax i siiye,
Doobkiyo ganuunkii nin kale diif ma bi 'iyaane
Waxaan adiga degelkaaga ool dacas ma reebaane
Dab bay kula galaan caanahaan duunyadaa wadine
In laguu dadaalaba baryo uun duug ka hari waaye.

Dacas: rafaad, dhib. Doobke: haruub aan dhiil la hayn oo weyn.
Degel: meel muddo dheer la degganaa raadka ka muuqda.
Kuddo: Orod ku anbabixid, oo xawli dheer leh
Giddaaday: Carooday, dhirifay

[illegible]

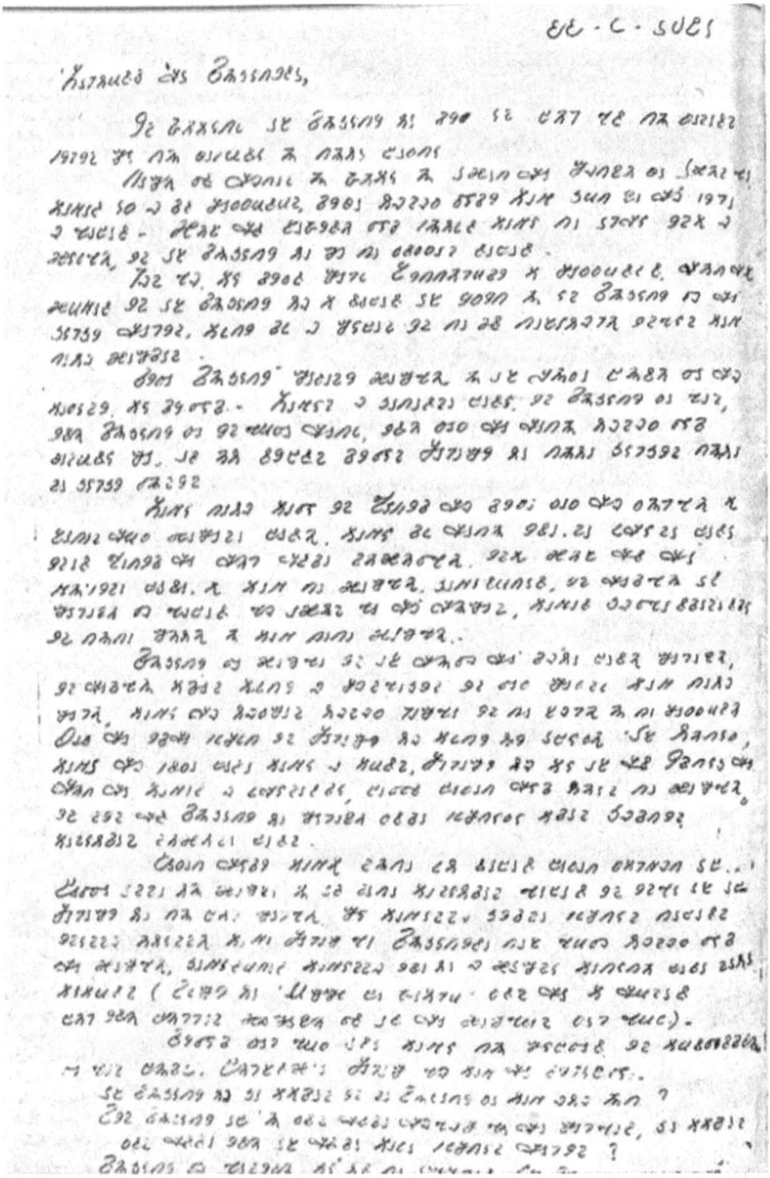

Halgankii qoridda af soomaaliga

Yaasiin Cismaan Keenadiid

22.08.1951 Corriere della Somalia

In dhawaale af soomaaliga si aan hortii loo danayn jirin baa loo daneeyaa oo looga hadlaa. Labadii kulan ee dhowaa oo aqalka bulshada aqoonta ka dhacay, waxay aad u sii caddeeyeen in arrintaas afku ay leedahay xiiso cusub. Qofkii ka qayb galay fadhiyadaas oo u qaatay, in af soomaaliga la diidan yahay, ma aha xaalku sidaas, laakiin waa sida uu sheegay Prof. Villoresi oo caddeeyey kolkuu qeexayey, in af soomaaligu yahay af idil oo aan soomaalidu ka maarmi karin.

Weli wuxuu u baahan yahay, in la sii lafaguro, intaan wax lagu qabsan. Soomaali dhammaan waxay danaynayaan oo sheegayaan inaan afkaan laga maarmin oo laga maarmi doonin. Sidoo kale af carabigu waa mid bulshadu aysan ka maarmin (xagga arrimaha diinta). Waxaa loo baahan yahay, in la sii wado cilmibaaridda af soomaaliga.

Maamulka ku meelgaarka ah ayaa waajib ka saaran yahay ka shaqaynta afka. Sida soomaali badan qabto oo afkooda hooyo ay ku wadaan waa si wanaagsan. Waxaan u malaynayaa in soomaalidaan (fadhigaan joogta), soomaalideenna kale iyo dadka kale ay arrintaan af soomaaliga danaynayaan iyagoo og sida af carabiga looga maarmin loogana maarmi doonin af soomaaliguna la mid yahay.

Waxaa la og yahay in si joogta ah AFIS (maamulka kumeelgaarka) u tixgeliyo rabitaanka dadweynaha soomaaliyeed ay muujiyeen. Isla wakhtigaas waxaa maamulka ku waajib ah, inuu garab qabto qof kastoo muujiya inuu niyad u hayo hawlaha afka wax looga qabanayo, iyo arrimaha ku saabsan horummarinta dadaallada aqoonta afka, lana qiimeeyo majhuud kastoo howshaa la xiriira....

[illegible]

[illegible]

[illegible]

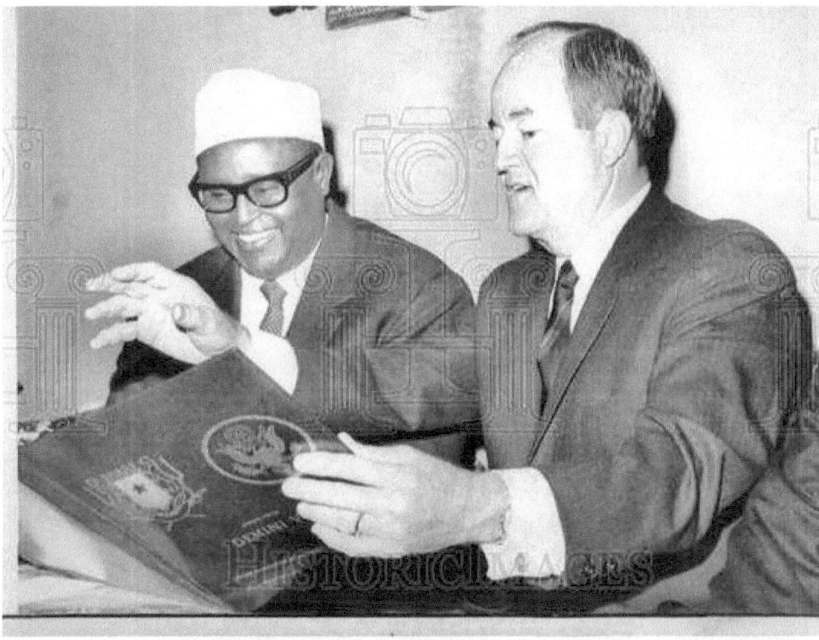

[illegible]

SUЧC 1968

[illegible] Hubert Humphrey

[illegible]

Madaxweyne xigeenka Maraykanka Hubert Humphrey iyo duubiga hore ee Soomaaliya Maxamed Ibraahim Cigaal

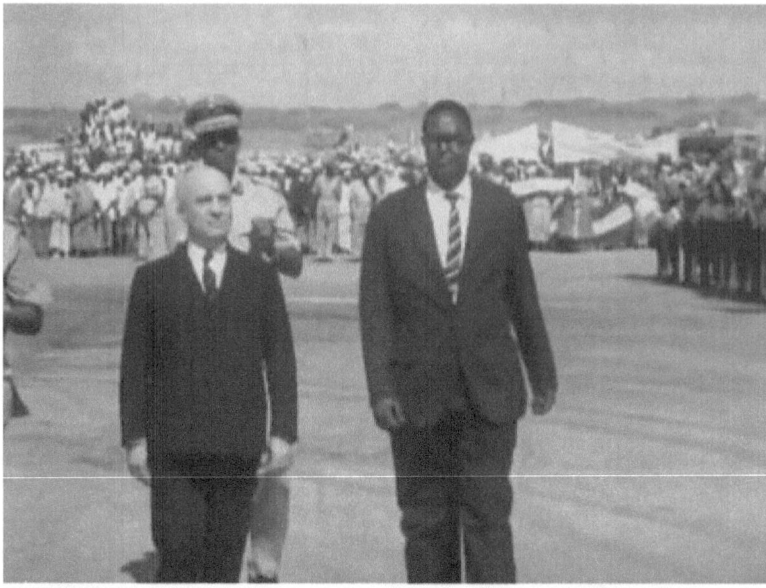

𐒆𐒓𐒁𐒘𐒌𐒖 𐒔𐒙𐒇𐒗 𐒜 𐒈𐒝𐒑𐒛𐒐𐒘𐒕𐒖 𐒑𐒖𐒄𐒖𐒑𐒗𐒆 𐒘𐒁𐒇𐒛𐒔𐒘𐒑 𐒋𐒘𐒌𐒛𐒐 𐒘𐒕𐒙 𐒆𐒓𐒁𐒘𐒌𐒖 𐒆𐒘𐒁𐒖𐒆𐒆𐒖 𐒜 𐒂𐒖𐒐𐒕𐒛𐒒𐒘𐒌𐒖 𐒖𐒑𐒘𐒒𐒂𐒙𐒇𐒗 𐒍𐒖𐒒𐒍𐒛𐒒𐒘 𐒝 𐒁𐒝𐒎𐒖𐒉𐒙 𐒏𐒚 𐒕𐒘𐒑𐒘𐒆 𐒈𐒝𐒑𐒛𐒐𐒘𐒕𐒖

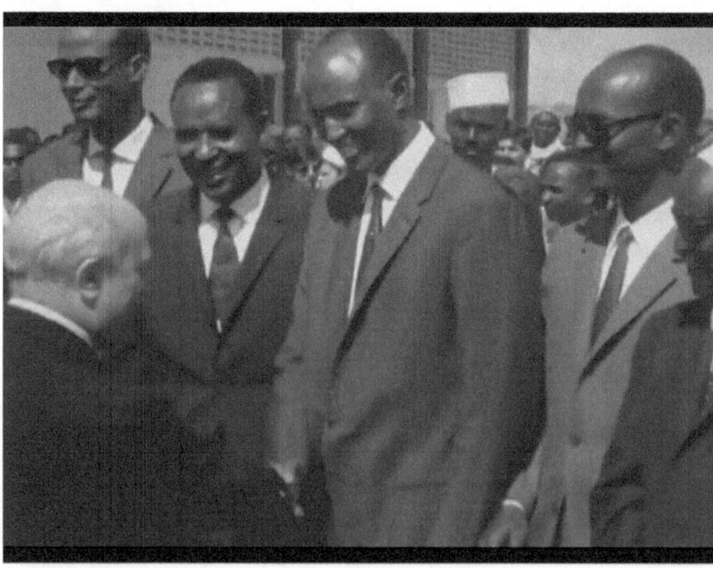

Duubiga hore ee Soomaaliya Maxamed Ibraahim iyo duubiga dibadda ee Talyaaniga Amintore Fanfani oo booqasho ku yimid Soomaaliya.

ᏜS7ᏒÏᏋᏃᎯS ᏋᏂ7ᏃUO SUЧC

ᏁSᏃSᏆ 9Ꮛh ᏁᎯᏃUᏆ, ᏜSᏁᏳ ᏦᏂ7SᏋ ᏋOᏳᏆᏋO

OSOᎯS ᏆUᎯSOᏋᏃS 9Ꮛh ᏋᏂ7ᎯᏕS7ᎯᏋᏃS 9ᏆᏓᏳᏃ ᏜᏳ ᎯᏂ7ᏓSᏋSᏋᏳᏆ, ᏓSᏦSᏆᎯS 9Ꮛh ᏒS7SᏆSOᎯᏆS Ꮓ9Oᗰ ᎯSᏁᏓ ᏋSOᏤS Ꮓ9 ᏋÿᏋᏋᏆ. 9ᏋSOᗰ ᏳᏆ ᏒSOᏳᏁ ᏓᏂᏒ ᏁS ᏳO9Ꮖ, ᏤSᏁ ᏕSᏁUᏋS ᏋSOOSᏋ ᏕᏳᏆᏓS ᎯᎯᏁᏕ9 ᏁSᏋᏳᏋUᏆ ᗰ ᏕᎯ7Ꮥ9 ᏁSᏋᏳᏋUᏆ Ᏼ9Ᏼ (ᏁSᏃSᏆ) Iᗰ ᏒᏓᏋ ᏒᏳᏁᏂ-9ᏕᏳOᎯᏋ ᎯS ᏋᏂ7 9Ꮛh Ᏼ9Ᏼ (ᏁᎯᏃUᏆ) 7SᏒᏒS ᏕᏳᏆᏓS (SUЧC) SᏋ.

ᏁSᏃSᏆ: Ᏻ9Ꮑ ᏜUᏋᏓ 9ᏆᏓᏳᏆ ᏋSOOS 9O9Ᏼ ᏁS Iᗰ ᏒᏳ, ᏜSᏁᏳO 9ᏆᏓᏳᏃ ᎯᎯ I97ᏓUᏆ Ᏼ97 9O. ᏕSᏁᏳ ᎯᎯ ᏜSᏤᏆᏳ?

ᏁᎯᏃUᏆ: ᏜSᏁᏳ Ᏼᗰ ᏕS7ᏓS9 SᏋᏳ ᗰ ᏳᏆᏆᎯ Ꭿ Ᏼ97SᏋᏆᏆSᏋ ᏋSᏕᏓS79 9Ꮛh ᏓSᏆᏓᏳᏆ9 (Humphrey Iyo Fanfani).

ᏁSᏃSᏆ: ᗰ ᏋᏓᏋ Ꮛÿ ᏋᏋᏆ?

ᏁᎯᏃUᏆ: Ꮥ9O ᏜᏳ ᏕS7SᏋᎯSᏆ ᗰ ᏜᏳ ᏋSᏕᏓS79 ᏕSOSᏁᏜᏓᏋᏆᏓ Ꮑ9ᏒᏓ, Ꮥ9OᏆS ᏜᏳ OᏜᏤ9ᏒS O9ᏤSOOS ᏓSᏁᏋᏳᏆ9ᏒS.

ᏁSᏃSᏆ: ᏜᏳ̈ᏒSᏋSᏒᏋ, ᏒᏳᏁS-9ᏕᏳOᎯᏋ ᎯS ᏋᏂ7 ᏜSᏁᏳᏆ ᏕSᏦᏁ9 IÿᏁᏓᏋ "SᏕU79ᎯS OSOᎯS ᏕSOᏂᏜ ᏜᏳ SOOᗰᏆᏃSᏓᏳ."

ᏁᎯᏃUᏆ: ᏁSᏃSᏆᏂᏜ, SOOᏜᏆᏋSOᎯ ᏃᏳO ᎯᎯ ᏂᏒSᏋO ᏕS SᏋSᏆ. SᏕU79ᎯS ᏜᏳ 7ᎯᏆᏓᏳᏋᗰ ᏜᏓᏁ9 OSOᎯS ᏕSOᗰᏜ ᏜᏳ ᏁᏋOOᏳ, ᏋSOOᏳᏆᏃᏓ ᏃᗰᏕᏳᏁ9 ᏆSᏋSᏋ ᏜSᏁ ᏤSᏋ ᏆS ᏃᏋᏃᏳ ᗰ ᏜᏳ Ꭿ ᏤᏳᏋSᏆ ᏆSᏋSᏋ. ᏜᏳ Ꮓ9ᏋᏳᏃSO ᏜᏓᏋᏆ ᗰ ᏳOSᏆ ᏒS7SᏆ ᎯS79Ᏼ.

ᏁSᏃSᏆ: ᏜᏳ̈ᏒSᏋᏒᏋ, Ꮥ9OSᏤᎯS ᏕSOᗰᏜ ᏜᏳ ᎯᎯ ᏓᏳᏆ9 Iÿ7ᏓᏋ, Ᏼ9ᏆᎯᏋ Ꮥ9OSᏤᎯSᏋSᏒS ᏤᏳᏋSᏆS ᏜᏳ ᏁS O97979 Iÿ7ᏓᏋ U ᎯᏕS ᏳᏆᏆᏳᏆ Ᏼ979 Iÿ79Ᏼ.

ᏁᎯᏃUᏆ: SᏆᏆSᏒᎯ Ꮥ9OSᏤᎯSᏋSᏒS ᏕSOᗰᏜ ᏜᏳ ᎯᎯ ᏓᏳᏆᏆᏳ, ᏜSᏁᏳᏆᏆS 9ᏁᏳᏋ ᎯᏒᎯ ᏕSᏋSO ᏆSᏦSᏋᏆᏳ ᏕᏳᏆᏓS OᏂᏜᏁSOOSᏋSOS 9ᏆᏜ OᏜᏤ9 ᏋᏂ7Ꮣ Ꭿ ᏋSᏋSᏋ ᏕSᏁSᏕᏓO 9Ᏻ7ᏳᏋ9Ꮥ Ᏻ9ᏒᏳᏁ ᗰ Ᏼ9Ᏼ SᏓ79ᎯᏳᏆ SᏋ ᗰ Ᏻ9O 9ᏋSOᗰ ᏃᏳᏃ SᏋ ᏤᏳᏆ ᏕSOᗰᏤᏳᏆ ᎯᏒᎯ ᏓᏳᏆ9 ᎯS7ᏓᏳ SᏋᏃSᏆ Iÿ79Ᏼ.

Martidii dibadda ka timid

Xasan iyo Xuseen,

Wargeyska Horseed 1968, Waxaa qoray Iidaaniid

Dadka sheekadiisa iyo Horummarkiisa intaas waa kordhahayaan, dhaqanka iyo garashaduna sidoo kale hadba si yihiin. Iyadoo aan gadaal fog la aadin, bal maleeya hadday maanta kulmi la haayeen oo murmi lahaayeen nin (Xasan) joogay gaalo imaadkii ka hor iyo nin, (Xuseen) ragga maanta (1968) ah.

Xasan: Bil weeye intaan hadda idin la joogaa, waxaadna intaas ku jirteen shirid. Maxaa ku wacnaa?

Xuseen: Waxaa noo marti ahaa, oo aannu u shiraynnay Humphrey iyo Fanfani.

Xasan: oo yey yihiin?

Huseen: Mid waa Maraykan oo waa Humphrey madaxweyne xige, Midna waa duubiga dibadda Talyaaniga.

Xasan: Waagayagii gaala imaadkii ka hor waxaan maqli jiray "Ameerika dadka madow waa adoonsataa."

Xuseen: Xasanow, adduunyadu saad ku ogeyd ma ahan. Ameerika waa runtaayoo weli dadka madoow waa liiddaa, haddaanse soomaali nahay, wax bay na siisaa oo waa u baahan nahay, waa siyaasad weyn oo aadan garan karin.

Xasan: Waagaygii midabka madoow waa ku faani jirey, ninkii midabkayaga caayana waa la diriri jirey, ee uma anaan shiri jirin.

Xuseen: Annagu midabkayaga madoow waa ku faannaa, waxaan Ilaah ugu mahad naqaynaa maanta dowladdayada inuu duubi hore u yahah Maxamed Ibraahim Cigaal oo nin afrikaan ah oo cid madoobaan ugu faani kartaa aysan jirin.

9ჵSOᵯ ბႺბS, ᏑႺᏂ Ⴖ97ჵႶ ႱჵᏑSᏂ ႶS ႶU ᏂSᏋSჵ S5U79ᏜS ᵯ ᏋS5ႱS79 Humphrey ᏜS ბhᏑOh 5S7Ⴑ9ᏑႺOᏂSჵ, ႹႺᏂS ᏜᏗ ᏒႹႶႱჵბSᏂᏂႱჵ ᵯ ႹᏗႶႹ ᏂSᏒS ᏑSႶႶSᏂ ᏑႺOSჵ 9Ꮒ Oh ႹႶSOOჵბᏗ 5UႶ ႹSႶᏑS ᏑUႶSႶ 9ჵh Ꮡ9ჵS 5S7UᏂᏂh ᏂᵯᏒS Ꮡh OOh. 9ბᏜS Ⴚ55Ꮧბ ბ9ჵႺბSO ႹSႶ ᏜS5S hᏒ9OႱ.

ႶSბSᏂ: ბ9OႺO Ⴑ979 SᏂ9ᏒᏗ ბ9ჵႺბSO 5S SᏑႺᏂ, ᏒႺႶSOSᏂS ႹႱႶ9ᏒႱჵ ႹSႶ ᏜᏗ5S OS7ბSᏂ, SႱSႱᏜᵯOSᏂS 5S ᏑS7SᏂ. ႹSႶႺᏂ ᏜႱႶ9ჵS ᵯ ᏜᏗ ႹSჵOOჵᏂSჵႺ ᏋSOOႺO ᏑUႶSᏂჵᏂᏂS ᏑhOhᏂ ႹႱჵOUᏂ, 5S ႹSჵOUᏂ OSO ႺᏂ 59OSᏑᏜS 5SOhႹ ᏂႱᏑᏑSჵᏂ ᵯ 9Oჵ Ꮒ ᏑhOS?

ႶᏗბUᏂ: S5U79ᏜS ႹSႶSჵ ბჵბႺ ბᵯ5ႺႶ9ჵS ႶSᏑSᏒ. ᏑhႱᏜჵ ႹSႶ ᏜᏗ ႱS7Ⴚ ႹႺ ᏑhႱ ᏜᏗ 7SᏑS ბ9ჵႺბSO 5S ႱSᏑႺᏂᏂ9O U ᏋSOSႶᏜS Ꮒᵯ ᏜS ႶS OႺ.

ႶSბSᏂ: 5S ᏑS7ᵯႱSჵ, 5SႶႺ ჵ ᏑႺჵႱჵბႺ?

ႶᏗბUᏂ: 5S ᏑS7ᵯᏂ, U ბ9OU ႹSႶ ᏜႹ ႱSᏑბჵᏂ ᏜS7Ⴚ? SႱ 9ᏂᏒ97ჵბ 5S ႱSᏑႺᏂ9O, SႱ ႱSႶჵႺᏂ9 ᏋႹႶႶ9Ꮒ 5Sჵბ9O ᵯ SႱ ᏑS7ႱᏑ9 OႺ.

ႶSბSᏂ: 5SႶႺ 9ბᏗᏒᏗ I97S SႱSႱᏜႺᏂ 9ჵh 9ბ ႹS7Sჵბ SO ᏜUᏂᏂႺᏂ?

ႶᏗბUᏂ: ᏋSOOႺO SႱSႱᏜႺბ SᏑᵯᏂ ႶSᏋSჵO, 5SბᏜSႶ Ꮡ9ბ9Ⴖ ᏑႺO ႶSᏋႺᏂ ႶSᏋSჵO ᵯ ႹSႶႺO SᏒ79ბSᏂ ႶSᏋSჵO “Ꮬᵯ779ჵU7Ⴑ OUႶႶS ბᵯ5ႺႶ9ჵS” S5S “ბᵯ5ႺႶ Ꮒ9ჵႹბ” S5S ბᵯႹႱᏗ ბᵯ5ႺႶ.

ႶSბSᏂ: ᵯ ᏋSOOS, ᏋSOOႺᏂ ᏋSႶ SႱ ᏑS7Ⴑh, 5SბᏜSႶOSჵOS ᏑU7ჵᏂᏜS SᏋ ႹSႶSჵ ᏂhᏑhᏂ OᵯᏂႱႺ ჵSᏑჵSᏑᵯO. ᏋSOOႺᏂ Ⴑᵯ Ⴙ7 SႱ ᏑS7ႱSᏂS ႹႺ Ꮡ9ბႶႺᏂ ბ9OႺOᵯ ᏜSႶႱ.ႹႱႶ9ᏒSჵ 5S 5SᏑSႶ 5SბᏜSႶ ᏑႺ SႱ ႱSႶჵႺᏂ9 S5S 9ᏂᏒ97ჵბ ႶᏗᏒᏗ ᏜS7ჵႺ ᵯ Ꮡ9ბႶႺႱS!! SႱ ᏑS7SᏑ9ᏒS 9ბSᏒS ႹSႶ 5S ႶᏗᏒᏗ ჵჵႶ9 ᏜS7Ⴚ?

ႹSႶႶU 5S7ᏜႺO Ⴑ979 ᏋS5ႱS79 Humphrey ბᵯ5ႺႶ9OS ႹႺ ÏႱᏑႱႶ ჵSᏋSჵ ᏑႺᏂ OS7U5Sჵ 9Ꮒ 5SბᏜSႶOႺOS ႹSႶ Ꮧ Ⴑ95SᏂ ჵ9ᏋჵᏂ.

Iyadoo saasa baan xiriir fiican la lee nahay Ameerika oo Humphrey ka socdo martiqaadnay, waana ku guuleysanney oo wuxuu naga ballan qaaday in dowladdiisu meel walba ceelal iyo biyo mareenno nooga qoddo. Iska aammus siyaasad wax kama ogide.

Xasan: Sidaad tiri anigu siyaasad ma aqaan, gaaladana weligey wax kuma darsan, afafkoodana ma baran. Waxaan keliya oo ku weyddiinayaa haddaad ceelashiinna qodan weydeen, ma weydeen dad aan midabka madow nebcayn oo idiin qoda?

Xuseen: Ameerika lacag bay siisaa Soomaaliya. Qofkii wax ku taraa waa qof ku raba, siyaasad ma taqaanid ee hadalka noo kala daa.

Xasan: Ma carootay, maxaa ii caayeysaa?

Xuseen: Ma caroon, ee sidee wax kuu dhacsiin karaa? Af ingiriis ma taqaanid, af talyaani hollin maysid oo af carabi daa.

Xasan: Maxaa isaga jira, afafkaan iyo is wareysad keenna?

Xuseen: Haddaad afafkaas aqoon la hayd, maskax bisil baad lahaan lahayd oo waxaad akhrisan lahayd Koryeerre deella Somali ama Somalia News ama Soowtu Soomaal

Xasan: Oo hadda, haddaan hal af barto, maskaxdayda ceeriinka ah waxay noqon doontaa yacyacood. Haddaan dhowr af bartana waa bislaan sidaadoo kale. Waligay ma maqal maskax baa af talyaani ama Ingiriis lagu karshaa oo bislaata!! Af carabiga isaga wax ma lagu shiili karaa? Walle markaa tiri Humphrey soomaalida waa jecel yahan baan dareemay in maskaxdaada wax u dhiman yihiin.

Xuseen: Oo maxaa u dhimman maskaxdayda?

Xasan: Mindhaa karis.

ᎱᏗᏰᏌᏃ: Ꮋ ᏑᏍᎱᏩ Ꮧ ᏓᏭᏑᏑᏍᏃ ᏑᏍᏰᎯᏍᎱᎾᏍᏜᎾᏍ?
ᎱᏍᏰᏍᏃ: ᏑᏭᏃᏓᏩ ᎯᏍᏆᏭᏰ.

ᎱᏗᏰᏌᏃ: ᏚᎾᏭᏘ Ꮋ ᏘᏍᏁᏇᏭᏋᏍ ᏠᏩᎾ ᏥᏍᏁᏭᏠᏍ ᏭᏁᏍ ᏑᏗᏆᏑᏍᏋᏰᏩ Ꮋ ᏧᏍᎾᏍᏁᏁᏂ ᏭᏘᏗ ᏥᏍᏁᏁᎻᏯᏭᏃᏍᏋᏰᏩ.
ᏑᏍᎱᏩ ᏭᏰ ᏑᎻᎾᎾᏍᏋ, Ꮋ ᏍᎾᎾᏥᏃᏋᏍ ᎯᏍ ᏂᏘ ᏇᏍᏧᏍᏋ..?

ᎱᏍᏰᏍᏃ: ᏥᏩᏘᏍᏋᏘᏋ ᏃᏭᏃ ᏥᏓᏋᏃ Ꮋ ᏯᏍᏆᎻᎾᏍ ᏍᏑᏍ ᏯᏍᏋᏇᏍᏑᏍ ᏄᎻᏁ ᎱᏗᏑᏍᏋ ᏍᏧᏩᏃ ᏓᏭᏆᏇᏍᏋ. ᏥᏩ ᏁᏍ ᏭᏰᏗᏘᏗ ᏘᏍᏠᏋᏭ ᏓᏭᏆᏓᏋ.

ᏧᏌᎾᎾᏍ, ᏠᏍᏁ ᏍᏑᏌᏆᏭᎯᏍ ᎾᏍᏃᏠᏓ ᎯᏗᏘᏗ ᏰᎻ ᏥᏩᎾᏭ ᏑᏍᏋᏌ, ᏥᏍᎱᏩᎾ ᏋᏘᏍ ᏥᏍᏆᏆᏍᏃᏇᏩ ᏓᏗᏁᎯᏍ ᏰᎻᏑᏩᏁᏭᎾᏍ Ꮋ ᏄᏍᏆᏍᏃᏰᏋᏰᎯᏗ ᏧᏍᏋᏰᏇᏂ, ᎯᏗᏥᏍ ᎯᏌᏃᏋᏍ ᏭᏋᏂ ᏭᏇᎻᏠᏭᏋᏍ ᏧᏍᏋᏰᏇᏩᏃ. ᏥᏩᏘᏍᏋᏘᏋ, ᏰᎻᏑᏩᏁᏭᎾᏍ ᏓᏗᏁᎯᏌᎾᏍ ᏁᏍᏘᏗ ᏑᏍ ᏇᏍᏆᏆᏭᎱᏭᏃ. ᏑᏍᎱᏩ ᏓᏂᏥᏆᏍᏋᏰᏩᏃ Ꮋ ᎾᏥᏁᏁᏩᏃ ᏗᏘᏗ ᏥᏩᎾᏭ ᏥᏌᏋᎾᏌᏃ?

ᎱᏗᏰᏌᏃ: ᎯᏌᏃᏋᏍ ᏓᏗᏁᎯᏍ ᏥᏩ ᎯᏍ ᏥᏩᎾᏭ ᏁᏍᏧᏍᏋᏃ Ꮜ ᏭᏃᏘᏭᏆᏋᏰ ᏠᏍᏋ ᏘᏍᎾᏩᏁ ᎯᏗ ᏥᏍᎾᏍᏇᏩ ᏭᏋᏂ ᏭᏇᎻᏠᏭᏋᏍ Ꮋ ᏍᏑᏌᏆᏭᎯᏍ ᎯᏗ ᏇᏋᏆᏰᏍᏃ. ᏄᏍᏆᏍᏃᏰᏋᏰ ᏭᏋᏂ ᏭᏃᏘᏭᏆᏋᏰ ᎯᏍ ᏰᏂᎯᏂᏥ ᎱᎻᏘᏘᏍ ᏭᏋᏂ ᏁᏍᏯᏍᏘᏇᏍ ᏍᏑᏌᏆᏭᎯᏍ ᏧᏍᎾᎾᏍᏋᏰᏍᏃ ᏓᏭᏆᏭᏃ ᏓᏗᏁᏍᏁᎯᏍ ᏁᏍ ᏍᎾᎾᎻᏃᏰᏍᏃᏍᏋᏂ Ꮋ ᏓᏍᏃ ᏥᏩ ᏧᏂᏆᏓ ᏠᏍᏋ ᏥᏍᎾᏍ ᎱᏂᏆᎻᏠᏭ ᏁᏍ ᏧᏩᏋᏌᏃ.

ᎱᏍᏰᏍᏃ: Ꮋ ᏧᏌᎾᎾᏌᏆ ᏁᏍᏧᏍᏜᎾᏩ ᏍᏑᏌᏆᏭᎯᏍᎾᏍ ᏧᏍᏑᏄᏭᏆᏭ Humphrey ᏰᎻᏑᏩᏁᏭᎾᏍᏋ Ꮧ ᏆᎻᏃ ᏇᏍᏧᏍᏋ?

ᎱᏗᏰᏌᏃ: ᏥᏩ ᏆᏂᏃ, ᏥᏩᏰᏓ ᏰᏭᏋᏩᏰᏍᎾ ᏥᏓᏋᏃ Ꮋ ᏑᏍᏰᎯᏍᎱᎾᏩᎾᏍ ᏯᏌᏆᏋᏃᏭ ᏍᏋᏍᏃ ᏘᏍᏆᏍᏃ ᎯᏍᏆᏭᏃ.

ᎱᏍᏰᏍᏃ: ᏍᎾᏭᏘᏍ ᏭᏋᏂ ᏑᏍᏰᎯᏍᎱᎾᏩᎾᏍ ᏠᏭᏰᏭᏁ ᏭᏋᏂ ᏰᏭᏋᏩᏰᏍᎾᎾᏩᎾᏍ ᏥᏓᏋᏃ ᏭᏋᏂ ᏍᏑᏌᏆᏭᎯᏍ ᏭᏋᏂ ᏥᏩᏁᏭᎾᎯᏩ ᏭᏋᏂ ᏥᏍᏰᏋᏆᏇᏩ

ᏍᏁᏁᏍ..........ᏰᏩᏰ ᏋᏌᏁ.

Xuseen: Adigoo galtiya baad weliba i la murmaysaa oo hadallo igu qallloocinaysaa. Maxaa is moodday oo adduunya ka og tahay?

Xasan: Waagaygii nin weyn oo carooda ama caytama fool xumay ahaan jirtay. Waa la isugu gabyi jiray. Hadda bal Ameerika danbe kugu soo qaadi mayee, waxaad iiga warrantaa dhulka soomaalida oo faransiisku haysto, kuwa Keenya iyo Itoobiya haystaan. Waagaygii soomalida dhulkeeda lagu ma tarrixin. Maxaa dhawraysaan oo duullaan ugu qaadi weydeen?

Xuseen: Keenya dhulka waa ka qaadi lahayn ee Ingiriis bay gadaal ku wadataa iyo Itoobiya oo Ameerika ku tiirsan. Faransiis iyo Ingiriis ka sokoow xoogga iyo lacagta Ameerika haddaysan jirin dhulalka la addoonsanayo oo dhan waa hore bay wada xooroobi la haayeen.

Xasan: Oo haddeer lahaydaa Ameerikada Humphrey soomaaliday u roon yihiin?

Xuseen: Waa run, waase siyaasad weyn oo maskaxdaada ceeriini ayan garan karin.

Xasan: Adiga iyo maskaxdaada bisil iyo siyaasadda weyn iyo Ameerika iyo waalidkaa iyo wa siirtaa Alle...... saas yeel.

KALA DHIGMO KALA QORMO:

Hadday = *ئŠOOSȣ*: hadday hurdo ka kacday.

Hadday = *ئSOOSȣ*: hadday timaddo u sheeg farriintayda.

Yacyacood: miro aan heli aad u bislaan. Cargo.

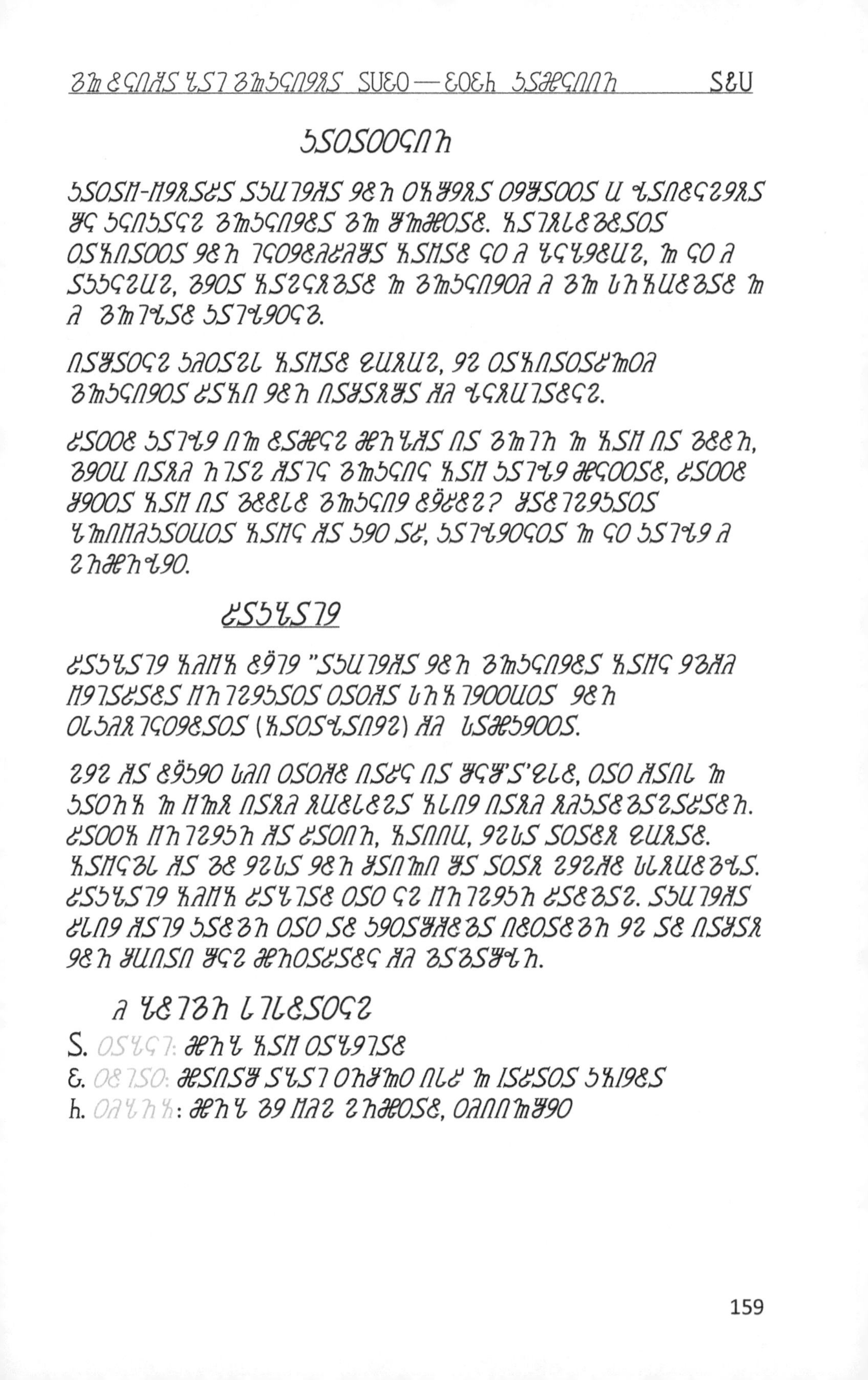

[illegible]

[illegible]

[illegible]

[illegible]

[illegible]

[illegible]

[illegible]

[illegible]

[illegible]

[illegible]

[illegible]

Madaddaalo

Madax-xigaha Ameerika iyo duubiga dibadda ee Talyaaniga baa maalmahaan Soomaaliya soo booqday. Wargeysyada dawladda iyo Raadiyuhu waxay aad u faaniyeen, oo aad u ammaaneen, sida wanaagsan oo soomaalidu u soo dhaweysay oo u soortay martidaas. Labadaan mudane waxay sheegeen, in dawladahoodu Soomaaliya hawl iyo lacagba ku taageerayaan. Haddii marti loo yaqaan qofka la sooro oo wax la siiyo, sidee lagu oran karaa soomaalidaa wax marti qaaday, haddi cidda wax la siiyey soomaali yihiin? Cayrnimada foolxumadeeda waxaa ka mid ah, martidaada oo aad marti u noqotid.

Humphrey

Humphrey wuxuu yiri "Ameerica iyo Soomaaliya waxaa isku xirahaya xornimada dadka dhowriddeeda iyo demuquraadiyadda (Wadatalinta) ku dhaqmiddeeda." Ninka yimid dhul dadkii lahaa la baaba'shay, dad kale oo madow oo xoog lagu geeyey weli lagu gumaysanahayo, hadduu xornimo ka hadlo, wallee, indha adayg sheegay. Humphrey wuxuu hafray dad aan xornimo haysan. Ameerika heli kari mayso dad ay midabkiisa liidayso inay lacag iyo ceelal baa qodahayaa ku sasabto.

[illegible]
[illegible]
[illegible]

U fiirso Ereyadaan:

1.. Dafaar: qof wax dafiry (diiday)
2.. Diirad: qalab afar docood leh oo jahada muujiya
3.. Dufow: qof si xun noqday, dulloobid
4.. Xabbaar: Qaybsiga xoolaha la soo dhaco
5.. Dulbaax: Baruurta xalleefsan oo haragga ku dheggan/xigta
6.. Yacyacood : miro aan weli dhab u bislaan. cargo.

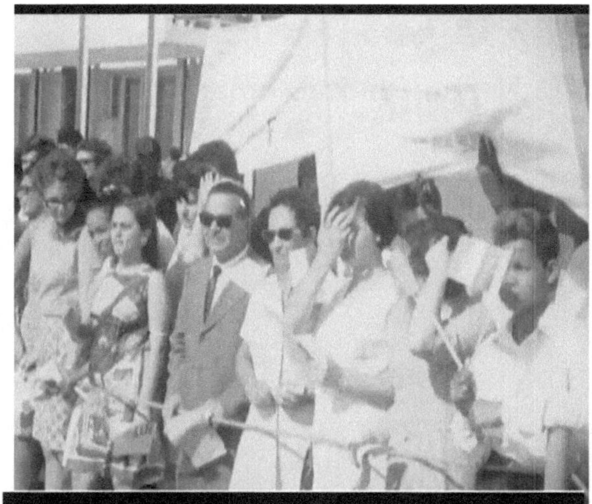

ՈSƆS7, Зꟾ
ƃhꝁSƐᏖᏖƐ

SƆ9ᏖᏖꟾ7Ꞁ ᏖSᏖᏖϚᏖ9
OꝁӜ9ꟾS O9ӜSOOS Ա
ᏖSՈƐϚᏖ9ꟾS

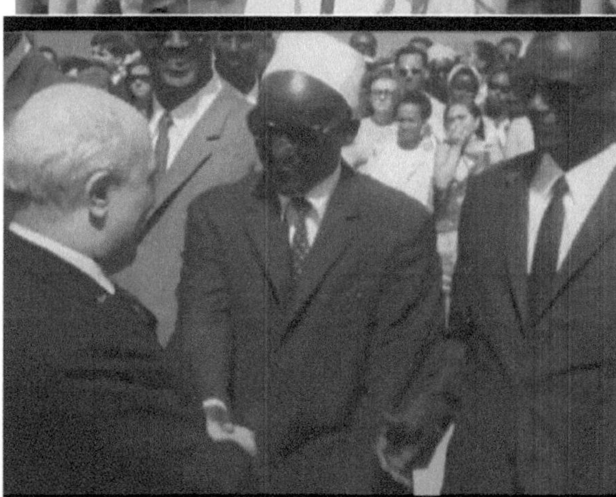

Xamar, soo dhawayntii Amintore Fanfani duubiga dibadda ee Talyaniga

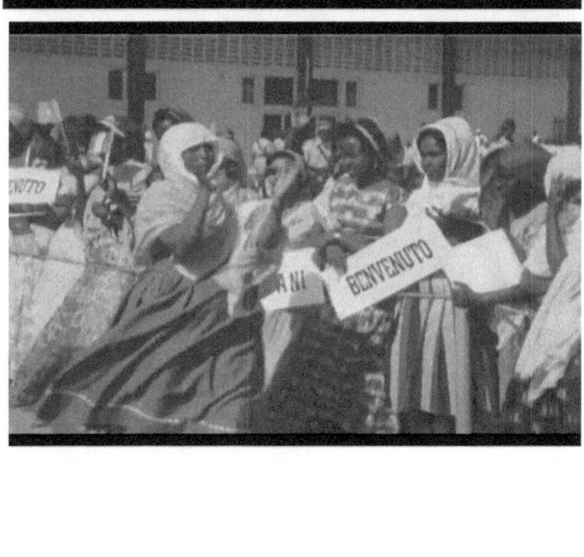

7ӇꝁLƐᏖS7 9Ɛh
ƐhꞀЗԱO

Reuter iyo Horseed

𐒆𐒚𐒎 𐒘𐒕𐒙 𐒆𐒙𐒂𐒝𐒇 **Duq iyo Dr.**
-𐒄𐒜𐒁𐒂𐒖 𐒄𐒖𐒑𐒖𐒇- **-Xeebta Xamar-**

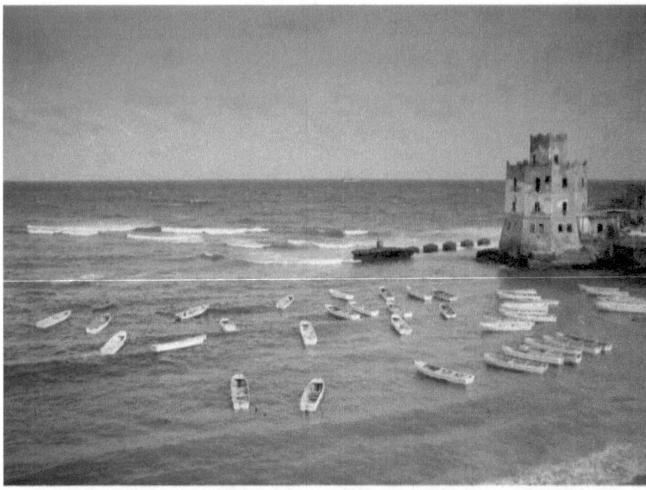

𐒓𐒖𐒄𐒛 𐒎𐒙𐒇𐒖𐒕 𐒌𐒓𐒐𐒜𐒆 𐒋.𐒑.𐒄 𐒡𐒩𐒦𐒨,
Waxaa qpray Guuleed C.M.X. 1968

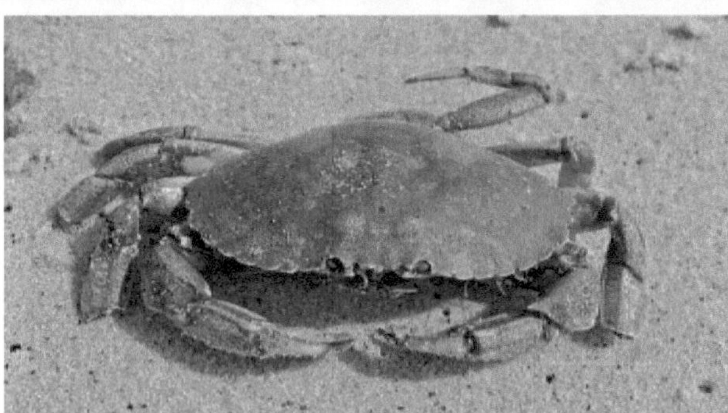

𐒋𐒖𐒇𐒈𐒛𐒒𐒕𐒙

Carsaanyo

𐒄𐒜𐒁𐒂𐒖 𐒁𐒖𐒆𐒆𐒖 𐒄𐒖𐒑𐒖𐒇 𐒆𐒖𐒁𐒛𐒉𐒜𐒆𐒚 𐒛𐒆 𐒁𐒖𐒕 𐒚 𐒎𐒚𐒇𐒚𐒄 𐒁𐒖𐒆𐒖𐒒 𐒂𐒖𐒔𐒖𐒕.

𐒓𐒖𐒄𐒖𐒕𐒈𐒗 𐒈𐒕 𐒎𐒚𐒇𐒚𐒄 𐒁𐒖𐒆𐒖𐒒 𐒂𐒖𐒔𐒖𐒕, 𐒏𐒙𐒐𐒏𐒕 𐒘𐒒𐒂𐒖 𐒆𐒖𐒆𐒏𐒚 𐒏𐒖 𐒂𐒖𐒌𐒙, 𐒛𐒒 𐒉𐒖𐒒𐒎𐒖𐒇𐒂𐒖 𐒁𐒖𐒆𐒆𐒖 𐒑𐒛𐒔𐒜 𐒂𐒚 𐒏𐒖𐒐𐒗 𐒕𐒜𐒇𐒖𐒔𐒖𐒕𐒒. 𐒓𐒖𐒄 𐒊𐒖𐒎𐒊𐒖𐒎𐒛𐒎 𐒖𐒔 𐒛𐒒 𐒐𐒖 𐒖𐒇𐒖𐒌, 𐒋𐒖𐒇𐒈𐒛𐒒𐒕𐒖𐒆𐒖, 𐒄𐒛𐒍𐒝𐒆𐒏𐒕 𐒁𐒖𐒆𐒆𐒚 𐒏𐒖 𐒋𐒛𐒇𐒘𐒆𐒖𐒕 𐒝 𐒆𐒖𐒁𐒖𐒕𐒉𐒚 𐒄𐒛𐒎𐒖𐒕𐒈𐒙 𐒘𐒕𐒙 𐒋𐒖𐒕𐒛𐒇 𐒂𐒚𐒑𐒖𐒉𐒖𐒆𐒖 𐒋𐒘𐒇𐒖𐒇𐒏𐒖 𐒁𐒖𐒆𐒆𐒖 𐒑𐒛𐒔𐒜. 𐒓𐒖𐒄𐒖𐒕 𐒖𐒔𐒖𐒕𐒆 𐒋𐒖𐒈𐒖𐒇 𐒊𐒚𐒇. 𐒋𐒘𐒇𐒏𐒖 𐒆𐒖𐒇𐒓𐒇 𐒘𐒕𐒙 𐒋𐒜𐒇𐒕𐒛𐒑𐒙 𐒑𐒘𐒆𐒒𐒖 𐒑𐒖 𐒐𐒖𐒔𐒖𐒕𐒒. 𐒑𐒘𐒆𐒖𐒁𐒏𐒖 𐒋𐒘𐒇𐒏𐒚 𐒓𐒚𐒄𐒓 𐒖𐒔𐒛 𐒁𐒗𐒕𐒑𐒖𐒆𐒙𐒓 𐒛𐒆 𐒑𐒝𐒆𐒘𐒆, 𐒘𐒒 𐒈𐒘

ᏙS7ƷSᏐh ƷS7L SᏋ LUᏋS ΠᏛ ᏐS79ℰLℰ.
Ꮿ9ᏋÄS 7U7 ℰᏗ7ᏗᏜ Ꮫ Ꮍ97Äℰ ƷᏗ Ꮍℰ7SOS ΠUℰSᏋSℰ CO ᏜᏂ ᏗᏒᏗ ᏜᏂᏒ9 ΠSᏋC, ÄSᏋ 7U7 SᏙ79ÄS Ꮫ ᏙSᏋ 9ℰh ℰS7CᏋᏙℰƷℰ ƷᏛ S7Ä9 I97Sℰ OSᏋ9 ÄSᏐS ᏋSℰƷh.
OSOÄℰ OSᏜCᏋS Ꮧ ℰ9Ꮠ90 Ꮫ ᏍS77CᏜSℰ, ᏂSΠC ÄS ƷᏛ ᏋS7Sℰ LSᏂ7ᏒCΠ Ꮫ SᏋ ÄᏗᏂS Ꮧ IᏛᏒS ᏂSOOSᏐSOᏛOℰ, Ꮫ 9ƷΠLᏋ "ÄᏂΠᏋS ΠUᏜSᏋS SᏙ79ÄS ÄᏗ ᏂC79ᏐSℰƷCᏋL, 9ᏋᏙCᏋ ΠS 909Ꮛ ÄS ᏜLOOLΠ9Ꮛ OSᏜCᏋS ÄS 19Ʒ99Ꮛ ᏥCᏙS". ᏂSΠC ÄSΠᏛ ÄᏗ ᏋS7Sℰ ΠUᏜᏙS OᏗᏥ 9ℰh OᏂᏙᏛ7. OᏗᏥS 9ℰh OᏂᏙᏛ7ÄᏗ ᏂC 9ƷÄᏗ 19ᏋƷ9 Ꮫ ᏂC ᏂSOS ƷᏛᏐCΠ9, ᏂCᏋS 9ƷÄᏗ Ꮠ90SᏜ Ꮫ ᏂC ᏂSOS ᏐC77ℰᏋ. ᏋSƷL SᏋCᏙU, ᏂSΠS Sℰ ᏥSᏜCᏋ Ꮍ97ÄS 9ℰh LᏗΠÄS ᏜSℰ 9ƷÄᏗ 197CᏋ. OᏂᏙᏛ7ÄᏗ ᏂC ℰC 197, OᏗᏥᏗᏋS ᏂC ℰ4 197.
ᏂC ÄᏂ ᏐᏂᏥSᏙC, 9Ꮛ ᏒᏛ7ᏙLℰ OᏂᏙᏛ7ÄᏗ LSᏋSℰ Ꮒ OᏗᏥᏗ I97Sℰ 9ᏋᏙS ᏋŠOOS OᏂᏙᏛ7ÄᏗ 197h. OᏂᏙᏛ7ÄS ᏍℰΠ 9ℰh ᏍCΠᏂC ᏜC 9ᏋᏙS ÄᏗ Ꮠ9ΠᏐSℰ ᏍS7h Ꮧ O9ΠΠCᏍSℰ. ᏍS7SOℰƷᏗ ᏂSΠSℰ ᏙSᏋSᏋ LCᏙ ᏋᏂᏥᏂᏙC, ÄᏂΠÄℰ Ꮒ S7Äh ᏐSOSΠOS CᏋ ᏙᏗ7SℰᏋ SᏐS CᏋ Π9ΠÄSƷ SᏋSℰᏋ Ꮫ Ꮒ9Πℰ ΠS ƷSᏐSℰᏋ ÄS7Sℰ CᏋ ƷSᏐSℰᏋSℰᏋ.
ᏂSΠ CᏋ ᏜS'ƷSᏋSℰᏋᏋS Ꮬ9'9Ꮛ SℰƷS. ÄᏂΠÄℰ Ꮒ ᏍS7ᏛOh ᏜC ᏍSΠᏛᏋᏗ ᏒᏗᏜSᏙC, ÄᏂΠÄℰ ᏍSΠᏛᏋᏗ ᏒᏗᏜSᏙSᏋS ᏐŠOSΠS ᏜC ᏋSOOℰᏜS ΠSᏋᏂᏋS, ÄᏂΠÄCƷᏂ "CƷᏜS7h" Π9ᏥC. ᏂSΠC 197S OᏂᏙᏛ7h ÄᏂΠÄℰ ᏙCƷ Ꮫ ÄSΠL ÄᏗ LSᏍOh 9ƷÄᏗ ᏙCᏜᏙS ᏒSΠCƷ LU7 Ꮫ ᏦSᏐ7h SᏋ, Ʒ9 Sℰ 9ƷᏗ ᏂCΠCᏋ, 9ƷᏗ ᏐᏛᏒSℰƷℰℰCᏋ ᏜS'S 9ℰh ᏋᏛᏒᏒS ƷᏛᏐCΠ9ℰS ÄS ᏙCᏒSᏋ. 9ƷSᏒᏗ ᏂᏗΠᏂ 7ᏗᏐSℰƷSᏋ ℰSᏋSℰ, "Ꮠ9ℰ97 ᏂSΠCO ÄᏗ ᏂLℰOCᏋ 9ƷᏂCΠ ÄᏗᏐS Ꮠ9ᏋℰᏜᏙCᏋL." 9ᏋᏙᏂ ᏦSᏐ7h ᏍSᏜᏜ9 ΠSᏋC, ᏂᏗΠᏂ ČOC ᏜSOOS, Ꮫ ᏂLΠ9ᏜS 9ƷÄᏗ ᏜUᏒC ᏒᏛ7ᏙSℰ Ᏽ90ΠS ᏙSᏋSℰ.
9ᏋᏙS Ꮒ OSᏜCΠSᏋSᏋSℰh, SᏐS Ꮛ97S7ÄS 9ℰh ΠCΠ9ℰCᏋS ᏥᏗ7ᏗΠOᏛOS OCᏂSᏋSᏋSℰh, SᏐS ℰU7ᏙS ᏜSOOS Ꮫ ℰCᏜÄS ΠLᏋ LLᏒLℰƷSᏋSᏋSℰh ᏙLÄL7 9ℰh ᏂŠΠᏂSΠ Ꮠ90ᏋS ÄᏗ ƷᏛ L9Ꮝ9ᏐSᏋSℰh. OᏗᏥᏗ ᏂC OᏂᏜ9 (ᏂSƷℰ7), ᏂČᏒℰ ᏥS7SᏋᏋ9ᏐSOS ΠᏛ ƷᏛ OSᏒCΠΠSᏐSᏋSℰLℰ ᏂᏗΠᏂ SᏋC 7SᏒᏒℰ ΠUᏒSOS SᏋC ᏂᏗΠᏂ ᏥSᏜSℰ, LSᏜᏋS ÄS SᏋSℰO 9Ꮛ ᏒCΠSOS LᏗΠÄS ΠSᏒS L7ℰh, ᏐSΠC ℰUΠSℰ OᏗᏥᏗ ᏂC ᏐᏗƷΠ9Ꮛ.

OSᏜSOUO ᏐS7Äℰ OᏂᏜ9 ΠSᏒS L9ᏒSℰ ƷSΠCO ᏐSᏋSOᏋSᏥ SᏋ SℰᏂ UᏜᏜ9ᏋℰƷ Ꮧ ᏙᏗÄSOSℰ,

Duq iyo Dr. -Xeebta Xamar-

Xeebta badda xamar dabaasheedu aad bay u qurux badan tahay. Waxayse sii qurux badan tahay, kolkii inta dadku ka tago aan shanqarta badda maahee tu kale yeerahayn.

Wax dhaqdhaqaaq ah aan la arag, carsaanyada, xaafoodkii baddu ka Caariday oo dabayshu xaaqayso iyo cayaar tumashada hirarka badda maahee. Waxay ahayd casar dheer, cirku daruur iyo ciiryaamo midna ma lahayn. Midabka cirku wuxuu ahaa beymadow aad mooddid in si farsamo sare ah dheeha loo mariyey.

Ninka reer Yurub oo cirkiisu ciirada lee yahy aad buu ugu bogi lahaa, kan reer afrika oo tan iyo yaraantiisii soo arki jiray dani kama hayso. Dadkii dabaasha u yimid oo carraabay, waxaa ka soo haray dhowr gaal oo ah kuwo dawladahooda u jooga, oo is leh: "Kolley xeebaha afrika ku waari maysaane, intaan la idin ka beddalin dabaasha ka jiscin qaata." Waxaa kaloo ku haray xeebta duq iyo Dr.. Duqa iyo Dr.-ku waa Isku jinsi oo waa wada soomaali, waana isku midab oo waa wada maarriin, hase ahaatee, waxa ay qabaan cirka iyo dhulka bay isku jiraan. Dr-ku waa 27 jir, duquna waa 56 jir.

Waa kuu muuqataa in goortii Dr.-ku dhashay uu duqu jiray inta hadda Dr.-ku jiro. Dr.-ka ciil iyo caalwaa baa inta ku milmay cara u dillaacay. Caradiisu waxay tahan dhaaf noqotaa, kolkii uu arko madaxda aan turinin ama xilkas ahayn oo wixii la smayn karay aan samaynayn. Wax aan ba'sanyn bi'inaysa, kolkii uu caroodo baa calooshu gubataa, kolkii calooshu gubatana madaxa baa haddiiba xanuuna, kolkaasuu "aasbaro" liqaa. Waxaa jira Dr.-toorro kolkii taas oo kale ku dhacdo isku taabta galaas dheer oo khamro ah, si ay isu waalaan, isu moogaysiiyaan ba'a iyo hoogga Soomaaliya ka taagan. Isagu wuxuu rumaysan yahay "Miyir waxaad ku wayadaan is waal kuma mihiibtaane." Intuu khamro cabbi lahaa, wuxuu aadaa badda, oo weliba isku beegaa goortay cidla tahay.

𐒵𐓆𐓁𐓍 𐒷𐓎𐓁𐓆𐒷 𐒼𐒰𐓁𐒼 𐓄𐒴 𐒷𐓃𐓈𐓄 𐒶𐓆𐒼𐓁𐓆𐒶𐓆 𐒿𐒷 𐒰 𐒼𐒻𐒷𐓒𐒻𐒷𐓂 𐒼𐓆𐓁 𐒰𐓆 𐒴𐓀 𐓓𐓆𐓇𐓆𐒿𐓆𐒷 𐓀 𐒼𐓍 𐓓𐓆𐓈𐓆𐓒𐓒𐓄𐒵𐓆𐓂𐓆, 𐒵𐓎𐒺𐒷 𐒰 𐒴𐓆𐓈𐓈𐓁𐒻𐒷𐒴𐓆𐒷𐓒𐓆 𐓊𐒸𐓈𐒿𐒻𐒷 𐓀 𐒼𐓍 𐓂𐒼𐓇𐓄𐓒𐓄𐒵𐓆𐓂𐓆.𐒿𐒹𐓇𐓆𐓒 𐓄𐒷𐒹 𐓁𐓆𐓇𐒹 𐓊𐒲 𐓀 𐓓𐓆𐓈𐓆𐓒𐓒𐓄𐒵𐓆𐓂𐒰 𐒻𐓄𐒴𐓒𐓆𐒷𐓂 (𐓊𐒲𐓂𐓄𐒶𐒷 𐓄𐒷𐒹 𐓂𐓄𐓇𐓆𐓂𐓂𐓆) 𐒼𐓆𐓁 𐓄𐒺𐒷𐒴𐒰 𐒰𐓆 𐓒𐓆𐓁𐓂𐒹 𐒵𐓆 𐒼 𐓆𐓈𐓆𐓊.
𐒼𐒰𐓁𐒼 𐒰𐓆 𐒻𐒻𐓁𐓎𐒷𐓍 𐓊𐒰𐓈𐓄𐓊𐒷𐒴𐓆, 𐓊𐓍𐓈𐓄𐓊𐒷𐒴𐓆 𐓄𐒷𐒹 𐓁𐓆𐒿𐒷𐒴𐒰𐓆 𐓓𐓆𐓈𐓆𐓒𐒰𐓆. 𐒶𐓆𐓂𐓂𐒷 𐓇𐓎𐓒 𐓁𐓆𐒷𐒴𐒰𐓆 𐒻𐓆𐒼𐓈𐒹, 𐒼𐓆𐓁𐓍 𐒻𐓄𐓇𐓆 𐓂𐓆𐓂𐒰𐓆 𐓇𐓆𐓈𐒷𐓆𐓂𐒷𐒴𐓆.

𐓂𐒰𐓓𐒰 𐓄𐒴𐓒𐓆 𐓇𐓆𐓂𐓂𐒼 𐒸𐓂𐓍. 𐒴𐓄𐓂𐓆 𐓂𐒹𐒿𐓀𐓈𐒰𐓆 𐓄𐓒𐒼 𐒿𐒻𐒰𐒿𐓈 𐓄𐒷𐒹 𐓐𐒷𐓁 𐓄𐒴𐓆𐓊𐓆 𐒷𐓆𐓈𐓎𐒷𐒹 𐓇𐓆𐓂𐓂𐓆 𐒰 𐒵𐓆 𐒸𐓂𐒹. 𐒼𐒰𐓁𐒼 𐒰 𐒸𐓂𐓍 𐓄𐓒𐒼 𐓇𐓆𐓈𐒼𐓈 𐓄𐒴𐓆𐓊𐓆 𐒷𐓆𐓈𐓎𐒷𐒹. 𐒼𐒰𐓁𐒼 𐓁𐓎 𐒷𐓆𐒶𐓆𐒷 𐓐𐓆𐓁𐓀𐓁 𐒼𐒻𐒷𐓒 𐓀 𐓍𐓂 𐒵𐓀̈𐓂𐓂𐓄𐓂 𐓒𐓍𐓊 𐒴𐓆𐓊𐓍𐓁𐒰𐓎𐓂𐒷 𐒻𐓆𐒵𐒵𐓍𐒿𐓆𐒷. 𐓐𐓆𐓁𐓀𐒺𐒰 𐓄𐓒𐒿𐓆𐒷 𐓂𐓆𐓇𐓆𐓇𐓂𐓆𐒷 𐓀 𐒻𐒷𐓇𐓆 𐒰 𐒷𐓎𐒺𐓆𐒷 𐓆𐒷𐓍 𐓇𐓆𐓈𐓄𐓂𐒷 𐒰𐒰 𐓐𐓆𐓈𐓆𐓈𐒿𐓆𐒷, 𐓁𐒰𐓊𐓄𐒶𐒷𐓒𐓆 𐒷𐓆𐓈𐒷𐓆𐓈𐓍𐓂𐓎𐓒. 𐓂𐒹𐒿𐓀𐓈𐒰𐒷 𐓀 𐒰𐒰 𐒻𐓆𐒷𐓊𐓆𐓊𐒴𐓆𐓒 𐓐𐓆𐓈𐒴𐓍𐓒𐒷𐒹 𐓊𐒹𐓂𐒰𐓎𐓂𐒷 𐓓𐓆𐓈𐒰𐒷𐒴𐓆 𐒿𐓍𐓊𐓆𐓒, 𐓀 𐒻𐓆𐒼𐓈𐓆𐒷𐒴𐓆 𐓄𐓒 𐓆𐒷 𐒰𐒰 𐓐𐓆𐓈𐓆𐓈𐒿𐒹 𐒰𐒹𐓁𐒰𐒷 𐓆𐒷 𐓇𐓄𐒻𐓍𐓒 𐓆𐓈𐓆𐓊𐒿𐒹, 𐓆𐒷𐓍 𐓂𐒰𐓓𐒷 𐒰𐒰 𐒴𐓀 𐓇𐓆𐓁𐓆𐒷 𐓀 𐒷𐓃𐓈𐓄 "𐓂𐒹𐒿𐓀𐓈𐒻 𐓒𐓆𐓇𐓆𐓂. 𐒵𐓆𐓁𐓍𐓂 𐓎𐓊𐓆𐒷𐒴𐓍?" 𐓒𐓆𐓇𐓆𐓂, 𐓂𐒼𐓇𐓄. 𐒼𐓆𐓁𐓍𐓒 𐓎𐓊𐓆𐒷𐓍 𐓐𐓆𐓈𐒴𐓍𐓒𐒷𐓆𐓂𐓍𐒴 𐓄𐒷𐒹 𐒴𐓄𐓂𐓆𐒷 𐒰 𐓂𐓄𐓊𐒿𐓀𐓒 𐒿𐓆𐒶𐓆𐒷.

𐓇𐓆𐓁 𐓎𐓊, 𐒼𐓆𐓁𐓆𐒷 𐒼𐓆𐓁 𐒰𐒰 𐓐𐒰𐓒𐓆𐒷𐒴𐓍 𐓊𐒹𐓂𐒰𐓆 𐓓𐓆𐓈𐒰𐒷𐒴𐓆. 𐒻𐓆𐓊𐓆𐓁 𐓆𐒷𐓍 𐒰𐒰 𐒿𐒼𐓈𐓆𐒷𐓍, 𐓄𐓒𐒿𐒼𐒴𐓆𐓒 𐒻𐒰𐓁𐒰𐓆 𐒻𐓄𐓐𐓄𐓒 𐓆𐒷𐓆𐒷 𐓊𐒹𐓂𐒰𐓆 𐓊𐒻𐓁𐓎𐒷𐒴𐓍. 𐒼𐓆𐓁𐓍𐓒 𐒹𐓈𐓆𐓒 𐒰𐓆𐓈𐓍 𐓓𐒹𐓁𐓆𐓂𐒷𐓒𐓒𐓆 𐒵𐓆𐓂𐓆𐓁𐓂𐓆 𐓆𐒶 𐓐𐓆𐓈𐒴𐓍𐓒𐒷𐓆𐓂𐓍𐒴 𐓇𐓍 𐓄𐓂𐓄𐓒𐒰𐓆 𐓐𐓆𐓓𐓁𐓄 𐓇𐓆𐓂𐓆𐓒, 𐒵𐓆𐓁𐓍 𐒷𐓎𐓁𐓆𐒷 𐓄𐓂𐓄𐓒𐒰𐒰 𐒰𐒵𐓆 𐓓𐒹𐓂𐓄𐓒 𐓂𐓆𐓂𐒰𐓆 𐓊𐒹𐓂𐒹𐓂 𐓆𐒷 𐒰𐓆𐓊𐓆 𐒻𐒼𐓒𐒿𐓍𐓒 𐓂𐓆𐒷𐒼𐓈𐓆𐓂𐓆𐒶𐓆 𐓆𐒵𐓁𐓍𐓈𐓆𐓂𐓆.
"𐓆𐓒𐓒𐓆𐓊𐒰 𐒵𐓆𐓁𐓍𐓒 𐓊𐒹𐓂𐒹𐓂 𐒰 𐓓𐒹𐓂𐓆𐓒𐓆𐒷𐓒𐓍, 𐓆𐒵𐓁𐓍𐓈𐓆𐓂𐓆 𐓂𐓄𐓇𐓆𐓂𐓂𐓍𐓒𐓒𐒰 𐒰𐓆𐓊𐓆 𐓆𐓂𐓆𐓊 𐓒𐓆𐒶𐓆𐒷" 𐓂𐒰𐓓𐒷 𐓇𐓍 𐒷𐓃𐓈𐓄. 𐓂𐒰𐓓𐒷 𐓄𐒷𐒹 𐓊𐒹𐒿𐓀𐓈𐒰𐒷 𐒼𐓆𐓁𐓆𐒷 𐒰 𐒼𐓆𐓂𐓆 𐒻𐓆𐓓𐓍𐓓𐓎𐓒 𐓁𐓎𐓇𐒿𐓆 𐓁𐓆𐓊𐓊𐓎𐓂𐓆 𐒼𐒹𐓓𐓀𐒷𐓄.
"𐒿𐒹𐓂𐓂𐒹𐓇𐓆 𐒴𐓆𐓒𐒹 𐓆𐒷𐓍𐓂 𐒵𐓆𐓓𐓒𐓆𐒷𐓂, 𐒼𐓍 𐒹𐓊𐓍𐒷𐒻, 𐒵𐓆𐓁𐓍 𐓂𐒹𐒿𐓀𐓈𐓆𐒶𐓆 𐒰𐒰 𐒴𐓀 𐓓𐓍𐓂𐓆𐒿𐓆𐒷?" 𐓂𐒰𐓓𐒷 𐓇𐓍 𐒼𐒻𐒷𐓂𐓂𐒷𐒷𐒻𐒷.
"𐒼𐓆𐓁𐓍𐓒 𐒰𐒰 𐒴𐓀 𐓓𐓍𐒿𐓆𐒷 (𐓇𐓆𐓇𐓁𐓄𐒰 𐓆𐓂𐒵𐓄𐓒𐓄𐒴𐒿𐓆𐓈𐓎𐒺𐓆𐓒)", 𐒿𐒹𐒿𐓀𐓈𐒰𐒷 𐓇𐓍 𐒷𐓃𐓁𐓄. 𐓂𐒰𐓓𐒷 𐓇𐓍 𐒰𐒰 𐓐𐒻𐓁𐓄𐒷𐒻𐒷, "𐓀 𐒵𐓆𐓁𐓆𐒷 𐒰𐒰 𐒴𐓍𐓇𐒴𐓆𐓒 𐒿𐓆𐒶𐓆𐒷?" "𐒼𐓆𐓁𐓆𐒷 𐒰𐒰 𐒴𐓍𐓇𐒴𐓆𐓒 𐒿𐓆𐒶𐓆𐒷 𐒿𐓆𐓁𐓄𐓒𐒿𐓆 𐓂𐓆𐓂𐒰𐓆" 𐓂𐒹𐒿𐓀𐓈𐒰𐒷 𐓇𐓍 𐒷𐓃𐓈𐓄. "𐒼𐓆𐓁𐓍 𐓁𐓀 𐓇𐓍𐒶𐓆𐓒 𐒷𐓆𐒶𐓆𐒷 𐒿𐓆𐒽𐒿𐓆𐓈𐓒𐓄𐒵𐒹, 𐓄𐓒𐓈𐓄𐓒𐓎𐓈𐓒𐓄𐒵𐒹 𐓄𐒷𐒹 𐒿𐓆𐓈𐒴𐓆𐒵𐒹, 𐒿𐓆𐓈𐒴𐓆𐒵𐒹, 𐒿𐓆𐓈𐒴𐓆𐒵𐒹.

Inta uu dabaalanahayo ama hirarka iyo xaaxiyaasha quruxdooda daawanaayo, ama yeerta badda oo yaabka leh dhegaysanaayo feker iyo walwal midna ku soo dhicimaayo.
Duqu waa duubi "wasiir" waagii qaranimada loo soo dagaallamayhayey wuxuu ahaa raggii Leegada ahaa wuxuu qabay, dhabna ka ahayd in gaalada dhulka laga eryo, maxaa yeelay duqu waa muslin. Dabadeed markii duubi laga dhigay salaad mahadnaq ah ayuu eebbihiis u tukaday, maxaa yeelay wuxuu is yiri hawlaha tii u weyneyd wax ka soo qabatay oo waa qarannimada, meeshii u sarreysayna gaartay oo waa duubinimda.Toban iyo labo gu' oo qarannimadu dhisnayd "guddihii iyo dibadda" wax ishiisu ka naxdo ma uu arag.

Wuxuu ka dhexeyaa gurigiisa, gaarigiisa iyo xafiiskiisa qaranka, haddii been la iska dhowro, waxaa dhiba dadka baryadiisa.
Duqu isna badduu aadaa, sida Dr.-ka inuu feker iyo ciil isaga yareeyo badda uma aado, wuxuu u aadaa inuu baruur isaga yareeyo. Wuxuu lee yahay calool weyn oo aad mooddid naag sagaalkeeda dhammaatay. Calooshu intay dabacday oo dhiica u yeeshay ayaa baridii ku carartay, luguhiina yaryaraadeen.

Dr.-kii oo ku dhaygagsan carsaanyada godkeedii qarkiisa taagan, oo dhawraysa inay ku cararto kolkii ay bidhaan aragto, ayaa duqii ku soo baxay oo yiri "Dr. waa nabad. Maxaad eegaysaa?", nabad, duubi. Waxaan eegayaa carsaanyadaas iyo siday u digtoon tahay, bal eeg waxay wax ku cunaysaa godka qarkiisa, dhagax ayaa ku tuurayaa, intuusan dhulka dhicin ayey godka galeysaa.
Waxaan oran karaa qoladiinna madaxda ah carsaanyadaas baa idinka caqli badan, maxaa yeelay idinku uma qodin dadka godad ay kaga dhuuntaan dayuuradaha amxaarada. “Annagu maxaan godad u qodaynnaa, amxaarada dibaddaannu kaga adagnahay." Duqii baa yiri. Duqii iyo Dr.-kii waxay u wada dhaqaaqeen xeebta xaggeeda woqooyi. "Toddoba sano ayaad maqnayd, waa ogaaye, maxaa Dr.-raha ku soo qaadatay?"

ƃ9ΟƧ ΟƧΟƋƧ ՈΠ̈ƘƋ ՎƧՈ9Ɛh ƃΠ̈ϽϚՈ9ƐƧ ӁhՈh ƋƧƘƧ ȡh77ƧƐƃϚ ϽƧ l97Վh. ƧƐƐƧƘϚ Ƌ ՎƧՈ9ƐƐƧ ƃΠ̈ϽϚՈ9ƐƧ. ƧΟΟЂƐƋƧ Π̈ ƅƧƐ ЂϚ 9ƃƋƋ 7ϚӁƧƐ, 9ƐϚƐ ƃΠ̈ϽϚՈ9ƐƧ ՎƧՈ9ƐՎƧ ՈƧƘƋ ȡƧƐƃƧƐ, 7Մ7 ƧՎ79ƋƧ 9Ɛh 7Մ7 ƧϽՄ79ƋƧΟƧ ƋΠ̈ՎƋ7 ϽՄՈ ϚƐ ƧՎƘƧϽӁ9 ƋƧ ƅ9ӁƐ ՈƧ ϽƧ Ƨ7ƋhƃΠ̈ϽϚՈ9ƐƧ ϽϚȡՄ".

ΟƋӁƐ ӁϚ Ɛ979 ȡƧΟƧՈƋϚƃ, 9ƃƧƘΠ̈ 9ƃƋƋ ƋƧՈƃΠ̈Ɛ Π̈ ΟhՎΠ̈7ƋƧ ՄƘƧƐƧ Π̈ ϚΟ ϽΠ̈Ο9Ο 9ƐЂ ЂƧՈ ӁƧՈՈƧՎƃƧƐ ƅƧӁƃƐƐƧȡƧƐh. ΟhՎΠ̈7ƋƐ ӁϚ ЂƋՈЂ Ɛ979 "ƃhЂ ϽƧ hƘ9Ο 9Ɛ ՈƧ ƃΠ̈ Ƌ97ƧƐƃƧƐ ƋƧ7h ՎƧƘՎƧ7, 9Ɛl9ƐՄ7 ƧϽƧ Ɛ9Ɛ ՎƧ7ƃƧϽƧ ƐƧȡϚƐ ƧȡΠ̈ ƅƧƐ, ϚƐƃƅ ՈƧ Ƌ97ƧƐƃƧƐ ƋƧ79Ɛ ՎƧՈ9Ɛƅ ЂƧƐϚƘƃƧƐ. ΟƧՈƋՄƐƐƧ ЂƧՈϚ ΟƧՈƧՈƋƧ ƋƧՈƅ ƋƧ 7ՄӁƧƐ ϽƧ ƧȡƧ ՎƧƘՎƧ7 ՈƧ'ϚƐ ƧϽƧ 9Ɛl9ƐՄ7 ՈƧ'ϚƐ.
Ο9ƘΠ̈Ո, ƋƅƐƅΟ9, ƘƋ7ƋƐΠ̈Վ, ϽϚЂ-Վ9ƃՎΠ̈Ɛ, ƐϚƃ97 9Ɛh ƋϚƃՎƧ7h Ͻ9ΟƐƧ ՎƧƘՎƧ7 9Ɛh 9Ɛl9ƐՄ7 ՎΠ̈ƐƐƧ ϽƧ ƧȡƧ, Մ ЂϚ ՎƧՈ9ƐƧƐϚՈ. ƧƐƐƧƘϚ Ƌ ՎƧՈ9ƐƐƧ ƃΠ̈ϽϚՈ9ƐƧ. ƧΟΟЂƐƋΠ̈ ƅƧƐ ЂϚ 9ƃƋƋ 7ϚӁƧƐ, 9ƐϚƐ ƃΠ̈ϽϚՈ9ƐƧ ՎƧՈ9ƐՎƧ ՈƧƘƋ ȡƧƐƃƧƐ. ΟƋӁhЂ, ՎƧՈ9Ɛ ՈƋϽƧΟƐƐϚ ƐƧ 7ՄӁՎƧƐ, ϽƧՈϚ ƐՄՈƧƐ ƃ9ΟƐ 7Մ7 Ͻ9Ɛ9ƘƐ ӁϚΟ ƐΠ̈ƘƋ ՎƧՈ9ƃϚƐ.

ΟƋӁƐ Π̈ ϚƐ 7ƧӁ9Ɛ, 9Ɛ ȡƧΟƧՈƋϚƐ ՈƧ ƃƐ ЂƧΟh, ƧƐϚ Ɛ979 "ЂƧ7-ΟƧƐ ƧΟ9ƘϚ ՎhՎΠ̈7 ƧȡƅƃΟՄ ՈƧ 9ƃƋƋ ӁϚՎՄƐƃƐƐϚ." ƧƐ9ƘƋ ЂƧՈϚƐ ΟhՎΠ̈7Ɛ9ϽƧΟƧ ƋƋ ƃΠ̈ ӁϚՎƧƐ ƃ9ΟƧ ΟhЂՈƧΟ ЂƧƐϚƘƃƧƐ ՈΠ̈ ƅ9ƃh Π̈ ΟƧΟ ЂƧƐϚƘƃƧƐƐƧ ՈΠ̈ ƃΠ̈ ƃϚ7h. Ђ9ՈƐ Π̈ƘƧΟƧ ƋƋ ƃϚӁƃƧƐ ՎƧƘՎƧ7ƋƧ ƧƐϚ ƐƧӁϚƐ. ՎƧƘՎƧ77ƧΟƧ ՈƧՎՎΠ̈ΟƧ ȡƧΟΟϚΟ Ƌ ՎƧƘՎh, ЂƧՈƧƐ ƋƋ h7ƧƐƧƐϚƐ -ӁƧƐՎЂƘh ӁƧϽƧƐ ƋƧ ՈϚӁΟƧƐ-. ЂƧՈƧ ϽƧӁϚƐ 9Ɛh 9Ɛh ƋƋЂƧ ΟƋՎƧƐƋƧ ՈƅȡƐƧ ƐƧ7ƧƐƃh.

ϽƧƃƋƧՈΟƧ 9Ɛh ϽƋ7ƋӁƧ ЂϚ 9ƐϚΟ ƋƧ ȡhЂƐΠ̈ՎϚ. ΟhՎΠ̈7ƋƐ ӁϚ Ƌ ӁƅՈ9Ɛƅ 9ƃƧƘΠ̈ ӁhƃՈƧƐƧ. ЂƋՈЂ ƋƘƋ ΟƧ7ƧƐ, "ȡƧΟΟƐ ϚΟƧƐ 9ƃ ӁϚՎƧƐƐ, ЂƧՈϚΟ ȡƧՈ9ƃ Ƌ ՎƧȡƧƐ, 9Ɛ ЂƧΟƐƋȡƋ ƋƋ lΠ̈ƘƃƧΟh- ЂϚ ЂƧՈƧ ӁƧ7ƧӁՎƋ Վ97Ϛȡ Οh, ϽhЂՎƋՈ ՎƧlƧ- Π̈ ƧΟ9ƘΠ̈ ϚƐ ƧƐƧȡϚΟƧƐ ƧϽƧ ΟƧ7ΟϚ7Ͻ9Ɛ ϚΟ ՈƋƘՎƧ ƅ9ƃՎ9Ο."
"ӁƧΟΟϚ ՈƧƐƃƋƋ ӁϚՎՄƐϚ ӁƧƐ 9 Ɛ97ϚȡΟՄƐ. ƋƧ ϽƧ ϚƐ ӁϚӁΟh, 9ƐՈϚƃƐƧ ЂϚ ƋƋ ƃƐ ӁƧƐ9ՈƧƐϚ", ΟƋӁƐ ӁϚ Ɛ979, 9ƐՎЂ ՈƧӁhΟƧ ƃƧӁƧӁӁƧ ӁƧՈΠ̈ƐƧ ƋhƋՄΟƧ ƃϚ7ƧƐ.
Duqii baa wayddiiyey.

"Waxaan ku soo qaatay (public administration)." Dr.-kii baa yiri. Duqii baa ku celiyey, "Oo maxay ku saabsan tahay?" "Waxay ku saabsan tahay talinta dadka." Dr.-kii baa yiri.
"Waxaa loo baahan yahy takhtarnimo, injineernimo, iyo farsamo, farsamo, farsamo. Sida dadka loogu taliyo soomaaliya qolo kaga horreysaa ma jirto. Annagaa u talinna soomaaliya.
Adduunka oo dhan waa isku raacay inaan soomaaliya talinta lagu haysan, reer afrika iyo reer ameerika koofur, meelaan afganbi ka dhicin lama arko soomaaliya ma ahee ." Duqii baa yiri hadalkaas, isagoo isku kalsoon oo aad moodid inuu wax qallafsan dhacsiinahayo.

Dr.-kii baa wuxuu yiri: "Sow ma ogid in la soo kiraysan karo takhtar, injineer, ama nin farsamo yahan ah oo dhan, aanse la soo kiraysan karin taliye wanaagsan. Dalkeenna waxaa dalalka kale ka reebay ma aha takhtar la'aan ama injineer la'aan. De Gaullel, Kennedy, khrushchev, Mao Zedong, Naasir iyo Castro midna takhtar iyo injineer toonna ma aha, ee waa taliyayaal. Duqow, talin xumadiinnaa na reebtay, maxaa yeelay sidii reer miyigii baad noogu talisaan.

Duqii oo aan rabin, in hadalkaan la sii wado, ayaa yiri "War-day adigaa Dr. ahe, sidee la isku caateeyaa." Anigu waxaan Dr.-nimada ku soo qaatay sida dowlad wanaagsan loo dhiso oo dad wanaagsanna loo soo saaro. Wixii oogada ku saabsan takhtarka ayaa yaqaan. Takhtarrada laftooda haddaad u tagto, waxay ku oranyaan: -cantuugo caman ka laacday -Waxa macaan iyo kuwa dufanka leh na yareeyso. Maskaxda iyo muruqa waa inaad ka howshootaa. Dr.-kii baa u celiyey isagoo qoslaaya, wuxu ugu daray, "Haddii aadan is caatayn, waxaad halis u tahay, in wadnuhu ku joogsado - waa waxa carabtu tiraahdo, mawtul - faja-oo adigoo aan ashahaadan ama dardaarmin aad lugta dhistid."

ᎣᎠᎲᎠ ᏭᏃᏥ ᏰᎦᏃ ᎣᎦᎲᏫᏃᎦ ᎯᎠ ᎩᏫᏁᎹᎲᎦᏋᏃ ᏥᏫ ᏥᎦᎷ ᏭᏰᎯᎦ ᎩᎦᎣ. ᎯᏂᏁᎯᏥ ᎣᎦᎲᏫᏃᎦ ᎯᎦ ᏰᎹ ᏃᏂᎲᎣᏂ ᎦᏋᏥ ᏭᏃᏝᎦᏋ ᎯᎦ ᎡᏂᏋᏰᎦᏋ ᎦᏋᏥ ᎩᎠᏃᏝᎦᎣᎦ ᎯᎦ ᎯᎹᏋᏫ. ᏥᏭᎷᏋ ᏍᎦᎩᏫᏃ ᎦᏋ ᏁᎦᎡᎦ ᏍᎦ ᏰᎹ ᎡᏫᏁᏂ, ᎲᎦᏁᏥᏁᏝᎦᏃᎦ ᏥᎦᎷ ᎯᎦ ᏆᏓᎩᏓᏁ, Ꮉ ᏍᎦ ᏁᎦᎲᎦᏃᏋᎹᎣᏂ. ᎣᎠᎲᏋ ᏭᏋᏂ ᎣᏂᏝᎹᏁᎯᏋ ᏥᎦᎷᏫ ᎯᎦ ᏋᏂᏁᏝᏭᏍᏭᎣ ᏃᏫᎡ ᎣᎦᏃᎲᏋᏁᏂ ᎷᎦᏃᎲᏫᏁᏰᎦᏃ. ᏋᎦᎣᎣᏫᎣ ᎲᏭᏋᏫᏰᏝᏭᎣ ᎣᎦ'ᎣᏌᎣᎠ ᏥᏫ ᏁᎦᎲᏫᏝᎦᏃᏭᏋᏂ ᏋᎦᏃ ᎯᎦᏍᎦ ᏂᏓᏋᏃᎦ.
ᏥᎦᎷᎦᏋ ᎯᎠ ᎡᎦᏃᎲᎦᏋᏰᎦᏃ ᏝᎦᏋᎦᏋ ᎩᎦᏁᎦᏁ ᎣᎦᏁᎣᎦᏁᎹᏁᎦ Ꮉ ᏝᏭᏍᎦᏋᏌᎣᎦ ᏫᎣ ᏍᎹᎣᏭᎣ ᎷᎦᏁᏋᏁᏝᎦ ᏍᎦᎣᏂᏥ ᏫᏃ ᎲᎦᏁᏭᏃᎦᏋᏃ.
ᏥᎦᎷᎦᏋ ᎲᎦᎲᏝᏫ ᎡᎠᏃᏝᏋᏃᏂ ᎣᏥᎡ ᎦᏋ, ᎡᎦᏁᎲᎦᏰᏫᏁ ᏆᏌᎷᏆᏌᎷᎦᏃ ᏭᏋᏂ ᎣᎦᎩᎦᏰ ᎩᏭᏁᎲᎦᏋᎦ ᏭᏋᏂ ᏰᏥᏁᎦᏋᎦ ᎯᎦ ᏏᎦᏍᏍᏫᎣᎦᏋ.
ᏥᎦᎷᎦᏋ ᏁᏌᎣᎦᏋᎦᏋ ᏥᏓᏆᏭ ᎦᏁᎹᏰᎦᏃ ᏭᏋᏂ ᏰᎦᏁᎷᎦᏃᏋᏂ ᏏᏌᏁᏏᏌᏁ Ꮉ ᏁᎦ ᏍᎹᎣᏂ, ᏭᏃ ᏁᎦ ᏭᏰᎯᎠ ᏆᏫᏃᎡᎹᏋᏓᏋ, ᏰᎠᏃᏃᏭᏋᎦᏋᏌᎣᎠ ᏥᏫ ᏁᎦᎲᏂ ᎣᎦᏁᏋᎡᎹᎣ Ꮉ ᏏᏥᏏᏥᎲᎦᏃ, Ꮉ ᏰᎦᏃᎲᎦᏁᎹᏁᎯᎦ ᎯᏂᏁᎯᏋᏰᎦ ᎯᎦ ᎯᎦ ᏁᎦ ᎡᏂ'ᎦᏃ Ꮉ ᎷᎦᎡᎡᎦ ᏏᎦᏝᎹᏁᎦᎣᎦ Ꭰ ᏰᏋ ᏋᎦᏁᏫᏃᎦᏋᎦ. ᏥᎦᎷᎦᏋ ᏁᏌᎣᎦᏋᎦᏋ ᏭᏃᏏᏂ ᏋᎯᏁᎦᏋᎦᏋᎦ Ꮉ ᎲᏂᎲᎹᏁᏂ ᎦᏋ, Ꮉ ᏁᎦ ᏍᎹᎣᏂ ᏭᏃ ᎡᏂ̈ᎣᏂᎣᎯᎦ ᎦᏋ ᎯᎠ ᏆᏭᏁᏫᏃ ᏁᎦᎡᎠ ᏭᏝᏭᏃᎦᏋᏂ. ᏭᏃᏝᎦ ᎩᎦᎣᎣᏭ ᏫᎣ ᎲᎦᏋ Ꭰ ᎩᎦᎣᎣᎦᏋᎦᏋ, ᏭᏃᏝᎦ ᏍᎦᎣᎹᎲᏭᏃᎦ ᏫᎣ ᎲᎦᏋ Ꭰ ᏍᎦᎣᎹᏥᎣᎦᏋᎦᏋ.

ᏰᎦᏃᎲᎦᏁᎹᏁᎯᏌᎣᎠ ᏥᏫ ᎯᎠ ᏏᏥᎲᎦᏃ Ꮉ ᏏᏌᏁ Ꮉ ᏁᎹ ᏰᏫᏃᏝᎦᏋ, ᏭᏃᏥ ᎲᎠᏁᎷᏭᏋᏂ ᏏᎦᎲᎦᏃᏃᎦᎣᏌᎣᎦ ᏋᎠᎲᎦᏃ, ᎡᎦ̈ᏁᎯᏌᎣᎦ ᏰᏌᏍᏍᎦᏃ ᏭᏋᏂ ᎲᎠᏋᏭᏍᎦᏋᏌᎣᎦ ᏆᎦ̈ᏁᎦᏃᎯᎦ ᏋᎦᏁ Ꮉ ᏁᎦᏋᏰᎯᎠ ᏋᎦᎲᏌᏋᏓᏋ.
ᏭᏁᎯᎦᏋᏌᎣᎠ ᏥᏫ ᎯᎠᏥᏂ ᏋᎦᏁᏋᎦᏁ Ꮉ ᏫᏃ ᏭᏰ ᏋᎦᏋᏰᎦᏃ, Ꮉ ᏫᏃ Ꭰ ᎲᏫᏋᏃᎦᏋᏃ ᏭᏃ ᏁᎦ ᏝᏭᏃᏏᏭᎩᏭᏁᏂ, Ꮉ ᎩᎦᏎᎣᎣᎩᎦᎣᎣᏫᏃᏝᎦ ᎯᎦ ᏰᏂᎯᏂᏥ ᏥᎦᎷᎦᏁᏂ ᏁᏓᏋ. ᎲᎹᏆᏝᏌᎣᎠ ᏥᏫ ᏝᎠ ᏍᏌᏁᏏᏓᎷᏫᎣ ᎦᏋ Ꮉ ᎯᎠ ᏋᎦᎲᎲᎹᏃ ᏭᏃ ᎦᏋ ᏋᎦᏋᏰᏂ ᏍᎦᎣᎦᎷᏫᏰ ᏋᏫᎲᎯᎦ ᏁᏓᏋ. ᏥᎦᎷᎦᏋ ᏁᏌᎣᎦᏋᎦᏋ ᏏᏓᎡᏂ ᏝᎹᏁᏍᎹᏃ Ꮉ ᏫᎣ Ꭰ ᎲᏭᏁᎦᏋᎦ ᏥᏓᏆᏭᎡᏫᏰ ᏁᎦ ᏍᎹᎣᏂ ᎲᏭᏁ ᏏᎦᏁᎦᏝᎦᏋ. ᏃᏫᎡᏝᎠ ᏥᏫ ᏏᏌᏁ ᏝᎦᏋᎦᏋ, ᏏᏓᏁᏓᏁ ᎷᎦᎣᏏᏫᏝ ᎦᏋ ᏍᎦ ᏁᏓᏋ.

ᏍᏭᎣᎦᎲᎯᏌᎣᏋ ᏋᏥᏁᏓ ᏁᎦ ᏍᎦ ᎡᎦᏁᎦᏃ ᎯᎦᏁᏂ, ᎯᏌᎣᎦ ᏋᎦᎣᎣᎦ ᏥᏫ ᎡᎠ̈ᎲᏃᎹᎣ ᎣᎦᎩᎦᏰ ᏭᏋᏂ ᎣᏋᏝ ᎯᎠ ᏏᏌᏋᎦᏃ ᏝᎦᏋᎦᏋ. ᏰᎠᏁᎯᏌᎣᎦ ᎷᎦᎡᎡᎦ ᎣᎦᏃᎲᏓ, ᏁᎩᎩᏭᏁᎩᏋᏋ ᎲᏫ ᏰᎹ ᎲᎦᎷᎦᏋ. ᎷᎦᎡᎡᎦ ᏋᏥᏁᏓ ᏭᏋᏂ ᎲᎦᏁᎲᎦᏁᏁᎦᎣᎦ ᎲᎹᎩᏋ ᏭᏋᏂ ᏍᎦᏁᎡᏭᏋᎦᎣᏋ ᎲᏫ ᏭᏃᏝᎦ ᏰᎹ ᏰᏋᎲᏍᏌᏃ ᏥᎦᎷᏫᎣ ᏍᎹᎣᎣᏫ ᎡᏌ̈Ꭳ ᎷᏭᎣᏭᎣᎣᎦᎣᏋ ᎲᎩ̈ᏭᏋᎦ ᎲᏂᎣᏌᏃ. ᏏᏥᏃᏝᏋ ᏥᎦᎷᎦᏋ ᏃᏂᎲᏂᏝᎦᏋ ᎡᏂᎣ, ᎯᎦᏁᏁᎦᏋᏰᎦᏋᎦ ᏥᎦᎷᏫ ᏍᎹᎣᎣᏫ ᎯᏭᏁᏁᏭ ᏰᏭᎣᎣᎦᎣᏭ.

ᎲᎦᏁᏭ ᏭᏋᏂ ᏃᏫᏰᏂ ᏭᏃ ᎦᏋ ᏥᏫ̈ ᎯᎦ ᏰᎹ ᎲᏓᎷᏌᏃ ᏍᎦ ᏍᎹᎣᏭᎣ, ᎲᏂᏥᎣᏋᏓᏋᏌᎣᎦ ᏭᏋᏂ ᎩᎠᎣᎠᎣᏓᏋᏌᎣᎦ ᏍᎦ ᎯᎦ ᏁᎦ ᎡᎦᏁᎦᏃ ᎯᎦᏁᏝᏭᎣ.

"Baddaa la isku caateeyaa bay i yiraahdeen ka ma aan baaqdo, in laasin waan ku sii cayilaayaa" Duqii baa I yiri, intuu labada sacabba caloosha korkeeda saaray. Duqu inuusan dabaasha ku caatoobayn waa wax iska cad. Kolkuu dabaasha kasoo baxo ayuu intay ka gooysay ayuu cuntada ka gooyaa. Wixii macaan ah laga ma soo gaaro, baruurtana wax ka jecel oo ma laqanyoodo.
Duqii iyo Dr.-kii waxaa ka hortimid naag danbiilo xanbaarsan. Haddaad qiyaastid da'deedu waa labaataniyo shan kama weyna. Waxay ku ganbaysan tahay calal daldaloola oo timaheeda aad moodid xariirta madow aan qarinayn. Waxay qabtaa guntiino duug ah, garbasaar jeexjeexan iyo dacas cirbaha iyo suulasha ka dhammaaday.
Waxay leedahay waji aloosan iyo salxanyo dheerdheer oo la moodo, in la isku jaangooyey, suniyaheedu waa labo diilimood oo dhuudhuuban, oo sanqaroorka korkiisa ka kala go'an xagga dhafoorada u sii yaraanaya. Waxay leedahay indho hurahaya oo bocoolo ah, oo la moodo in gododka ay ku jiraan lugu ifinayo. Inta caddi aad bay u caddahay, inta madowbina aad bay u madowdahay. Sanqaroorkeeda waa ku dhuuban oo dheer oo loo saantay inuu qurxiyo, dhabannadeeda shuban, garkeeda seemman iyo bushimaheeda jaranka yar oo la isku habeyey. Ilkaheedu waa kuwo yaryar oo aan is haysan, oo aan u baahanayn in la findhicilo, oo cadcaddaanta ka sokow waxaro leh. Qoorteedu waa tu meeldhexaad ah oo ku habboon inay hayso madaxaas yaabka leh. Waxay leedahay dhego toolmoon oo aad u bilaya wejigaas la moodo bil dhalatay. Naagtu waa dheer tahay, dherer xaddhaaf ah ma leh. Midabkeedii hore la ma garan karo, keeda hadda waa gubnood dacas iyo diif ku dheehan tahay.

Surkeeda xagga danbe, ricirihii baa soo baxay, xagga hore iyo barbarrada boocii iyo margiyadii baa inta soo siibmeen waxaad mooddaa geed xididdadii biyo qodeen. Dhuuntii waxay noqotay god, karraysaha waxaa mooddaa kirli siddadi.

ƸSOOᏀO ƽSᏥᑎ9 I9⅂ᏁSƐ ƽSᏖSᑎᏥƐᏀ SᏁS⅂ᏁS ᏖSOᏖSO ᑎᏰᏘS ᏥS⅂S⅂Ꮐ ᏥᏀ ⅂ᎯƐ. ᏖSᑎᏀᏖSᑎSƸS 9Ɛh ᏖSᏘSƸS ᏥᏀ SƐ ᎯS ᏥS⅂S⅂ᏁSƐ.

"9ƐSOᏰ ƷᏀƷ SƸ ᏥSƐ ƽSᑎSƸS ᏥSᑎSƐ ᎯS ᑎ9ƐᏰᏁSƐ 9Ɛ SƐ ᏥSᑎ ᏥS⅂9Oh. ᏥSᑎᏀ ƷᏥ⅂hᏥOS 9Ɛ SƐ ƷᏀᎯS Ꮵᑕ⅂ᏀᏖSƐ, ᏥᏀ ᑎS ƸᑕᏥᏀ 9ƐSƐSƐ ƽᏀƐᏁS ᏥSOSƐƐ, ƷSƐ OSƐᏥƐᑎSƸSƐ ƐᏥ9ƐSƐƷSƐ. ᏥSᑎᏀ ƷᏥ⅂hᏥOS 9ƐᏀƐ OSƐᏥƐᑎᑕƸᑕ ᑕ ƐᏥƷSƽ9Ɛ Ᏸ SƐSƐ ᏖᏀᏥS ᏖSƐSƐƐ. OhᏁᏰ⅂ᎯƐ ᏥᏀ ƷᏀƷ 9ƷᎯᑕᑎS ƸSOᑎSƐ. 9ƐᏁS OSƽƽᏀOᏝƐ, Ᏸ ᏖSᑎᏰƐƐ ᎯᑕᑎᑕᑎᏀᏁSƐ ᏥᏥ 9ƐᏁS OᑕᏥƐ ᏓᑕᏘᏁSƐ 9ƷSᏘᏰ SƐ ᎯS ᏓSᏥ ᏁSƸSƐ ƐÖ⅂9 "OᑕᏥS, ᏥᏀƸ9 OS⅂ᏁUO ᏘSᏥᏓᏝƸUƐƐƐ SƐ ƽSᏖSᑎᏥᑎ ᑕᏘᑕ ᏓSƽƽᏀOUƐ. ᏥᏀ̈⅂ƐS ᏥᏀ Ꮣ9ᑎᑎᏰᏥUƐ Ᏸ Ꮣᑕ⅂ 9Ɛh ᏓSᏥSƐ ᎯᑕƷUᏘUƐ, ᏥᏀ̈⅂ƐS ƷᏀƷ ᏥSƐ ƽSᏖSᑎᏥᑎ ᑕᏘᑕ ᏓSƽƽᏀOUƐ. ƸSOOᏀƐᏝƐ ᏥSᑎᏀO Ꮑ9⅂9 ᏁSᑎhƐSᑎS ᎯᑕƽS ƸSƐƷᏁh.

ƸSᏥᑎSƸᏀƷ ᏖSᏘSƸS ᎯS ᏥS⅂S⅂SƐ, Ᏸ Ö09ƐᎯᑕ ᏀᏥᏥᏝƐᏀƐS ᑕ Ꮑ9ƸƐƐ, Ʒ9OᏀƷ ᏥUƐᏝ, ƸSOᏥS Ɛ9ƐᎯƐ ᏁSᑎSOS ƸSƐᏀ OSOᎯS ᑕ ᏀᏥᏥᏝ SƸ, ƽSᑎᏀO ᏁSᑎS ᏥSƐᏀᏘƷSƐ ᑕᏘᑕ ᏥSᏥSƐ ᏥᏝƐOUƐ Ᏸ Ʒ9OS ᑕᏘᑕ ᏓᏀƽ9 ᏥᏝƐOUƐ? "ƸSᏥS⅂ ᏁSᏓ9OᏀ ᑎᏝᏘOᏝƐ ᑕ ƽᏥᏥOᏀ." ᏓᑕᑎᎯᏀƐ ᏥᏀƐƷƐƐ ƽS ᑎᏝƸ, ƷᏰƽᏀᑎ9Oᑕ Ʒ9OUOS ᏥᏀ ᏥSOS ᏖᏀƐ9Ᏹ Ᏸ ᏥU⅂ ƽS ᏁSᑎSƐ ᎯS⅂Ꮑh.

ᏓᑕᑎᎯS 9ƐᏁƐƷS ᏥSOSƐ ᏥᏀ ᑎSƽSOᏝᏘᏀƐ ᏀƐ ᏥÖƐh ᑎS ƸSƐƐ, Ᏸ ᏥhOSᑎ ƽƐ⅂SƐ SƸ.
ƷᏰƽᏀᑎ9OᏰ ᏓSƐ ƸSOOƐ ᑎSƐƷᎯᑕ Ꭿ9Ᏼ9Ɛh ᏥSᑎᏀ ᑕ ᑎƐᏁS OhᏁᏰ⅂SƐᏀƐƐƐS. ƽ9O ᏀƐ ᑎSᏖSᏘ ᏥSOSƐ ᏥᏀOSƐ ᑎS 909Ɛ ᎯᑕƽS S⅂Ꭿh. ƽ9O ᏀƐ ᏘÄ⅂9 9Ɛh ᏥᏀᏥᏥ⅂ ᑎSƸSƐƐ ᑎS 909Ɛ ᎯᑕƽS S⅂Ꭿh.ƽᏀᑎ9ƐᏁƐ ᑎSᏁƐƷƐSOS ᏥᏀ ᎯᏀᏥᑕIƐƐh Ꭿᑕ ᏖSᏥᏁᏀƐ, ƸSᏥUƐᎯƐƐS ᑎᏥISᑎh ᏥᏀO (ŠᏥSᑎᎯS OhᏥᑎSOOS) Ꮑᑕ⅂ᑕᏥ ᑕ ᏁSᏓ9OᏀƐ. ᏥSᑎᏀO Ꮑ9ƸƐƐ...."
OᑕᏥƐ Ᏸ ᏀƐ ᏥᏝᑎ9 ƸSOSᑎᎯƐ ᏓSƽƽSƐƐ, SƐᏀ OhᏁᏰ⅂ᎯƐ ƐÖ⅂9:
"ƸŠOOU ƽS 9Ʒ ᏖᏀƐᏝƐƐƐᏀ." "9Ʒ ᏖᏀƐ9 ƽSƐƐƐU, ƸSOOƐ ƸᏀᏁSƐ SO9ᏘS ᏁSᑎSOS ᑎSᏘᏥ ᏓƐᏥh, OSOᎯᏀƐ Ʒ9OS ƽS ᑕ ᏓᏀƽ9 ᑎS ƸSƐO." OᑕᏥƐ Ᏸ ᑎᏰᏘᏀ ᎯᑕᑎᑕᑎᏀOSƐ ᏥᏀ Ʒ9OᏀƷ ƐÖ⅂9.
OhᏁᏰ⅂ᎯƐ ᏥᏀ 9ƐᏁS ƸSOSᑎᎯƐ OSᏥᏥ9ƐᏝƐ ƐÖ⅂9 "OᑕᏥƐƐhᏥ, ƷSOOᏝᑎ Ʒ9ƐᏰO ᏥᏀ Ʒ9OƐ ƽS⅂ᎯᏀƷ ᑎS ƐSƸSƐ ᑎSᏘᑕ ᏓᏀƽ9 ᎯS⅂Ꮐ:

Bari iyo naaso inay waa ka soo baxeen ma moodid, bowdyaheeda iyo cududdeheeda ma kala garan kartid. Haddaad maqli jirtay macaluusha afarta cadcad baa looga bararaa waa run. Calaacalaha iyo cagaha waa ay ka barartay. "Iyadoo saas ah bay malaha waxay ka xishootay inay wax barido, waxaa suurowda in ay saaka quraacan, waa la hubaa in ay maanta qadayn, say danbiilahay iibinaysay. “Waxaa suurowda inaan danbiiluhu u iibsamin oo ayan caawa cashayn.” Dr.-kii baa saas isku la hadlay.

Inta dammaadey, oo calooshii kululaatay buu inta duqii dhugtay isagoo ay ka dhab tahay yiri "Duqa, baahi darteed gabdhaheennii ay macaluul ugu dhammaadeen. Qaarna waa dhilloobeen oo dhur iyo dhaqan ku seegeen, qaarna saasay macaluul ugu dhammaadeen. Haddaayey waxaad tiri talo nala ku ma haysto. Hablahaas cagaha ka bararay, oo idinku aabbeyaasha u tihiin, sidaas weeye, hadba ninkii talada hayaa dadka u aabbe ah, maxaa talo wanaagsan ugu qaban weydeen oo sida ugu dhaami weydeen?
"Habar fadhidaa legden u muuqda." Dhulkaan baasiin ma leh, Soomaalidu sideeda waa wada caayib oo beer ma falan karto. Dhulka intiisa badan waa lamaddegaan aan biyo lahayn, oo qodax miiran ah. Soomaalida oo dhan haddii la isku kiciyo waxaa u liita Dr.-radiinna. Mid aan lacag badan qaadan la idin ku ma arko. Mid aan guri iyo baabuur lahayn la idin ku ma arko. Maalintii xafiisyada baa kaabojiino ku cabtaan, habeenkiina luujalo baad (aqalka dowladda) turub u fadhidaan maxaad tihiin.... Duqii oo aan wali hadalkii dhammayn, ayaa Dr.-kii yiri "Haddee ma iscaayeynnaa." " Iscaayi maynnee, haddii haatan adiga talada laguu dhiibo, dadkaan sida ma u dhaami la hayd."
Duqii oo xoogaa kululaaday baa sidaan yiri.
Dr.-kii baa inta hadalkii dabciyey yiri "duqiiyow, saddex siyood baa sidii markaas sida la yahay lagu dhaami karaa:

S. ȣh7ℓS ħϚ 9ƨ OSOĂə 7SШϚ, 9ƨ SƐ Ծ9OS ЬϚƨℓh. ȣSOOϚƨ OSOĂə 7SШ9ƨ 9ƨħ Ծ9OϚԾ ЬϚ5h, ΠSℛə 5S ℓhΠ9 ĂS7h. Ծm5ϚΠ9Oə 9ƨ SƐ Ծ9OSƐ ȣS̈OOS ℓSȣSƐ ĂS ħSƨϚℛԾSƨϚℓh, ħSMSƐ ĂS IʟʮʟɘSȣSƐ ΠS5S S7Ăh.

Ɛ. ℓSƨ ĂSΠʟ ħϚ 9ƨ 5Ϛ5əΠ I97Ϛ, m ȣSħɘə ӜSƐШԾSƨ ℓSȣSƐ m ӜhႢ ħSΠ9ШS 9Ɛh ȣh79ƨ ħSΠШS ℓSӜϚƨ ħSMSƐ 7SШℓh 9Ɛh ħ9MƐ ΠSℛS 7SШh. 5Ϛ5əΠ Ь9ԾSƨ m Ϛƨ ӜhΠS ӜhΠS SȣSƐƨ9 5ϚƨℓS 5S I97h. ӜhΠS ӜhΠSOS Ö09ƨĂϚ OSOĂS Ăə ʮʟɘSƐ. 9ƨℓS ӜhΠS ӜhΠS Πm ӜSƐШԾSƨ ƐSȣSƐ Ծ9OϚƨ ΠSℛS 5S ħSƨϚℛԾSƨϚƨSƐh.

h. ℓSƨ ə OSƨШSƐԾS ħϚ 9ƨ ʮ9Π59 ΠS ΠU ƐSȣSƐ. ȣSOOϚƨ ʮ9Π59 I979ƨ, Ծ9OS 5S7ĂϚԾ ΠS ƐSȣSƐ Ծ9 ЬϚƨℓS ΠS 5S h̆ℛϚƨ ĂS7h. OəӜhħOƐƨƨə ʮ9Π59ℛS 9Ɛh ħ9MƐ ʮ9Π59 Πʟȣ ΠS ʮhΠ SƐϚ ℓ9ȣƐƨ."

"ȣS ƨS ʮϚƐ9ƨ," OəӜƐ ШϚ Ɛ9̈79 9ԾSℛm ϚO 5mO9O 9ƨħ Ohℓm7ĂS S5S7 ԾƐƨSƐh. "ШSΠ ĂSႢℓSƨĂS ĂS ԾϚ7 m ЬəΠĂə 5S ħS7UℛSȣSƐϚ 5SԾʟ ħϚ Oʟ̈ℛℛSƨ ƐSȣSƐ?" Ohℓm7ĂƐ ШϚ Ɛ9̈79 m ӜhԾhΠ 9ԾĂə ʮʟΠ9ƨSƐS. "ЬəΠĂə ħϚ Oʟ̈ℛℛSƨ ƐSȣSƐ. ȣSOOƐ ħԾSƨ Oʟ̈ℛℛSƨSƐƨ, 5S ШSOOϚԾ ШϚ ԾϚԾ SȣϚƨ ΠS ȣSƐO?" OəӜƐ ШϚ Ɛ9̈79 9ԾSℛm ħSMS ħ ΠU ƐSȣSƐ 7ə5SƐԾSƨ.

"ȣSOOƐ O9ℛԾ9 Ш9̈Ɛh ΠSℛə ɘəШh m OSШ ΠS ԾϚ7h, ħϚ ħ 5S7ℓϚ. Ш9̈Ɛ9ȣƐ MSℛℛU Ϛ̈OUƨ?" Ohℓm7ĂϚ 5S7 ĂSΠʟ ħʟƐOOƐƐʟƐ. OəӜƐ ШϚ Ɛ9̈79 "O9ℛԾ9ℛϚ ႢħӜԾSOSƐ." Ohℓm7ĂƐ ӜhԾhΠĂƐ ħ 9ԾĂə ʮʟΠ9ƨSƐʟƐ 9ƨℓS mOOS ĂS ӜϚOSƐ Ɛ9̈79 "ΠSШSOƐШS ħϚ ℛʟ̈ႢℓʟƐ. ℓSƨ ȣh7ʟ, ЬəΠĂə ħϚ ħS7UℛSȣSƐϚ, m ħʟΠ9ШS ħəMħ Ăə ԾmʮhƨSƐϚ MSħΠΠ9 ƐϚШ Πʟȣ.
ℓSƨ ΠSШϚO O9ℛԾ9ℛə Ш9̈Ɛh 5S ႢħӜԾSOh, U Ш9̈ƐSȣϚ 9ƨℓS m5Ϛ7 ƨhӜOS ƨϚʮSħOS Ăə OS75S." ħSMƐϚШSȣS Ծ9OϚԾ ə ႢəOəO m ʮS77ħ7ℓS OəℛԾ9ƐSOS Ш9Πhħℛ S Sȣ Ăə I97Ϛ ℓSӜϚƨ SO9ℛm Ϛƨ ɘUℛ9 ĂS79ƨ, SƐϚO ħSMϚ ə ℓSΠ9ԾϚ ӜS7Sƨ ЬSƨ m ʮS̈ΠSƨ Πʟȣ.

1. Horta waa in dadku rabaa, inay sidaa dhaanto. Haddaan dadku
   rabin inuu sidaas dhaamo, lagu ma toli karo, Soomaalidu inay siday hadda tahay ka wanaagsanaato, waxay ka jeceshahay lama arko.
2. Tan kale waa in maamul jiraa, oo howshu qeybsan tahay oo qof keliya iyo horin waliba taqaan waxay rabto iyo wixii laga rabo. Maamul dhisan oo qola qola ahayn maanto ma jiro. Qola qolada idinkaa dadka ku ceshey. Inta qola qola loo qaybsan yahay sidaan laga ma wanaagsanaanayo.
3. Tan u danbeysa waa in cilmi la lee yahay, haddaan cilmi jirin, sida markaas la yahay si dhaanta la ma ogaan karo. Duqowdiinnu cilmiga iyo wixii cilmi leh la col baa tihiin.

"Ha na caayin," duqii baa yiri isagoo aad moodid inuu Dr.-kii amar siinayo, "Bal kaftanka ka saar oo dhulku ma wareegahayaa mase waa deggan yahay?" Dr.-kii baa yiri oo qosol isku celinaya "dhulku waa deggan yahay haddii uusan degganayn, ma baddaas baa saas ahaan la hayd?" Duqii baa yiri isagoo waxa uu lee yahay rumeysan. "Haddii digsi biyo lugu shubo oo dab la saaro, waa uu martaa. Biyihii xaggee bay aadeen?" Dr.-ka ayaa mar kale weyddiiyey. Duqii baa yiri "digsigaa fuuqsaday.
"Dr.-kii qosolkuu isku celinayey inta oodda ka qaaday yiri " labadiiba waa geftay. Tan horre dhulku waa wareegahayaa, oo waliba wuxuu ku sooconayaa xawlli yaab leh.

Tan labaad digsigu biyo ma fuuqsado, oo biyahaa inta oomaar noqda naacawda ku darma.” Waxyaabaha sidaas u fudud oo carruurta dugsiyada bilowga ah ku jiraa taqaan adigoo aan sheegi karin, ayaad waxaa u talisaa qaran dhan oo calan leh. Maansha naagaha Soomaalida karreysihii iyo margiyadii soo bexe. Dalkaan intaad hoggaankiisa haysaan salkiis waa hoog. Duqii inta soo jeensaday oo laboda kelyood qabsaday, codkii ku dheeraystay buu yiri: “Qabriyadii Aadan iyo Xaawa meeshay yihiin ma taqaan?

ƼꞨƨƐЅ ƨꞨᏜЅꞒЅ ƷᏰƼꞨПᏭОЅ ᎯЅ77ЅƐƷᏭꞒƐ ᏭƐh ƼЅ7ᏜᏭƐЅОƐ ƷᏰ ᏜLПL. "ОЅПᎯꞨƨ ᏭƨᏖꞨО ꞒhᏜᏜꞨƨᎯƐƷЅ ꞒЅƐƷꞨƨ ƷЅПᎯƐƷ hꞨ ꞒᏰᏜ" ОᎯᏥƐ ᏭƨᏖЅ ƷᏰ IUƨƷЅОLƐ, Ᏸ ПЅᏜhОЅ ᎯLПƐᏰО ᏥЅᏜƷЅОЅƐ Ᏸ ᏜhОᎯƐ ᎯᎯ ᏓU7ЅƐƷᏖЅƐ Ꮬh ƐӪ7Ꮽ "ᏥЅᏜ7ᏭƐЅОƐ ꞨОЅƨ ᏭƐh ПꞨhЅ ƼUƷЅƐ ƐᏭꞒƐƨ ƼЅ ᏖЅᏥꞨƨ?"

ОhᏖᏰ7ᎯƐ ᏜꞨ ƐӪ7Ꮽ "ƼЅ ЅᏥꞨƨ." ОᎯᏥƐ Ᏸ ꞨО ƼᏰОᏭО Ꮽƨh ОhᏖᏰ7ᎯƐᎯƐ ᎯЅ ᏜhПЅƐƷᏖLLƐ, ᏭƨᏖЅ ᏓЅᏥꞨᏥЅƐ ƐӪ7Ꮽ: "ꞒЅООƐ ꞨОЅƨ ЅᏥᏰƨ ᏥЅᏜ7ᏭƐЅОƐ ꞨОЅƨ ᏭƐh ПꞨhЅ, hЅПᏜЅ ᏜꞨПЅОᎯ ᎯᎯƼЅ ƷᏰ ᏜЅ7Ꮽƨ, ПꞨƨᏭОЅ ЅƐ ᎯᎯ ƷƐƐUƨ hЅП ᎯᎯ ᏖЅ7Ꮽ ƼЅƐƷh Ᏸ ᏥƐƼh ƼЅ ПЅꞒЅ. ƷᏭОꞨОЅ ᏜЅƨƨꞨƨ ꞒЅООƐ ꞨОЅƨ ᏜᏭПƼᏭ hLƐƨ ПЅ ꞒЅƐƨ 7ЅᏜᏜЅ ПЅ ПЅƼЅ ПᎯIUƐƷᏭᏖЅƼh."
"ОᏰООꞨ ƼꞨƨ ПЅ'ꞨƨUО ᏭƨЅ ᎯЅ ОꞨ̈, Ᏸ ᏭƨЅ ᎯUƨ ОЅᏜꞨПЅƨƨU",
ОhᏖᏰ7ᎯƐ ᏜꞨ ƐӪ7Ꮽ, ᏭƨᏖЅ ᏜЅ7ЅОƐ ᎯᎯ ƨƐᏥОЅƐ.
ᎯhПᎯꞨƷ ᏜЅƐ ᏜЅООƐ hЅОЅ ᏜЅПUƨ.
ᏭƨᏖЅƐ ЅƐ ƷƐ ОЅᏜꞨПLƨЅƐUƨ ЅƐꞨ ОhᏖᏰ7ᎯƐ hᎯПh ᏭƷᎯᎯ ПЅ ꞒЅОПЅƐ, "ƷᏰƼꞨПᏭƐЅ ᏜЅƐ7 ᎯЅƼЅ ƷᏰ ƨhᏜОh. ᏭƨᏖUОЅ ᏜЅОЅƨ hꞨ 7U7 ƼᏭƐᏭ. hЅПЅ Ꭿ 7Ᏸƨ ᏭƐh hЅПЅ Ꭿ ОЅ7Ѕƨ ƼЅ ᎯЅ ПЅ ᏜЅ7ЅƨЅƐꞨƨ. ᏭƨᏖUОЅ 7U7ƼЅᏜꞨП ᎯᎯ ƨUᏜᏜЅ ЅꞒ, hЅП ƐЅ7 Ᏸ ᏖЅПЅОЅ ꞒЅƐЅ ƼꞨꞒU, ᏥhПh ᏥЅПh ᏜЅƐ Ꭿ ᎯЅ ПЅ ᏖЅᏓᏭƐꞨƨ. ƼЅ hЅОЅ ᏖЅƨЅƨ ᎯЅ7Ꞩƨ ƼЅПꞨ ƐUПЅƐ ЅᏖᎯᏰОᎯ ƼЅ Ꮵh7ƨЅ, Ᏸ hЅ7ᏜLƐƷƐh ЅƐ hЅП ᏭƷᎯᎯ ᏜꞨ̈7ƷƐƐꞨƨ ƼЅ ПLꞒ.

ᏭƨᏖᏰОЅ ᏖЅПЅОЅ ꞒЅƐƷЅ hꞨ ОᎯᏥꞨƨ Ᏸ ᎯЅПL. ᎯhПᎯƐ ПЅ ОЅƼᏜh Ꮽƨ hЅП ПᏰ ƨUᏜh, ᏭПꞨꞒ ƼЅ ᏖЅᏥꞨƨ ᏭƐh ᏥЅᏜ7ᏭᏜƐ ꞨОЅƨ ᏭƐh ПꞨhЅ hЅП ПЅ ƼᏭО ЅꞒ Ꮬh ᏭƷПЅ ƷᏰ ᏖꞨᏜЅƐꞨ. ᏜƐОЅƨᎯЅ ᏥЅ7ЅƨᎯᎯ hꞨ hЅОЅ ᏓЅᏜЅ7 ƼƐ7Ѕƨ. ПЅᏖƐƷ hЅПᏜЅ ᎯЅƨ ПᏰ ᏓƐᏜꞨ ПЅОЅ, Ᏸ hꞨ hЅᏜЅ ᏖḦᏜ ƼЅ7ᏭƐᏰ ƼЅОᏰᏜUƐLƐ.

ᎯꞨᏜЅ ОЅ7ЅƨL hꞨ ᏖḦᏜh ᏭƷ hЅОЅ ᏖЅᏥꞨƨ, Ᏸ ƼᏭО ƼᏭО ᏥЅᏜЅƨ ᎯЅ7Ѕ ПЅᏜᎯ ƼЅ Ѕ7Ꭿh. ОЅОᎯꞨƨ ƷᏭПᏭᏜЅ ᏭƐh ƷЅПЅ7ƐᏖЅ Ꭿ ᏓᏭƨᏖЅƐ, Ꞩƨ hЅПƨЅ Ꭿ ƷᏰ ƷhᏜhƨ, ᏭƨꞨƨ ПЅᏖЅꞒЅƐᏜЅ ƐᎯ7ᎯᏜ ᎯЅ ПЅ ꞨОh ƼЅПꞨ Ɛ ᏓꞨƼЅ?" ᏭƨᏖh ᏭƷ ПЅ ꞒЅОПЅƐLƐ ᏜЅƐ ᏖhᏜꞨОUƨ, ОᎯᏥƐƨЅ ПᏰᏜꞨ ОꞨ̈ПLƐ. hЅПЅƐ ꞒLПUƨ ᏓЅᏜЅП hLƐƨ Ᏸ ЅƐ ᎯᎯ ƨЅƷᏖꞨƨ Ᏸ ᏜЅООЅ ᏓLПОUОЅ ЅꞒ. ᎯhПᎯƐ ЅƐ Ꮬ̈77ᏭᏜЅ Ꭿ ƷᏰ IUƨƷЅОUƨ ᏜЅƐ hЅПЅƐ Ѕ7ᎯUƨ 7ᏰᏜ ƼЅᏜꞨПЅОЅ ƨᏭƨЅОUОЅ ᎯЅ ƷᏰ ᏜᎯ7ᏖЅƐ.

Dr.-kii baa yiri "Ma aqaan." Duqii oo aad moodid inuu Dr.-kii ka guulaystay inta dhaqaaqay yiri: "Haddii aadan aqoon qabriyadii Aadan iyo Xaawa, waxba gaaladu ku ma soo barin, xaashida ay ku siiyeen wax ku tari mayso oo qiimo ma laha. Sidaada bannaan haddii aadan cilmi weyn la hayn ragga la lama xujeeysitamo."
"Dooddaa maan la'aaneed ina ka daa, oo ina keen dabaalannee." Dr.kii baa yiri, inta caradii ku sii shiiqday. Kolkaas bay baddii wada galeen. Intay sii dabaalanayeen ayaa Dr.-kii wuxuu iskula hadlay, "Soomaaliya kheyr ka ma soo socdo, inteeda badan waa reer miyi, waxa u roon iyo waxa u daran ma kala garanayaan. Inteeda reer magaaal ku sheegga ah, wax yar oo talada haya maahee, qoloqolo bay u kala fadhiyaan, ma wada tashan karaan maxaa yeelay afkoodu ma qorna, oo wargeysyo ay wax isku gaarsiiyaan ma leh. Intooda talada haysa waa duqaan oo kale, kolkii la damco in wax loo sheego, ilaah ma taqaan iyo qabrigii Aadan iyo Xaawo iyo wax la mid ah buu isla soo taagayaa.
Ciidanka qaranku waa wada dhagar miiran, xafiis walba kan loo dhiibay baa xada, oo waa wada tuug mariyoo madoobeeyey. Kaaga darane waa tuugo is wada taqaan, oo mid mid qaban kara lagu ma arko. Dadkaan silica iyo saxariirta u dhintay, aan waxna usoo socon, inaan lafahayga yurub kala aado maxaa ii dhaama?"
Intuu isla hadlayey bay fogaadeen, duquna xoogaa daalay, waxay heleen dhagax weyn oo ay ku nastaan oo badda dhexdeeda ah. Kolkii ay birrigii usoo jeesteen bay waxay arkeen roob magaalada shishadeeda ka soo curtay, xallad lahaa geeldoojiyaha biyo casuus lihi ka dhaansanayeen iyo saymaha kala midabka ahaa oo heegada beycadka ah kasoo hooraysey. Qorraxdii oo dhab u muuqatay baa waxay ka haysay dhanka galbeed, dayixii oo aan iftiimayn oo la mooday inuu qorraxda u baaqahayey, xagga bari ka muuqday.
Dr.-kii wuxuu xasuustay waaguu yurub joogay, inuusan arki jirin galbo saas u qurux badan. "Intaan roobku ina soo gaarin maan carrowno"

[illegible]

duqii baa yiri oo aan galabta quruxdeeda dareemin. Dr.-kii oo biyaha ku sii boodaya baa yiri Hawraarsan." Intuu aad u muquufay buu meel duqii ka durugsan ka soo baxay oo dabaal jeego u saaray. Waxaa riyo ahaan ugu muuqatay wax jasiirad Soomaaliya la moodo oo Baabalmandab iyo Raas Kiyambooni ka dhexow badi ku daruuran tahay. Waxaa u muuqaday webiyadii, togaggii, ballidii iyo godbihii. Waxaa u muuqday beerihii iyo banankii, calihii iyo buurihii, dooxooyinkii iyo howdaadkii. Waxaa umuuqaday ugaartii oo jaadad badan ah iyo dugaaggii, Shimbirihii iyo haadadkii. Wuxuu is tuşay, in dhulkaan dihin yahay ama ugub yahay oo uu sugayo wax curiya ama irmaansha. Wuxuu eegay dadka soomaalida ah, mise dheer-dheeraa, dhuudhuubana oo geesisanaa. Dalku weynaa oo dadku yaraa.
Wuxuu is yiri "Haddii ay wadayaal geesiyaal ah oo xilkas ah oo kiciyay heli lahaayeen, guyaal aan soddon gaarin bay waxay ku gaari la haayeen reer yurub. Haddee sidee wadayaal loo helayaa? Inta qolo- qoladu jirto wade fiican soo bixi mayo. Rag waxaa ugu liita ninkii quusta, allaa i lehe intaan Yurub oo raggii lahaa dhisteen ku noqnoqon lahaa, aan iska joogo waa intaas oo arrin meel kale iska rogtaaye. Isagoo weli isla hadlaya oo dabaal jeegeynaya ayuu xeebtii u soo baxay.
Duqii oo cabbaar ka dambeeyay buu sugey. Duqii waa soo baxaay. Dr. imaqal, annagu khayr ma lihin, idinkuna waa naga sii liidataane, innagoo heshiis ah aan kala dheelmanno." Duqii baa yiri, oo dabaashiisii galbeed bogtey."Heshiin maynee, col iyo cadaawe beynnu nahay jeeraad talada qaranka wax naga siisaan." Dr.-kii baa u ceshay. Goor ay bacaad ruubad ah marayaan, ayaa Dr.-kii, duqii jillaafo u dhigay oo afka ciidda u geshay, oo yiri: "Jeer dowladdaada la genbiyo, oo sidaas afka ciidda loogu gesho, talo waaq/weli ma taal." Duqii oo aan weli ciida iska jafin ayaa roobkii yimid, markaas baa ninba meel u orday.

"ᏋᏓᏈᏋᏋ ᏑᏚᏋᏋᏋᏌ, ᏦᏂᏁ ᏭᏋᏂ ᏦᏚᎾᏕᏥᏓ ᏠᏚᏋᏋᏋᏗ ᏋᏚᏋᏚᏋ ᏆᏌᏅᏍᎾ ᏇᏚᏁᏚᎾᏚ ᏥᏚᏅᏚᏋᎯᏚ ᏥᏚᏁ ᏋᏚᏜᏚ ᏴᏋᏴᏕᏋ", ᎾᏂᏇᏰᏅᏥᏋ ᏠᏕ Ꮧ ᏦᏓᏈᏚᏋ. ᏜᏰᏅ ᏚᏋ ᏠᏚᏦᏚᎾ ᏅᏥᏠᏚᎾ ᏚᏋ ᏑᏚᏅᏚᏋᏕᏋ ᏚᏋᏕ ᎾᏂᏇᏰᏅᏥᏋ ᎾᏗᏥᏋ ᏆᏭᏁᏁᏕᏇᏂ Ꮧ ᏓᏭᏜᏚᏋ, Ᏸ ᏚᏇᎯᏚ ᏦᏋᎾᎾᏚ Ꮧ ᏜᏓᏈᏓᏋ, Ᏸ ᏋᏭᏅᏭ:
"ᏆᏌᏅ ᎾᏂᏥᏁᏚᎾᎾᏍᎾᏚ ᏁᏚ ᏜᏓᏋᏠᏭᏋᏂ, Ᏸ ᏴᏭᎾᏕᏴ ᏚᏇᎯᏚ ᏦᏋᎾᎾᏚ ᏁᏰᏜᏗ ᏜᏓᏈᏂ ᏇᏚᏁᏂ ᏥᏕᏥ/ᏥᏓᏁᏭ ᏑᏚ ᏇᏕᏁ." ᎾᏗᏥᏋ Ᏸ ᏕᏋ ᏥᏓᏁᏭ ᏦᏋᎾᎾᏚ ᏭᏴᎯᏚ ᏆᏚᏇᏭᏋ ᏚᏋᏕ ᏅᏰᏠᏥᏋ ᏋᏭᏑᏭᎾ, ᏑᏚᏅᏥᏕᏴ ᏠᏕ ᏋᏭᏋᏠᏚ ᏑᏌᏁ Ꮧ ᏂᏅᎾᏚᏋ.

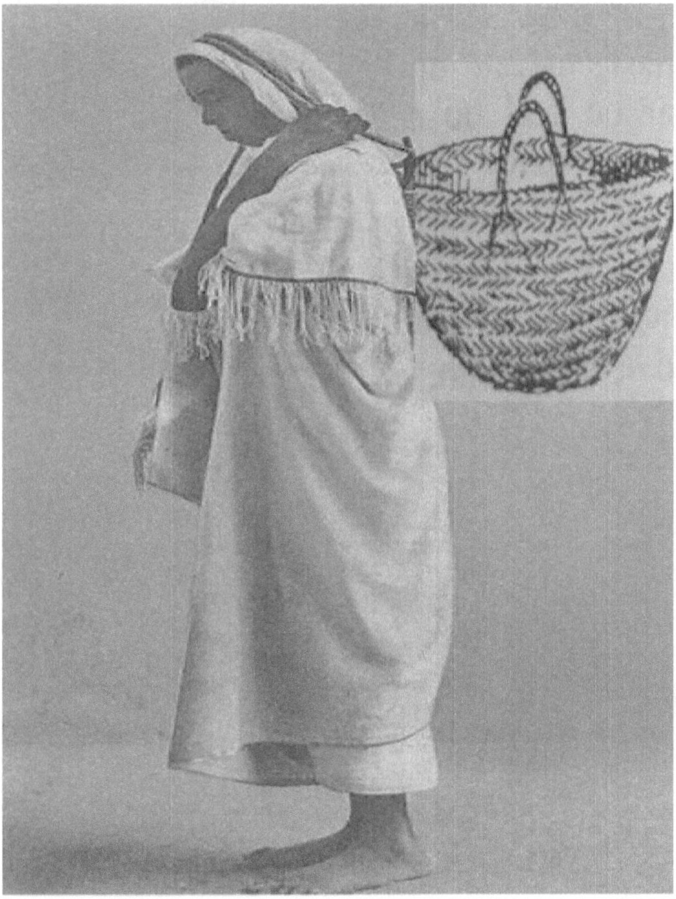

"ᏋᏚᏥᏌᏋ ᎾᏚᏋᏠᏋᏁᏂ ᏠᏌᏦ ᏚᏋ ᏋᏚᏋᏴᏚ"
"Haween hanbiilo beec ah haysa"

[illegible] Suugaan

[illegible] Qoloqolo

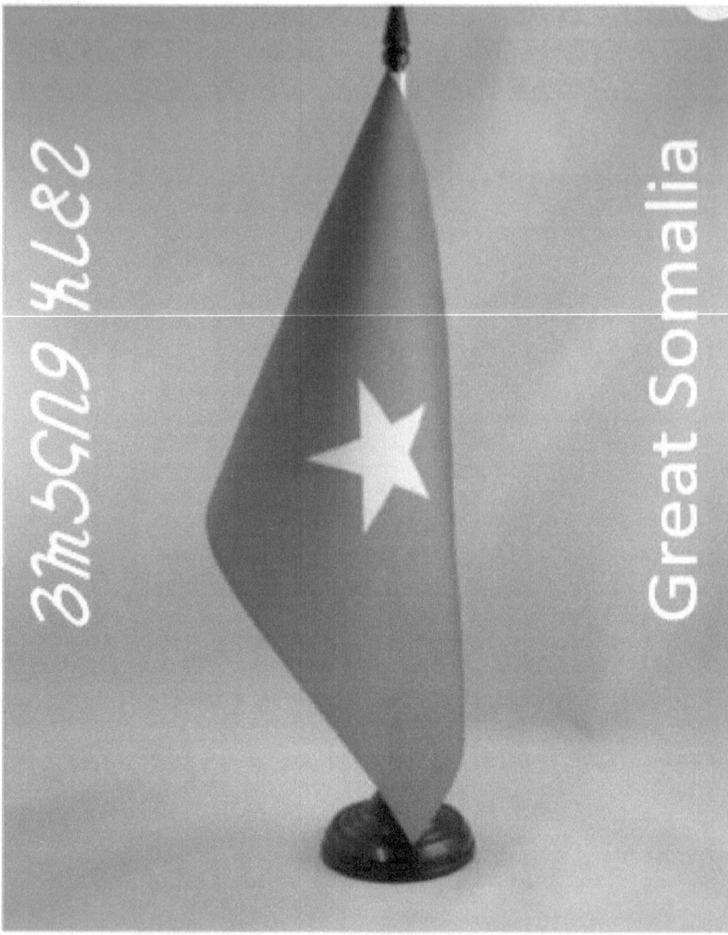

[illegible]

Gabaygaan waxaa qoray Maxamed Ismaaciil,
Wargeyska Horseed 1968

ŖSɃSƐ: ƘSႶϚ ƎhƖSƐ 5SႶS5ԼO 9Ʒ5ϚɃƐႶ,

S.. ƎSɃƐႶɱƐ9ƨȺϚ ƔUŖSƔϚƨ ƎS̈7Ɣ 5 SŖɱƐϚƨԼ
Ɛ.. ƎSƷϚ7SȢS Ⱥ ƘԼƐƨ OȺƨ9OS ɱ ƎSႶSOS ƘUƐϚƨԼ
h.. ȢSOOSƐ ƎϚƐS ႶUOSȢSƐ ȺȺƔ79ŖȺ 9ƨS5S ƎSƐɃƔUƨԼ

Ծ.. ƎS779ɃϚOOS ƘϚ ȺϚ OSOȺƐ ƎϚ̈7ɃS 5UႶ ƐSȢSƐԼ
Ȣ.. ƎȺ7ȺႶ 9Ɛh ƘSƨϚŖ ႶSŖS 5S ȢԼႶh ƎhƐƷȺS 7U7 ȢԼɃԼႶԼ
Կ.. ƎȺ7Ⱥƨ 9Ɛh Ʒ9 Ⴖɱ ȺS ႶS ƔSŖϚO Ǝɱ7ƔS ƷȺ7SƔUƨԼ

Ͻ.. Ǝh7ƐSȢS ƨϚ7ƔȺ ƘϚ ƔSɃSƷȺɃȺϚO ƨSŖȺ ƎȺɃSƐƷϚƨԼ
C.. ƎS̈5SɃ 9Ɛh ɃSOϚɃ ႶSŖȺ Ɣ9O ɃϚ ƎϚƔS ƘԼႶ9ŖƐƷԼ
U.. ƎƐ7SOS ԼȺႶȺƐƨƨ9Ɛh Ʒ55SȢS ƘSƐƷ ȺS ƎS79ƷUƨԼ

SO.. ƘϚ ȺϚ ƎSɃƐSOS ƘԼႶ9 SȢɱ ႶSƐƷȺȺ Ǝɱƨ ƷSOSƐԼ
SS.. ƎSႶɃ9ŖƐ ႶȺ5ϚOSɃS 9ɃႶƐƷ ƎϚOSƐϚ Ɩ̈97S Լ
SƐ.. ƎhƔ ȺԼႶ9 SȢ ƘSႶ ȺS5S ƷƘɃɃ9ƨ ȺS7h 5UႶ ƎSႶႶɱɃ
ŖSႶSƐԼ

Sh.. ƎSƐ5SȢS 9Ʒ 5SƎSႶȺϚ ƷSႶOSƨSOS ႶSŖȺ ƎȺƘUƐϚƐԼ
SԾ.. ƎhƘ59ƐSO OSO ƘϚ̈ƐϚ ƘSƨϚŖ ȺȺ5S ƎSႶƘUƐϚƨԼ
SȢ.. ƎSƐƨƘƨ 5S ƐUƔϚƨ 9ƨƔSƐ ƎS7Sƨ SȢϚOϚƨԼ.

SԿ.. ƎS79ƨ 5ϚƐh 5UƔƐ ႶȺ5Ϛƨ ႶS 9ƷȺȺ ƎϚɃɃ9ႶS Լ
SϽ. ƎhႶhƎhႶh ƘSႶϚƨ UŖSƐϚ ƎϚƘSƨ ƷƘƎƐSOS
SC. ƎSɃ79ŖϚO ȺS ႶS ɃSႶOUƨ hOSƐSOƐ ƎϚɃɃ9ႶϚOƷSOSƐԼ

SU. ƎSOSOS ƘSႶϚO ȺȺ ƔUȺSƐƷSƔϚƨ Ǝɱ5SƨȺƐ Ȣh7Լ
SO. ƎS7ƨ9ŖS SƐƨƨȺ ƖɱŖƨ9Ɛh ƘSƎƔ9ŖS Ⱥ5S ƎSႶ55SƐƷϚƨԼ
ƐS. ƎSɃȺS Ϛƨ S7ȺϚƐ9Ɛh OSOȺȺɃS 9ႶS ƎS7Ϛ7ϚƐԼ

ƐƐ. ƎƐƎS 9Ɛh ḧႶhႶȺSƐ Ɣ9OϚƨ ƘϚ ƎϚɃƐႶƨ95S Լ
Ɛh. ƎȺ7ϚɃOS ƘSႶSƐ ȺȺ ȢϚƷϚƘS ƐϚƨ 59OSƨ ƎSɃɱɃԼƐƨԼ
ƐԾ. ƎSɃSƨ-ƎϚ59ƨƔUO9Ɛh Ɣ9OƨSOS ƘϚ ƎȺ7ƎȺ79ƐϚƨԼ
ƐȢ. ƎȺԼɱOɃS 5S ŖԼႶ9ƨ 9ƨ SƐ Ɛ9̈ȢƐƨ OhƘႶSO ƎϚႶ9ƐS Լ

Gabay: waxaa qoray Maxamed Ismaaciil,

1. Qabiilooyinkaad sheegtaan qaraf ma gooyaane
2. Qasaaraha u weyn dunida oo qalada weeyaane
3. Haddii qaaya leedahay kufrigu inama qaybsheene

4. Qarribaadda waa kaa dadkii qaarba meel yahaye
5. Qurux iyo wanaag laga ma helo qoyska reer hebele
6. Qurun iyo si loo kala tagaad qoorta surateene

7. Qoryaha naartu waa tacasubkaad nagu qubaysaane
8. Qamac iyo cadaab lugu shid baa qaata waligiise
9. Qiirada dhulkiinniyo samaha ways ka qariseene

10. Waa kaa qabyada weli ahoo la isku qoonsadaye
11. Qalbigii xumaadaba Ibliis qaadayaa jira e
12. Qof keliyihi wax kama suubbin karoo meel qallooc galaye

13. Qaymaha is maqalkaa saldana lugu quweeyaaye
14. Qowmiya dad waayaa wanaag kuma qaxweeyaane
15. Qaynuun ma yeeshaan intay qaran ahaadaane

16. Qarin maayo meeshii xumaan la isku qaabbila e
17. Qoloqolo waxaan eegayaa qaawan suuqyada e
18. Qabrigaad kala baxdeen odayadii qaabbilaadsadaye

19. Qadada waxaad ku sheekaysataan qoomankii hore e
20. Qarniga aynnu joogniyo waqtiga uma qalmaysaane
21. Qabka aan arkaayiyo dadkuba i la qaraaraaye

22. Qiiqa iyo ololkay shidaan waa qabiilnima e
23. Quraacda waxay ku haasaawayaan mid aan qaboobeeyyne
24. Qaanqaaminteediyo fidmada waa qurquriyaane
25. Qudhoodba ma gelin inay yihiin doowlad qaaliya

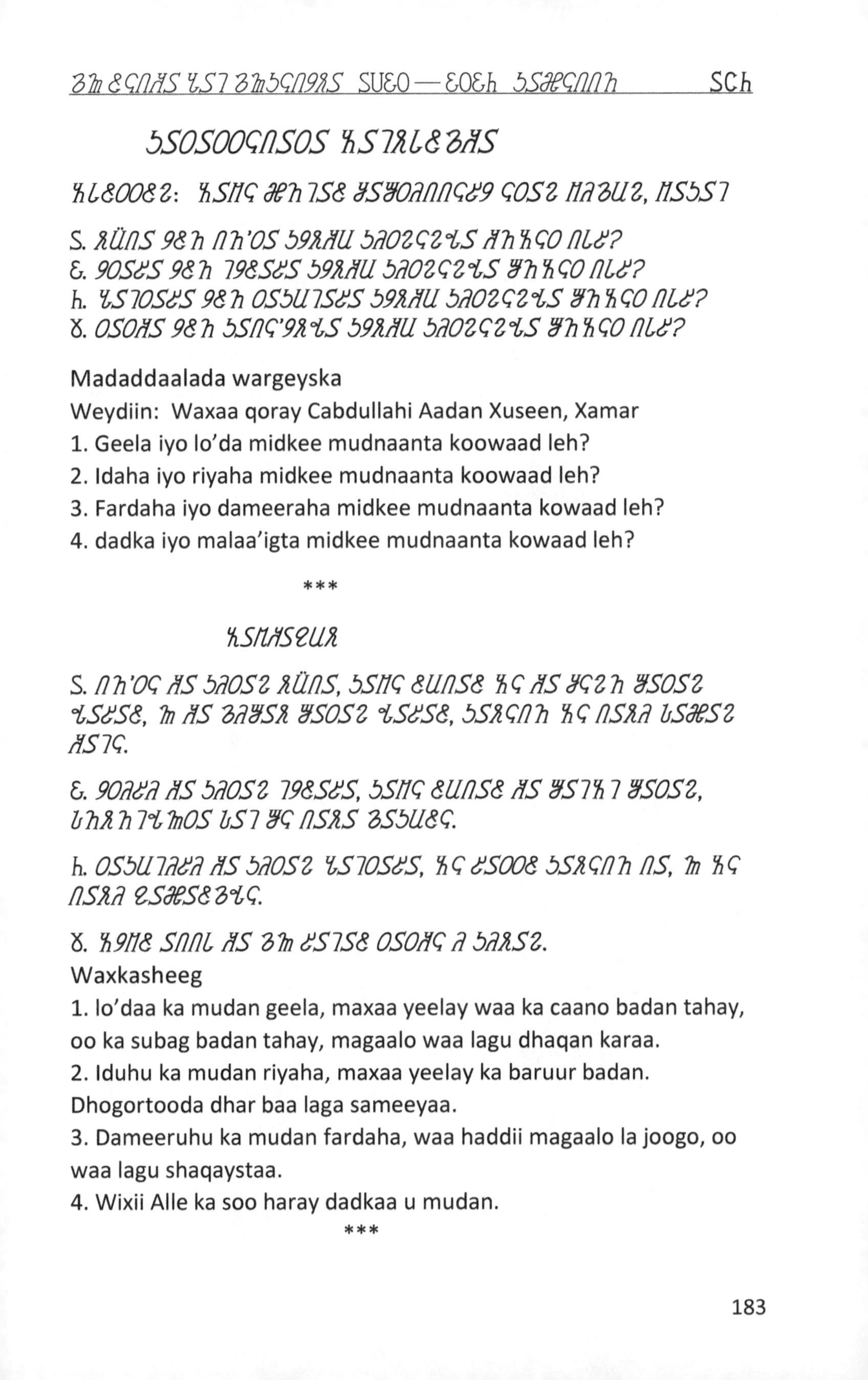

[illegible]

[illegible]

[illegible]

Madaddaalada wargeyska

Weydiin: Waxaa qoray Cabdullahi Aadan Xuseen, Xamar

1. Geela iyo lo'da midkee mudnaanta koowaad leh?
2. Idaha iyo riyaha midkee mudnaanta koowaad leh?
3. Fardaha iyo dameeraha midkee mudnaanta kowaad leh?
4. dadka iyo malaa'igta midkee mudnaanta kowaad leh?

***

[illegible]

[illegible]

Waxkasheeg

1. lo'daa ka mudan geela, maxaa yeelay waa ka caano badan tahay, oo ka subag badan tahay, magaalo waa lagu dhaqan karaa.
2. Iduhu ka mudan riyaha, maxaa yeelay ka baruur badan. Dhogortooda dhar baa laga sameeyaa.
3. Dameeruhu ka mudan fardaha, waa haddii magaalo la joogo, oo waa lagu shaqaystaa.
4. Wixii Alle ka soo haray dadkaa u mudan.

***

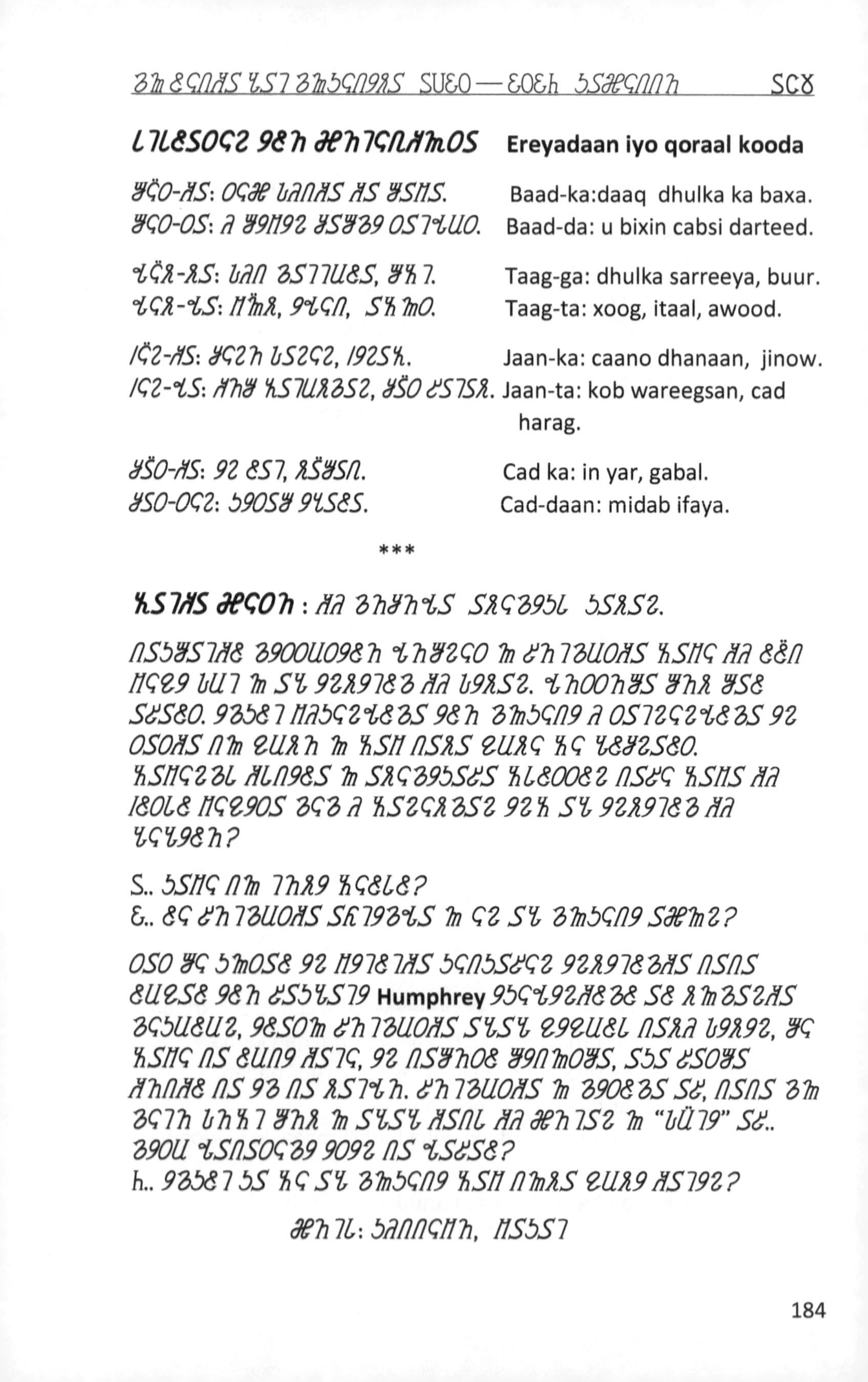

[illegible] Ereyadaan iyo qoraal kooda

[illegible] Baad-ka:daaq dhulka ka baxa.
[illegible] Baad-da: u bixin cabsi darteed.

[illegible] Taag-ga: dhulka sarreeya, buur.
[illegible] Taag-ta: xoog, itaal, awood.

[illegible] Jaan-ka: caano dhanaan, jinow.
[illegible] Jaan-ta: kob wareegsan, cad harag.

[illegible] Cad ka: in yar, gabal.
[illegible] Cad-daan: midab ifaya.

***

[illegible] : [illegible]

[illegible]

S.. [illegible]
E.. [illegible]

[illegible] **Humphrey** [illegible]
h.. [illegible]

[illegible]

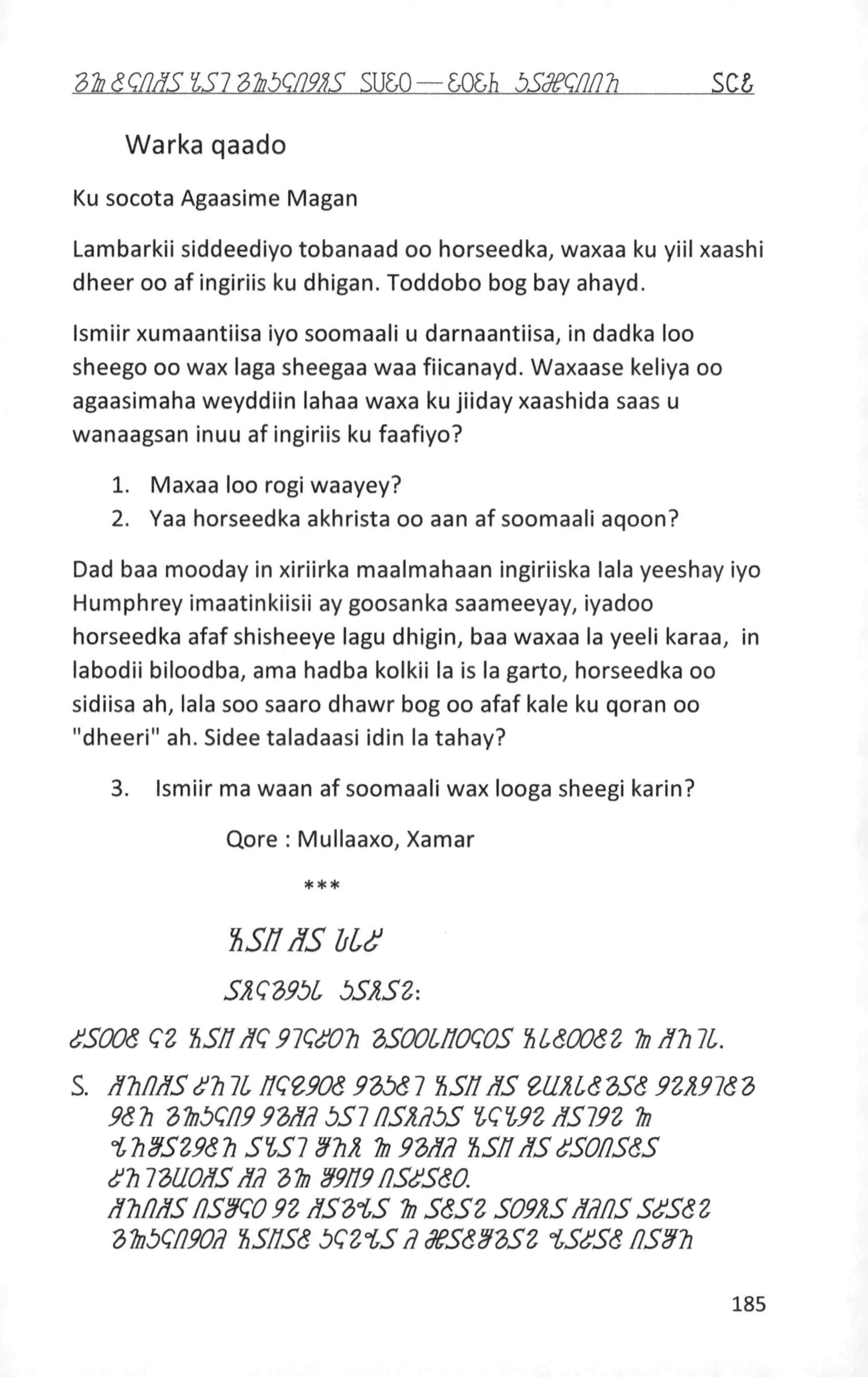

Warka qaado

Ku socota Agaasime Magan

Lambarkii siddeediyo tobanaad oo horseedka, waxaa ku yiil xaashi dheer oo af ingiriis ku dhigan. Toddobo bog bay ahayd.

Ismiir xumaantiisa iyo soomaali u darnaantiisa, in dadka loo sheego oo wax laga sheegaa waa fiicanayd. Waxaase keliya oo agaasimaha weyddiin lahaa waxa ku jiiday xaashida saas u wanaagsan inuu af ingiriis ku faafiyo?

1. Maxaa loo rogi waayey?
2. Yaa horseedka akhrista oo aan af soomaali aqoon?

Dad baa mooday in xiriirka maalmahaan ingiriiska lala yeeshay iyo Humphrey imaatinkiisii ay goosanka saameeyay, iyadoo horseedka afaf shisheeye lagu dhigin, baa waxaa la yeeli karaa, in labodii biloodba, ama hadba kolkii la is la garto, horseedka oo sidiisa ah, lala soo saaro dhawr bog oo afaf kale ku qoran oo "dheeri" ah. Sidee taladaasi idin la tahay?

3. Ismiir ma waan af soomaali wax looga sheegi karin?

Qore : Mullaaxo, Xamar

***

[illegible]

[illegible]

[illegible]

[illegible]

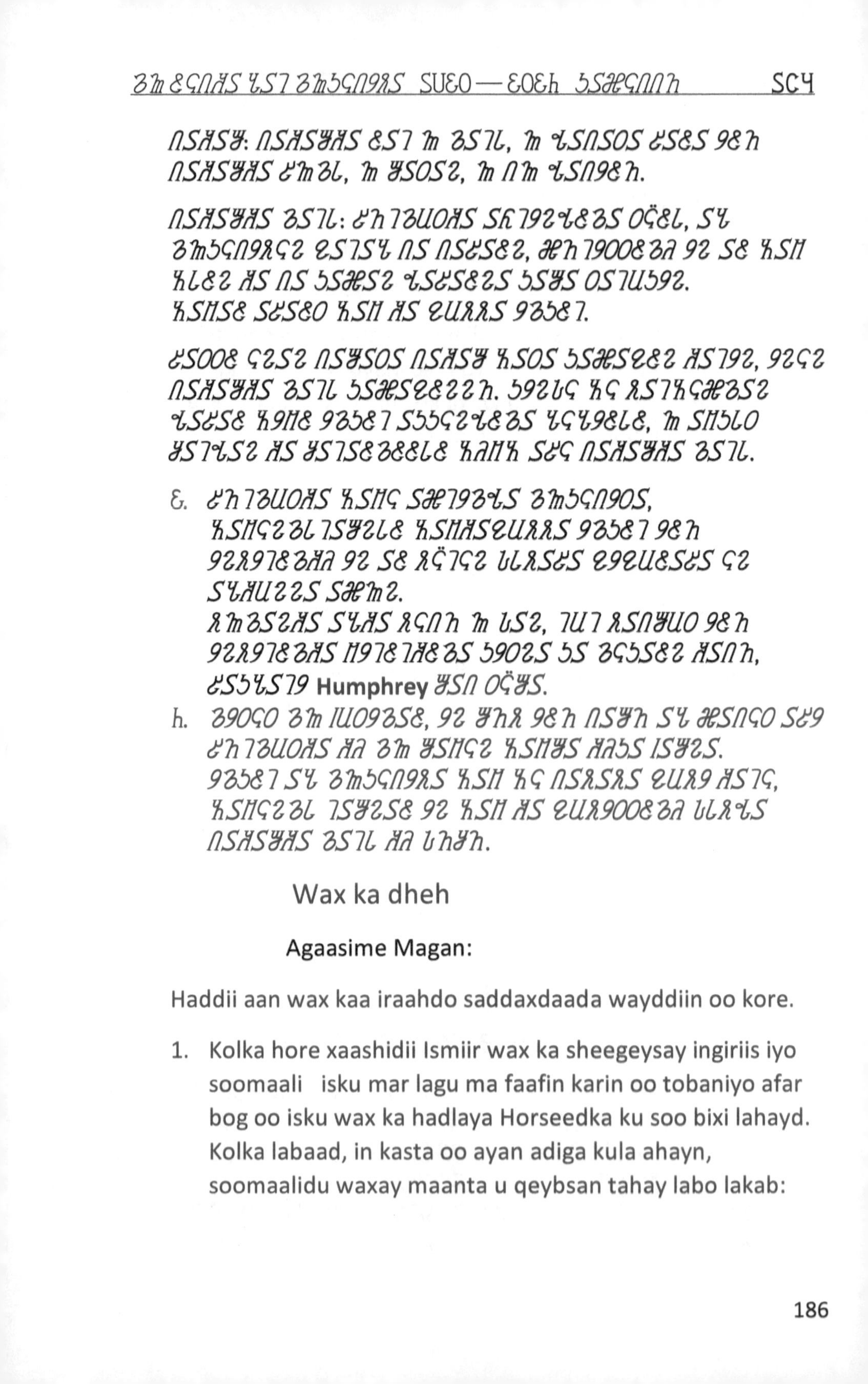

[illegible]

[illegible]

[illegible]

1. [illegible]
   [illegible] Humphrey [illegible]
2. [illegible]

Wax ka dheh

Agaasime Magan:

Haddii aan wax kaa iraahdo saddaxdaada wayddiin oo kore.

1. Kolka hore xaashidii Ismiir wax ka sheegeysay ingiriis iyo soomaali isku mar lagu ma faafin karin oo tobaniyo afar bog oo isku wax ka hadlaya Horseedka ku soo bixi lahayd. Kolka labaad, in kasta oo ayan adiga kula ahayn, soomaalidu waxay maanta u qeybsan tahay labo lakab:

Lakabka yar oo sare oo talada haya iyo lakabka hoose oo badan oo loo taliyo.
Lakabka sare: Horseedka akhrintiisa daaye, af soomaaligaan sharaf la lahayn, qoriddiisu inay wax weyn kala maqan tahayna maba dareemin. Waxay ahayd wax ka sheegga Ismiir.
Haddii aanaan laboda lakab wada maqashiin karin, inaan lakabka sare maqashiinno. Mindhaa waad garwaaqsan tahay wixii Ismiir ammaantiisa faafiyey, oo Axmed Cartan ka caraysiiyey wuxuu ahaa lakabka sare.

2. Horseedka waxaa aqrista Soomaalida, waxaanse rabney wax ka sheegga Ismiir iyo ingiriisku inay gaaraan dhegaha shisheeyaha aan afkeenna aqoon. Goosanka Afka gaal oo dhan, Reer Galbeed iyo Ingiriis xiriirkiisa midna ma saameyn karo, Humphrey bal daaba.
3. Sidaad soo jeedisay, in bog iyo labo afqalaad ah Horaseedka ku soo baxaan waxba ku ma jabna.
   Ismiir Af soomaaliga wax waa lagaga sheegi karaa, waxaanse rabnay in wax ka sheegiddiisu dhagta Lakabka Sare ku dhoco.

***

ᏏS7ᏒᏓƐƷᏘS ᏣᏂ7ƷUO

ᏆᏂOOᏂᏰ hS. SUԿC *(January 31. 1968)*

ϽϚᏣϽϚᏣ **Maahmaah**

OᏂᏜᏂᏃ ᏃᏓᏰ9 ϽᏏƷᏓ ᏰϚ ᏣSᏰϚ7SƐ, Doqon Nebi Muusaa habaaray
OᏂᏜᏂᏃ O9Ᏸ ᏰSƐ ᏏSՈ ᏘS ᏒS7SᏆϚ, Doqon dib bay wax ka garataa

ᏏϚ̈ ᏰᏓ7ƐᏓƐ ϽϚՈ9Ꮓ ᏰᏏ ᏓSՈϚ waa beryey maalin buu dhalaa
ᏏϚ ᏰᏍƐᏂ ᏰᏂՈ ᏓϚᏃᏃSƐ waa biyo col dhaanshay

ᏰÜ7 ᏏSՈ ᏓSՈSƐ ᏰϚᏣ9 ᏰUՈ beer wax dhalay baahi beel

ᏰU7 ՈS ᏆSՈSᏃ ᏰSOS7 ᏘS ϽS ƷᏘᏒᏆ9O
beer la falan badar ka ma sugtid

ᏆᏏ̈Ꮢ ϽS ՈSOᏂ ᏆᏏ̈Ꮢ tuug ma xado tuug.
ᏆᏏᏒ SϽS ᏣS ᏆᏏᏒ9Ꮓ ᏏϚ ᏆSᏰᏆƐƷƐ
tuug ama ha tuugin waa tabtiisii.

ᏰϚ̈O ϽUՈ ՈᏓᏣ Ꮒ ᏰᏓՈᏂ ՈS ᏣSƐᏃ ᏘՈ ᏰS7ƐƷᏂ
baad meel leh oo belo la hayn ku bariiso.

ᏰϚO SϽS ᏰᏁՈ9 ᏘՈ ᏣᏓՈ ᏏϚ ᏰᏓՈᏂ ᏘᏏ ᏆϚՈ
baad ama booli ku hel waa belo kuu taal

Fiiro: Waa ereyo kala duwan oo kala qormo ah:

(*OᏂ̈ᏜᏂᏃ* = doqon (lab), *OᏂᏜᏂᏃ* = doqon (dheddig)),
(*ᏏϚ̈* = waa (hore), *ᏏϚ*= waa biyo), (*ᏰÜ7* = beer (hilib),

ᏰU7 = beer (dhul)), (*ᏆᏏ̈Ꮢ* = tuug (xade), tuug = *ᏆᏏᏒ* (baryo))
ƷᏘ̈Ꮢ = sug (dhawrid), *ƷᏘᏒ* = sug (hubin)),
ᏘS ϽS 9ƐᏂ ᏘS̈ϽS = ka ma waa labo erey iyo kama: oo ah hal erey.

***

𐒈𐒝𐒑𐒛𐒐𐒘𐒕𐒖

𐒌𐒖𐒁𐒖𐒕, 𐒓𐒖𐒄𐒛 𐒂𐒘𐒇𐒘𐒕𐒗𐒕, 𐒋𐒘𐒈𐒑𐒛𐒒 𐒏𐒜𐒒𐒖𐒆𐒕𐒆

𐒡. 𐒀𐒐𐒐𐒘𐒔𐒕 𐒆𐒚𐒒𐒘𐒆𐒖 𐒀𐒓𐒑𐒛 𐒏𐒚 𐒍𐒚𐒇𐒖𐒕 𐒆𐒓𐒐 𐒓𐒖𐒐𐒁𐒖𐒁𐒖 𐒑𐒜𐒐𐒗
𐒢. 𐒆𐒗𐒌𐒑𐒖𐒆𐒓 𐒀𐒚 𐒏𐒖𐒐𐒖 𐒈𐒝𐒋𐒖𐒕 𐒀𐒘𐒕𐒙 𐒆𐒖𐒓𐒕𐒖𐒆𐒖𐒕 𐒑𐒖𐒇𐒘𐒒𐒗
𐒣. 𐒊𐒚𐒐𐒏𐒛 𐒆𐒗𐒁𐒗𐒋𐒈𐒖𐒒 𐒁𐒛 𐒒𐒘𐒑𐒖𐒒 𐒓𐒖𐒐𐒁𐒘𐒁𐒖 𐒆𐒙𐒋 𐒀𐒓𐒒 𐒏𐒖 𐒕𐒛𐒐𐒐𐒕𐒒𐒗
𐒤. 𐒈𐒝𐒑𐒛𐒐𐒘 𐒐𐒝𐒌𐒚 𐒑𐒖 𐒆𐒖𐒇𐒇𐒛𐒒 𐒆𐒜𐒎𐒖 𐒀𐒗𐒁𐒁𐒖𐒔𐒖𐒕𐒗
𐒥. 𐒓𐒖𐒄 𐒆𐒖𐒆𐒏𐒝𐒆𐒚 𐒃𐒝𐒌𐒛 𐒀𐒇𐒐𐒖𐒆𐒖 𐒑𐒘𐒆 𐒀𐒚𐒌𐒚 𐒆𐒝𐒇 𐒇𐒝𐒒𐒗
𐒦. 𐒆𐒖𐒐 𐒓𐒖𐒒𐒛𐒌𐒈𐒖𐒒 𐒀𐒘𐒒𐒖𐒕 𐒐𐒜 𐒕𐒘𐒔𐒕𐒒 𐒐𐒝 𐒑𐒖 𐒆𐒕𐒆𐒆𐒖𐒒𐒖 𐒀𐒗
𐒧. 𐒓𐒗𐒁𐒘𐒕𐒖𐒆𐒖 𐒆𐒖𐒇𐒜𐒇𐒘𐒕𐒙 𐒁𐒘𐒕𐒖𐒔𐒖 𐒆𐒘𐒄𐒖𐒉𐒙 𐒍𐒛𐒍𐒛𐒕𐒖
𐒨. 𐒆𐒚𐒇𐒆𐒚𐒇𐒇𐒘𐒕𐒙 𐒓𐒖𐒄𐒖𐒕 𐒏𐒖 𐒋𐒖𐒁𐒁𐒖𐒕𐒛𐒒 𐒆𐒖𐒓𐒆𐒖 𐒋𐒜𐒉𐒖 𐒀𐒔𐒗
𐒩. 𐒆𐒖𐒕𐒇𐒂𐒘𐒕𐒙 𐒌𐒚𐒌𐒖𐒒𐒖 𐒇𐒝𐒁𐒏𐒚 𐒓𐒛 𐒀𐒚𐒌𐒚 𐒆𐒖'𐒖𐒕𐒛𐒕𐒗
𐒡𐒠. 𐒆𐒝𐒄𐒖𐒆𐒘𐒕𐒙 𐒁𐒓𐒇𐒖𐒔𐒖 𐒓𐒖𐒄 𐒕𐒛𐒐 𐒆𐒝𐒌 𐒀𐒘𐒕𐒙 𐒋𐒖𐒐𐒜𐒒𐒗
𐒡𐒡. 𐒆𐒖𐒇𐒖𐒍𐒂𐒕 𐒀𐒆 𐒀𐒜𐒌𐒂𐒛𐒁𐒖 𐒓𐒛 𐒆𐒓𐒒𐒕𐒙 𐒀𐒘𐒕𐒙 𐒁𐒜𐒇𐒗
𐒡𐒢. 𐒓𐒛 𐒒𐒖 𐒆𐒜𐒎𐒖𐒕 𐒅𐒖𐒕𐒇 𐒏𐒖𐒐𐒗𐒒𐒖 𐒓𐒛 𐒐𐒖𐒌𐒖 𐒆𐒖𐒑𐒋𐒛𐒕𐒛𐒕𐒗

Soomaaliya

Gabay, waxaa tiriyey, Cismaan Keenadiid

1. Allihii dunida uumaa ku furay duul walbaba meele
2. Degmaduu u kala soocay iyo dawyaday marine
3. Dhulkaa debecsan baa niman walbiba doc uun ka yaalliine
4. Soomaali loogu ma darraan deeqa Ebbahaye
5. Wax dadkoodu joogaa arlada mid ugu door roone
6. Dal wanaagsan inay lee yihiin loo ma diiddana e
7. Webiyada dareeriyo biyaha dixasho faafaaya
8. Durdurriyo waxay ka cabbayaan dawda ceesha ahe
9. Dayrtiyo gugana roobku waa ugu da'ayaaye
10. Dooxadiyo buuraha wax yaal doog iyo caleene
11. Daraftii ad eegtaaba waa duunyo iyo beere
12. Waa na deeqay khayr kalena waa laga damcaayaaye.

***

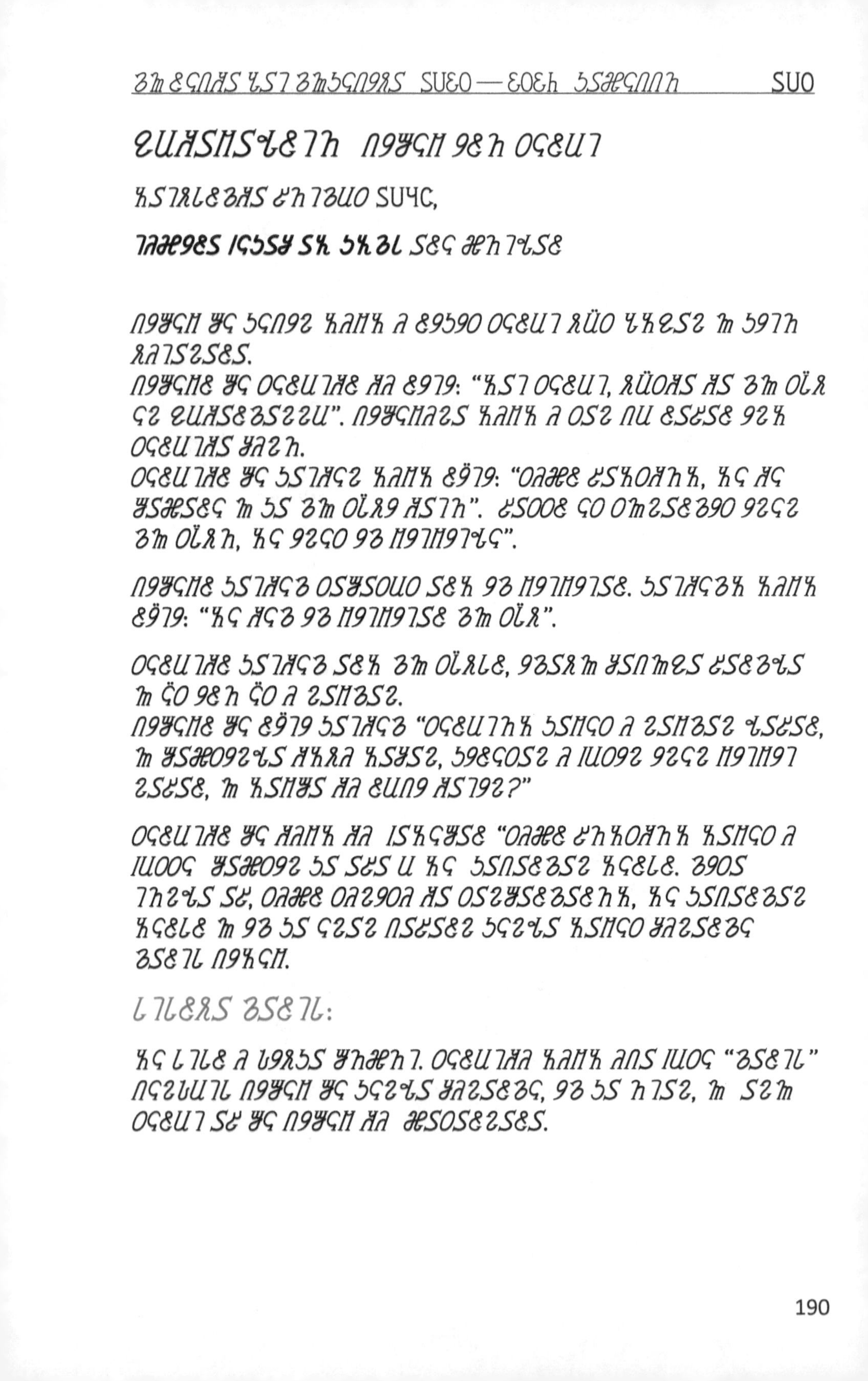

[illegible]

[illegible]

[illegible]

[illegible]

[illegible]

[illegible]

[illegible]

[illegible]

[illegible]

[illegible]

Sheekaxariiro Libaax iyo Daayeer

Wargeyska Horseed 1968,

***Ruqiya jaamac Aw Muuse** ayaa qortay*

Libaax baa maalin wuxuu u yimid daayeer geed fuushan oo miro guranaya, libaax baa daayeerkii ku yiri: "War daayeer geedka ka Soo deg aan sheekaysannee.
Libaaxuna wuxuu u dan lee yahay inuu daayeerka cuno.

Daayeerkii baa markaan wuxuu yiri,"Duqii Howdkow, waa kaa baqayaa oo ma soo degi karo." Haddii aad dooneyso inaan soo dego, waa inaad is xirxirtaa." Libaaxii markaas dabadeed ayuu is xirxiray, markaas wuxuu yiri, waa kaas is xirxirtaye soo deg.
Daayeerkii markaas ayuu soo degey, isagoo caloosha haysta oo aad iyo aad u naxsan.
Libaaxii baa yiri markaas "Daayeerow maxaad u naxsan tahay, oo baqdinta kuugu wacan, miyaadan u jeedin inaan xirxir nahay oo waxba ku yeeli karin?"
Daayeerkii baa wuxuu ku jawaabay "duqii howdkow waxaad u jeeddaa baqdin ma aha ee waa malaysan waayey. Sida runta ah, duqii dunidu ka danbeysayow waa maleysan waayey oo is ma aanan lahayn maanta waxaad cuneysaa sayre libaax.
Sayre: waa erey u dhigma boqor, daayeerku wuxuu ula jeedaa; Sayre ; laandheere libaax baa maanta cuneysaa , isma oran oo anoo daayeer ah baa libaax ku qadeynaya.

𐒌𐒖𐒁𐒖𐒕 𐒍𐒖𐒇 𐒈𐒝𐒑𐒛𐒐𐒘

𐒓𐒖𐒄𐒛 𐒂𐒘𐒇𐒘𐒕𐒗𐒕 𐒑𐒖𐒄𐒖𐒑𐒗𐒆 𐒘𐒈𐒑𐒛𐒋𐒕𐒐, 𐒎𐒖𐒇𐒒𐒘𐒌𐒕 𐒐𐒖𐒁𐒛𐒂𐒖𐒒𐒛𐒆.

𐒄𐒘𐒌𐒖𐒉𐒙: 𐒁𐒓𐒌𐒌𐒖 𐒋𐒖𐒁𐒆𐒚𐒐𐒎𐒛𐒆𐒘𐒇 𐒍𐒛𐒇𐒖𐒄

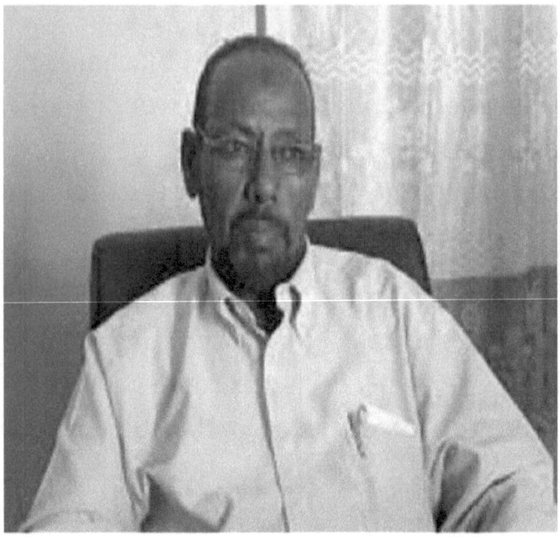

𐒋𐒖𐒁𐒆𐒚𐒐𐒎𐒛𐒆𐒘𐒇 𐒍𐒛𐒇𐒖𐒄 𐒁𐒝𐒂𐒛𐒒, 𐒝 𐒏𐒖 𐒑𐒘𐒆 𐒖𐒔𐒛 𐒌𐒚𐒆𐒆𐒘𐒌𐒕 𐒌𐒝𐒈𐒖𐒒𐒏𐒖 𐒖𐒍𐒏𐒖 𐒘𐒕𐒙 𐒈𐒓𐒄𐒛𐒒𐒂𐒖 𐒈𐒝𐒑𐒛𐒐𐒘𐒌𐒖.

𐒑𐒖𐒋𐒖𐒐𐒐𐒘𐒒 𐒖𐒍 𐒈𐒝𐒑𐒛𐒐𐒘𐒌𐒖 𐒛𐒆𐒚𐒌𐒚 𐒄𐒜𐒐𐒊𐒜𐒇

Wuxuu ka mid ahaa guddiga Goosaanka afka iyo suugaanta Soomaali, macallin af Soomaaliga aad ugu xeeldheer. Waxaa tiriyey gabaygaan Maxamed Ismaaciil, qarnigii labaatanaad.

𐒌𐒖𐒁𐒖𐒕

𐒒𐒘𐒑𐒖𐒒𐒕𐒙𐒔𐒙𐒓 𐒍𐒖𐒇 𐒈𐒝𐒑𐒛𐒐𐒘𐒆𐒛 𐒍𐒕𐒋𐒖𐒒𐒝 𐒐𐒖𐒆𐒖𐒒𐒗
𐒍𐒚𐒆𐒖𐒕𐒆 𐒁𐒖𐒕 𐒚 𐒊𐒘𐒌𐒖𐒒𐒂𐒛 𐒒𐒘𐒒𐒏𐒕 𐒍𐒕𐒇𐒈𐒖𐒆𐒝 𐒎𐒙𐒇𐒖 𐒗
𐒍𐒖𐒌𐒛𐒇𐒖𐒔𐒖 𐒓𐒘𐒄𐒕 𐒐𐒖𐒐𐒖 𐒂𐒖𐒌𐒝 𐒍𐒛𐒒𐒈𐒖𐒒 𐒓𐒛 𐒘𐒕𐒖𐒆𐒖 𐒗;

𐒍𐒖𐒇𐒈𐒖𐒑𐒖𐒆𐒕 𐒒𐒘𐒒 𐒈𐒝𐒑𐒛𐒐𐒘𐒕𐒛 𐒐𐒖𐒌𐒚 𐒍𐒙𐒌𐒛𐒆𐒛𐒕𐒗
𐒍𐒖𐒇𐒕𐒆𐒒𐒘𐒑𐒙 𐒓𐒖𐒄 𐒐𐒖𐒌𐒚 𐒑𐒛𐒑𐒚𐒐𐒝 𐒍𐒜𐒕𐒘𐒌 𐒁𐒛 𐒓𐒖𐒋𐒖𐒒𐒗
𐒍𐒖𐒆𐒓𐒐 𐒁𐒖𐒕 𐒏𐒚 𐒂𐒖𐒔𐒖𐒕 𐒇𐒓𐒄 𐒑𐒘𐒆 𐒏𐒖𐒐𐒗 𐒓𐒛𐒐 𐒚 𐒊𐒘𐒌𐒖𐒕𐒛𐒕𐒗;

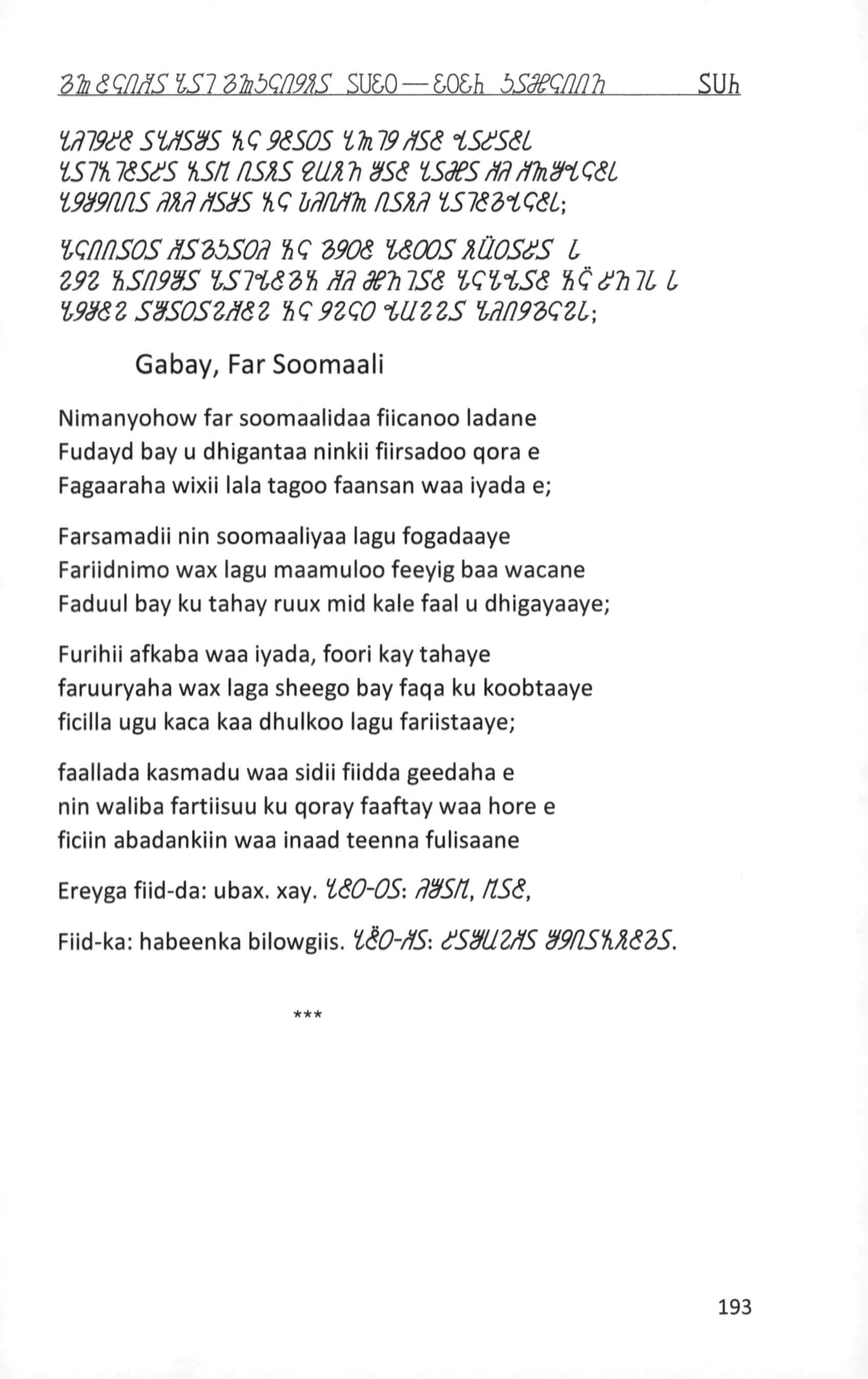

[illegible]
[illegible]
[illegible]

[illegible]
[illegible]
[illegible]

Gabay, Far Soomaali

Nimanyohow far soomaalidaa fiicanoo ladane
Fudayd bay u dhigantaa ninkii fiirsadoo qora e
Fagaaraha wixii lala tagoo faansan waa iyada e;

Farsamadii nin soomaaliyaa lagu fogadaaye
Fariidnimo wax lagu maamuloo feeyig baa wacane
Faduul bay ku tahay ruux mid kale faal u dhigayaaye;

Furihii afkaba waa iyada, foori kay tahaye
faruuryaha wax laga sheego bay faqa ku koobtaaye
ficilla ugu kaca kaa dhulkoo lagu fariistaaye;

faallada kasmadu waa sidii fiidda geedaha e
nin waliba fartiisuu ku qoray faaftay waa hore e
ficiin abadankiin waa inaad teenna fulisaane

Ereyga fiid-da: ubax. xay. [illegible]

Fiid-ka: habeenka bilowgiis. [illegible]

***

ՋSՓSƐՋƐ

ՎSՈ9 ՈӒƷUՇ

ӒӒ ЭSՋSՎϚՓ9OOS UՓՓL; ՃϚ ՉՃӒԴϚՋS, ՃϚ ՇSՈSԴƐƷՉϚՋS.

S. ՉƐՇ ƐSՃSƐ SOϚ ҺՈҺՈSƐՊ ՊՃ9Շ ՎƐԴƷSOSƐL
Ɛ. ՃSOOƐ ϚՇ ՈSՋՃ 9ЭSՇՇ9Շ ՃϚO ϚЭЭӒƷ9 ՈSՃSƐOL
h. ЭSՈϚO SԴSՋՉSƐ ՃϚ ӒӒՈS ӜSՓϚ Ճ Դ ӒӒ ՉϚՈՈSOS L

Ծ. ՃSՈSƐ Չ9Դ9 ӦՈϚՃϚ ՃSOOϚO ϚO Ӓ ՋSԴSՇSƐƷ9O
Ɛ. Պ ϚO ӦƷՈϚՇ ՉSՃSƐ 9 OϚ ՃϚ 9ԴԼSƐƷՇSՃSƐL
Ч. ՃSՈϚՇ 9Դ9 ӜҺՉӒƐ 9 ՏՓՃ9ƐƐϚ ՃϚ ՏЭЭϚՇ ՃL9ƐL

Ɔ. ՏƐSՃϚOSO9ƐҺ ՃϚ SӜϚՇ ϚƐSOOƐ ՇԼՓ9ƐL
C. ՃS ƐUƐU 9ՈЭSOS ӒϚ OS'O9ƐҺ ӒЭSՈ ӒS ՋՃOӒϚՋS
U. 9Շ ƐSԴ ƐՋS ƐUՋ ՃSՈSՇ ԴSՓϚ 9ՇϚՇ ՀՋϚOϚƐL

SO. ՃSՈSƐ Չ9Դ9 9ՇӒϚԴ ՓՃ ӒӒ ՋҺ'SƐ ҺOSƐՋƐ ƷՊЭϚՈL
SS. ՀՃՈϚOOƐ Ճ ԼSՈSƐ ՇS ՃϚ Ʒ9OS SOՊՋՊOL
SƐ. ՃSOOSƐ ӒՈ 9ƐҺ OƐԴӒUO ƐӦՃƐՇ ԴSՋ 9ƷӒS UՋϚƐS

Sh. ՏՉԴ9ӒS ՓS ЭS ԼՊՋUՇ Շ9ЭϚՇ ϚՓՓL ӒӒ ՈSՃSƐՇL
SԾ. SƐƐSՈ ӒӒЭS ԼSՈUՇ ӒSƐЭ9ՃƐ ӒՓSՈS ՃԼƐՇϚƐL
SƐ. SՇՇS SƐO9 ϚՇ ԼՊՋ9 Լ9ԴԼƐ ӒSЭS SՓԴϚԴUՇL

SЧ. ՃSՈϚՇ 9Դ9 ԴO9ՃƐ ՇSՈS ӒS ӜϚO ϚO SՃϚՇ Լ9ԴԼƐL
SƆ. ՃϚ ՉϚ ՈS ӒS ՈS ƐՓƷSOϚՇ ՇSՈS ҺՋԼƐƷƐՇL
SC. ՊOOϚ ՓS ՈSՋS ՋՊƐՇSƐƐϚ 9ԴSՇӒ9 ՈϚƷՊOL

SU. ЭUƐϚO ӦՈЭSՃS Լ9ՋSՇ ՈSՃSƐO Ճ Շ ӒSՈϚ OԼՋSƐL
ƐO. ՃSՈSƐ Չ9Դ9 ԼӒՈƐҺՃҺՃ ԼՃԼՈSOϚ ЭS ՈSՃS ƐЭϚՇL
ƐS. 9ՈϚՈUƐSƐՊ OӒՇ9OS ՃϚ ӒՋӒ 9Ո ՈƐՉϚՇL

ƐƐ. 9ƐƐSՋϚ SЭՈUƐOS 9ƷӒӒ Ʒ9OS UՓS ՈՊՋ ՓSOSՇL
Ɛh. 9ՇՉSƐ SƐԴҺ ӒS ՈS ӜϚOSƐϚՇ ϚԴƷSՇ ЭSՃSƐƐϚՇL
ƐԾ. ՃSՈϚՇ 9Դ9 Շ9Շ ՉƐƷS SՇՉSՎSƐ SՋSՓ ՃSOOϚO ЭՊOO9O

Gabay *Cali Xuseen*

Ku magacaabidda Eebbe; Waa turaaga, waa naxariistaaga.

1. Fiin yahay adaa ololayoo oohin ciirsadaye
2. Haddii aan laguu imannin waad aamusi lahayde
3. Maxaad aragtay waan kula qabaa uur ku taallada e

4. Waxaa tiri Ilaahaa haddaad aad u garanaysid
5. Oo aad islaan tahay i daa waa irdhaysnahaye
6. Waxaan iri qofkii i abhiyaa waa ammaan heliye

7. Ashahaadadiyo waa aqaan aayaddii nabiye
8. Ha yeeshe ilmada waa da'diyo umalka guudkaaga
9. In yar iiga sheeg waxaan raba inaan ogaadaaye

10. Waxay tiri inkaar buu ku goyay odaygii Soomaale
11. Owlaaddii uu dhalay na waa sida adoogoode
12. Hadday ul iyo diirkeed yihiin rag iska eegaaya

13. Afrikaba ma joogeen nimaan aabbe ku lahayn
14. Ayax kuma dhaleen kaymihii ubaxa weynaaye
15. Anna aydii aan joogi jiray kama abbaareene

16. Waxaan iri iridihii nala ka qaad aad ahaan jiraye
17. Waa taa la kala iibsadaan nala ogaysiine
18. Ooddaa ba laga gooynayaa irankii laasoode

19. Meeshaad ilmaha dhigan lahayd uun kalaa degaye
20. Waxay tiri dhulyahow eheladaa ma laha iimaane
21. Ilaaleeyayoo dunida waa ugu il liitaane

22. Iyagaa amleeyda isu sida eeba xoog badane
23. Intay ayro kala qaadayaan aaran ma hayaane.
24. Waxaan iri nin tiisaa anfacay agab haddaad moodid

ᎦᎸ. ᏘᏍᏚᏁ ᏭᎦᏂ ᏚᎾᏛ ᏜᏩᎨᏚ ᏠᏚᏲᏚ Ꮫ ᎿᏂᏁ ᏘᏘ ᏓᎶᎨᏩᎦᏂ
ᎦᏊ. ᏣᏚᎾᎾᏩᎾ ᏚᏠᏚᏁᏘᏚ ᏘᏜᏘ ᏰᏛ ᏜᏚᏪᏛ ᏍᏚᏜᏚᏔ ᏘᏘ ᏰᏛ ᏩᎾᎾᏂ
ᎦᏆ. ᏘᏁ ᏳᏜ ᏘᏩᏜᏚ ᎶᏌᏳᏩ ᏜᏭᏁᎦ ᏘᏩ ᏭᏇᏩᏁ ᏳᏚᎾᏚᏔᎸ

ᎦᏟ. ᏣᏚ ᏘᏘ ᏛᏍᏭᏔ ᎾᏂᏠᏂᏔ ᏘᏩ ᏍᏚ Ꮖ ᏭᎾᎾᏂ ᏩᏖ ᏘᏘ ᏰᎦ ᏰᏭᎾᏚ-Ꮭ
ᎦᏌ. ᏜᏚᏁᏚᎦ ᏇᏭᏖᏭ ᏂᏖ ᏳᏌᏔᎾ ᏜᏚᎾᎾᏩ ᏭᏔᏚ ᏁᏘᏰᏌᏔᏛᏜᎸ
ᏂᎾ ᏘᏜᏩᏰ ᏭᎦᏂ ᏠᏚᏳᎦᏁᏔᏭᏍᏂ ᏘᏘᏜᎦ ᏘᏳᏚᏁ ᏘᏘ ᏇᏩᏔᏩᎦᎸᎦ

ᏂᏚ. ᏚᏳᏇᏭᏖᏰᎦᏔᎦᏂᏣᏛᎾᎦ ᏘᏘᏜᏩᏰ ᏁᏚᏜᏘ ᏚᏁᏣᏜᏍᏌᎦᎸᎦ
ᏂᎦ. ᏜᏩ ᏇᏩ ᏚᏁᏳᏩᏳᏘᎦ ᏁᏚ ᎦᏭᏍᏭᎾ ᏚᏜᏚᏳᏇᏘ ᏔᏛ ᏇᎦᏁᎸ
ᏂᏂ. ᏍᏭᎦᏩᏔ ᏍᏩᏔᏇᏚ ᏩᏇᏚᎾᏚ ᏓᏚᏠᎾᏭᎦᏂ ᏚᏍᏚᏖᏘᏚ ᏁᏛ ᏪᏌᏜᏭᏔ?

ᏂᏜ. ᏜᏚᏁᏩᏔ ᏭᏖᏭ ᏭᏁᏩᏠ ᏳᏚᎦ ᏣᏚᎦᏩᏔ ᏓᎾᏓᏳ ᏔᏚ ᏁᏚᎦᏰ ᏜᏩᎦᎦᎸ
ᏂᎸ. ᏚᏇᏘᏜᏔ ᏳᏚᎦ ᏘᏚ ᏇᏛᏜᏩᏔ ᏰᏭᎾᎦ ᏂᏖᏭᎦᏂᏣᏛ ᏘᏚ ᏁᏚ-Ꮭ
ᏂᏊ. ᏳᏛᏇᏓᏚᎾᏚ ᏚᏖᎾᏩᎦᏚᎾᏚ ᏣᏚᎾᎾᎦ ᏩᎾ ᏚᏰᏚᏁᏭ ᏍᏛᎾᎾᎸᎦ

ᏂᏆ. ᏚᎾᎾᏜᏔ ᏳᏩ ᏚᏜᏩᏖᏚᏣᏚ ᏘᏘ ᏁᏘᏍᏭᏔ Ꮫ ᏭᏔᏓᏚ ᏳᏚᎾᎾᏚᎦᏔᎸ
ᏂᏟ. ᏜᏚᏁᏚᎦ ᏇᏭᏖᏭ ᏭᏁᏩᏣᏛᎾ ᏣᏚᎾᎾᏜ ᏠᏛᏔ ᏚᏖᏖᏭᏔ Ꮨ ᎾᎦᎾᏂ
ᏂᏌ. Ꮫ Ꮬ ᏭᏳᏁᏌᎦᏰ ᏜᏇᏳᏭ ᏘᏚ ᏖᏭᎾᏂ ᏰᏛ ᏍᏚ ᏘᏖᏘᏖᏩᏔᎸ

ᏜᎾ. ᏠᏚᏁᏳᏭᏜᎦ ᏓᏔᏜᏓᏜᏓᎦ ᏜᏩᏔᏚᎾᏜ ᏂᏖᏂᎾ ᏘᏘ ᏓᏩᏇᏩᎦᏓ
ᏜᏚ, ᏜᏛᏖᏍᏚᎦ ᏭᏔᏘᏩᏖᏇᏚᏔᏭ ᏣᏓᏪᏛ ᏁᏚᏜᏘ ᏚᏁᏣᏜᏍᏌᎦᎦᏓᎦ?
ᏜᎦ. ᏜᏚᏁᏩᏔ ᏭᏖᏭ ᏚᏖᏳᏭᎦᏂ ᏁᏚᏜᏘ ᏍᏚ ᏂᏜᏚ ᏜᏇᏰᏭ ᏚᎦᏔᏚᏳᏚ-Ꮣ

ᏜᏂ. ᏭᏔᎦᏔᏚᏣᏚ ᏘᏓᏁᎦᏚᏣᏚ ᏭᎦᏂ ᏜᏚᎾᏔᏚᏣᏩ ᎦᏔᏭ ᏘᏚᏜᏚ ᏇᏩᏁᏓ
ᏜᏜ. ᏩᏔᏚᎾᏚ ᏇᏂᏁᏘᏛᎾ ᏳᏩ ᏘᏜᏚ ᏖᏛᏔ ᏜᏍᏭᎦᏚᏣᏚ ᏘᏚᏁᏚ-Ꮣ
ᏜᎸ. ᏍᏚᏁᏩᏔ ᏚᏖᏚᏖᏇᏚ ᏘᏚᏜᏚ ᎾᏩᏁᏚᎦᏩ ᏓᎾᏓᏜ ᏔᏚ ᏁᏛ ᏜᏛᎦᏓ.

ᏳᏚᏁᏭ ᏁᏘᏰᏌᏔ ᏜᏩ ᏳᏚᏁᏭ “ᏍᏚ-ᏘᏩᎾᏰᏚᎾᏓ”, ᏁᏂᏔᎾᏂᏔ ᏜᏘᏰᏛᏖᏓ ᏚᎸ, ᎦᎾᎾᏊ

Ꮪ. ᏚᏖᏳᏓ: ᏍᏚᏖᏛᎾᏭ (ᏁᏚᏳ) Ꮫ ᏖᏚᏁᏚᏔ ᏣᏂᏖᏘᏚᏳᏚ.
Ꭼ. ᏚᎦᏔᏚᏳ: ᏜᏚᏁ ᏳᏚᎾᏚᏔ (ᎾᏚᎾ) Ꮫ ᏭᏰᏘᏘ ᏘᏂᏁ ᏁᏚ ᏁᏩᎦᎸᎦ
Ꮒ. ᏚᏜᏩᏖ: ᏣᏚᏳᏩᏰ, ᏳᏛᏖ.
Ꮜ. ᏭᏖᏚᏔ: ᎾᏚᏁᎦᏜᏚᏣᏚ ᏜᏌᏁᏚᏪᏚ ᏁᏚ ᏇᏂᏁᏂ
Ꮈ.. ᏭᏖᏓᏂ: ᎾᏚᏖᏌᏔ, ᏳᏚᏳᏰᏭ, ᏭᏰ ᏭᏁᏩᏁᏭᏰ, ᏳᏚᎦᎾᏚᎾ.

25. Umal iyo adoo gaaja qaba oo col ku eryaayo
26. Haddaad aqalka ugu soo gashoo magan ku soo aaddo
27. Ul buu kaaga reebaa wixii kaa ilaal badane

28. Ha ku oomin doqon kaa ma riddo aar ku sii sida e
29. Waxay tiri or beenaad waddaa ina ina Xusenowe
30. Ugaas iyo qabiilnimo kuwii ubax ku faanaayey

31. Abtirsiinyahoodii kuwaas lagu alhuumeeye
32. Waa taa albaabkii la yimid agabtu noo tiile
33. Miyaan maanta aafada dhacdiyo amarka loo sheegin?

34. Waxaan iri ilaaq bay hayaan edebna lays waaye
35. Afkuun bay ka tookhaan sidii ooriyahoo kale e
36. Bootada ardaayada haddii aad asali moodey

37. Adduun baa awaaraha ku lumin oo indha caddayne
38. Waxay tiri ilaahood hadduu qoon arrin u diido
39. Oo uu Ibleys gebi ka rido sow ma ururaane

40. Qalbigii engegey waanaduu orod ku dhaafaaye
41. Gooray inkaartane heshuu lagu alhuumeeyey?
42. Waxaan iri arbiyo lagu ma oga geesi aynaba e

43. Iniinaha kelyaha iyo wadnahaa iini kaga taale
44. Aanada tolkood baa uga roon uumiyaha kale e
45. Maxaan ararta kaga daalayaa edeg na loo gooye.

Cali Xuseen, waa Cali 'Ma-kaadsade', London April 15, 2006

1. Arbe: maroodi (lab) oo raxan horkaca
2. Aynab: wax badan(dad) oo isku kol la laayey
3. Awaare: habaas, boor.
4. Iran: daliigaha weelasha la tolo
5. Irdho: Dareen, cabsi, is ilaalis, baydad.

geeraar

Geeraarkaan wuxuu ku soo baxay wargeyska Horseed 1968

1. Haddii aad dhugatid
2. Dhammaanteed xuruuftu
3. Waa dhawr haloo is yaqaan,

4. Haddii aad dhigatana
5. Macallinkoo aadan dhibayn
6. Iyagoon dhib lahayn,

7. Iyagoon kaa dhumayn
8. Intaasoo isku dhaaban
9. Dhibyaraan ku heshaa,

10. Dhaaraankeeda danbeetana
11. Dhallaankeenniyo ciidiyo
12. Dhulkeenay wax tartaa,

13. Dhalintaan Goosankooy
14. Dhammaantiin ardadooy
15. Intii aannu dhaqaaqno,

16. Oo farteenna dhigano
17. Dhawr gu oo hadda laaban
18. Dhallaankaan dhali doonno
19. Aan ka dhaadhicino.

SՇ 9Ɛh ՇS7

ӁSOS7 ՇϚ7SΠ ӁϚ Շ979ƷSƐ, ћS7ЯԼƐƷƸS ƐhƷUO SU੫C

S. Ƨ95SƧƐhƐhћ SՇƸƐ ƐՊƐh ћϚ ΠS 5S 9ΠΠϚћϚƧԼ
Ɛ. ƧԼӁ9 ϚOSƧ 9Ɛh ΠϚћh ћϚ ƧSЯΠ hЯϚƐUƧԼ

h. S7Oh 9Ɛh Ʒ9OƐ 5SӁSΠΠ9Ƨ ӁSƐ ƧՊ SՇΠ9Π9ƐUƧԼ
Ծ. SӜՊƧƷSOS ՇS7 ƷՊ5ϚΠ9OϚ ϚƐSՇƐƧ ӁSOSƧ

Af iyo Far

Waxaa tirisay Cadar Faarah, *Wargeyska Horseed 1968*

1. Nimanyahow afkii hooyo waa la ma illaawaane
2. Nabi Aaadan iyo Xaawo waa nagu ogaayeene
3. Ardo iyo sidii macallin bey noo aflixiyeene
4. Aqoonsada far Soomaalidaa aayatiin badane

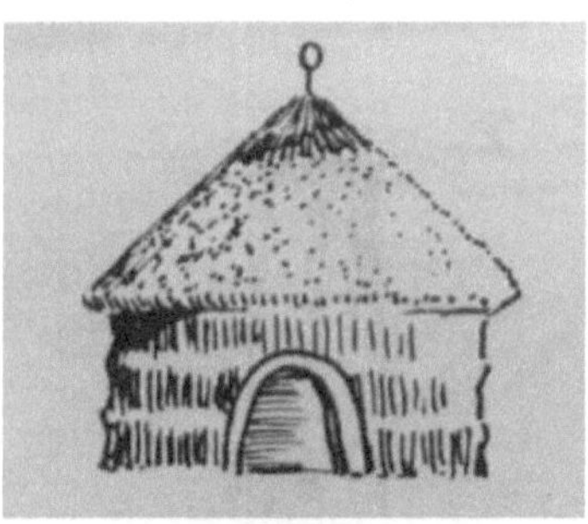

5ƸƧOƸΠ Mundul

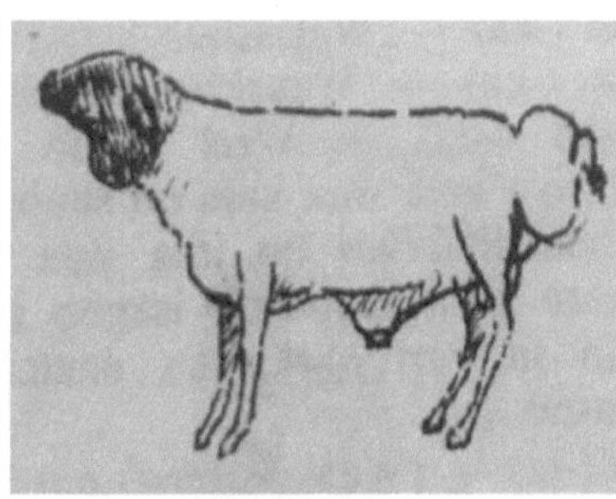

ћSƧ Wan

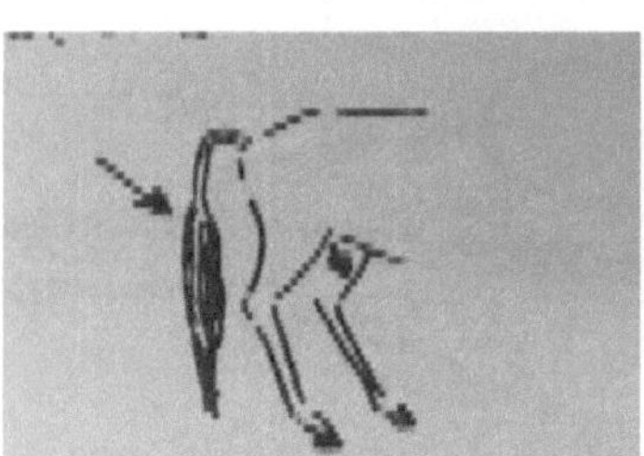

ӜŠƧϚƧ Qanaan

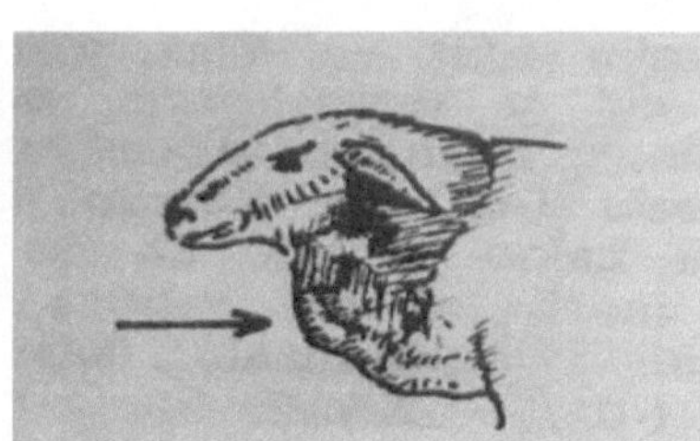

5ŠӁSΠ Macal

ӜϚ5ћƷƸS SՇ ƷՊ5ϚΠ9ЯS SUƆ੫ Qaamuuska af soomaaliga 1976

𐒊𐒚𐒇𐒓𐒛 𐒘𐒕𐒙 𐒔𐒖𐒐 𐒌𐒖𐒁𐒖𐒕 𐒣𐒧 𐒁𐒗𐒕𐒆 -𐒊-

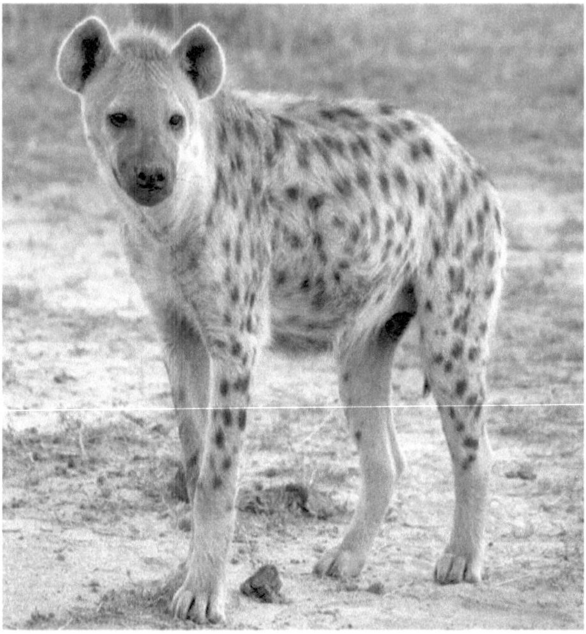

𐒋𐒖𐒐𐒘 𐒄𐒚𐒈𐒜𐒒 𐒁𐒛 𐒂𐒘𐒇𐒘𐒕𐒗𐒕

𐒂𐒙𐒁𐒖𐒒𐒘𐒕𐒙 𐒐𐒘𐒄 𐒈𐒖𐒒𐒙 𐒏𐒖 𐒔𐒙𐒇 𐒡𐒩𐒦𐒨 (𐒡𐒩𐒥𐒢).

𐒊𐒚𐒇𐒓𐒛𐒌𐒚 𐒓𐒛 𐒂𐒖𐒐𐒕𐒛𐒒𐒘𐒌𐒖 𐒔𐒖𐒉𐒚𐒒𐒖 𐒓𐒛 𐒆𐒖𐒐𐒏𐒖 𐒈𐒝𐒑𐒛𐒐𐒘𐒕𐒖.

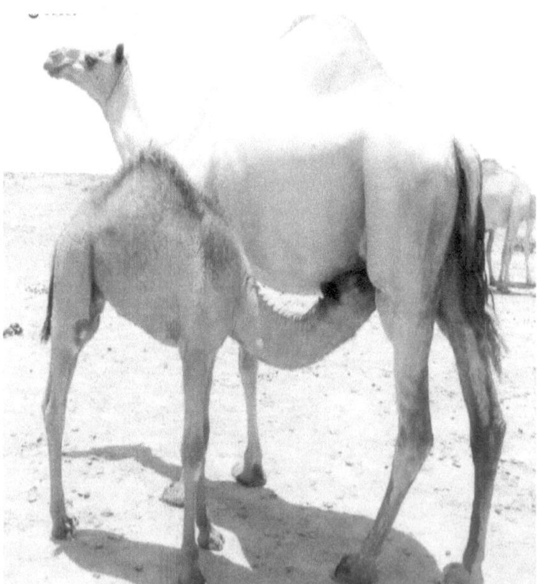

Cali Xuseen baa tiriyey

tobaniyo lix sano ka hor 1968 (1952)

Dhurwaagu waa Talyaaniga Hashuna waa dalka

Dhurwaa iyo hal gabay

37 beyd -dh-

ȺSƷSƐ

ȤSꓶȺLƐƧȺS ȼhꓶƐUO SUԿC

S.. ƄȺꓶȤϚƐhȼhȤ ȼSƐSƐOƐ OӪՈƞ ȺSȺ୨OS ƄƐƄƐƷƐLƐ
Ɛ.. Ƨ୨OϚO ƄSǼSꝮLSƐ ƐSՈSƐ ǼϚՈ୨ƐꝮϚO ƄUꓶϚꓶ୨ ƐꝮƐ ȺhƐƧSƐ

h.. ƄƞՈSȼS ƼSꓶȺϚO ȺȺ ȼȺƷƧSꝮϚO ƄȤƼSꝮSOS OϚǼOSƐ
Ȣ.. ƄÜȺȺS ୨Ɛh ȺȺꓶȺƧȺƐ ƼSꓶȺϚO ƄȺȺȺՈ ȺS ƧƐƐLƐƧLƐ

Ƹ.. ϚO ƄLꓶLȺꝮSƐ ȤϚ ȺȤ LȺ ꝮSȼSƐ ୨ƐϚO ƄSȤϚǼOϚƐL
Կ.. ȼSOOϚƐƧL ËՈȺS ՈS ୨ Ƅ୨Ⱥ୨Ɛ Ʒ୨Ɛƞ Ɛ ȺUꓶ୨ Ոƞ ƄSՈSƐL
Ͻ.. ୨Ɛ ȤSꓶϚƷS ƄSȤꓶ୨ȼ୨ Ⱥ ȺȤ̈'୨Ɛ ƷϚƐ ȺȺ ƄϚꓶ ȺSՈSƐL;

C.. Ɛ୨Ɛ ȤSƐϚȺ ƄSƄSƼ୨ƐϚƷS ȤϚ ƄƞȼSƐϚƐ I୨̈ꓶSƐL
U.. SO୨Ⱥƞ ƄSƷƷSOS Ƨƞ ȼSƐƞ ƄSƷƐS Ⱥ ꓶƞꓶϚƐS

SO. ƞ ϚƐ ƄSƐƐSƷS ꝮƐꓶ୨ƐSƐƐ ƄSꓶSǼƧ୨ Ƽƞ ƐϚƐL
SS. ƄȺƄȺƼƼSOS ƐSꓶƞȤ ȤϚƐ ȺȺ ȼLՈ୨Ɛ ƄƐꝮ SƐƞ ǼSƷS
SƐ. ୨Ɛ ƄSꝮƞꓶȺS ƧȺՈȺƷ ȺϚȺS Ƅ୨Ʒ୨Ɛ ƷϚƐ ȺȺ ƄϚꓶ ȺSՈSƐL;

Sh. ƄȤƐ୨ȺS ՈS Ɛ Ƨƞ Ƨ୨O୨Ɛh ƄϚƐ୨Ɛ ȼ୨̈Ո୨ƷȺUOS
SȢ. Ƨ୨OȤ ƄUȼSOSƐOƐ Ⱥ ƷȺƐSƐ Ɛ ƄSƄSƼ୨ ȤϚƐL

SƸ. ƄSƐ ୨Ɛh ȺSꓶȤꓶ ȤϚ SO୨ȺϚ ƄSƼSƐ ȤSՈSƐȺƐƐL
SԿ. SO୨ȺϚ ƄSՈՈϚƐȺSƐȺS ƷSOSƐ ƄϚՈS ȺϚISOS L

SϽ. ƄȺՈȺS ୨ƐϚO ȺȺ Ɛ ƞՈϚꝮ୨O ƷϚO ȺSȺS ƄSƷSƐƧUƐL
SC. ƄSƐȺϚƐ ȺȺS ȤSꓶUȺSƷS ȺhՈ ƷϚƐ ƄϚOȺS ȺϚ Ո୨ꓶ୨ƐL

SU. ୨Ɛ ƄSꓶƷϚՈS ȺȺ ƧƐƷSꝮϚ ƷϚƐ ȺȺ ƄϚꓶȺSՈSƐL.
ƐO. SƷϚꓶ ƄSȼSꝮSƐ ƷϚ ୨ O୨ƐSƐ ƄSǼSƐȺS Ոƞ ՈϚOL
ƐS. ȼSOOƐ Ƅƞ Ո ȺȺ̈ Ɛ Ƨƞ ƷȺꓶꝮƞ Ƅ୨Ʒ୨Ʒ୨ Ɛ ȼƞꓶꝮh

ƐƐ. ƞ ϚƐƐȺ IƐՈϚՈ ƄSȺ Ɛ୨̈ꓶ୨ ୨ȺȺƷS ƄUꓶϚƐƐ୨Ɛ
Ɛh. ୨ƐϚO ƄSՈSƐSOϚ Ǽƞ ƼSƼƼSƐƐ ƷϚƐ ȺȺ ƄϚꓶ ȺSՈSƐL;

ƐȢ. ꓶSȺȺƐ ȺÜՈS ƄSǼSƐ ƷϚ ȼȺꓶOU Ƅƞꓶ ƼS ǼSՈSꝮUƐL
ƐƸ. ƄSՈՈ୨ƐƐSꓶS ȼSOOϚ ȼLՈh ȺȺȤϚO ƐSՈSƐ Ƅ୨ƷϚꝮSƐƧSƐ

Gabay

Wargeyska Horseed1968

1. Dhurwaayohow hashaydii diloo gagida dhiidhiibshay
2. Sidaad dhaqatay shalay qaalintaad dhereranii goysay

3. Dhoolaha markaad ku hubsataad dhuumatada daaqday
4. Dheegga iyo kuruskii markaad dhugux ka siineeysey

5. Aad dheregtay waa kuu eg tahaye inaad dhawaaqdaaye
6. Haddaanse iilka la i dhigin ciyoon geeri loo dhalaye

7. In waraaba dhawrihi u go'in baan ku dhaar galaye;
8. Nin wanaag dhadhamiyaaba waa dhoohnaan jiraye

9. Adigoo dhabbada soo hayoo dhamay u rooraaya
10. Oo aan dhannaba fiirinayn dharaqsi mooyaane

11. Dhudhummada yaroow waan ku helin dhiif anoo qaba e
12. In dhafoorka sulub kaaga dhicin waan ku dhaar galaye;

13. Dhuuniga la ii soo sidiyo dhaafin hilibkeeda
14. Siduu dheehadaydii cunay ii dhadhami waaye

15. Dhay iyo karuur waa adigaa dhamay waxaygiiye
16. Adigaa dhallaankayga baday dhaaxa gaajada e

17. Dhulka inaad ku noolaatid baad kaga dhabayseene
18. Dhankaan uga wareegaba kol baan dhaadka kaa xirane

19. In dharbaaxa ku siibataa baan ku dhaargalaye
20. Abaar dhahatay baa i dishay dhaqanka xoolaade

21. Haddii dhool gu ii soo curtoo dhibici ii hoorto
22. Oo aanu jiilaal dhag yiri iguba dheeraannin
23. Inaad dhalashadaa qoomamayn baan ku dhaargalaye;

24. Raggii geela dhaqay baa hurdee dhoor ma qalateene
25. Dhallinyaro haddaan helo kuwaad shalay dhibaataysay

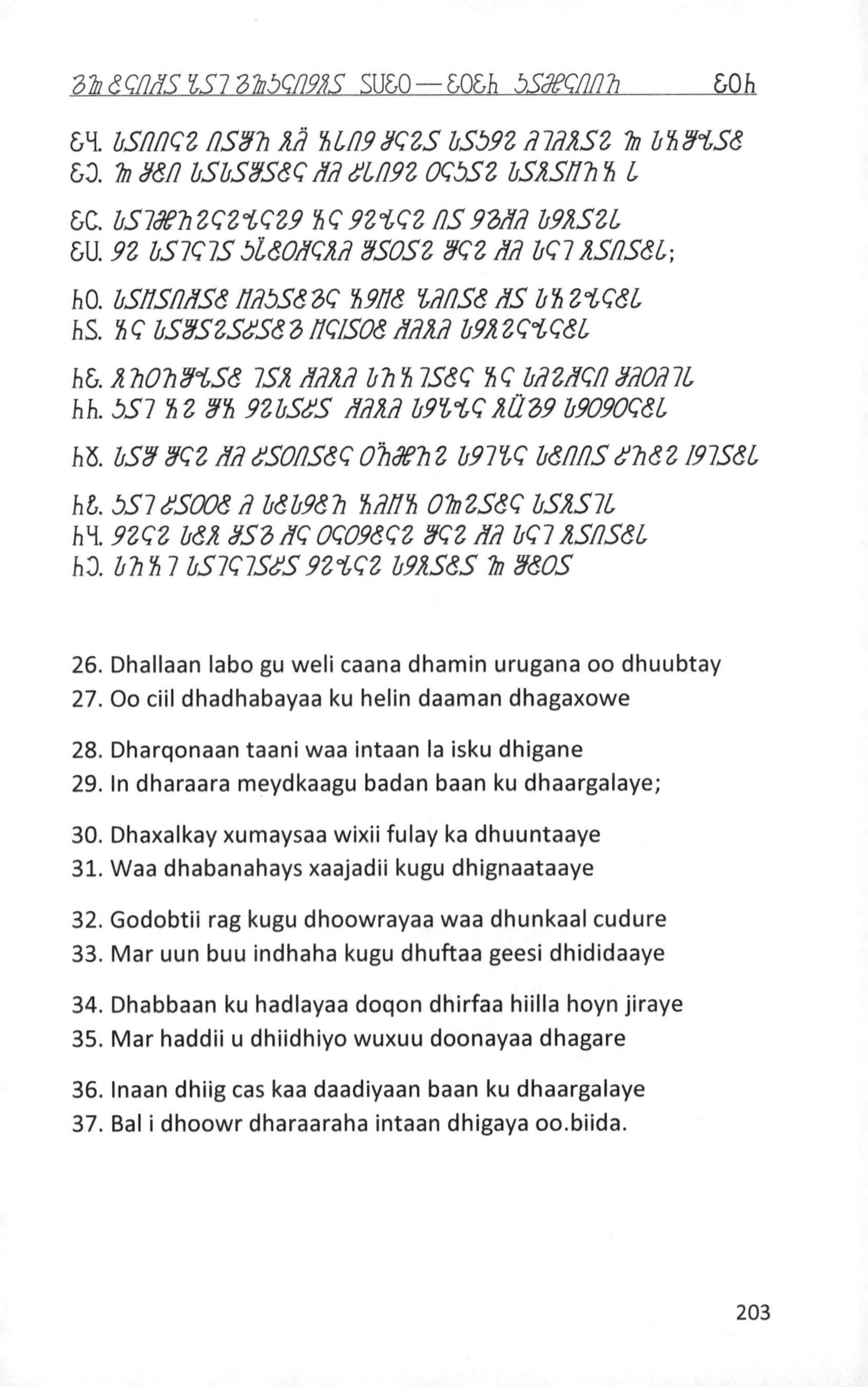

26. Dhallaan labo gu weli caana dhamin urugana oo dhuubtay
27. Oo ciil dhadhabayaa ku helin daaman dhagaxowe

28. Dharqonaan taani waa intaan la isku dhigane
29. In dharaara meydkaagu badan baan ku dhaargalaye;

30. Dhaxalkay xumaysaa wixii fulay ka dhuuntaaye
31. Waa dhabanahays xaajadii kugu dhignaataaye

32. Godobtii rag kugu dhoowrayaa waa dhunkaal cudure
33. Mar uun buu indhaha kugu dhuftaa geesi dhididaaye

34. Dhabbaan ku hadlayaa doqon dhirfaa hiilla hoyn jiraye
35. Mar haddii u dhiidhiyo wuxuu doonayaa dhagare

36. Inaan dhiig cas kaa daadiyaan baan ku dhaargalaye
37. Bal i dhoowr dharaaraha intaan dhigaya oo.biida.

Somali Alphabet (Osmania

General information about the Far Somali script

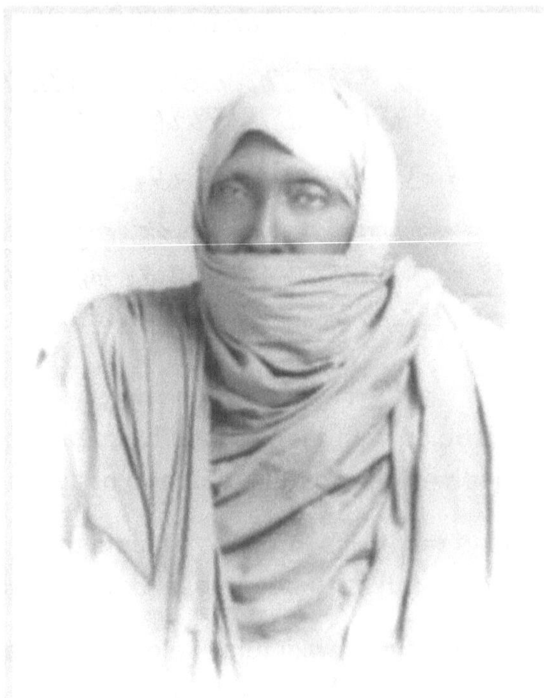

Osman Sultaan Yusuf Kenadid
The first person to invent a somali alphabet

Born: 1899 Ceelhuur, Mudug Somalia
Died: 1972 Xamar, Banadir Somalia
Nationality: Somali
Occupation: Poet, writer, teacher, ruler
Parent: Father, Sultan Yusuf-Kenadid Ali
Mother: Dahabo Islaan Aadan Islaan Mohamud

Somali Script (Osmania Alphabet) in 1920

Far Somali is the first alphabet of the Somali language
The name of this book is "Sooyaalka Far Soomaaliga - *The History of the Somali Script*".

The book is about discussions and the development of the Somali alphabet, as well as the challenges it faced at the time.

The name of this alphabet is Far Somali, which some Somalis call "Osmania". The origin of the name derives from the inventor of the Somali alphabet, who was Osman Yusuf.

The second group believed that the font originated from the Islamic government "*Osmania Empire*", which had the governorship of Somalia, especially the coast of Somalia, including Zeilac in the late 1800s.
The third group claimed that Osmania meant Osman Yusuf's surname.

Far-Somali was rejected by some Somalis and the colonialists in Somalia. Both groups had a common reason, and that was not being able to find typewriters for the manuscript because the alphabet is not Latin. In World War II, Italy was defeated, and the British occupied the entire country of Somalia. As a result of this, the Somali Youth League (SYL), a political party, found an opportunity to teach the people the Somali script.

The British ruled Somalia for nearly 10 years, during which the Somali alphabet was taught. During this duration, Italy regained power on April 1st, 1950.

In 1950, upon their return to Somalia, the Italians opposed the Somali alphabet and aimed to replace it with the Latin alphabet.

Osman Yusuf-Kenadid

In 1920, Somali inventor Osman Yusuf Kenadid created a new script that differed greatly from its predecessors, which utilized the Arabic or Roman alphabets. Initially attempting to use the Arabic alphabet, he eventually invented his own.

It is possible that scholars today are proposing a critique of the feasibility and value of the Osmania script, but it is undeniable that Osman Yusuf has taken a long step in the development of the Somali script.

The value of this script is shown by:

1. Far Somali has enough characters to write in all Somali dialects.
2. In the case of vowels, Far Somali has 10 extra vowels as opposed to Far Somali Latin and Arabic cannot be quantified in Somali.
3. Osmania is a native Somali alphabet.

When the alphabet (Far Somali/Osmania) was invented in 1920 and became popular, it caused great concern for the fascist regime in Italy. The regime has stopped and banned the use of the Somali language script. It revived when Italy was defeated in World War II. The British permitted SYL to use the Somali script. Later in 1973, the Somali military government unjustly banned the script for the second time.

Somali Script

In 2002, Hirsi Magan Isse created an electronic font for computers, reviving the Somali script (also known as Far Somali/Osmania).
Today, in 2023, we can use the Somali script on social media, as well as on computers, mobile devices and tablets. We have taught

thousands of people to write in the Somali script and continue to teach more people.

Osman Yusuf Kenadid was born in Elhur and grew up in Elhur and Hobyo. He studied Islam, Arabic and Italian. He said that the Somali alphabet is neither Latin nor Arabic. Osman Yusuf Kenadid said that the Somali Alphabet is different from Latin, Arabic and is easy to learn. The Osmania alphabet, written from left to right like Latin, attracted some of the Italian colonists. The first Somali political organization (Somali Youth League SYL) was established in 1943. SYL decided to use the Somali alphabet to write the Somali language.

And the party also decided to work on how the Somali script could be implemented, and the alphabet must be the official one in Somalia.

SYL is also committed to teaching their SYL followers how to write the Somali language using the Somali alphabet.

The Somali alphabet also spread to schools in Somali regions of the Italian colony and the British protectorate of northern Somalia and Somali territories in Ethiopia and Kenya.

The Somali alphabet also reached the Somali people of Yemen. Reading 'Our Language and Its Alphabet' highlights the accuracy and efficiency of the Somali alphabet compared to the Latin alphabet, which was erroneously adopted nearly 50 years ago.

For readers of the Somali language today, it does not appear that 10 vowels are missing from the Somali Latin script. The question is, if we have our native accurate alphabet, why in the world do we use the hugely inaccurate foreign alphabet?

Example 1

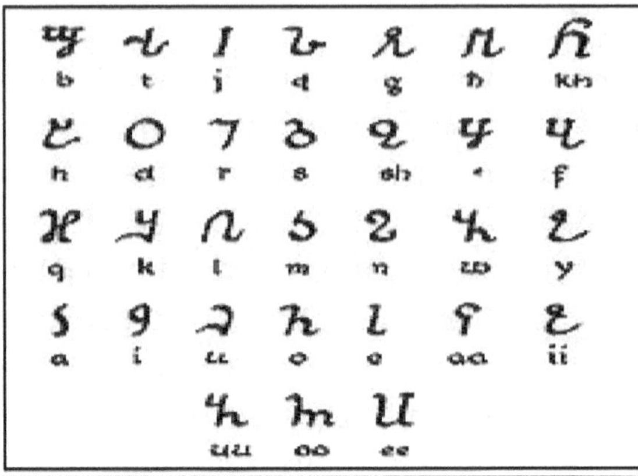

The manuscript was handwritten in 920.

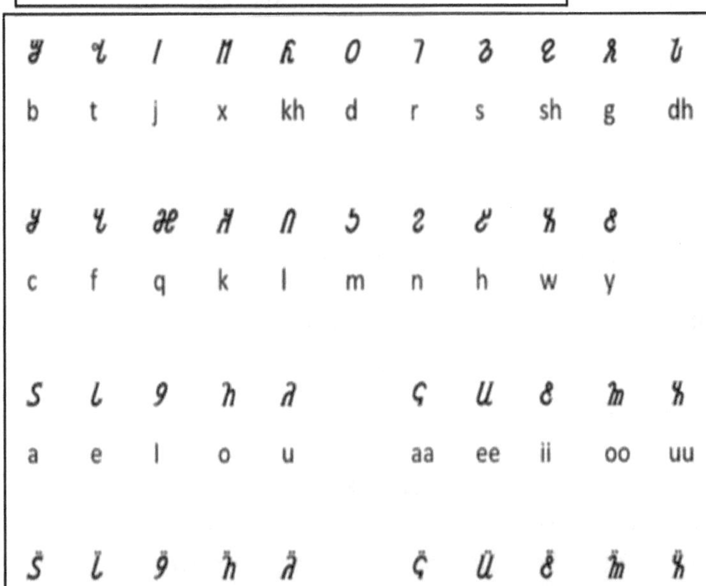

The new electronic Far Somali fonts 2002.

Guys, your Somali alphabet is good and wellbeing.
It is easy to write if you look well for writing
It's a shame when a person chooses a font other than their own
A Somali man's art should be considered. By Mohamed Ismail

The ten Somali umlaut vowels are omitted

Here are some examples of several nouns and their different sounds.

Example 2: as nouns

(ЗÜ7 = beer), (ЗU7 = beer), (Oŭn = duul), (Oŭn = duul), (ԏÜ7 = feer), (ԏU7 = feer), (ԏɱ̈n = fool), (ԏɱn = fool), (ƦS̈7 = gar), (ƦS7 = gar) (ƦÜƨ = gees) (ƦUƨ = gees),

(ÿƧSƧ = inan), (9ƧSƧ = inan), (ƎϚ̈7 = qaar), (ƎϚ7 = qaar), (ƨn̈Ʀ = sug), (ƨnƦ = sug), (ԏϚ̈Ʀ = taag), (ԏϚƦ = taag), (ԏŭ̈Ʀ = tuug), (ԏŭƦ = tuug), (ԏŭ̈7 = tuur), (ԏŭ7 = tuur),

(Ոɱ̈7 = xoor), (Ոɱ7 = xoor), (ŭS̈7 = war), (ŭS7 = war), (ŭϚ̈ = waa), (ŭϚ = waa), (ŭÜ7 = weer), (ŭU7 = weer). (beer/ ЗÜ7: liver, beer ЗU7: farm), (duul/ Oŭ̈n: attack, dool/ Oŭn: fly).

Feer/ ԏÜ7: punch, feer/ ԏU7: rib).
(fool/ ԏɱ̈n: font tooth, fool/ ԏɱn: pain..),
(gar/ ƦS̈7: beard, gar/ ƦS7: justice),
(gees/ ƦÜƨ: horn, gees ƦUƨ: side),

(inan/ ÿƧSƧ: boy, inan/ 9ƧSƧ: girl),
(qaar/ ƎϚ̈7: some, qaar/ ƎϚ7: stick),
(sug/ƨn̈Ʀ: wait, sug/ ƨnƦ: check),
(taag/ ԏϚ̈Ʀ: hight ground, taag/ ԏϚƦ: powe),

(tuug/ԏŭ̈Ʀ: thief, tuug/ ԏŭƦ: beg),
(tuur/ԏŭ̈7: hair, tuur ԏŭ7: hunch),
(xoor/ Ոɱ̈7: badger, xoor/ Ոɱ7: fresh/milk),
(waa/ ŭϚ̈: time, waa/ŭϚ: assist word),
(weer/ ŭÜ7: hyena, weer/ ŭU 7: sentence word),

Far Somali has 10 extra vowels as opposed to Far Somali Latin. These vowels are amazing, effective, and extremely useful. This means that there are 10 basic vowels non dotted, and 10 other vowels are dotted. These vowels also make the distinction of Somali sound which is a bit closer.

These vowels are crucial in distinguishing between many Somali words where their sound is close. Somali language experts confirm that these ten dotted vowels help to write correct Somali nouns, other words and especially when it comes to Somali grammar. This alphabet is important and is essential for writing Somali.

Example 3:

This example belongs to a Somali grammar book (Barashada qoridda Naxwaha af soomaaliga latinka). I added Far Somali (Osmania) to illustrate the difference between Far Somali and Far Somali Latin.

Ínan -ka	inán -ta	𐒘̈𐒒𐒖𐒒- 𐒏𐒖	𐒘𐒒𐒖𐒒- 𐒂𐒖
Céesaan- ka	ceesaán- ta	𐒋𐒜̈𐒈𐒛𐒒-𐒏𐒖	𐒋𐒜𐒈𐒛𐒒-𐒂𐒖
Dálab- ka	daláb- ta	𐒆𐒖̈𐒐𐒖𐒁- 𐒏𐒖	𐒆𐒖𐒐𐒖𐒁- 𐒂𐒖
Shílin- ka	shilín- ta	𐒉𐒘̈𐒐𐒘𐒒- 𐒏𐒖	𐒉𐒘𐒐𐒘𐒒- 𐒂𐒖
Íllin- ka	illín- ta	𐒘̈𐒐𐒐𐒘𐒒 -𐒏𐒖	𐒘𐒐𐒐𐒘𐒒 -𐒂𐒖
Agóon- ka	agoón- ta	𐒖𐒌𐒝̈𐒒 -𐒏𐒖	𐒖𐒌𐒝𐒒 -𐒂 𐒖
Néef- ka	neéf- ta	𐒒𐒜̈𐒍 -𐒏𐒖	𐒒𐒜𐒍 -𐒂𐒖
Fóol- ka	foól- sha	𐒍𐒝̈𐒐 -𐒏𐒖	𐒍𐒝𐒐 -𐒉𐒖
Kéli- ga	kelí- da	𐒏𐒗̈𐒐𐒘 -𐒏𐒖	𐒏𐒗𐒐𐒘 -𐒆𐒖
Dáaf- ka	daáf -ta	𐒆𐒛̈𐒍 -𐒏𐒖	𐒆𐒛𐒍- 𐒂𐒖
Dóog -ga	doóg -ta	𐒆𐒝̈𐒌 -𐒌𐒖	𐒆𐒝𐒌 -𐒂𐒖
Báad -ka	baád -da	𐒁𐒛̈𐒆 -𐒏𐒖	𐒁𐒛𐒆 -𐒆𐒖

Example 3a:

𐒐𐒖𐒁 (𐒐)	lab (L)	𐒊𐒗𐒆𐒆𐒘𐒌 (𐒊)	dheddig (dh)
𐒖. 𐒘̈𐒒𐒖𐒒-𐒏𐒖	a. inan-ka,	𐒘𐒒𐒖𐒒-𐒂𐒖	inan-ta
𐒁. 𐒋𐒜̈𐒈𐒛𐒒-𐒏𐒖	b. ceesaan	𐒋𐒜𐒈𐒛𐒒-𐒂𐒖	ceesasn-ta
𐒋. 𐒆𐒖̈𐒐𐒖𐒁-𐒏𐒖	c. dalab -ka	𐒆𐒖𐒐𐒖𐒁-𐒂𐒖	dalab-ta
𐒆. 𐒉𐒘̈𐒐𐒘𐒒-𐒏𐒖	d. Shilin -ka	𐒉𐒘𐒐𐒘𐒒-𐒂𐒖	shilin-ta
𐒗. 𐒘̈𐒐𐒐𐒘𐒒-𐒏𐒖	c. illin-ka	𐒘𐒐𐒐𐒘𐒒-𐒂𐒖	illin-ta
𐒍. 𐒖̈𐒌𐒝𐒒-𐒏𐒖	f. agoon-ka	𐒖𐒌𐒝𐒒-𐒂𐒖	agoon-ta
𐒌. 𐒒𐒜̈𐒍-𐒏𐒖	g. neef-ka	𐒒𐒜𐒍-𐒂𐒖	neef-ta
𐒔. 𐒍𐒝̈𐒐-𐒏𐒖	h. fool-ka	𐒍𐒝𐒐-𐒉𐒖	fool-sha
𐒘. 𐒏𐒗̈𐒐𐒘-𐒌𐒖	i. keli-ga	𐒏𐒗𐒐𐒘-𐒆𐒖	keli-da
𐒃. 𐒁𐒖̈𐒐𐒐𐒘-𐒌𐒖	j. balli-ga	𐒁𐒖𐒐𐒐𐒘-𐒆𐒖	balli-da

𐒐𐒖𐒁 (𐒐)	lab (L)	𐒊𐒗𐒆𐒆𐒘𐒌 (𐒊)	dheddig (dh)
𐒖. 𐒚̈𐒇-𐒏𐒖	a. ur-ka	𐒚𐒇-𐒂𐒖	ur-ta
𐒁. 𐒌𐒖̈𐒇-𐒏𐒖	b. gąr-ka	𐒌𐒖𐒇-𐒂𐒖	gar-ta
𐒋. 𐒆𐒚̈𐒐-𐒏𐒖	c. dųl-ka	𐒆𐒚𐒐-𐒉𐒖	dul-sha
𐒆. 𐒐𐒓̈𐒇-𐒏𐒖	d. tųur-ka	𐒂𐒓𐒇-𐒂𐒖	tuur-ta
𐒗. 𐒎𐒝̈𐒇-𐒏𐒖	e. qǫor-ka	𐒎𐒝𐒇-𐒂𐒖	qoor-ta

Example 4:

ՇSՈ/ՇSՋՇh	Fal/ tagto	ՇSՈ/ՇS77ƐՇՈԼƐ	Fal/farriinley
S̈7SՋ	arag/saw *	S7SՋ	arag/see
ƺȺ̈Ƨ	cun/ate *	ƺȺƧ	cun/eat *
OԼ̈Ջ	deg/got off	OԼՋ	deg/get off
ՇƐ̈79	fiiri/looked*	ՇƐ79	fiiri/look*
Շħ̈Ո	fuul/rode*	ՇħՈ	fuul/ride
ՋS̈Ո	gal/entered*	ՋSՈ	gal/enter*
ƸԼ̈Ո	hel/found*	ƸԼՈ	hel/find *
9ՈϚՈ9̈	ilaali/looked*	9ՈϚՈ9	ilaali/look*
Ǝḧ7	qor/wrote*	Ǝh7	qor/write*
ƷƐ̈	sii/gave*	ƷƐ	sii/give *
ՇS̈Ո9	tali/advised*	ՇSՈ9	tali/advice*
Ի9̈7	xir/closed *	Ի97	xir/close*

** English words*

These verbs in Somali and English have different sounds and spellings. For example:

Far Somali: ƷƐ̈ and ƷƐ,

English: gave and give

Far Somali latin: sii and sii (as shown in the example, you don't know if there is a past verb or a command verb).

Example 5. The new electronic Far Somali fonts 2002.

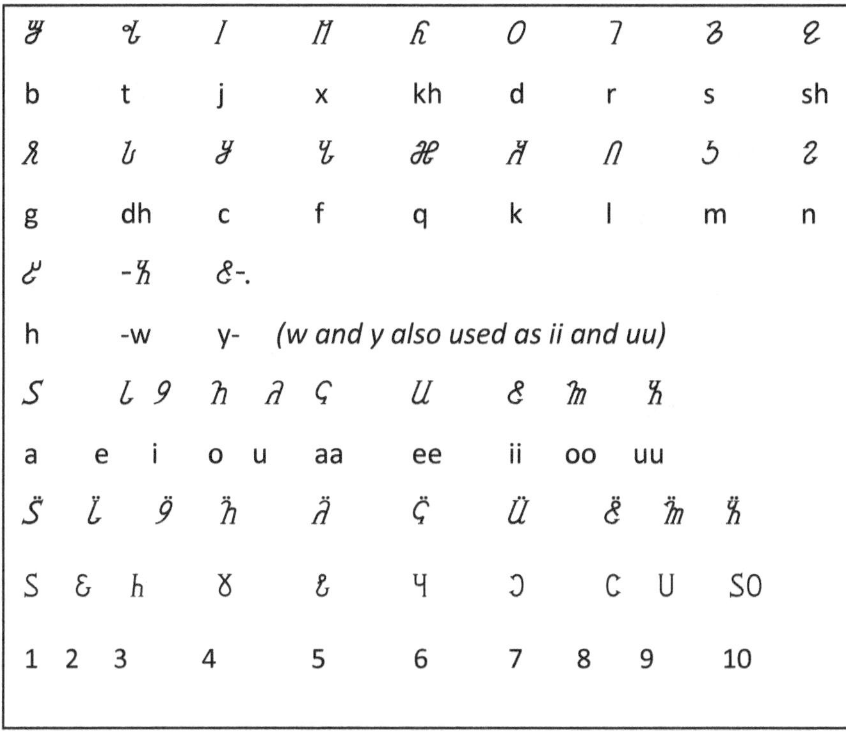

b t j x kh d r s sh
g dh c f q k l m n
h -w y- (w and y also used as ii and uu)
a e i o u aa ee ii oo uu
1 2 3 4 5 6 7 8 9 10

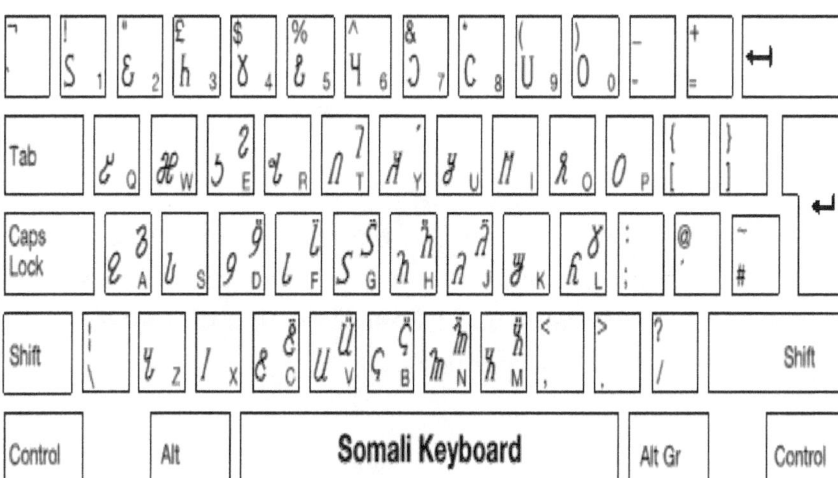

The new Far Somali keyboard 2002

Example 6:

This example belongs to a Somali Latin grammar book:

Tusaalle: ka yimid buug Naxwaha Far Somali Latin,

Sidaan ayaa dantu noqotay in loo qoro.

Farriinley/comand	tagtada/past
la-káalay	la kaaláy
árag	arág (looked)
samée (do it)	sameé
gée	geé
bíxi	bixí
istáag	istaág
jábi	jábi
ílaali	ilaalí
kexée	kexeé

This example shows that a writer has tried to write two words that have different sounds as one word. And it cannot be done because it is a different sound. Therefore, you should use apostrophe a punctuation mark (').

Example 7:

ՂSՈ-ՂS77ƐՇՂՈԼƐ	fal-farriinley	ՂSՈ-ՂԼՋԼƐ	fal tegey
9ՈϚՈ9	ilaali (take care)	9̈ՈϚՈ9	ilaali (took care)
ӇՍՇ	keen (bring)	ӇՍ̈Շ	keen (brought)
S7SՋ	arag (look)	S̈7SՋ	arag (looked)
ƷSƷՍ	samee (do it)	ƷSƷՍ̈	samee (did it)
SҠ79	akhri (read)	S̈Ҡ79	akhri (read)
ՋՍ	gee (take to)	ՋՍ̈	gee (took to)
Ӻ9Ո9	bixi (give)	Ӻ9̈Ո9	bixi (gave)
9ƷՂϚՋ	istaag (stop)	9̈ƷՂϚՋ	istaag (stopped)
1SӺ9	jabi (break)	1S̈Ӻ9	jabi (broke)
ՂҺՈ	fuul (climb)	ՂҺ̈Ո	fuul (climbed)
ӇSՈՍ	kaxee (lead)	ӇSՈՍ̈	kaxee (led)

Umlaut

The ten Somali umlaut vowels are omitted.
Therefore, in Latin you can't distinguish between :

"**dirir**" a man's name and "**dirir**" to fight.

Also, between "**diid**" meaning refuse and "**diid**" meaning faint or

"**tuug**"meaning thief and "**tuug**" meaning beg earnestly.

Example 8:

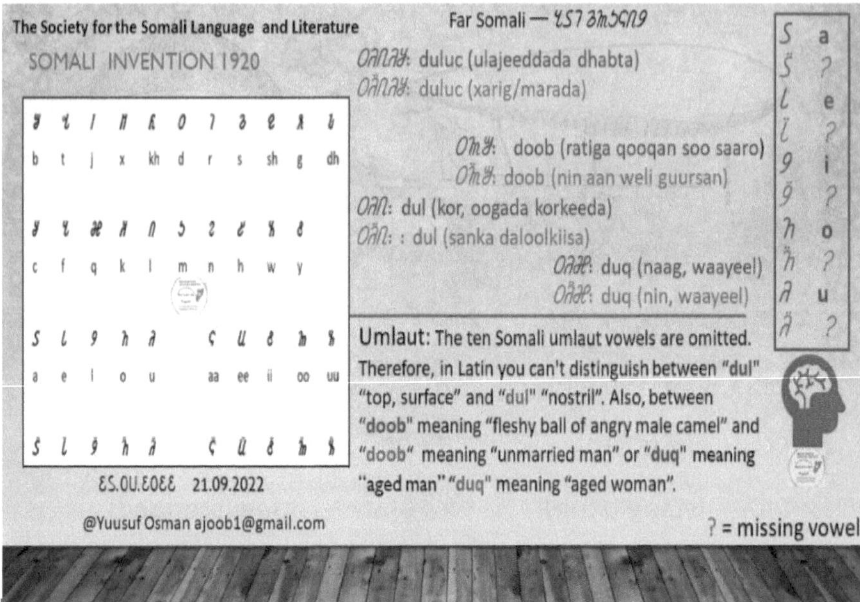
The Society for the Somali Language and Literature
SOMALI INVENTION 1920
Far Somali —
duluc (ulajeeddada dhabta)
duluc (xarig/marada)
doob (ratiga qooqan soo saaro)
doob (nin aan weli guursan)
dul (kor, oogada korkeeda)
: dul (sanka daloolkiisa)
duq (naag, waayeel)
duq (nin, waayeel)
b t j x kh d r s sh g dh
c f q k l m n h w y
a e i o u aa ee ii oo uu
Umlaut: The ten Somali umlaut vowels are omitted. Therefore, in Latin you can't distinguish between "dul" "top, surface" and "dul" "nostril". Also, between "doob" meaning "fleshy ball of angry male camel" and "doob" meaning "unmarried man" or "duq" meaning "aged man" "duq" meaning "aged woman".
21.09.2022
@Yuusuf Osman ajoob1@gmail.com
? = missing vowel

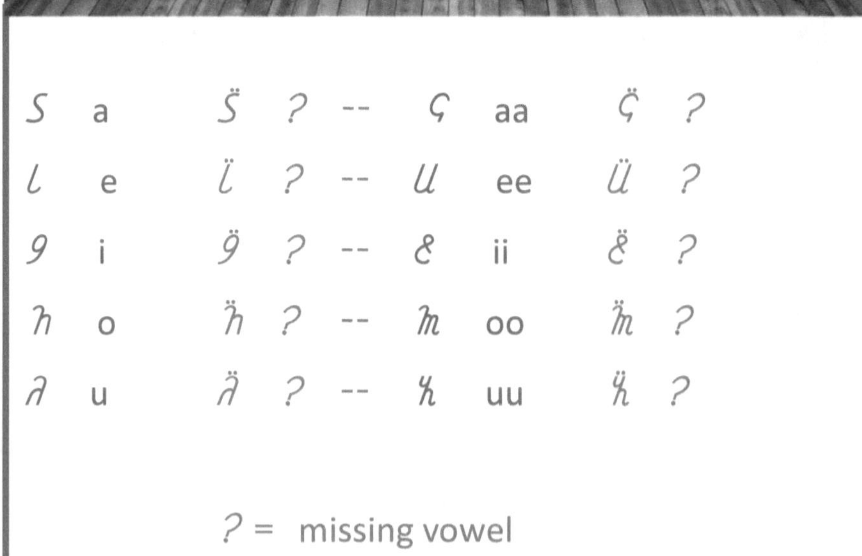
a ? -- aa ?
e ? -- ee ?
i ? -- ii ?
o ? -- oo ?
u ? -- uu ?
? = missing vowel

Example: 9

The ten Somali umlaut vowels are omitted

-9-a- ЯU7: beer/farm (dhul tg fasho) ЯÜ7: beer/liver (hilib)

ЯGЛ: baal/side (dhinac) ЯG̈Л: baal/wing (garab)

ЯGO: baad/paid (bixin baqdin) ЯG̈O: baad/grazing (naq)

Umlaut:
The ten Somali umlaut vowels are omitted. Therefore, in Latin you can't distinguish between "**beer**" plot of ground where vegetables, fruits, herbs are cultivated and "**beer**" liver. Also, between "**baal**" meaning "side" and "**baal**" meaning "wing" or "**baad**" meaning "paid because of scared" and "**baad**" meaning "good grazing"

-9-b Ч: ЧmЛ: fool: (xanuun), Ч: Чm̈Л: fool (ilig)

Ж: ЖG7: qaar: (ul) Ж: ЖG̈7: qaar (nus)

Н: НGЛЯ2: kaalin: (shaqo) Н: НG̈ЛЯ2: kaalin (ceel)

Л: ЛGЯ: laab: (qalbi) Л: ЛG̈Я: laab (leex)

2: 2UЧ: neef: (naacaw) 2: 2ÜЧ: neef(nafley)

h: hU7: weer (erey) h: hÜ7: weer (ЯSЖSЛ)

Umlaut:
The ten Somali umlaut vowels are omitted. Therefore, in Latin you can't distinguish between "**neef**" "breath" and "**neef**" animal. Also, between "**qaar**" meaning "stick, strong one" and "**qaar**" meaning "some" or "**weer**"meaning "sentence" and "**weer**" meaning "striped hyena"

-9.c- *OƜƦ*: doog (jug soo kacday). *OƜ̈Ʀ*: doog (naq).

OƓƔ: daaf (dhinac) *OƓ̈Ɣ*: daaf (xanuun)

ƷSƘႶ: cawl (ugaar). *ƷS̈ƘႶ*: cawl (midab).

ƷSO: cad (midab). *ƷS̈O*: cad (gabal).

ƅႱƷ9: dhebi (geel). *ƅႱ̈Ʒ9*: dhebi (geed).

Umlaut:
The ten Somali umlaut vowels are omitted. Therefore, in Latin you can't distinguish between “**doog**" “pain from an old wound” and “**doog**" green, grass. Also, between “**cad**" meaning “white” and “**cad**" meaning “piece og meat” or “**daaf**"meaning “corner” and “**daaf**" meaning “one of the eye disease”

-9-d- *ႶƓƷ* : laab (shaf) *ႶƓ̈Ʒ*: laab (gol, leexsan)

ႶƓƦ: laag (jeex-biyood) *ႶƓ̈Ʀ*: laag (mataan-lab)

ƔƸO: fiid (ubax) *Ɣ8̈O*: fiid (habeen)

OSƽƱƬ : dameer (dheddig) *OSƽƱ̈Ƭ*: dameer (lab)

OƞƾƞƵ: doqon (dheddig) *Oƞƾƞ̈Ƶ*: doqon (lab)

Umlaut:
The ten Somali umlaut vowels are omitted. Therefore, in Latin you can't distinguish between “**fiid**" “ blomst” and “**fiid**" “evening”.

Also, between “**doqon**" meaning “stupid (f) female” and “**doqon**“ meaning “stupid (m) male” or “**dameer**"meaning “female donkey” and “**dameer**" meaning “male donkey”

-9-e- ӠSՈSԷ: calaf (kab) ӠS̈ՈSԷ: calaf (dheef)

ӠSՈϚӠSՈ: calaacal (sacab) ӠS̈ՈϚӠSՈ: calaacal (catow)

ӠSԿ: caw (geed) ӠS̈Կ: caw (dhinac dabka)

SɅȠ2: agoon (gabar) SɅȠ̈2: agoon (wiil)

ӠϚՈ: caal (caal lo'aad) ӠϚ̈Ո: caal (cudur-xoolaad)

Umlaut:

The ten Somali umlaut vowels are omitted. Therefore, in Latin you can't distinguish between "**calaacal**" " palm of hand" and "**calaacal**" "regret, sorrow". Also, between "**calaf**" meaning "an old shoe" and "**calaf**" meaning "Feed: are all substances or products" or "**agoon**" meaning "orphan girl" and "**agoon**" meaning "orphan boy"

-9.f- ӠSOϚO: cadaad (geed) ӠS̈OϚO: cadaad-ka(xidig)

ӠS2ӜϚ7: canbaar (xajiin) ӠS̈2ӜϚ7: canbaar (xilli roob/dabayl)

ӠƐ7: ciir (caano) ӠƐ̈7: ciir (xajiin/firiirica oogada)

Ӡ97: cir-ta (mugga caloosha) Ӡ9̈7: cir-ka (hawada sare)

Umlaut:

The ten Somali umlaut vowels are omitted. Therefore, in Latin you can't distinguish between "**cadaad**" "name of a tree" and "**cadaad**" "one of the stars of Jiilaal/WINTER"

. Also, between "**ciir**" meaning "whey, milk" and "**ciir**" meaning "pain: rush on the body" or "**cir**" meaning "the limited or the volume of the belly "**cir**" meaning "sky".

-9-g- *OƏΠƏƷ*: duluc (ulajeeddada)
ƏΠƏƷ: duluc (xarig/marada)

OƮƷ: doob (ratigu soo saaro)
OƮ̈Ʒ: doob (nin aan guursan)

OƏΠ: dul (kor, oogada) *OƏ̈Π*: dul (sanka daloolkiisa)

OƏƎ: duq (naag, waayeel) *OƏ̈Ǝ*: duq (nin, waayeel)

Umlaut:
The ten Somali umlaut vowels are omitted. Therefore, in Latin you can't distinguish between "**dul**" "top, surface" and "**dul**" "nostril". Also, between "**doob**" meaning "fleshy ball of angry male camel" and "**doob**" meaning "unmarried man**"** or "**duq**" meaning "aged man" "**duq**" meaning "aged woman".

-9-h- *OȞΠ9O*: duulid (safar hawada)
OȞ̈Π9O: duulid (dagaalid)

ȤU7: feer (lafaha dhica**)** *ȤÜ7*: feer (sacabka oo duuban)

ƦϚ79: gaari (haween karti leh) *ƦϚ̈79*: gaari (baabuur)

ƦSƷSƧ:gabar (gabar da' yar) *ƦS̈ƷSƧ*: gaban (wiil da' yar)

Umlaut:
The ten Somali umlaut vowels are omitted. Therefore, in Latin you can't distinguish between "**duulid**" "flying (birds)." and "**duulid**" "attack, go to war".

Also, between "**gaari**" meaning "A talented woman" and "**gaari**" meaning "car" or "**gaban**" meaning "a little girl" "**gaban**" meaning "a little boy".

Far Somali Vowels: Simple and Umlauts

The Far Somali vowels are twenty: ten are simple and other ten are umlauts. the simple are represented in Latin writing as: i e a o u ii ee aa oo uu. The umlauts are omitted.

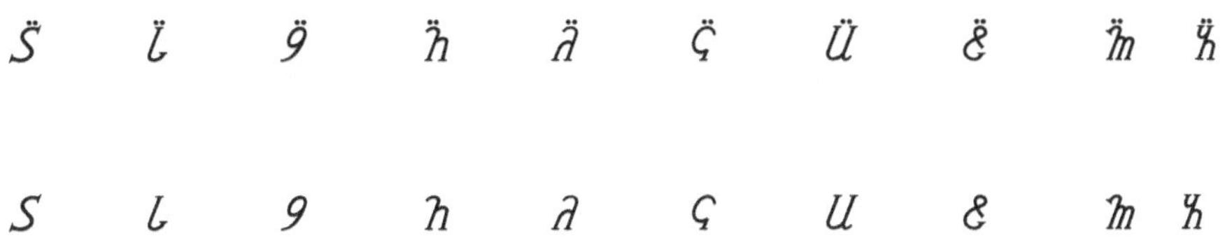

a	e	I	o	u	aa	ee	ii	oo	uu

If you look above at the twenty Somali vowels, ten of them are carrying two dots on them. These are the omitted **umlauts**.

Because of this omission the Somalis experience difficulties in reading what they write. Therefore, we call the Somalis to write their language easily and accurately with their **native alphabet**.

Because of the Somali **vowel harmony** which **governs** a great deal of the grammatical rules, many of the grammatical rules of this language cannot be generated without using the governing vowel harmony.

This example 4 is like the third example. I only added Far Somali (Osmania) text for translation. *See how the extra vowels are to be used.*

Interview with Michael Everson.

Far Somali Osmania

Q1. Could you please briefly tell us about your areas of research interest and expertise?

Michael Everson: I am an expert in writing systems with a good deal training in linguistics. I have for the past decade or so put nearly all my energy into studying the writing systems of the world for the specific purpose of encoding them in Unicode. I'm also a font designer.

Q2. Could you please share with us what spurred your interest in the Osmania script? And when?

Michael Everson: I think it was in January 1998 that I first started looking into it. It was a year later that the first Unicode proposal document was written. What spurred my interest? Nothing. It was one of several simple alphabetic scripts that I investigated at the time. It wasn't until a member of the Somali community contacted me that I became more interested and involved. To put it another way, I love writing systems of all kinds, and was doing preliminary work on several of them, Osmania included.

Q3. Are there groups or individuals who assisted you in your research in the Osmania script, such as locating material, getting access to public and private collections, and making contacts with people who are authority on the Osmania script?

Michael Everson: I am very grateful to Osman Abdihalim Osman Yusuf Kenadid and to his family for the support they gave this project. It is, as it turns out, difficult to find accurate information on Osmania.

Many books about writing systems repeat the same alphabet, showing the same transliterated and untranslated sample! Osman Abdihalim Osman sent me a photocopy of a book which made the encoding of the script possible.

Q4. Are there any tangible results from your considerable research in the Osmania script? If so, how did you disseminate that information?

Michael Everson: The first proposal to encode Osmania can be found at http://www.dkuug.dk/JTC1/SC2/WG2/docs/n1948.pdf.

It was written in January 1999. Osman Abdihalim Osman found the paper on the web and contacted me about it. Working together with him, I published the final proposal, written in July 2001, which can be found at http://www.dkuug.dk/JTC1/SC2/WG2/docs/n2361r.pdf.

Both papers were submitted to ISO/IEC JTC1/SC2/WG2 and to the Unicode Technical Committee, the groups responsible for the Universal Character Set.

Q5. How far along are you into your efforts to digitize the Osmania script and when can we expect to have Osmania script fonts for computers?

Michael Everson: Osmania has been accepted for encoding in Plane 1 of the Unicode Standard and is out for ballot in JTC1/SC2. That ballot will close in November 2002, and the amendment will be published some time the following year.

I designed an Osmania font very quickly to prepare the script proposal. That's why the fonts in the proposal documents are -- in my own opinion -- very rough and crude. Recently I began to "clean up" my fonts, to give to them sharp and typographically professional shapes.

I expect that sometime next year I will release them to the public. I can say one thing -- if I were able to get hold of an original printed source it would be easier to improve the font, because an original document would be superior to the photocopy which I have at present. I am also interested in providing a method for keyboard input. I believe that a QWERTY-based key layout would be the most convenient input method, especially as it would be easiest for Somalis to use since they are already used to the Latin orthography.

Q6. What are the barriers or problem you have encountered in conducting and, perhaps, expanding your research on the Osmania script?

Michael Everson: As I said, it was difficult to find information about it. There is surprisingly little on the internet about the script, considering that Osmania was in active use until at least 1972. I am surprised not to find it used in more Somali websites, even just as decorative graphics, given its cultural and historical importance. Perhaps there are political issues of which I am unaware? I don't know how many books were printed with the script, or if newspapers were. I have not seen them, in any case. I have put a PDF file of the entire book:

http://www.evertype.com/standards/iso10646/pdf/afkeenna-iyo-fartiisa.pdf

Afkeenna iyo fartiisa on my website. This is a large file, about 7 MB. It is the source book which we used to prepare the proposal.

Q7. Somali, as you are aware of, is currently written in the Latin alphabet. In your opinion, how difficult would it be to reintroduce the Osmania script to the Somalis or in Somalia?

Michael Everson: Certainly, with the Latin orthography in use for thirty years, it might be difficult to replace Latin with Osmania. But it is an important part of Somali culture, and I would hope

that the script would form a part of the school curriculum in Somalia. In Sweden and Norway, for instance, children learn about the ancient Runic alphabet in school, and certainly some of them learn it and write notes to one another in Runes for the fun of it. Calendars, restaurant menus, T-shirts, and other kinds of "public text" could make use of it in conjunction with the Latin script. Other countries do similarly with their scripts. Why not Somalia?

Q8. Given your considerable expertise in extinct scripts, how would you characterize the foundations and the structure of the Osmania script?

Michael Everson: Structurally, Osmania is a simple left-to-right alphabet with 22 consonants and 8 vowels. Three of those vowels are long vowels; the consonants WAW and YA are used to represent the other two long vowels UU and II.

The Osmania alphabet is very well suited to represent the sounds of the Somali language, in just the same way as the new Latin orthography does. The alphabetical order of Osmania shows the influence of the Arabic script. The shapes of its letters are simple, to recognize and easy to write. It is a marvellous invention.

Q9. What do you know about the creator of the Osmania script, Mr. Osman Yusuf Kenadid?

Michael Everson: Not as much as I would like. In searches on the web, I have found out that he was a very religious man. I was interested to learn that the reason he kept his mouth covered was "to avoid sin".

I think that it would be a great thing if someone would write a biography of this important man. Thank you for taking time out of your busy schedule to answer our questions. It has been an honour for me to work on the encoding of the Osmania script.

Contact: Michael Everson * Evertype* http://www.evertype.com

By SomaliNet.

http://www.evertype.com/standards/iso10646/pdf/afkeenna-iyo-fartiisa.pdf Afkeenna iyo fartiisa on my website.

An international encoding standard for use with different languages and scripts, by which each letter, digit, or symbol is assigned a unique numeric value that applies across different platforms and programs.

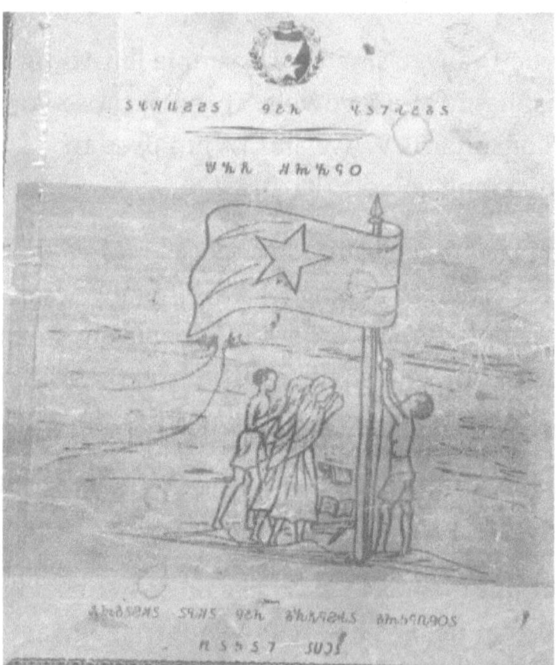

Unicode is a modern standard for text representation that defines each of the letters and symbols commonly used in today's digital and print media. Unicode has become the top standard for identifying characters in text in nearly any language.

[illegible]

[illegible]

The ten Somali umlaut vowels are omitted.

Character (decimal)	Decimal	Character (hex)	Hex	Name
𐒀	66688	𐒀	10480	OSMANYA LETTER ALEF
𐒁	66689	𐒁	10481	OSMANYA LETTER BA
𐒂	66690	𐒂	10482	OSMANYA LETTER TA
𐒃	66691	𐒃	10483	OSMANYA LETTER JA
𐒄	66692	𐒄	10484	OSMANYA LETTER XA
𐒅	66693	𐒅	10485	OSMANYA LETTER KHA
𐒆	66694	𐒆	10486	OSMANYA LETTER DEEL
𐒇	66695	𐒇	10487	OSMANYA LETTER RA
𐒈	66696	𐒈	10488	OSMANYA LETTER SA
𐒉	66697	𐒉	10489	OSMANYA LETTER SHIIN
𐒊	66698	𐒊	1048A	OSMANYA LETTER DHA
𐒋	66699	𐒋	1048B	OSMANYA LETTER CAYN
𐒌	66700	𐒌	1048C	OSMANYA LETTER GA
𐒍	66701	𐒍	1048D	OSMANYA LETTER FA
𐒎	66702	𐒎	1048E	OSMANYA LETTER QAAF
𐒏	66703	𐒏	1048F	OSMANYA LETTER KAAF

Unicode have been missing 10 vowels.

𐒐	66704	𐒐	10490	OSMANYA LETTER LAAN
𐒑	66705	𐒑	10491	OSMANYA LETTER MIIN
𐒒	66706	𐒒	10492	OSMANYA LETTER NUUN
𐒓	66707	𐒓	10493	OSMANYA LETTER WAW
𐒔	66708	𐒔	10494	OSMANYA LETTER HA
𐒕	66709	𐒕	10495	OSMANYA LETTER YA
𐒖	66710	𐒖	10496	OSMANYA LETTER A
𐒗	66711	𐒗	10497	OSMANYA LETTER E
𐒘	66712	𐒘	10498	OSMANYA LETTER I
𐒙	66713	𐒙	10499	OSMANYA LETTER O
𐒚	66714	𐒚	1049A	OSMANYA LETTER U
𐒛	66715	𐒛	1049B	OSMANYA LETTER AA
𐒜	66716	𐒜	1049C	OSMANYA LETTER EE
𐒝	66717	𐒝	1049D	OSMANYA LETTER OO
𐒡	66721	𐒡	104A1	OSMANYA DIGIT ONE
𐒢	66722	𐒢	104A2	OSMANYA DIGIT TWO
𐒣	66723	𐒣	104A3	OSMANYA DIGIT THREE
𐒤	66724	𐒤	104A4	OSMANYA DIGIT FOUR
𐒥	66725	𐒥	104A5	OSMANYA DIGIT FIVE
𐒦	66726	𐒦	104A6	OSMANYA DIGIT SIX
𐒧	66727	𐒧	104A7	OSMANYA DIGIT SEVEN
𐒨	66728	𐒨	104A8	OSMANYA DIGIT EIGHT
𐒩	66729	𐒩	104A9	OSMANYA DIGIT NINE

Unicode have been missing 10 vowels

Microsoft

Microsoft Windows incorporates support for Osmania Unicode from Windows 7 onwards.

The Osmania range was introduced with version 4.0 of the Unicode Standard and is in Plane 1 (the Supplementary Multilingual Plane). These characters cannot easily be displayed in earlier versions of Windows.

The Osmania script was used for the Somali language and is also known as Cismaanya and Osmania. The script was devised in the early 1920's by Osman Yusuf Keenadiid, and co-existed with a Latin-based system for several years, until the Latin system was officially adopted in 1972-1973.
Microsoft Windows incorporates support for Osmania Unicode from Windows 7 onwards.

The characters that appear in the "Character" columns of the following table depend on the browser that you are using, the fonts installed on your computer, and the browser options you have chosen that determine the fonts used to display particular character sets, encodings or languages.

You can find some or all of the characters in this range in the Windows Unicode font Andagii, Code2001, Ebrima (in Windows 7) and MPH 2B Damase.

To see exactly which characters are included in a particular font, you can use a utility such as Andrew West's BabelMap.
If you are not familiar with the characters, you can check the characters displayed here with the graphical display at http://www.unicode.org/charts/PDF/U10480.pdf.

On the origin of the Somali Alphabet: -
by Hersi Magan Isse

1. The background: - Before the second half of the 19th century the Somalis in the Horn of Africa were not divided into British, Italian, French, Ethiopian, and Northern Frontier District known (NFD). It consisted of areas ruled by Kings, Sultans, and clan Lords without boundaries among them. The trade movement was mainly Camel caravans, and the communication was 99% in poetry. The remaining 1% was Arabic letters. The messages in poems were either memorized or recorded in Arabic.
   However, since there are twenty vowels in Somali language and Arabic has only six vowels, recording Somali messages in Arabic proved impossible.
2. The Inventor of the Somali Alphabet: - In 1920 a young poet named Osman Yusuf Kenadid proclaimed to have invented a phonetic alphabet for recording the Somali language accurately. He had amazingly discovered that there were twenty consonants, twenty vowels, two semi-vowels and a supra-segment phoneme. To each value he assigned a distinct sign – thus, a highly Somali phonemic alphabet was borne.
3. The Obstacles: - The popular belief that the Arabic writings, (the script of the Qur'an), was sacred and a new script may bring with it apostasy was the first obstacle. Therefore, the Authority banned it. The ban was not effective since people badly needed writings of their messages, and it continued to spread until the Fascist government of Italy totally banned it though the duration of the ban became brief. During the ten-year period of British Military Occupation, 1940 to 1950, the Somali Alphabet with a relative speed spread throughout the Horn of Africa. The main handicap was lack

of printing materials. The biggest political party, the Somali Youth League, adopted it and taught it in its elementary schools, promising to make it the National Script when the country attains its independence.

4. The Total Effective Ban: - In 1967 the first printing press and typewriters were introduced. The manufacturers offered cheaper prices than the ones offered by the Latin Script printing press materials because of the new market for the Native Script. The Coup D'état of the 1969 adopted the Latin Script and totally banned the native script. The ban was so effective that even those who knew no other scripts, but it was afraid of writing it for fear of imprisonment.
5. The Universal Lift of the Oppressive Ban: - On the 4th September 2002 the Lord of the creation and cultures, praise be to Him, lifted the thirty years oppressive ban on the Somali Alphabet and its digital fonts were universally proclaimed through the global internet. Thus, Allah, glory to Him, preserved the most important element of the Somali culture which is the benchmark of their civilization because, "there is no civilization without writing and there is no writing without civilization," a grammatologist remarked.
6. Gradual Replacement: - Since there is no obstacle of using the Somali native alphabet in writing the Somali language, by the leave of Allah, the highest, it will inevitably replace the current ill-adopted foreign alphabet i.e. Latin, though the replacement will be gradual. On the one hand the Somalis Today, especially the diaspora scattered all over the globe are eager to cling any identifying element of their national culture such as their native alphabet and they will be proud of it. On the other hand, they will discover that the Latin alphabet was misused with the Somali language in that **ten vowels** were not represented.

The Latin alphabet was introduced to the Somali language in 1972 and Somali alphabet was re-introduced in 2002. i.e. thirty years in between.

By 2032, thirty years from 2002, with the help of Allah, glory to Him, the replacement will be total, and Somalis will remain proud of their unique alphabet.

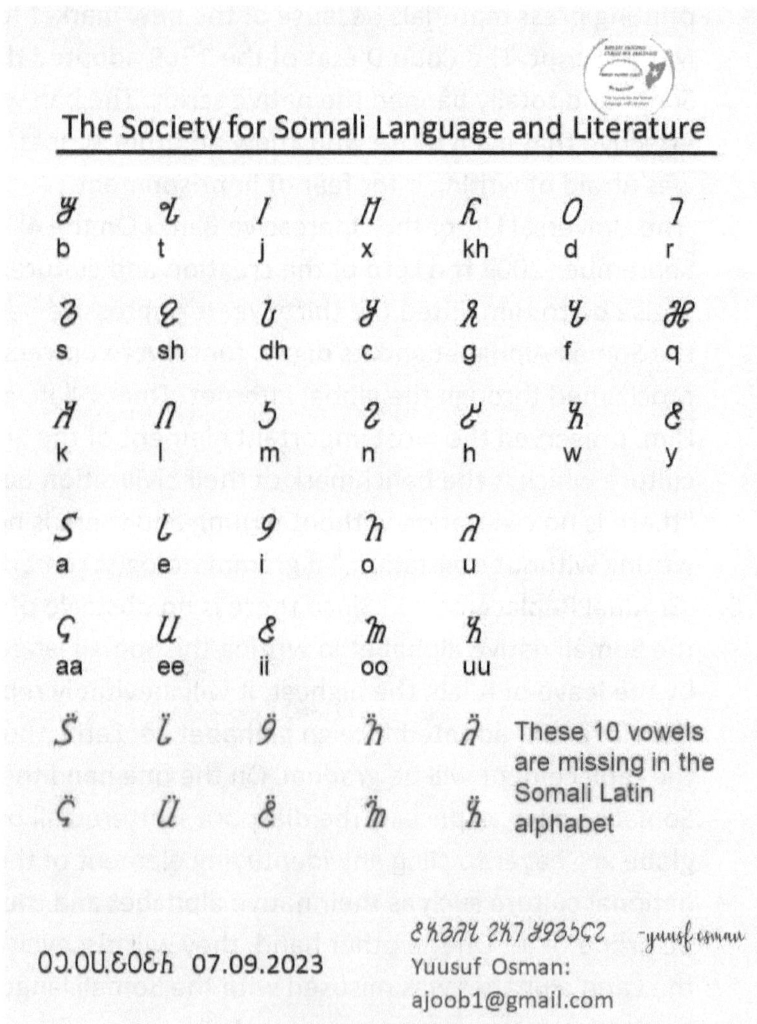

Osman Yusuf Kenadid invented the Somali alphabet.

Osman Yusuf was born in Ceelhuur village in Mudug region in 1899. Ceelhuur is south of Hobyo town. Osman Yusuf died in Mogadishu city on 31.08.1972. His father was **Sultan Yusuf Ali Yusuf**, also known as Sultan Keenadiid. Sultan Keenadiid was born in Alula District of Bari Region in 1837 and died in Hobyo District of Mudug Region on 18.09.1911.

Keenadiid and his men established the administration of the Sultanate of Hobyo and Aluulla in 1878 and the Italian colony took over the region on 25.11.1925.

Osman was the youngest of his nine siblings: Sultan Ali, Ahmed, Mohamed, Muuse, Asha, Mumina, Faduma, Canbara and Abshira. **Asha** was married to King Osman Mohamud. King Osman was the head of the Majeerteen Sultanate's administration from 1866 - 1927.

King Osman was born in 1849 in Baargaal, Somalia and died in 1930 in Mogadishu, Somalia. King Osman is remembered for his fight against the Italian invasion of eastern Somalia from 20.10.1925 to 27.09.1927.

Osman Yusuf's older brother was **Sultan Ali Yusuf-Kenadid**, born in Alula Somalia in 1858. He became the Sultan of Hobyo and Alula in 1903. Italy arrested him in 1925. In 1930, he died in Mogadishu, Somalia.

The best sources for the early history of the script are probably Mario (1953) and Ricci (1959), providing interesting information on later developments and its political fortunes.

The following notes are mostly derived from these works. Osman soon became the "intellectual" in his family: he learned Arabic in Hobyo and in Ceelhuur, and he also had Maino and Lanfranco Ricci provide interesting information on later developments and their political fortunes.

The following notes are mostly derived from these works. Osman Yuusuf had been born in Hobyo around the turn of the 20th century (thus Maino 1951:108: circa cinquant'anni fa, "approximately fifty years ago"). He was, as Cerulli (1932) informs us. Most of all, he was a member of a very prominent family, (Cusmaan or Cismaan), both being accepted Somali renderings of the Arab name 'Uṯmân). Cismaan Yuusuf was a younger brother of the Sultan of Hobyo, 'Ali Yusuf (Cali Yuusuf in the modern Somali orthography) Keenadiid.

His father, Yuusuf Cali, had some knowledge of the Italian, Cerulli. In Arabic he also wrote all the correspondence of his family. On the other hand, it must be emphasized that Cismaan had no knowledge of the Ethiopic script, nor did this play any role in the elaboration and development of the Osmania script -Far Somali-.

Cismaan Yuusuf devised his script in the period between 1920 and 1922. The local Italian Commissioner was probably among the first to hear about Cisman's script. He was soon followed by Marcello Orano, who went to Hobyo as 'Resident, and had Cismaan as his private teacher of Somali. Orano later published a Somali grammar in Italian in 1931.

Soon afterwards, in 1932, Enrico Cerulli got in contact with Cisman's son, Yaasiin, and obtained from him the materials for his 1932 article (Cerulli 1932).

The end of the Second World War and of Italian colonial rule marked the greatest opportunity for Cismaan's alphabet. In 1945, the Italian colonial power had crumbled, Somalia was under British occupation, and talks about independence were rampant. From an early Somali Youth Club founded in Mogadishu on May 15, 1943, a real national party was born in 1945: the Somali Youth League.

The *League* espoused in article 5(d) of its statute the cause of the Somali language as the future language of the country.
The League started disseminating Osmania in Mogadishu, and Cisman's son Yaasiin (the single most fervent propagandist of the script) was invited to teach there already in 1945 (Maino 1951).

Other schools were opened by the League in the major towns of Somalia and abroad (in Addis Ababa, in Kenya, Zanzibar, Yemen).

It is unknown how many people got in touch with the script; many of them were young people, and very often women (Ricci 1959); it is in this time that the script came to be called *far Soomaali* ('Somali script'), or, in its articulated form, *farta soomaalida.*

Such political support for Osmania met fierce resistance: both the idea of Somali (rather than Arabic) as the future language of the country, and, most of all, the adoption of an indigenous script was not widely popular. Ten years later, the Somali Youth League decided to expunge from its statute the article which called for Osmania as the script of Somali, and even declared Arabic the official language of Somalia.

In May 1949, Haji Mohamed Hussein became president of the SYL. Mohamed, although in office for three years, had a profound influence on Somali language policy, as his thinking and beliefs were closely linked to those of the Arabs. His influence on SYL explains the fact that in 1950 the party no longer advocated Somali as a national language with Osmania as its manuscript.

***

Corriere della Somalia

Support for Osmania continued through the activities of the *Somali Language and Literature Society*, established among others by Cismaan's son Yaasiin on October 5, 1949.

The *Society* was originally a branch of the *League* but became independent and continued generating the Osmania alphabet well after the *League* had ceased its political support.

In 1957 the *Society* started publishing Sahan 'Explore', a three-page journal in Osmania under the direction of Xirsi Magan.

All these notes are due to Ricci (1959), and I was unable to trace any information on the activities concerning Osmania after the independence of Somalia (July 1st, 1960).

Ricci informs us that in 1957 the Italian-language daily *Corriere Della Somalia* published a whole page in Somali in the Latin alphabet, under the initiative, and others, of Prof. Bruno Panza. As Ricci informs us, the experiment was ended by the fierce opposition which it met.

SCRIPTS OF AFRICA

Native Writing System of Africa, by *African holocaust*

FAR SOMALI (OSMANYA Somalia circa 1920)

Osmania, also known as Osmania and Far Somali, is a Somalian script invented between 1920 and 1922 by a man named Osman Yusuf Kenadid, brother of the Sultan of Hobyo and a founding member of the Somali Youth League. Far Somali Osmania's purpose was to transcribe the Somali spoken language (called Af-Soomaali), and though it became widely used it faced heavy competition from the Latin-based script and Arabic. Kenadid invented this script in response to a national campaign calling for a standardized orthography for the Somali language. Such a movement was necessary because the Somali people's ancient writing system had long since been lost.

***

Osmania came sufficiently widely accepted to replace Sheikh Uways's Arabic-based script. In the local schools of his Sultanate, news of the Osmania script spread quickly.
Osmania, a script for Somali language previously unwritten, was invented thirty years before (1920) by Osman Yusuf. Under the Italians anyone caught using it was imprisoned. Its use has begun again since the Italians were defeated, but it has not made the desired progress for lack of books, printing presses and other facilities.
After the end of WW2, the Somali people were undergoing increasing nationalist sentiments which, along with the invention of the Somali Youth League, re-ignited interest in Osmania and led to the independence of Somalia from Italian and British rule.
However, in the 1960s Shire Jama Ahmed, a Somali linguist, proposed.

A Latin-based script and presented it before the Somali Language Committee.

He competed against 17 other potential orthographies (including Osmania, Arabic, and some Ge'ez-like scripts) to have his Latin-based script become the national orthography. Despite this, in the early 1970s, Osmania was used for personal correspondence and bookkeeping purposes among the Somali population. Even some magazines and books had been published in

***

Osmania Syllabary

Osmania as typewriters and other machines had been designed to accommodate its use. However, in 1972 Mohamed Said Barre, President at the time, unilaterally elected for Shire's script to become the official standardized script of Af-Soomaali and then launched a literacy campaign to ensure it became the only one in use. Osmania thus largely fell into disuse. Just like English, Osmanya is written from left to right in horizontal rows.

The names of the letters are very similar to those of Arabic letters, but they look completely different. Like Arabic, the letters waw & ya (equivalent to w & y) are used as elongated forms of the vowels u & i. Just like most 'sub-Saharan' African languages Af-Soomaali is a tonal language, meaning tone/ pitch is used to distinguish between words and different grammatical uses such as gender, case & number. Though Osmanya doesn't mark the 4 tones in writing, it easily encompasses all the different sounds of Af-Soomaali.

***

The society for the Somali Language and Litereture

Yaasin Osman became active in the program of his father's script, helping to find the society for the Somali language and literature. In 1949, Yasiin set down the proposal of his organization, which was created as a cultural complement to the Somali Youth League:

To search out and collect books which deal with the Somali language, to study and to publish them.

To study the improvement of the Somali script.

To use Somali in all social connections.

To translate into the Somali language the best foreign books.

To use Somali as a cultural language for teaching.

To acquire the materials necessary for the publication of books written in Somali characters.
The Somali Youth League had used this alphabet for information communication during the colonial settlement in Somalia, and it was also that SYL had used the Far Somali during their freedom struggle against colonies.

***

African writings

The Society for the Somali Language and Literature (GOOSAN)
“There is no Civilization without writing”

As technology determines the degree and the growth of a civilization, and the African continent is technologically backward, many uneducated people believe that this continent is the least civilized. It is far from being so. Even though colonialists destroyed almost every trace of African civilization, the African writings successfully resisted this ruthless destruction.
Hieroglyphic writing was one of the oldest writings independently invented by North Africans, Egyptians. Each hieroglyph represents a specific idea. Therefore, Africans were the first to take up the idea. Over time, Africans in the North-Eastern and Western scripts developed the second stage, syllabification, where each symbol represents a syllable. An example of an African syllabary is Amharic.

African Writings "There is no civilization without writing" In modern times, before Africa was fully conquered, Africa managed to invent the most accurate and simplest writing ever designed by man. Each symbol marks one and only one sound, and its basic rule is "Never write a character unless you read it". This rule means that this alphabet has no diagrams, no dots and crosses. This is the Somali alphabet, which not only marks the degree of sophistication of African civilization, but also marks the last and highest stage of human writing apart from an international shorthand which has not yet been invented.

To preserve its civilization and encourage its ingenuity, Africa, through the O.A.U. must seize the opportunity to adopt her phonetic alphabet. In fact, this effective alphabet is to replace the archaic and cumbersome colonialist alphabet throughout Africa, like Col. Khadafi replaced it with his Arabic alphabet.

Far Somali (Somali Alphabet) S. Somali Language and Literature

- Is Far Somali (Osmania) suitable for Somali language writing?
- The Somali script (Osmania) was the first somali alphabet in the country of Somalia. It became popular in the early 1920s.
- **In Somalia today, the Latin writing system is used the most. The people of Somalia learn and use the Latin script system for everything.**
- From 1920 to 1970, the Somali Alphabet (Osmania) had been in a very difficult situation because of the Italian colony and Somali authorities. Besides that, some people have not forgotten the Somali Alphabet, because many people still follow the history of the Somali script.
- The other reason why Osmania has survived is that the quality of alphabet is very good and fits the Somali sound.
- There are also many people who know how to write and use SMS messages with the Somali alphabet on mobile phones.
- In addition, it has its own keyboard, online learning, group learning, so, in my opinion, the alphabet is technically successful.
- Please see the example on the last two pages of how easy it is to use the Far Somali alphabet and adapt the Somali language without contradicting each other.
- People who know the Somali script were aware of the importance of this script, they knew that learning the Somali script is one of the preservations of Somali heritage and culture.
- The Far Somali team: emphasized that the Somali language needs a sufficient font to store all Somali words. We are aware that the current Somali Latin script cannot meet the needs of the Somali language. They added that the only reason to invent Far-Somali was to write in the Somali language.

- They also emphasized that all Somalis must preserve the Somali culture, primarily to keep learning and developing Far Somali and its alphabet. They have pointed out that the Somali Latin alphabet must be reformed. The current Somali Latin is not enough to write in the Somali language.

Invention of Far Somali (Osmania) Script

Finally, mention must also be made of a separate but related development in Somalia which, though cultural rather than political, was later to acquire a highly emotive nationalistic appeal. This was the invention, about 1920, by Osman Yusuf Kenadid, of a highly sophisticated, accurate alphabet and script for the somali language. Although the Arab script had long been in use in restricted circles as a medium for writing Somali, the differences between the two languages made this a makeshift expedient. And despite improvements introduced by Sheikh Uways and other early pioneers in writing Somali, Arabic remained an imperfect tool for Somali.

Far Somali (Osmania) as a new script was named after its founder, overcame these drawbacks by complexly abandoning the attempt to rely on the Arabic alphabet and instead adopting a whole new set of letters. This creation of a genuine indigenous tool for the national language naturally appealed to the consciousness of the Somali nation, although from the outset it was found opposition among conservative indigenous leaders who favoured Arabic.

But with its inventor's position as a member of the family in the Majeerteen region and among other family members living elsewhere. Later events were to create circumstances in which this indigenous writing was to be championed by modern Somali nationalism as a symbol of achievement, associated with the most valued of all things in the Somali national heritage – the Somali Language.

Somali Youth League

STATUTE

The Somali Youth League, which was established in 1943 to defeat the tribalism and to fight against colonialism in Somalia.

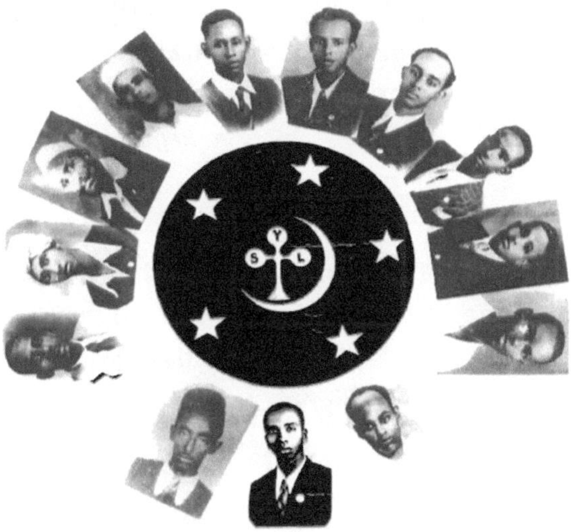

The league now has a four-point programme:

- To all Somalis, young people, especially with the consequent repudiation of all harmful old prejudices (such, for example, as tribal and clan distinction.
- To educate the youth in modern civilization by means of school and by cultural propaganda circles.
- To take an interest in and assist in eliminating by constitutional and legal means any existing or future situation which might be prejudicial to the interests of the Somali people.
- And finally, to develop the Somali language and to assist in putting into use the Far Somali script (Osmania).

Nor was the language's view on this matter merely verbal propaganda. Already, on this own initiative, and with the approval of the administration, SYL had opened several schools and classes in English. Now too, the ingenious Far Somali script was no longer merely a cultural curiosity but had acquired definite nationalist significance.

The difficulties attending its wholesale adoption, partly practical and partly because of competition with Arabic, have proved more intractable than some of the objectives in this initial SYL statement of policy. *Ref.* By I M Lews

***

The Horn of Africa was called Regio Aromatic, because of the spices it grew, and marks the extreme eastward projection of the continent. The Somali people are independent people and intensely suspicious of the foreigner, the white man, and the Christian.

It's remarkable that the Somalis, considering their background, should have such a strong sense of political organisation and effervescent nationalism, at least in the towns.
The Youth League stands for unity for all Somali regions, in a confederation to be known as "Great Somalia". One aim is to achieve a written language to be called Far Somali (Osmania).

Inside Africa. John Gunther

***

Somali Alphabet and Somali Latin script

From a phonetic view, the Latin script is easily the best suited to expressing Somali. The ten basic vowel sounds can be handled by the five Latin vowels standing alone or doubled. The major problem concerns the front or back quality of each of the ten vowels that form two harmonic groups.

Far Somali has 10 extra vowels as opposed to Far Somali Latin.

These vowels are amazing, effective, and extremely useful. This means that there are 10 basic vowels non doted, and 10 other vowels are doted. These vowels also make the distinction between sounds which is a bit closer. The Latin alphabet cannot account for these differences without restoring diacritics, and there is a strong technical reason against the use of diuretics. Although some significant ambiguities can result from ignoring this distinction, most linguists are of the opinion that such ambiguities will nearly always be resolved by context.

***

The Osmania script had one of great advantage politically. It was a truly indigenous script, and it emerged at a time when the Somali national consciousness was beginning to crystallize. I. M. Lewis believes that the Osmania script served as a catalyst, for it was associated with perhaps the most prized of all things in the Somalia National heritage, the Somali language.

Hirsi Magan Isse, one of the leading advocates of the script, has underscored this point. As a student in America, where he received a bachelor's degree in linguistics at Columbia University, he visited a secondary school accompanied by other foreign students. The teacher asked them all to write "good morning" in their native tongue on the board.

The Arab, Indian, Japanese, and Somali visitors all used their "national" script. The Ugandan student, who had to use the Latin script, "was so humiliated and felt inferior to the rest of us."
In a time of developing national awareness, many borrowed institutions seem to become a source of humiliation. The Osmania script helped some Somalis overcome that humiliation and reinforced their feeling that Somalis are indeed unique and are a separate "nation."

***

The Latin script faced a lot of opposition.
"In both the political and the religious arenas, however, the Latin script faced a lot of opposition. Riots would often break out when its ugly letters appeared in public. The British met with rioting when they employed the Latin script in Burco.
And in 1957, when Abdullahi Isse, prime minister of the internally self-governing Italia Somalia, put out a page in the local newspaper in Somali using the Latin script (Wargeyska Somaliyed, "The Somali Messenger"), intense public pressure forced him to abandon the attempt after two issues. The Latin script was considered foreign and therefore, to many Somalis, unworthy of the Somali language.

David D. Latin, Politics, Language, and Though

***

When Somalia was colonized by Italy, Britain. They brought us the Latin Script. The Somali educated rejected this question and assumed that the Latin script is part of the colonial system. SYL wrote in their draft text that the Somali alphabet should be used. Somali Script was the script used by SYL offices.

***

Evaluation of Somali Script (Cismaniya)

Below is the assessment report on the Somali language from some acquaintances and linguists.

Their assessment was about the quality of the Somali alphabet.

B. W. Andrzejewski

B. W. Andrzejewski, an English linguist, agrees with Martino Moreno (Il Somalo Della Somalia), "The Osmani script is an exceptionally good alphabet and complete with all the essentials for the Somali language, such as long voles and short voles. It also has its own 10 further Somali vowels."

Evaluation of script Far Somali (Cismaaniya) Competent linguists have considered the Far somali (Cismaaniya) alphabet to be technically sound. Martino Moreno, in his book of Somali grammar and text, Il Somalo Della Somalia, claims that Far somali (Cismaaniya) is "an excellent alphabet, because it is phonetic, with accurate distinction of all the sounds-consonants and vowels, both long and short."

Both he and Professor Mario Maino have presented text in the Far somali (Cismaaniya) script written by Yaasiin Cismaan, son of the inventor of the script. B. W. Andrzejewski, a British linguist and today the foremost Western scholar on the Somali language, agrees that the Far Somali (Cismaaniya) script is accurate. Furthermore, adherents of the Far somali (Cismaaniya) script were able to procure typewriters that could reproduce it (Cismaaniya).

Politics, Language, and Thought, David D. Latin,

***

The Somali language, a professional teaching tool

By: Mario Maino

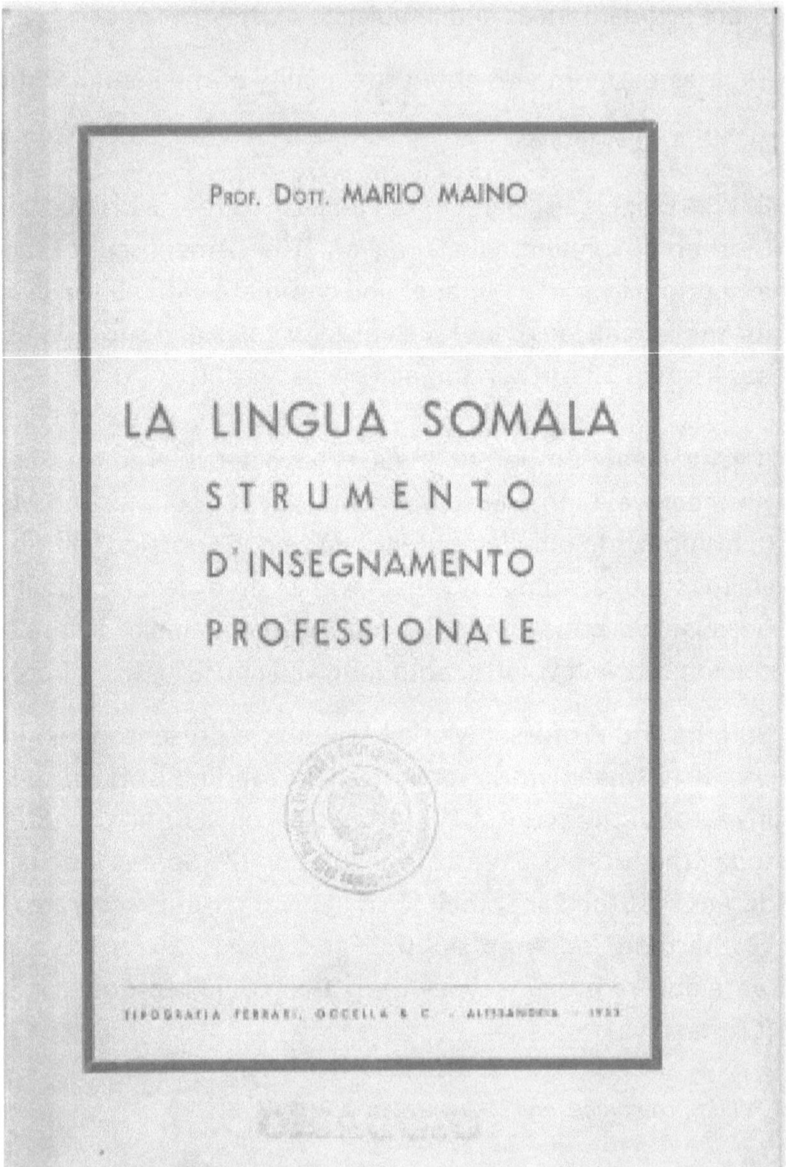

Far Somali

An indirect message, by Mario Maino

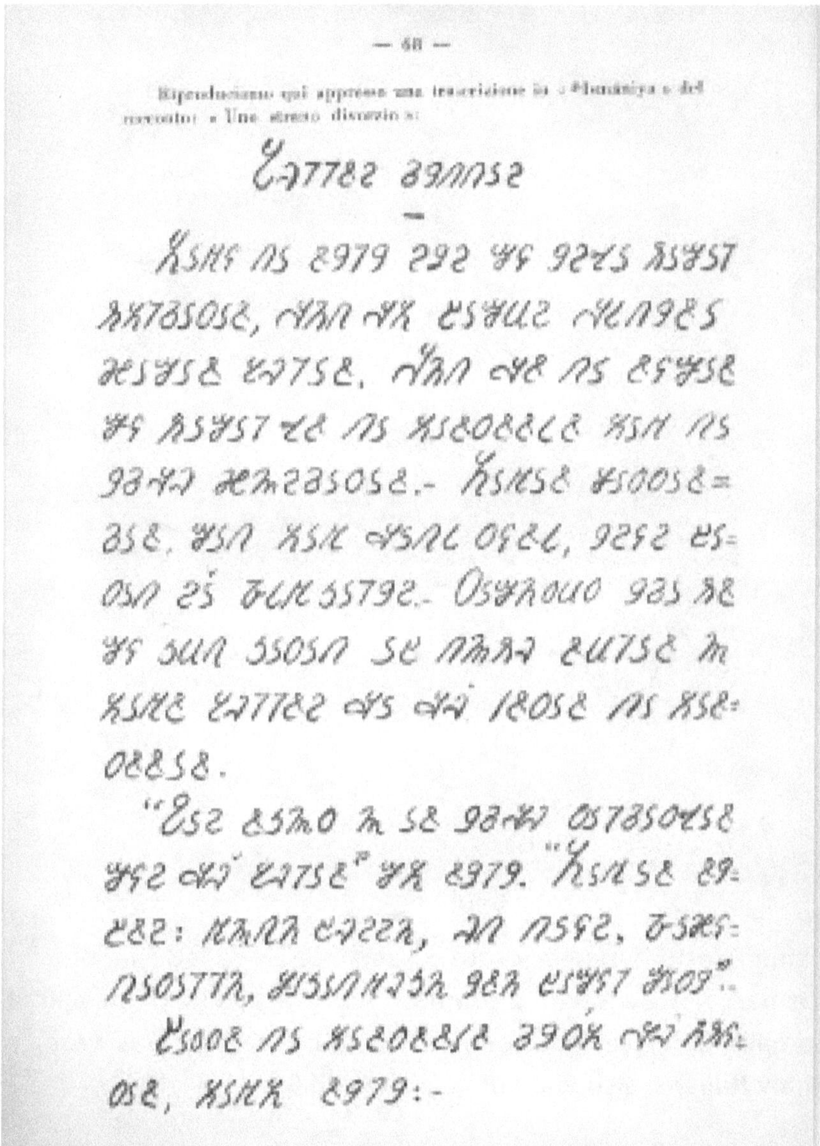

Somali: an indirect message, by Mario Maino.

Far Somali: an indirect message, by Mario Maino.

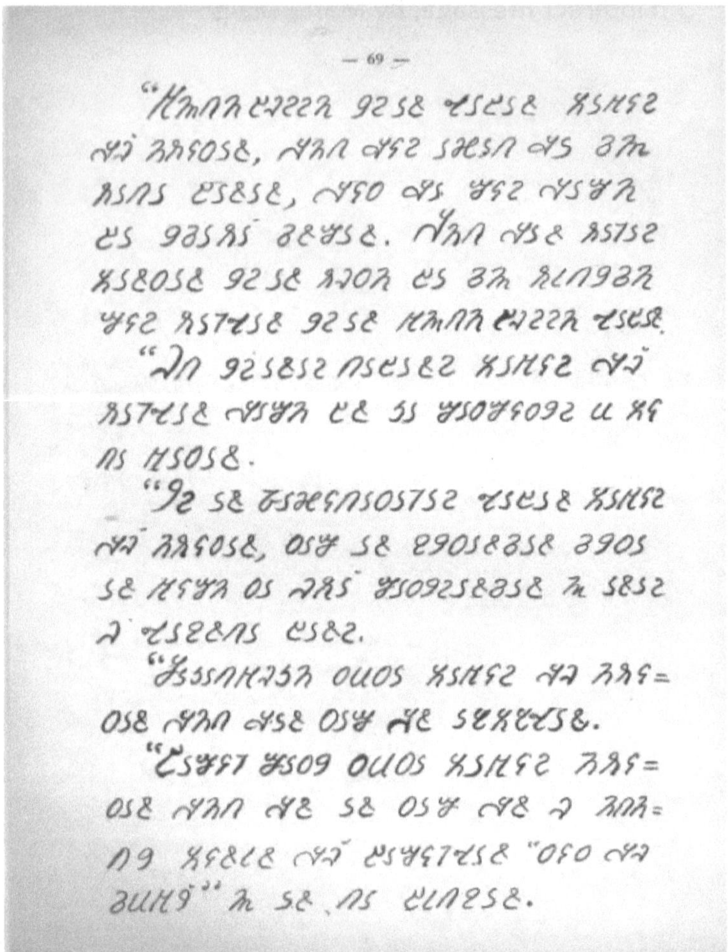

— 69 —

Osman Yusuf Kenadid, wrote a Somali script called Far Somali (Osmania). He thought a common script would help unify all Somalis. Some religious people thought this script was wrong and many Italians, also, did not want it used."

Beginning Somali history, 1967, By Paul S. Gilbert

***

Italian Somaliland

Prohibited from using and learning the Far Somali (Osmania) Ex Italian Somaliland by E. Sylvia Pankhurst, 1951, a book about Somalia in the colonial era. You can find more information about what happened in Somalia during the colonial period. The author pointed out in his book what happened in Somalia during the colonial period. The following text belonged to Ex-Italian Somaliland. It is about the Somali alphabet and what the Italian colony did to the Somali language and its alphabet.

Osmania, a script for the Somali language previously unwritten, was invented thirty years before (1920) by Osman Yusuf. Under the Italians, anyone caught using it was imprisoned. Its use has begun again since the Italians were defeated, but it has not made the desired progress because of lack of books, printing presses and other facilities. These proposals recalled to the Ethiopian observers the programme being carried out by their own Education Department, but the Italian representative opposed the inclusion of such matters in the Trusteeship Agreement.

He endeavoured to avoid any definite commitments. It would be enough, Mr. Cerulli stated, to mention the obligation to provide " a system of public education," he warned the committee against drawing up " detailed legislation.

"He warned the committee should " omit and reference to illiteracy, because there was difficulty in deciding what languages should be taught in the school. Thus far, the Arabic script is the only form of writing which has been taught in the territory, as the somali language was not generally written.

Mr Cerculli admitted recalling that the Italian government had forbidden the use of the script "Osmania" which had been invented for the Somali language and had officially discouraged teaching Somalis to read and write Italian for the duration of elementary school course, the languages to be taught, and all such matters, Mr Cerulli declared ware too technical for the committee and should be referred to experts.

Ex-Italian Somaliland by E. Sylvia Pankhurst

***

Somali language, which for some time was unfortunately unwritten, is now slowly declining, as the Somali author: Osman Yusuf Kenadid, from Hobyo, invented the alphabet to facilitate writing in the Somali language (see Marcello) Orano-vocabolario italiano e Somalo.

***

Reminiscing about the prevailing atmosphere in those days, Hawa describes it as one full of unprecedented enthusiasm, hope, and social change. Children were sent to school, and adults attended afternoon education classes where they learned English or Arabic, using books and magazines from Egypt, Sudan, Aden, and Kenya.

For the first time, the Somali language was taught using a new alphabet called Far Somali (Osmania), which had been invented by Osman Yusuf Kenedid, a Somali poet and member of the League. The pro-Italian parties, campaigning for the return of Italian rule in Somalia, and jealous of the League's popularity and success, used to say, "Wad gaalo iska yeel" ("They are only European imitators!".

"And Then She Said" *The Poetry and times of Hawa Jibril Mohamed*

Obviously, the European rulers preferred their own languages in the colonial state administration as well as the educational system, even if Arabic, as well as different forms of Somali written in the Arabic or Osmania alphabets were still in use, especially for Islamic production of knowledge and in the administration of justice.

During the 1950s, discussions about the national language controversially combined two issues that in principle were different: the first of these was which language to utilize in Somalia, and the second was which alphabet to employ for writing the Somali language. The creator was Osman Yusuf Kenadid was born in Ceelhuur and grew up in Ceelhuur and Hobyo. He studied Islam, Arabic, and Italian. He claimed that his writing was not inspired by either the Latin or the Arabic alphabet.
He also clarified that one can quite easily see similarities between the shape of these new letters and letters in different existing alphabets. Osman's new script was also written from left to right, just as the Latin script was. This new Far Somali Alphabet had some interest in the Italian colony.

When the first Somali political party, the Somali Youth League (SYL), was founded in 1943, a decision was made to use Far Somali to write in Somali, and the party decided to work for the introduction of this Somali script as its official alphabet for the Somali language. SYL also took the initiative to start teaching Father Somali as a supporter of SYL. Far Somali script also spread to schools in Somali regions of the Italian colony and the British protectorate of northern Somalia and Somali territories in Ethiopia and Kenya. The Somali alphabet also reached the Somali people of Yemen.

***

Along with the use of Arabic as a literary language, Somalis also utilized the Arabic alphabet for writing the Somali language according to its different dialects. A substantial innovation in that scenario occurred in the twentieth century with, on one hand, the colonial partition of the Horn of Africa and, on the other hand, the 1920-1922 invention of the Osmania alphabet.

***

The Struggle for a Somali Script Because of the Islamization of the Somali peninsula, the Arabic language has been diffused among

Somalis, who have employed it for writing since the third Islamic century, corresponding to the ninth century CE. Along with the use of Arabic as a literary language, Somalis also utilized the Arabic alphabet for writing the Somali language according to its different dialects.

A substantial innovation in that scenario occurred in the twentieth century with, on one hand, the colonial partition of the Horn of Africa and, on the other hand, the 1920-1922 invention of the Osmania alphabet (spelled 'Cismaaniya' in modern Somali standard)

The Struggle for Somali Writing 16 The Annual Review of Islam in Africa • Issue No. 12/2 • 2013-2014

***

Nasser's policy was deliberately intended to 'Arabize' Somalis via multi-faceted influences ranging from the political and economic to the cultural: the issue of the Somali script was one of the main layers of the strategy to counteract Italian power over Somalia. Nevertheless, within the SYL, the awareness began to prevail that the Somali language was a national priority and that it should not merely become the second language of the country.
This was a defeat for Egyptian policy because Arabic lost its chance to become the first official language of Somalia.

Soon after, the emphasis on the cultural and political influence of Somalia shifted to a discussion of what should be the most suitable alphabet for writing the Somali language. The Pro-Egyptian Young Somalis obviously proposed to adopt the Arabic alphabet for writing the Somali language, while another SYL faction supported the alternative use of Far Somali Cismaniya.

After having been used mainly for private correspondence in the post-Second World War period, Osmania became the script of the first Somali nationalists who ennobled its inventor as a proto-national hero.

The SYL charter included mention of the promotion of Osmania, and indeed, the party adopted it in its internal administration, even if, ambiguously enough, many records were still written in Arabic.

The Osmania probably expressed the uniqueness of the Somali nation in opposition to the Arabic script and above all to the Latin script, which was viewed by its supporters as an important vehicle of apprenticeship from Europe and by its detractors as a 'foreign' language connected to Christian colonialism.

Beginning in the mid-1950s, a further faction. Soon after, the emphasis on the cultural and political influence of Somalia shifted to a discussion of what should be the most suitable alphabet for writing the Somali language.

The Pro-Egyptian Young Somalis obviously proposed to adopt the Arabic alphabet for writing the Somali language, while another SYL faction supported the alternative use of Osmania.
Inside, the SYL rose rapidly with a plan to promote the adoption of the Latin alphabet to write the Somali language.

That faction attracted the young Somali intellectuals who represented the elite of the party, coming mostly from the urban environment of Mogadishu and with an education that combined Islam with nationalism and socialism. For that westernized group, the Latin script represented a better way to embrace Somali culture with European knowledge and technique to end the isolation of the country.

If the faction supporting the adoption of the Arabic alphabet was backed by Nasser's Egypt, the supporters of the Latin script very easily held the favour of the Italian authorities.

During the first half of the 1950s, the distinguished Italian linguist Mario M. Moreno published two studies regarding the Somali language written in the Latin script.
Egyptian propaganda, supported by the Nasserite faction of the SYL, attacked these experiments for using "the script of the colonialists."
Choosing Latin was equivalent to choosing lā-dīn, which literally means "pagan" or "godless."

The political and cultural nexus was evident when the Egyptian representative stressed in his correspondence to Cairo that the Latin script "would have distanced Somalia politically from pan-Arabism and culturally opposed the Islamic religion."

Italian officers profited from the situation by arguing that any decision would have to be postponed until the moment when Somalis could enjoy full sovereignty, after their national independence, so that, in the meantime, they could indirectly promote the use of Italian in the administrative machinery and in the school system.

The Annual Review of Islam in Africa • Issue No. 12/2 • 2013-2014

Other historical Somali scripts

Borama Script 1933

After more than 10 years of developing OSMANIA Scripts, Sheikh Abdulrahman Sheikh invented the BORAMA script.

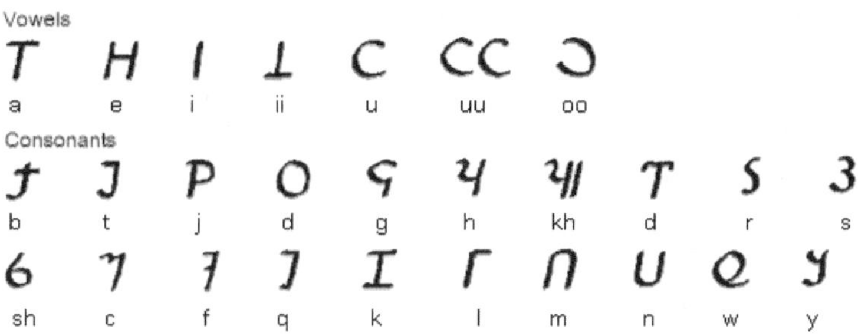

Other indigenous Scripts developed independentl y of Osmaniya

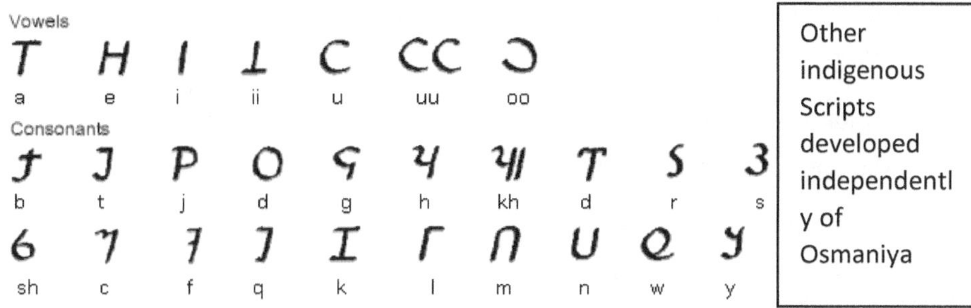

Though not as widely known as Far Somali (Osmania) the other major orthography for transcribing Somali, Borama has produced a notable body of literature mainly consisting of qasidas (Qasiida).

In 1933, Sheikh Abdulrahman Sheikh Nur was a teacher of religion in British Somaliland. A quite accurate phonetic writing system, the Borama script, was principally used by Nuur and his circle of associates in his native city of Borama.

The founder of the first madrasah (Arabic school) in Borama, in the 1930s, and the inventor of the Gadabursi script in 1933.

Sheikh Abdirahman became a judge in Borama in 1950 and took a judicial post in Hargeisa in 1959. He was appointed head of the Appeals Court in Mogadishu in 1976. In addition to his teaching and religious career, Sheikh Abdirahman wrote extensively on linguistics and the history of Islamic sultanates in the Horn, including his Ilbaxnimadii Adal iyo Sooyaalka Soomaaliyeed (Awdal civilization and Somali history), published in Abu Dhabi in 1993.

***

Muuse Haji Ismail

Arabic script year 1952-1953

He is noted for having contributed to the development of Wadaad script. In the 1950s, Galal introduced a more radical alteration of the Arabic script to represent the Afro-Asiatic Somali language. He came up with an entirely new set of symbols for the Somali vowels.

I.M. Lewis (1958) considers this to be the most accurate Arabic script to have been devised for the Somali language.

A leading specialist in northern Somali literature and a member of the Somali Language Commission.

He learned English and became a teacher at the end of World War II. He studied linguistics at the School of Oriental and African Studies, in London, with B. W. Andrzejewski and, in 1954, returned home to teach and engage in research at the Sheekh Secondary School. Muse initially supported the Arabic script for Somali, but from 1955 spoke out in favour of the Ismaniyya script. At independence, Muse worked at the Departimento Culturale (Cultural Department) of the Ministry of Education and, in 1961, was appointed to the Somali Language Committee.

Muse published extensively in Somali and English, including Hikamad Somali (Somali wisdom), a collection of oral narratives published in 1956, and "Some Observations on Somali Culture," published in Perspectives on Somalia in 1968.

Muse was also interested in traditional sciences and technologies, especially astrology; thus, one of his contributions was Stars, Seasons and Weather in Somali Pastoral Traditions, published in 1970.

***

Hussein Sheikh Ahmed

Kadare script year 1952

Hussein Sheik Ahmed Kadare was a Somali legendary poet and script inventor from 1952, he died today in his home in Mogadishu, here we explore his times and live.

His Koranic teacher was Moalim Hussein Gab who was famous in the Warsheik district along the Indian Ocean shores. His Koranic studies which include the learning of Arabic Alphabet could have ignited Kadare's mission to have the Somali language written.

Later, at the age of 16, he attended a formal educational school run by the Italians who were a Somali colony. Such studies were considered un-Islamic and against the Somali culture.

When the Somalia Liberation organization SYL was formed in 1943, Kadare was one of the volunteers who were trained with the Osman Kenadid script which was invented in 1922 by Somalia man Osman Yussuf Kenadid.

In 1952, Kadare invented his own script and later opened a school to teach the public how to write and use his script.

In 1961, one year after independence, the first Somali president, Adden Abdulle Osman, formed a commission tasked to come up with a single Somali script. Kadare was one of the committees, but the mission never materialized due to competing members of the committee who each wanted his script to be adopted.

***

Ibrahim Hashi Mohamud Arabic Script 1960

He used the Arabic alphabet to write the Somali language. In September 1960, Ibrahim was appointed to the Somali Language Committee, composed of nine members, to study the best script for Somali and submit a report to the Ministry of Education by March 1961.

While reviewing several scripts, Ibrahim discovered that most of the committee were anti-Arabic and, as he was not likely to change his mind, he resigned from the committee before the final report was signed and submitted.

***

Shire Jama Ahmed

Modern Latin Script 1961

Shire Jama Ahmed was a Somali linguist and a scholar. He is notable for his contribution to the creation of the modern Latin script for transcribing the Somali language.

Shire developed a modified Latin script in 1959 that was later chosen by the language committee appointed in 1960 by the Ministry of Education. The minister, however, kept the report confidential and the findings of the committee were never published or brought to the attention of the government. In 1966, the Somali government invited United Nations Educational, Scientific, and Cultural Organization (UNESCO) experts to form a linguistic committee.

This committee recommended Shire's script as both "practical" and "objective." The Somali government, however, could not adopt the expert's findings for political reasons.
All Arab and most Islamic countries, as well as the Somali masses, considered the adoption of Latin script as a colonialist act. In

January 1971, 15 months after the military takeover, Shire was appointed to the membership of the Guddiga Af-Soomaaliga (Somali Language Commission) and in October 1972, the Supreme Revolutionary Council adopted Shire's modified Latin script to become the national script for Somalis.

***

MUSTAFA SHEIKH HASSAN

Kontonbarkadle Script

Somali Language Commission, invented a script called Kontonbarkadle for Af- Maay in the late 1950s.

He was a member of the Somali Language Commission and invented a script called Kontonbarkadle (The Blessed Fifty) for Af-Maay in the late 1950s. A graduate of the Scuola Politica Amministrativa in 1958), he was a commissario distrettuale (district commissioner) from 1959 to 1964 in Afmadow, Baidoa, Jilib, Jamame, Bal'ad, and Beled Weyne.

He tapes recorded in Af-Maay traditional knowledge of plants, human anatomy, and the wildlife of the Reewin countryside.

He was also known for his popular drawings, such as his depiction of the Somali man chained by the legs, arms, and head by the five colonial powers. Another of his famous images was that of the Maandeeq (she-camel), which portrayed the Somali nation milked by all Somalis. He also portrayed Somalis as sheep preyed upon by colonial beasts.

***

A Brief History of the Somali Alphabet (Osmania)

To avoid the choice between the Arabic and Latin scripts, but also to strengthen the uniqueness of the Somali language, the idea of creating a unique Somali script was born. Between 1920–1922, the first serious attempt was made to create a special script for Somali. The creator was Osman Yusuf Kenadid, a scholar of Islam and the Arabic language. He descended from the family ruling the Sultanate of Hobyo on the southern coast of Somalia between 1878 and 1925. Han claimed that his script was inspired neither by the Latin nor by the Arabic alphabet. Despite his claims, though, one can quite easily see similarities between the shape of these new letters and letters in different existing alphabets. Also, Osman's new script was written from left to right, like the Latin script. Initially, this new script, under the name Osmania, enjoyed some interest in the Italian colony.

The development of the Somali alphabet can be traced back to the early 20th century. Prior to this, the Somali language was primarily an oral tradition, with various writing systems, such as Arabic and Latin, occasionally being used to transcribe the language. However, these scripts proved to be inadequate for accurately representing the sounds and phonetic nuances of Somali.

The need for a dedicated writing system led to the creation of the Osmanya alphabet in 1920 -1922, developed by Osman Yusuf Kenadid, a Somali scholar and linguist. The Osmanya script was specifically designed to accommodate the phonetic features of the Somali language and gained widespread acceptance among the Somali intellectual community.

***

The first typewriter for Somali script

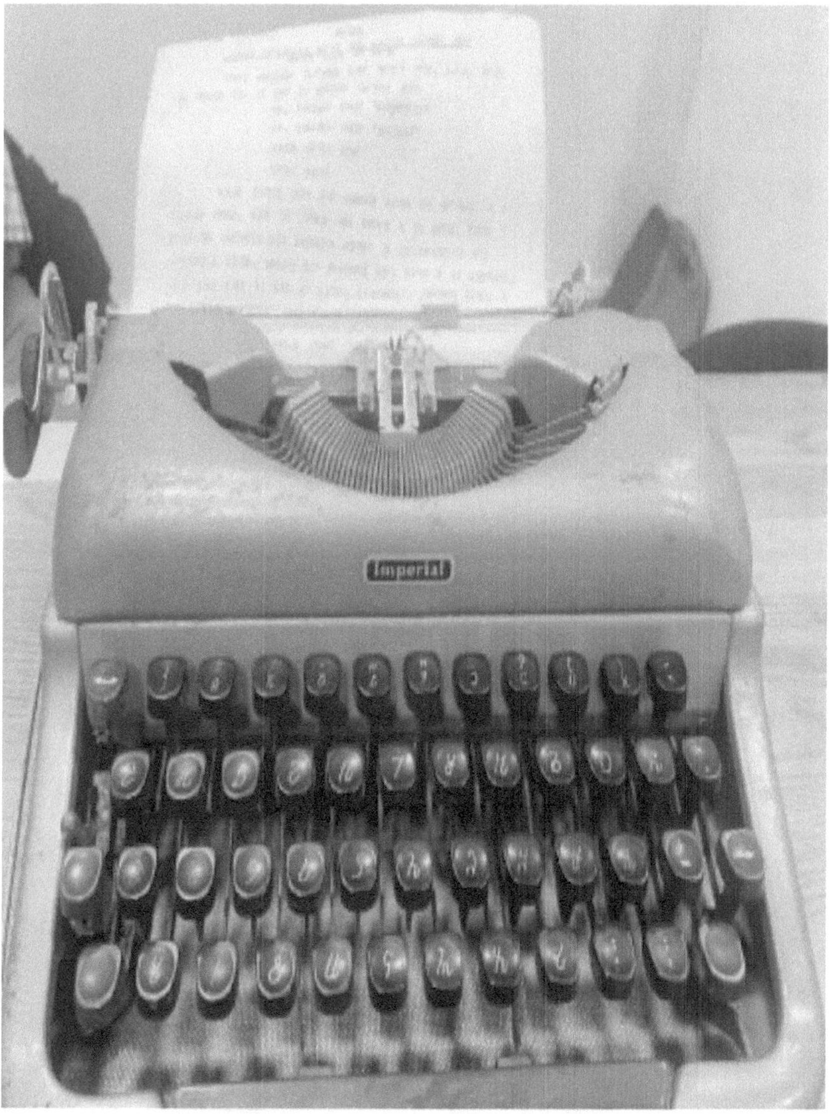

The first Somali typewriter came to the country in 1968.

Book one

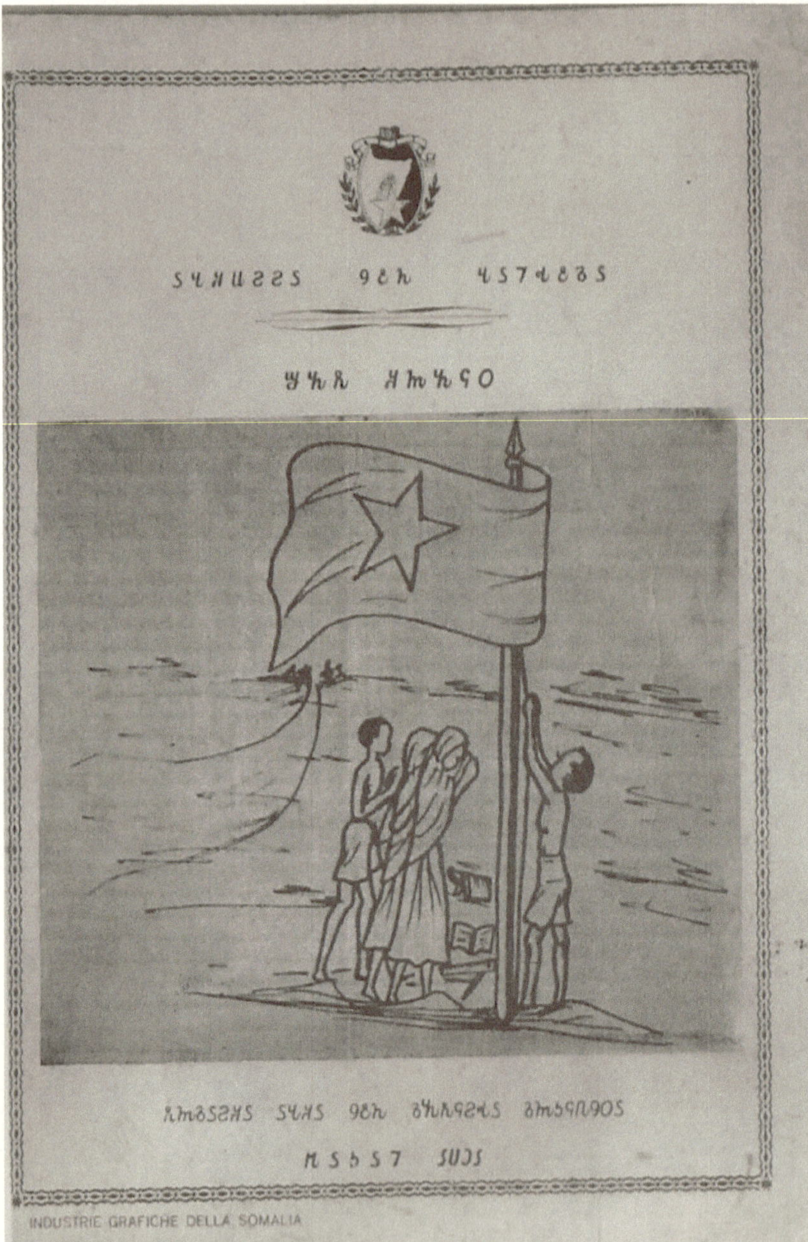

Our Language and its Alphabet

This article was written by Guuleed F. M. H. Horseed Newspaper

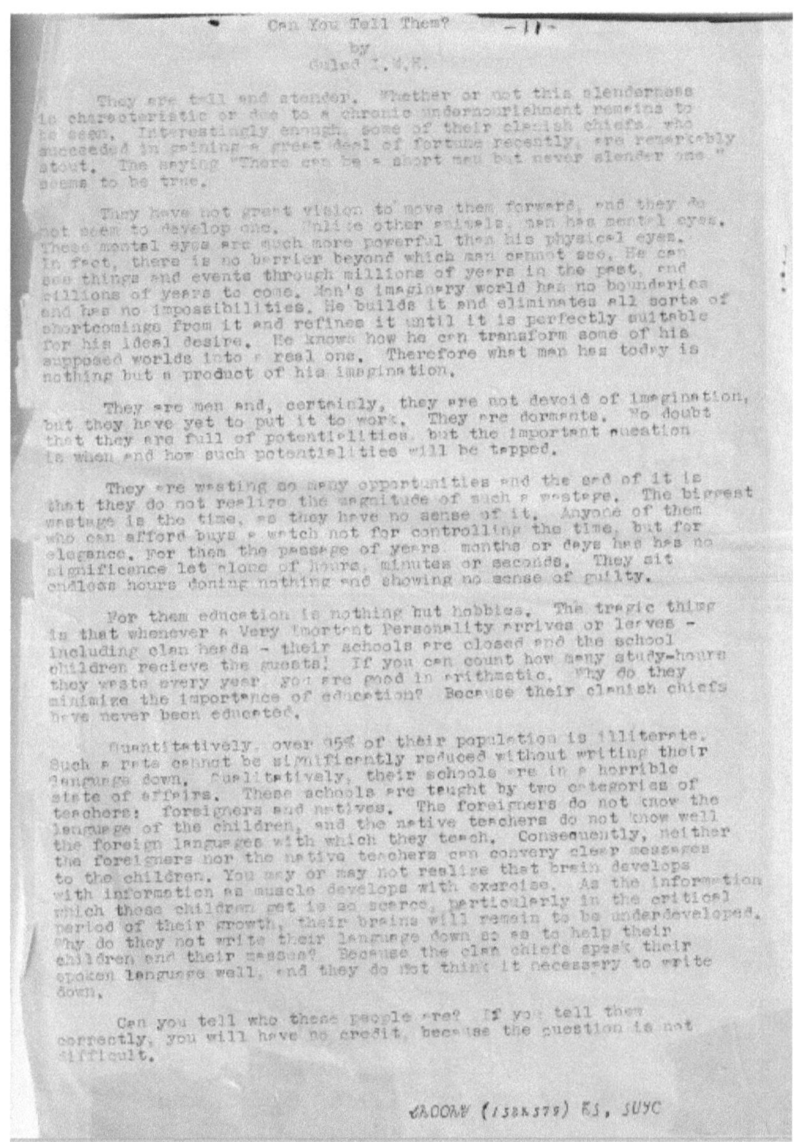

Can You Tell Them? -11-

by

Guled [illegible]

They are tall and slender. Whether or not this slenderness is characteristic or due to a chronic undernourishment remains to be seen. Interestingly enough, some of their clanish chiefs who succeeded in gaining a great deal of fortune recently, are remarkably stout. The saying "There can be a short man but never slender one" seems to be true.

They have not great vision to move them forward, and they do not seem to develop one. Unlike other animals, man has mental eyes. These mental eyes are much more powerful than his physical eyes. In fact, there is no barrier beyond which man cannot see. He can see things and events through millions of years in the past, and millions of years to come. Man's imaginary world has no bounderies and has no impossibilities. He builds it and eliminates all sorts of shortcomings from it and refines it until it is perfectly suitable for his ideal desire. He knows how he can transform some of his supposed worlds into a real one. Therefore what man has today is nothing but a product of his imagination.

They are men and, certainly, they are not devoid of imagination, but they have yet to put it to work. They are dormante. No doubt that they are full of potentialities, but the important question is when and how such potentialities will be tapped.

They are wasting so many opportunities and the end of it is that they do not realize the magnitude of such a wastage. The biggest wastage is the time, as they have no sense of it. Anyone of them who can afford buys a watch not for controlling the time, but for elegance. For them the passage of years, months or days has has no significance let alone of hours, minutes or seconds. They sit endless hours doning nothing and showing no sense of guilty.

For them education is nothing but hobbies. The tragic thing is that whenever a Very Imortant Personality arrives or leaves - including clan heads - their schools are closed and the school children recieve the guests! If you can count how many study-hours they waste every year, you are good in arithmetic. Why do they minimize the importance of education? Because their clanish chiefs have never been educated.

Quantitatively, over 95% of their population is illiterate. Such a rate cannot be significantly reduced without writing their language down. Qualitatively, their schools are in a horrible state of affairs. These schools are taught by two categories of teachers: foreigners and natives. The foreigners do not know the language of the children, and the native teachers do not know well the foreign languages with which they teach. Consequently, neither the foreigners nor the native teachers can convery clear messages to the children. You may or may not realize that brain develops with information as muscle develops with exercise. As the information which these children get is so scarce, particularly in the critical period of their growth, their brains will remain to be underdeveloped. Why do they not write their language down so as to help their children and their masses? Because the clan chiefs speak their spoken language well, and they do not think it necessary to write down.

Can you tell who these people are? If you tell them correctly, you will have no credit, because the question is not difficult.

[illegible] (1 [illegible]) [illegible], SUYC

ᏂЅᏁᏣ ᏤᏂ ᏆЅꞒ ᏂЅᏆᏒᏝꞒЗᏥЅ ᏋᏂ ᏆЗᏌО ᏘᏂᏁᏌО Ꮔ. Ꮥ. Ꮑ.

hЅ.ОЅ.ЅᏌᏄC

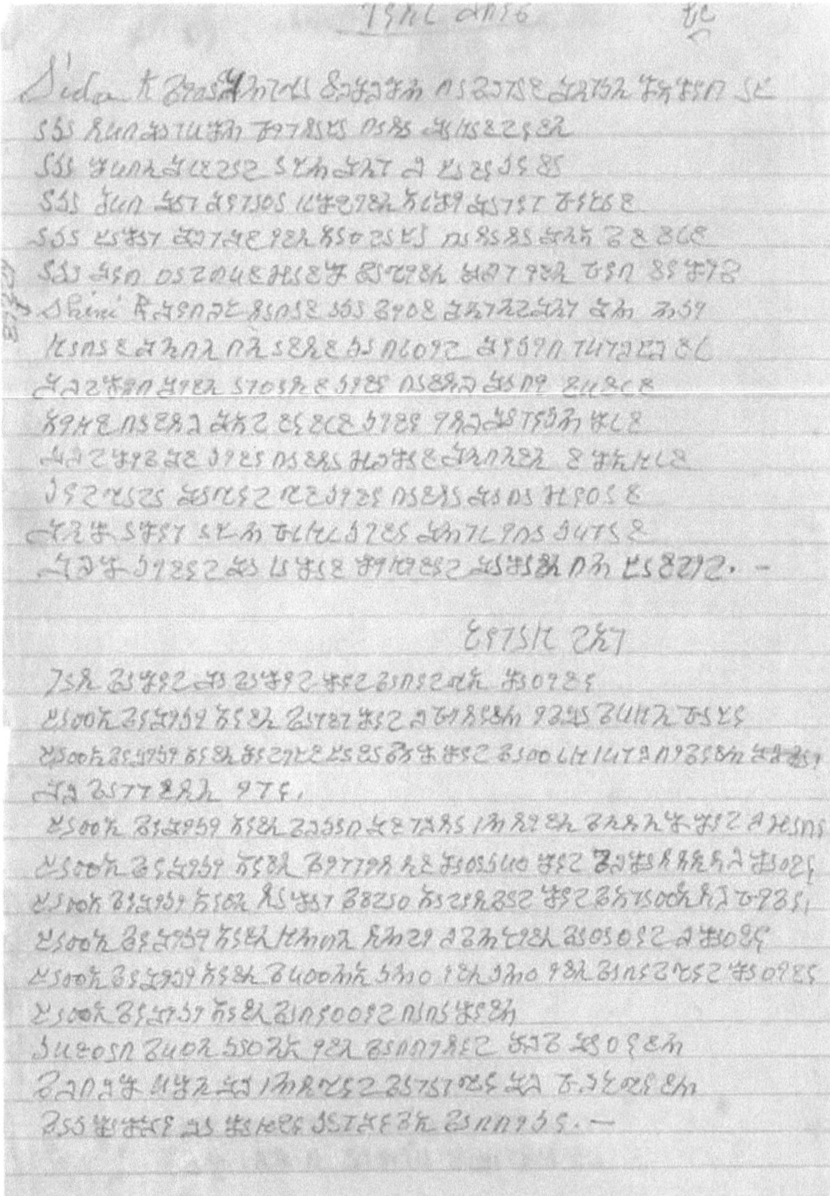

An excerpt from Abdullahi Osman Kenadid's book of literature. Famous poems Raage Ugaas and Farah Nur.

Far-somali (Osmanya) was a script that people used to preserve Somali poems and safekeeping for Somali literature.

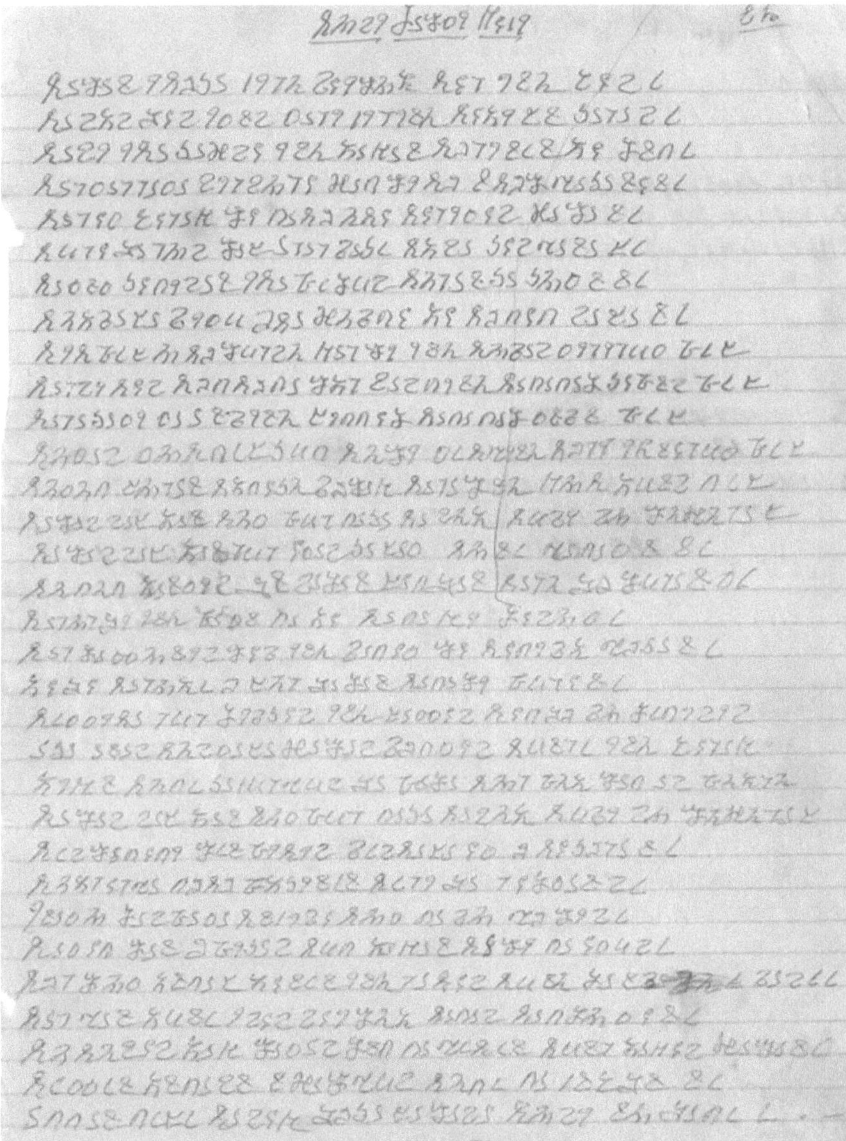

An excerpt from Abdullahi Osman Kenadid's book of literature Famous poems Gooni Abidi Haji

On 26/02/1968 society for the Somali Language and Literature (GOOSAN) sent this letter to the SYL Office (Somali Parliament).

Society for Somali
Language and Literature
P.O.Box 758 -Tel.2416
Hamar (Mogadiscio) Somali Republic

February 26, 1968

The Congress Man
Somali Youth League

SUBJECT: Writing the Somali Language

Dear Congress Man.

On behalf of the Society for Somali Language and Literature, I congratulate you and your party on the successfull convention of the twenty-fifth congress.

As the wellbeing of this young nation is entrusted to you, the following three points call not only for your consideration but for your prompt action.

1. It is not an exaggeration that Somalia is under-underdeveloped country. One of the evil characteristics of the underdeveloped countries is a large scale of illiteracy. Only a successfull attack against illiteracy is a precondition for significant growth and development. It is a truism that the Somali illiteracy rate cannot be effectively attacked without writing down their language.

2. I assure you, Mr. Congress Man, that the Somali language has a perfect, native script. It has no dots, no dashes, no crosses and no doublings. It is so accurate, so economical, and so efficient that it is far more superior to the proposed foreign scripts. (see the attached periodical.)

Just like the national flag this script is the symbol and the distinctive identity of the Somali nation. It enhances their pride and prestige, as the Somalis are known proud people. Historically it testifies that the Somalis were highly civilized before the arrival of Europeans, since the invention of writing is the highest mark of civilization. Remember, you can buy tanks and MIG fighters, but never cultural elements such as script, music and fine arts.

3. Finally, the Society for Somali Language and Literature has already brought the simplest, the cheapest, and yet the best and latest models of the Somali typewriters. By far the most important is that the Somali printing press, the first type of its kind, (INTERTYPE: the latest and best printing type in the world) is arriving at Mogadiscio by August 1968.

Historically, this is very important and decisive. However, what is more important than the arrival of the press is that you, the responsible group of the Somali Youth League, will take the opportunity of utilizing it.

Wishing you and the Congress success.

Truly yours

Hirsi Magan Ise
President

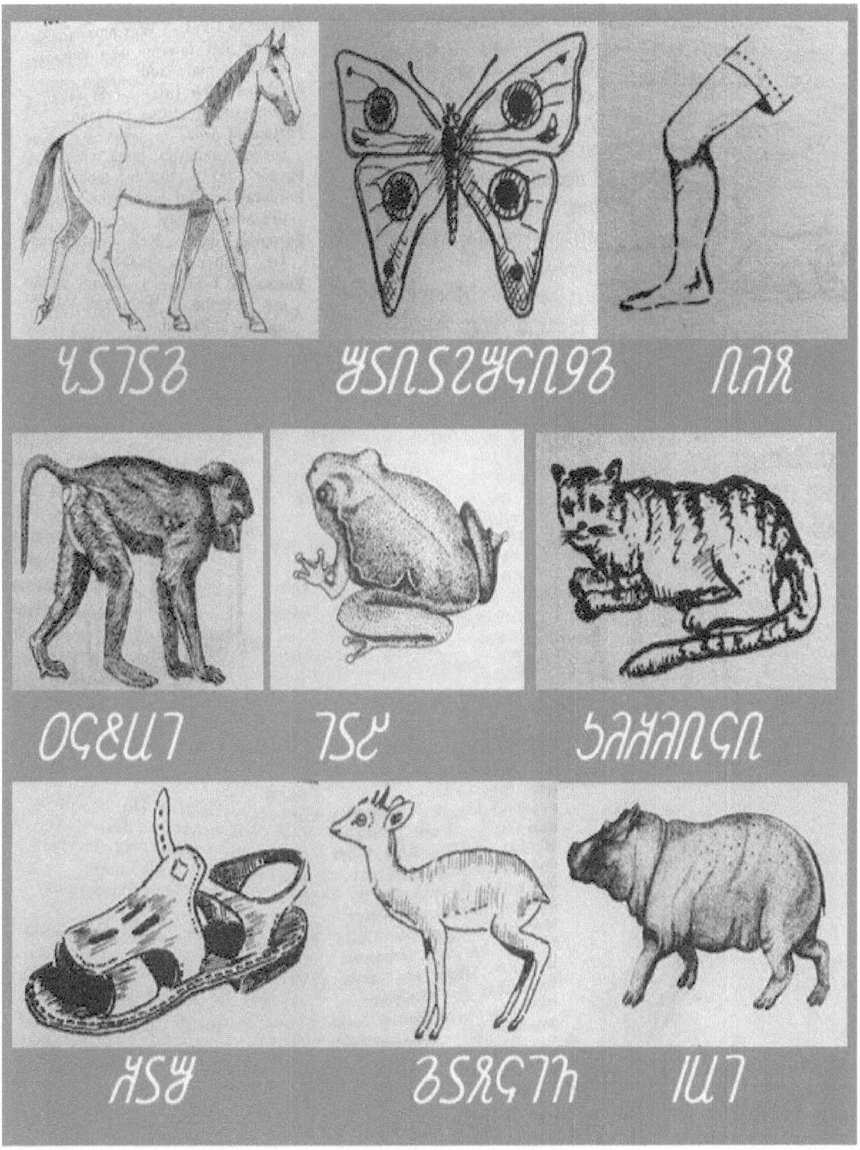

[illegible]

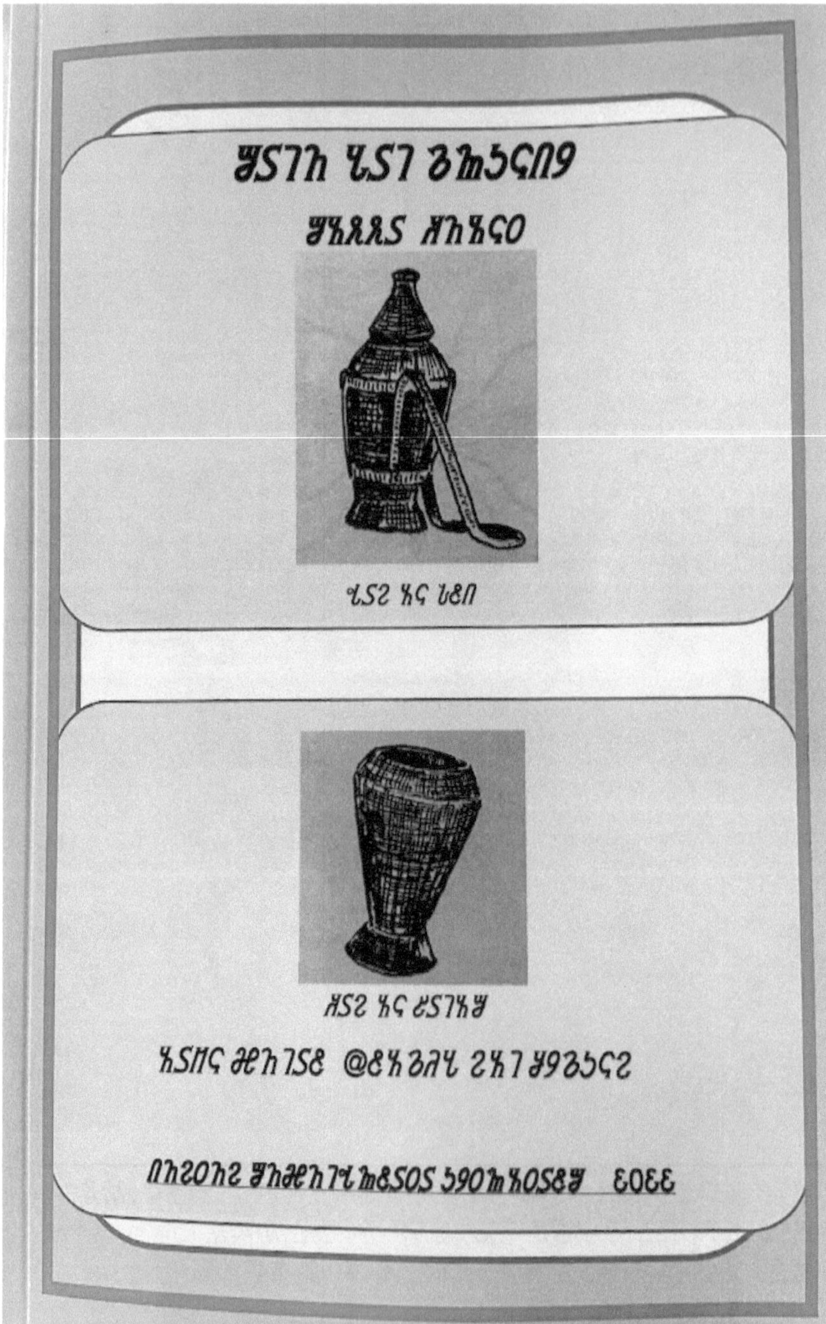

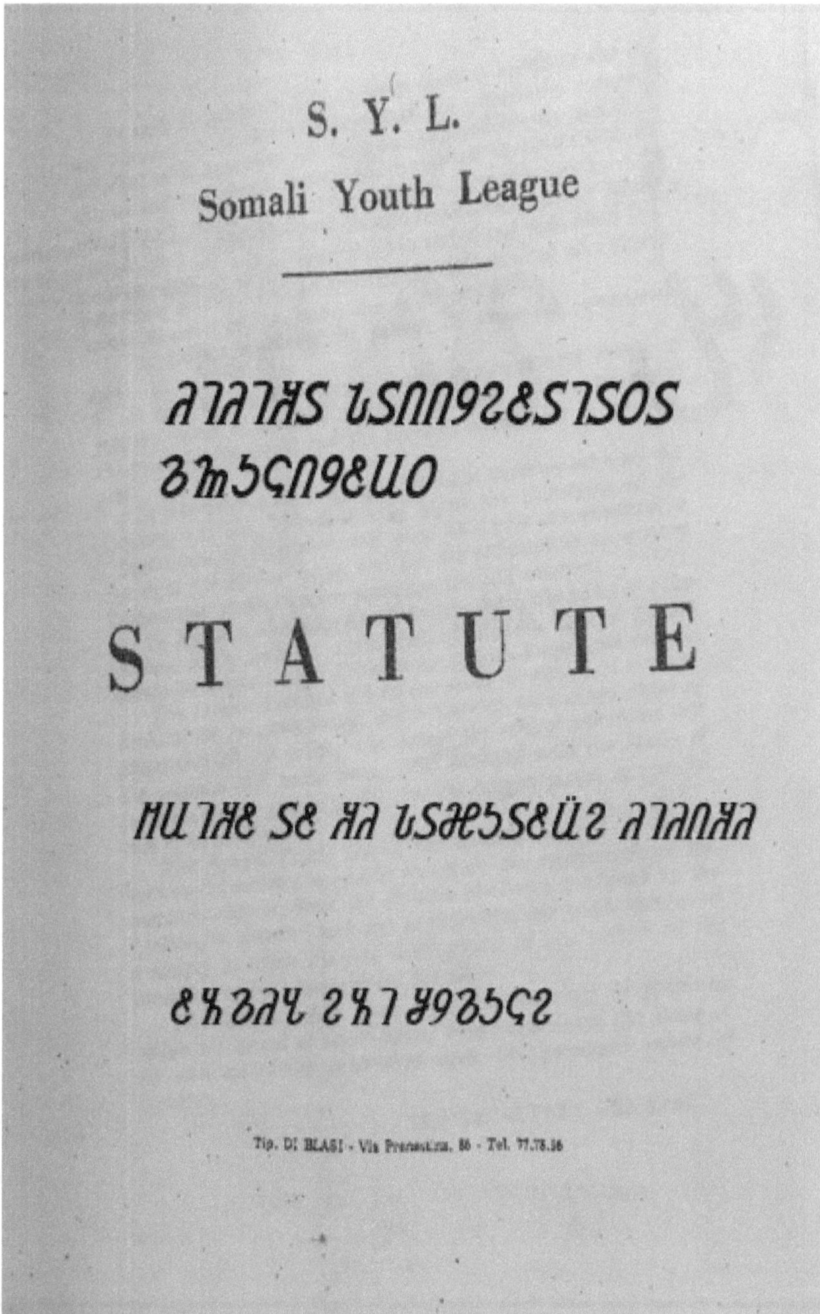

S. Y. L.

Somali Youth League

𐒚𐒇𐒚𐒇𐒏𐒖 𐒊𐒖𐒐𐒐𐒘𐒒𐒕𐒖𐒇𐒖𐒆𐒖 𐒈𐒝𐒑𐒛𐒐𐒘𐒕𐒜𐒆

STATUTE

[illegible]

[illegible]

Tip. DI BLASI - Via Prenestina, 86 - Tel. 77.78.36

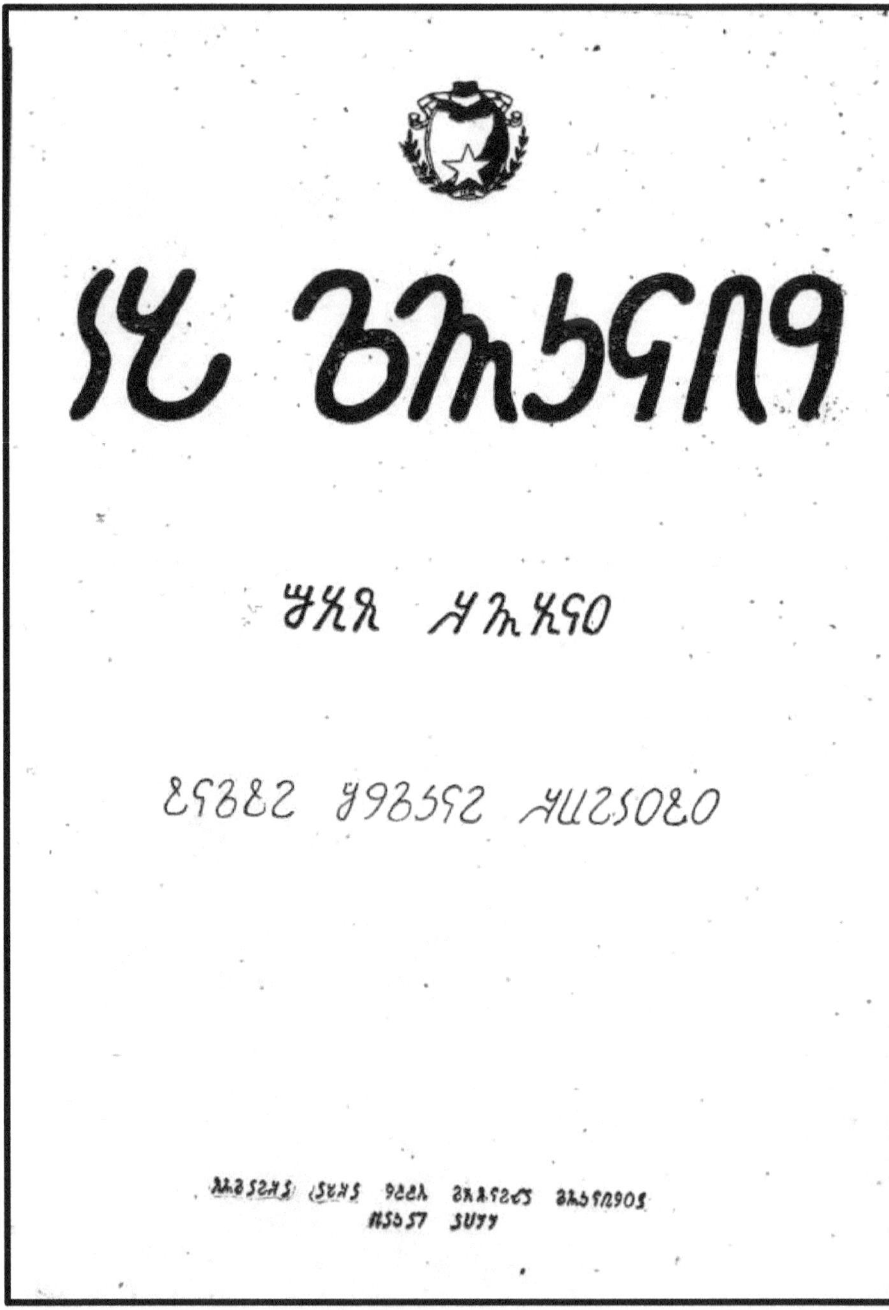

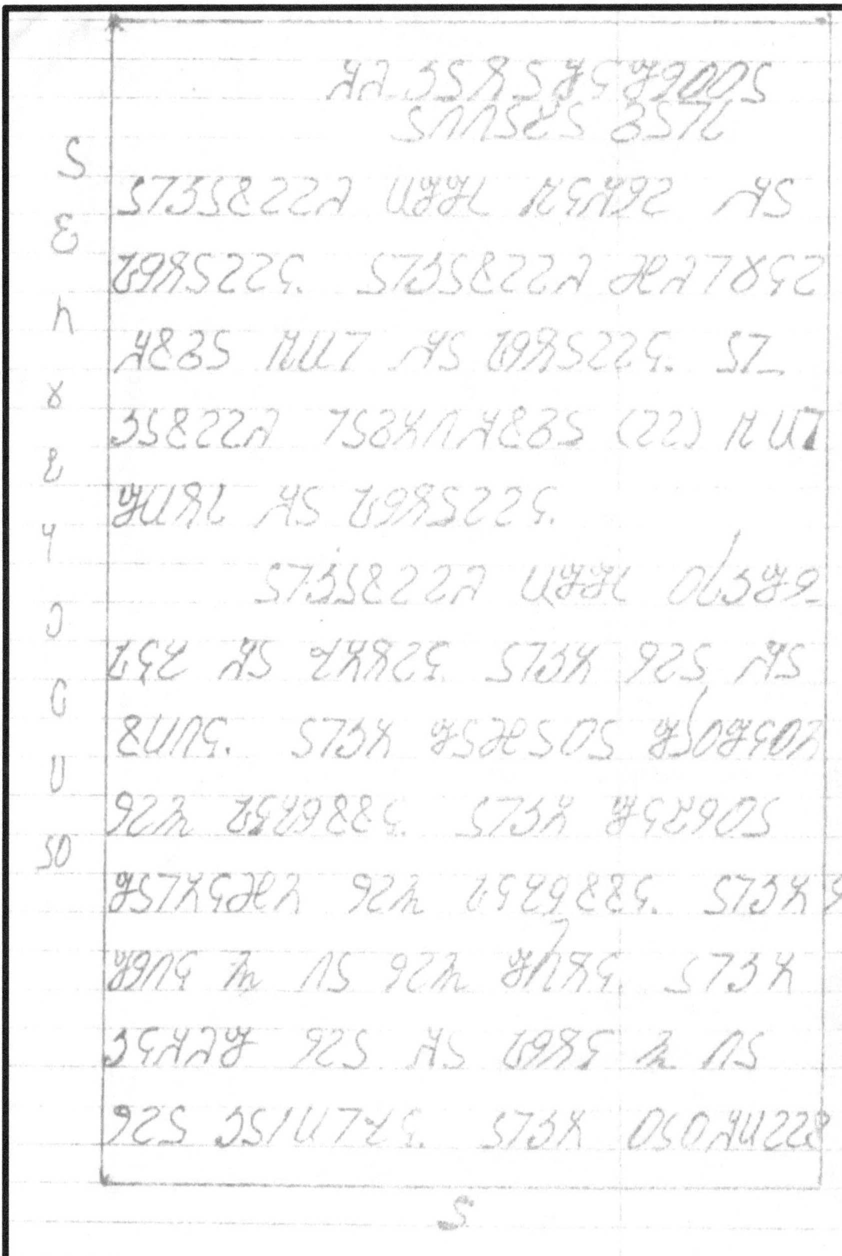

[illegible]

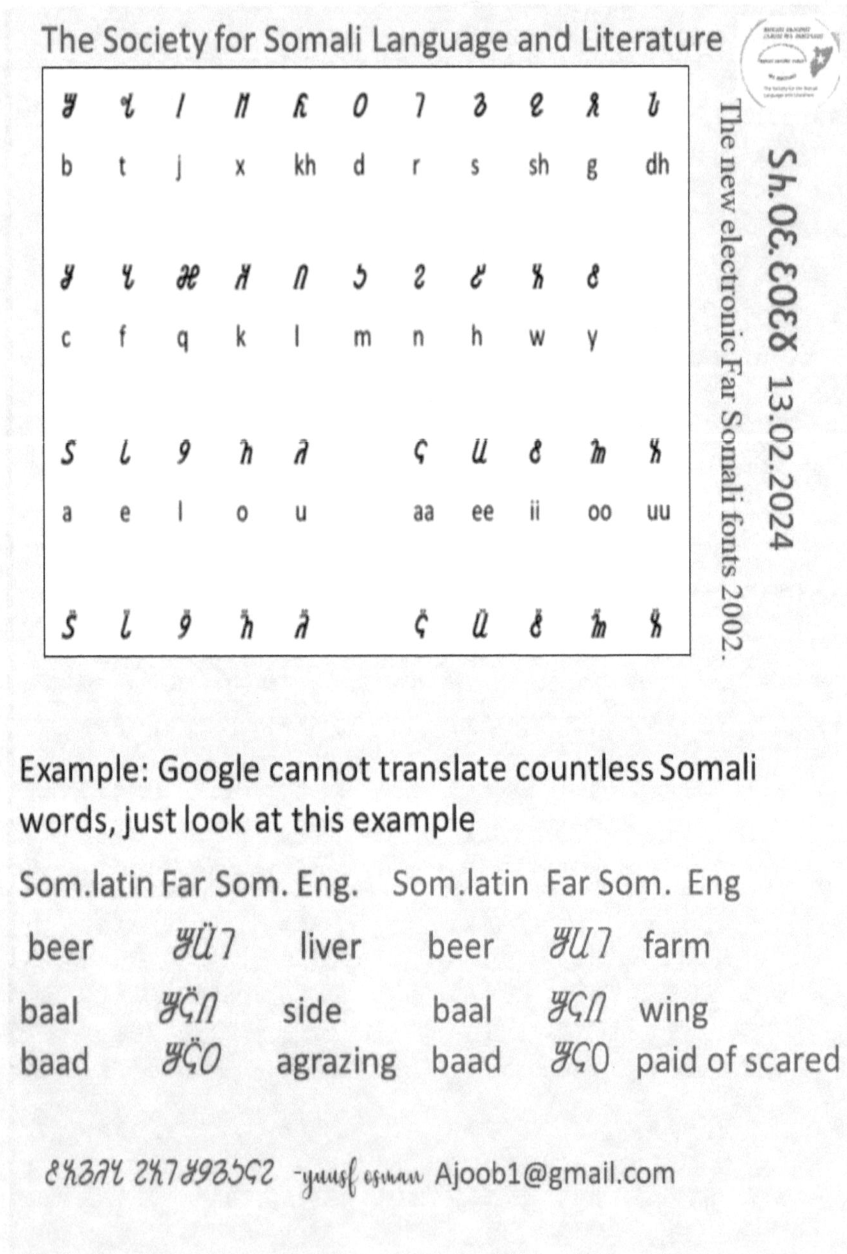
The Society for Somali Language and Literature
b t j x kh d r s sh g dh
c f q k l m n h w y
a e I o u aa ee ii oo uu
13.02.2024
The new electronic Far Somali fonts 2002.
Example: Google cannot translate countless Somali words, just look at this example
Som.latin Far Som. Eng. Som.latin Far Som. Eng
beer liver beer farm
baal side baal wing
baad agrazing baad paid of scared
-yuusf osman Ajoob1@gmail.com

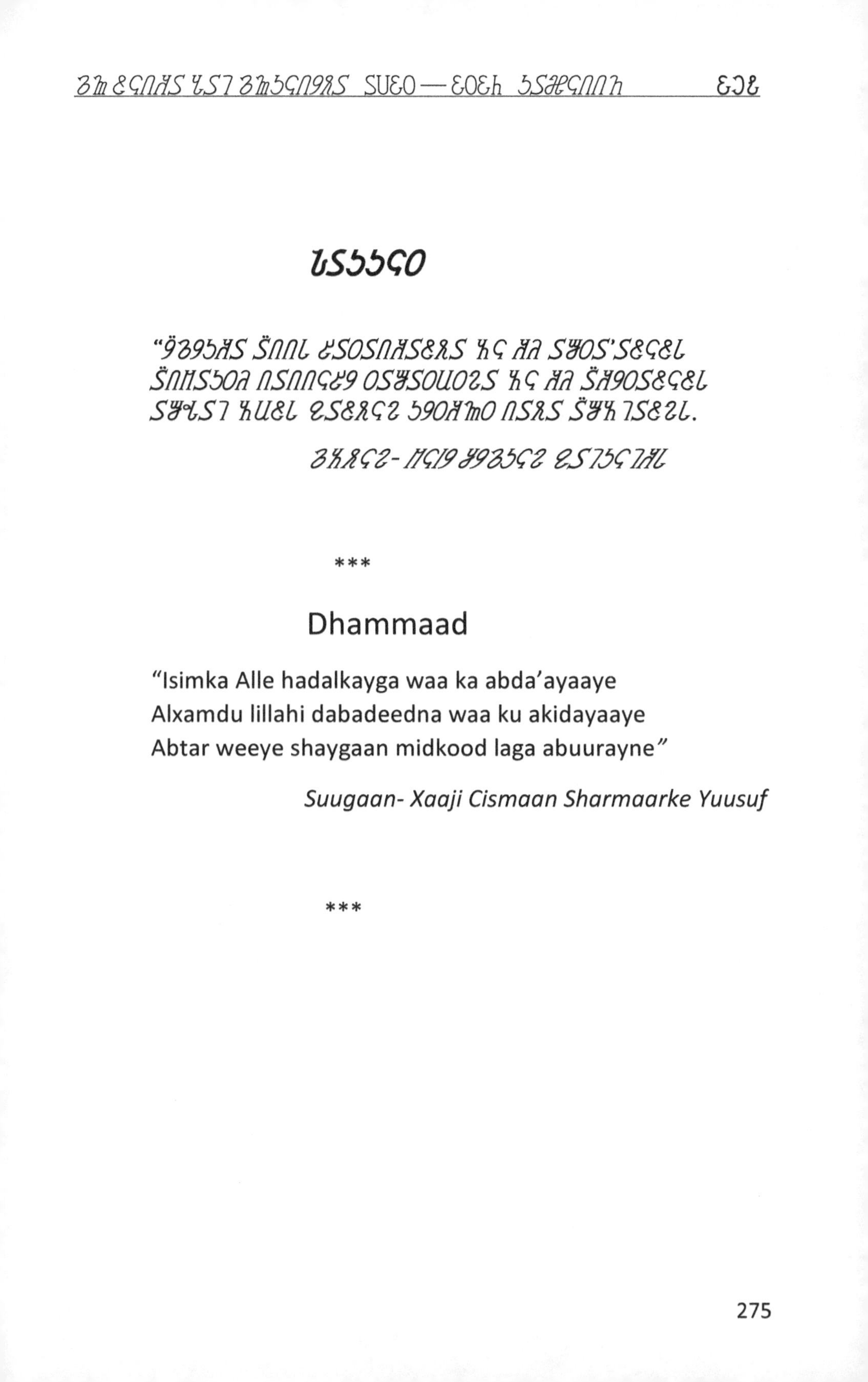

[illegible]

[illegible]
[illegible]
[illegible]

[illegible]

***

Dhammaad

"Isimka Alle hadalkayga waa ka abda'ayaaye
Alxamdu lillahi dabadeedna waa ku akidayaaye
Abtar weeye shaygaan midkood laga abuurayne"

Suugaan- Xaaji Cismaan Sharmaarke Yuusuf

***

www.ingramcontent.com/pod-product-compliance
Lightning Source LLC
Chambersburg PA
CBHW021245060726
47590CB00005B/1909

* 9 7 8 1 9 1 5 7 8 7 9 5 8 *